星野英一
パリ大学日記

1956年10月～1958年 9 月

星野美賀子 編

信 山 社

北京の魯人の子孫の
レストランにて
中日民商法研究会のあと
2002.5.8頃

パリ第Ⅱ大学の名誉博士の称号を授与される 2004.5.15

我妻先生ご夫妻を囲んで左から小山先生，我妻夫人，星野英一，パリにて1957秋

パリ大学法学部に近い
ルー・スーフロにて
1956.11

農業法国際会議パリ市庁にて，星野の国際会議初勤務，サインをする
1957.10.29

小山先生とツールーズ大学にて1957春

星野英一ウィーンでのIAEAの会議の後パリに寄る．美賀子はパリ滞在中 1960.3.27

星野 IAEAの会議からの帰途，ヴィレー教授夫妻といっしょに1962.5.27

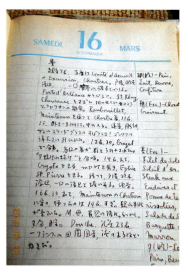
シャルトルにバス旅行1957.3.16

ストラスブールで講演をした日の日記原本1958.5.14

カンボージュ号の甲板にて1956.10.2

星野英一博士の60年間の日記

時を生きる

星野 美賀子

「又日記をつけることにする．但し，外的な生活の記録に資せんとするのみ．」

上記の文は，故夫星野英一が1953年の元日に，博文館当用日記の1月1日のページに書き込んだ日記再開を告げる宣言です．その後，十数年たった頃，この文章を見ながら，夫は「何だか，ヘンな文章だな」と苦笑しておりましたが，表現はともあれ，内容については，以後60年に亘って書き続けた彼の日記の特徴をよく表していると思われます．

公刊に至るまで　　この度，法学者である夫，星野英一の60年分の日記の中で，青年後期にあたる２年分の日記を公表するにあたり，文学部出身の妻，美賀子は，畏怖にも似た気持ちで，夫が書き留めた日記を前にして，暫し躊躇しました．法学専門ではない私は，自分の技量の不足を強く感じました．しかし，私は，1956年当時，まだ我が国が第二次世界大戦の戦禍の跡深く，復興もままならぬ状態の日本の地から，伝統深く，かつまた，さしたる戦禍も蒙らず，保たれているパリ大学Ⅱの法学部に留学した星野英一が，立派な教授方と交際しながら，法学の研究に邁進し，かつ，フランス文化全体にも触れようとした彼の気概や姿を，幾分古くなった事柄ながら，現在の，また，次世代の若者たちに，語り伝えたいと望みました．また，星野がパリで何をしたか，どういう生活を送ったかを，早く確認したいと望む法学者が居られることも，早く出版しなければ，と，私を促しました．一

vii

時を生きる

方，夫が，急いで書いた，真夜中の筆跡を，私自身が，何とか読める
うちに，この仕事を完結させようと希望しました．それと共に，日記
帳のページの端々は茶けてぼろぼろになりつつあることも，私を日記
の再生へと促す要因になりました．

存在の囁きを再現する難しさ　しかし，日記となると，夫の存在
の中枢部から密やかに流れ出た囁きでもあるので，万善の注意を払っ
たつもりですが，なお至らない点はお許し下さい．キンコーズで，最
大限に拡張したページも参考にしました．スペリングなど——とく
に，料理リストにおける——仏日の辞書を手から離さず格闘しました
が，原本自体のページの端に小さな字を重ねるように書かれた言葉に
は判読のむずかしいものもありました．しかし，最大限に努力して，
深い意味が読みとれるまでに至ったかと思います．それにしても，夫
の文章には，さすが文法的な間違いがなく，誤字も見当たらなかった
ことには感心しました．達文で，快い文章だったので，読むのが楽し
くもありました．また，何処かで聴いた言葉，「生者は，無防備な死
者について語る時，どこかに蔑みをあらわす」という戒めも改めて胸
にしておきたいと思いました．

外的生活の記録　まず，私なりに「外的な生活の記録」について
一言申しますと，彼は，1日のうちに体験した経験をモノローグ風
に，長々と書き残す，というより，その日，体験したことを，外側か
ら（客観的に）見て，その簡単な記録を短文で，時にメモのように書
き残しております．そこで，たとえば「10時～12時半 "Carbon-
nier "」という簡単な記述のなかには，その日の午前10時から2時間
半にわたって，星野が，このフランス民法の中心的な学者であるカル
ボニエ教授の著作と真剣に取りくんで研究しているのが，読み進んで
行くうちに分ります．こうして，彼の外面的で簡単な生活記録は，そ

viii

の実，深い奥行きのある，内面的な意味をもつ学問研究という行動を表していることがわかります．また，ある面からいうと，そのような短文形式を使用し続けたからこそ，60年もの間，日記を書きつづけることが出来たと思います．

60年間の絶えざる日記　　以来，星野は丁度60年に亘って，2012年9月25日，日本学士院の日韓学術交流フォーラムの晩餐会で倒れる前日24日の夜まで，日記を書き込んでいました．最期の書き込みは，さすがに小さな弱い字体で書かれておりますが，妻にとっては感動的な生命の証となっております．

　「9月24日　月曜日　晴　後　夕立　　起床10ｈ30．　　朝食　洗面，13ｈ 出て，要町―池袋―上野―日本学士院へ．　すぐ出て帰る．池袋タカノにて軽食，帰宅　休息　夕食19ｈ15．入浴　　就床23ｈ15」．

　（ｈは，時刻を表すフランス語の"heure"の省略形ですが，今回の日本人向けの日記には，解りにくいとの理由もあり「時」に訳されます）．

　また，星野は，国内，外を問わず，旅行する時には，必ず，その旅行の日数分だけのページを原日記帳から切り離して，持ち歩き，旅先でも書き込んでおくか，それが出来ない場合，持ち帰り，直後に書き込みました．そして，そういうページは，もとの日記帳にさし戻されていました．こうして，今日にいたるまで日記のページは順序よく並べられて遺されています．まれに，空白のページがありますが，それは，感動し過ぎた日とか，疲れ過ぎた日に書き込まれなかったものと思われます．例えば，私が，1960年5月に留学を終えて，神戸に帰船した日は，遂に2人が無事に単身生活を終えて会うことが出来た感無量の日であったためか，ブランクのままになっています．

時を生きる

安全な場所に保管　　夫は，27歳の時から書き留められた日記の全部を大切に思い，後年，地下の書庫の中の最も安全な場所に，まるで少年のように無邪気に「ここなら火からも，湿気からも大丈夫だろう？」と言いながら，書棚に約60冊の日記帳を並べ置きました．そして「そうだな，僕の日記など，面白いところなどあるのかなあ，価値のないものかもしれない」と言い，笑いながら，「例えば，天気のことを書いているだろう．あれをフランスの気象学者が見て，この東洋人は，よく気象を見て，正しく記録している，とでも言って貰えたらなあ」と言って私を笑わせていました．

取り上げる期間　　また彼は，現在，2019年より数えて，約10年ほど前から，3冊の日記帳——フランス生活を記した2冊と，さらに，文化功労者として顕彰された2007年の1冊と，合わせて3冊の日記帳を，書斎の机の片隅におき「僕の日記帳で出版してもらえそうなのは，まずこの3冊かな」と言っており，それにより，今回，対象として取り上げるのは，彼の人生の中で，もっとも懸命に，密度高く生きた日々，———1956年10月1日に仏国政府奨学生，ブルシェとして，横濱より仏国客船カンボージュ号に乗り，フランスを中心とするヨーロッパにおいて，主としてフランスの法律を1年間，パリ大学の錚々たる学者達とともに，研究したあと，幸い仏国政府奨学金をさらに1年延長して貰うことができたので，1958年8月12日に思い出多いヨーロッパ大陸を離れ，スエズ運河にそって，アラビヤ各国を通り抜け，東洋の港にも寄港，見物をし，同年9月14日に横濱港に帰船し，家族達と再会するまでの約2年の期間を整理したいと思います．すなわち，ここに，星野が，頭脳を力一杯に働かせて生きた，24か月を取り上げることにいたします．正確には9月14日までですが，9月の末日までの2週間も記録のなかに入れました．

美賀子の海外留学 その間に，私の留学問題も起き，海外留学というテーマは，2本の線となって，この期間，平行線を描いて流れますが，私はフルブライト奨学生として，この日記では，意外な時に，横濱から出発いたします——それは，英一を最も淋しがらせた時点であり，その時，私の心も，言い知れぬほど悩んだものです．

パリの部屋 彼は，行きの航路において，スエズ運河戦争が勃発したので，喜望峰を通ってアフリカ廻りをしたので，予定よりはるかに遅く11月の23日にマルセイユに着き，その日の夜，パリの日本館に着き，深瀬様などに迎えられました．部屋探しがされましたが，最終的に決まったのは，日本館の6楷であり，電話がかかってくると，直ちに，6階から，駆け下りなければならず，部屋での料理用コンロとしては，アルコールランプが用いられる生活でした．戦後の住宅事情の悪さは，パリの日本館においても，似たような所がありました．

パリに到着し，以来パリ大学法学部で懸命にフランス民法を研究し，その国の文化全体——美術，音楽にも親しみました．しかし，彼が，学問的に最も励まされたのは，教授方の家庭に招かれ，食事に与りながら，そして，まるで家族の一員であるかのように遇されながら，学問上の会話も進めることが出来たことではないかと思います．またヨーロッパの各地を訪れ，學会，研究会に出席し，自分でも，講演，講義を行い，深くフランスの法学会に親しみました．

日記帳 また，星野が使用した日記帳については，1956年10月1日よりの記録のためには，その前日まで使われていた日本製の「博文館当用日記1956」が引き續き使用されました．1957年分，1958年分としては，パリで求めた，表紙に，AGENDA 1957 と AGENDA 1958 とだけ印刷されたものが使用されております．この2冊は，普通の日記帳でありながら，カトリックのお国柄のせいか，あるいは，すでに

時を生きる

60年前という過去のノートであるせいか，各々の日の聖人の名前が小さな文字でプリントされています．これを残すかどうかで，考えた挙句，星野が書き込んだ日記帳の姿をなるべく再現したいと望んだので，細かい字で残させて頂きました．

料理メニュウ　　また，フランス製の日記帳の備考欄には，2冊ともに，その日，頂いた食べ物がほぼ全部書き込まれております．これは，星野日記の一つの特徴かと思われます．彼は，食事に対して関心が深く，かつ，ご馳走になった食べ物はどんなものでも，たとえジュース一杯でも感謝し，かつ，よく記憶した人です．この傾向は，一生続いたと言えると思います．だが，フランスに滞在した時ほど，熱心に3度の食事を綿密に追った時はありません．また，私ども2人の世代は，第二次世界大戦によって食糧難の苦しさを体験した日本人でありますので，英一にとって，フランス料理は，味覚も審美眼も満足させるものだったでしょう．1956年11月23日，待望のパリに着き，その翌日の24日から彼の料理記録は開始されています．そしてこの習慣は帰国する日まで続きました．フランス料理はフランス語で，日本料理は日本語で書き遺されております．また，メニュウが食卓の上に出されていないレストラン，食堂もあり——むしろ，そういう場合の方が多いことを考えると，星野自身が料理の名前を考案して書いたものが大部分であるかもしれません．その点，語学の練習にもなった，と申しておりました．また，食べ物の話題は，日常の会話のタネになることもあるので，その点でも，彼は工夫して，食べ物に精通しておきたかったのだと想像します．この料理の花園とも見える記入は星野日記の特徴であり，そのように食べ物の記載をすることにより，フランス生活の文化に親しみ，同時に異国の生活の憂さからも解放されて，自分だけの世界をもつことによって，彼の精神は自由のうちに解

放されたかと思います.

ここに至るまでの青年前期の苦難　カンボージュ号に乗船する
と,トランプ,ピンポンに興じる星野の姿が現れますが,ここに至る
までの,彼の青年前期は,第二次大戦の戦禍を受けて,悲惨なもので
ありました.彼は,東京高等師範学校付属中学校の4年目を終える
と,試験を受けて旧制第一高等学校に入学しましたが,充分な読書も
できず,畑でさつま芋をつくったり,ペニシリンをつくることに専念
して,学業から遠ざかっていました.しかし,彼は1人になると,懸
命に難しい哲学書を読み,ニーチェやカントを読んだり,またドイツ
語,フランス語の外国語の習得にも励みました.だが,勉学を続けて
いると,憲兵に襲われる,と言う危険に満ちた暗い時代でありまし
た.1945年,東京大学法学部に入学すると,間もなく6月頃に陸軍本
部から召集され,過酷な軍事訓練に携わり,(『ときの流れをこえて』
星野英一有斐閣2006参照)明日にでも南方に出撃し,生還を許されな
い運命に直面しました.ついに天皇の玉音放送により,この戦争は終
結し,英一も無蓋車に乗り,毛布と乾パンを支給されて帰宅しまし
た.(この,英一が帰宅した日のことは,家族にとっても印象深かっ
たので,実妹良子は,その後,函館トラピスト修道院に入り,修道女
の一生を貫きましたが,兄,英一が,終戦により帰宅した時の模様を
夢に見て,急いで,その夢を描写して,早速,兄宛てに手紙を寄こし
ました.それは,美しく書かれているので,私は,戦争直後の記録
(夢ながら)として,東京大学大学院法学政治学研究科近代日本法政
史資料センターに,機会があった時に,星野英一宛ての書簡として保
管して頂いております.)英一は,以後,こういう恐ろしい時代を過
ごした後に,戦中の過酷な軍事演習がもとで,重度の結核に冒されて
いることがわかり,3年間の療養生活を送った後に奇跡的に回復し,

xiii

時を生きる

復学することが出来ました．1954年に東大法学部の助教授に任命され，1956年にフランス政府奨学生ブルシェとしての留学が実現しました．

病苦　彼はまた，カンボージュ号に乗船するその直前に，長らく，結核のため，横臥生活を送っていたのが原因で，手術を受けなければならなくなり，手術は一度で済まず，二度目のときには，退院したのが，乗船までに10日しかないほどの切羽詰まったものでした．彼はその時，つくづく，自分だけなぜこんなに苦しまなければならないのだろう，と嘆きましたが，幸い，聡明な医師の予告どうりに回復し，10月1日には，予定どうり，タラップを登って乗船しました．こういう過去を背景にして，英一は船に乗り，日記は，彼の船上でのピンポンやトランプに興じる日で始まります．ここに至るまでの過去に，生命を賭けての苦闘があったことは，近親者には忘れられないことです．

船上にて　しかし，自分の個室では，目前に迫ったパリ大学の教授たちとの学問への探求は忘れられることはなく，「サヴァティエ」（法学部の著名な教授）その他の法学の書物を寸暇を惜しんで読み継ぎ，研究していました．しかし，予期に反して，スエズに達した頃，スエズ運河戦争が勃発したので，船は喜望峰を経てアフリカを廻り，パリには相当遅れて，11月23日に到着しました．

パリ大学Ⅱ　ヴィレー教授，カルボニエ教授などの講義に出席し，また多くの先生方の講義に参加して，研究に励みましたが，一方，オペラ座にも，驚くほどよく通い，美術館，博物館にも，友人と一緒に，よく参観に行きました．

星野は，法学部の教授がた，法哲学のヴィレー先生，フランス民法学の中心的学者のカルボニエ先生，マロウリー氏，ガヴァルダ氏など

とランデヴー（お会いしましょう，という面会約束）を取ったのち
に，質問に答えてもらったり，共に食事をしながら，フランス文化に
ついて語りあったりしながら，緊密な指導，示唆を受けました．家庭
に招かれて，食事にあずかりながら，親戚の方とも親しく会話して，
フランスの生活，習慣も学ぶ，という研究生活を送りました．一方，
フランス中の大学の法学部も訪問して，諸教授と会い，また，自分で
も講演，講義を，丹念な準備をした上で「日本における大学制度」そ
して「親子法」として講義を行い，報酬も受け，多くの方から喜ばれ
ることも果たしました．一方，ヴェルサイユに住まれるロングレー教
授のお宅にもしばしば招待され，親戚の方と話し合ったりして，社交
生活の優しさに，旅愁を和らげられました．日本の石崎先生などを，
ロングレー教授のお宅に案内したこともあります．またパリ近郊の田
園風景にも感慨深く慰められました．

　かつて私は　「星野英一の人生──ともにありて」（『星野英一先生
の想い出』有斐閣，2013）に，彼の特徴は，精神性，倫理性，形而上
性　を重んじることと書きましたが，その特徴は，この日記において
も，生活態度となって現れていると私には思われます．それととも
に，彼は，日常性を重んじる豊かな心を備えており，料理の記録と
なって，現れております．

文学のジャンルから一言　　ここで余談ながら，文学作品としての
日記（？）について，一言いうと，20世紀の後半，アイルランドで
は，ジェイムズ・ジョイスが『ユリシーズ』───3人の人物を通し
て，6月16日だけの体験をモノローグ風に書いているものですが，ダ
ブリン市民の心情を独得に描いた点で，一躍，有名になりました．そ
して，この，ただ1日の記録も，全体が，時間に区切られて，構成さ
れております．この作品は，フロイド以後の意識の流れ主義として

（ストリーム・オブ・コンシアゥスネス・テクニーク）として，以後，文学界をリードしましたが，勿論，法学者である星野は知らず，有難いことに夫は健全さを保ちながら，時の流れの中で，パリ生活の記録を遺しております．

星野日記の意義　夫は，そのような傾向から程遠く，日々，同じ形で，何時に起き，何時から何時まで，どの本を読み，どの講義を聴いた——，ルクセンブルグ公園の近くの本屋に行き，公園では「ぽんやりして休んだ」などの生活を，なんとか纏めて書いております．しかし，だんだん，自ずと，その行動の内容の意義深さや，複雑さが解るようになると，その時，星野の日記は，生きていることの深淵さ，尊厳さが，伝わってくる日々の記録となると思いました．一日の中でもっとも疲れ切っている時に日記をつけましたから，長い文章は書けず，短かい文で，1日を書き尽くさなければなりませんでした．従って，「あのミサは美し」「今日は心地好い春の日」などの簡単な表現から，彼の満足した心境を感じ取ることができます．そして，そのような表現を理解し続けていると，星野の一見単調に見えるような文章からも，ある精神状態もわかるようになる日記でもあります．

留学のきまり　英一は1958年8月12日に，マルセーユを船上から眺め，感無量に思いながら，帰国の途につきますが，スエズ運河を通り，9月14日に家族と再会します．しかし，その日，私自身は，全く申し訳もないことながら，その場で彼と再会することはできませんでした．全く薄情に聞こえるかもしれませんが，私はフルブライトの奨学生として，ハーバード大学（当時，男女共学ではなかった）の女子部のラッドクリフ大学大学院で英文学を研究するために，氷川丸で出発したところでした．私の留学に対する英一の同意は最初から，快い全面的な賛成，として私宛ての手紙に表わされてきましたが，今

回，彼の日記を読むと，私に書いてきたこととはややニュアンスが異なり，彼にとっても感情的には，苦しい決断であったことを知りました．私も独りよがりの行動をとったと後悔することしきりでした．しかし，彼は，理論上だけでなく，実生活においても，当時盛んに宣伝された男女同権の行為を実証したことになります．ついでながら以後，結婚後は，私は自分1人で外国に出ることなど夢にも考えませんでした．

　インスピレーションは，結実したか　　また，彼は，学問的な閃きやインスピレーションを受けたとしても，それを日記の中で追うようなことは，少なかった，と思います．この理由として，私が考えるのに，彼は，常に，何処かの出版社から，あるいは，研究会から，何か書くようにと促されていたので，学問的な閃きは，ほぼすべて深く，広く，意識的に思考され，日記とは別の，独立した作品にまで昇華されて発表されたのではないかと想像します．しかし，これは法学を専門としない部外者の憶測であり，法学の専門家から見ると，あちこちに新しい思想の芽が息吹いていると希望します．

　押し花　　最初，日記を開いた途端に，驚いたのは，つるつるした薄いベージュ色の半透明な紙に挟まれて，はらはらと，押し花が出てきたことです．エーデルワイスに似た花などが，押し花として出てきました．星野の優しさが伝わってくるようでした．「押し花のために，わざわざ紙を買ったの？」と聞くと，「トイレットペイパーだよ」と，即座に答が返ってきましたが，今日では，私はどうも，紙違いでないかと思うに至っております．

　宗教，哲学との関係　　一方，星野英一の日記が「時」に従って書かれていることは，私にとって，ある関心を呼びおこしました．彼の日記スタイルの主な特徴は，何時から何時までリペールを，また，サ

時を生きる

ヴァティエを読んだ，何時にマロウリー君と逢った，何時起床，何時就床という，常に時間を軸にして，人生を書き記していますが，彼は「時」というものに鋭敏だったと思います．彼の，内田貴氏，大村敦志氏との得難いインターヴュー記は，星野のそれまでの一生の精神史を表し，また，彼自身が，長考の末に，最終的に『ときの流れを超えて』と命名しました．これは，彼が「時」という不思議なものに鋭敏であったことを表しています．私自身も齢を重ねるに従い，一生の「時」の流れを振り返り，畏怖の気持で，過去に流れていった時を観想しております．人間にとって「時」ほど，動かしがたいものはない，と，この頃とくに感じます．星野の日記の構成が，時間ごとの，生き様を記しているのが解るような気がします．

　余談になりますが，私は，モダニズムの詩人，T. S. エリオットの長詩に惹かれ，彼が，自分の人生の終りに近い頃に，彼の人生の総決算として書いた，『四つの四重奏』のなかに，しばしば「時」についての観想があることを思いだします．その中で，彼は　現世の「時」と永遠とが，一瞬交錯する瞬時を「静止の一点」"the still point"と呼び，そのような体験ができるのは，教会のなかとか，バーント・ノートンのような貴族の館のバラ園の中とか，と言っております．このエリオットの思索から私もアウグスティヌスに惹かれ，若い頃に時と永遠との対比について考察したことを思い出します．

　「主よ，あなたは永遠を所有しておられるのですから，私が申しあげることを，ご存知ないはずはありません」（アウグスティヌス『告白』山田晶訳，世界の名著14，中央公論社 |1968| 1974年，398ページ）という印象的な「呼びかけで始まる第11巻は，時間についての考察というより，"時"との対比によって始めて実体が掴めそうになる"永遠"についての考察といえるだろう」（星野美賀子『四つの四重

奏』T.S. エリオット—Ⅲ，『津田塾大学紀要』1978年，73 – 195ペー
ジ，91ページ）

——これは，昔の論文の一部ですが，夫の日記の背骨となっている時
を考えたときに思い出したものです．

　夫星野も時の不思議さを，つねに畏敬していたと思います．こうし
て，生きることは時を生きることだと悟っていたかと思います．天で
ある永遠には時はないのだから，既に帰天した夫に，こう語りかけた
いとも思います「永遠にあっては，時は無いのだから，日記は書かな
くてもよいのでしょう」と．

　このように長々と書くのは，私の望むところではなかったのですか
ら，今は，日記は日記をして語らしめよ，と思います．

　2019年7月8日

目　次

時を生きる（星野美賀子）

星野英一 パリ大学日記　1956年10月〜1958年9月

1956年 ………………………………………………………………… 2

　　10月（2）／11月（18）／12月（35）

1957年 ………………………………………………………………… 49

　　1月（49）／2月（73）／3月（96）／4月（117）／5月
　　（144）／6月（166）／7月（190）／8月（210）／9月
　　（229）／10月（247）／11月（268）／12月（287）

1958年 ………………………………………………………………… 308

　　1月（310）／2月（330）／3月（351）／4月（372）／5
　　月（394）／6月（419）／7月（438）／8月（460）／9月
　　（482）

謝辞（501）

凡例／APPENDIX（503）

星野英一
パリ大学日記

1956年10月〜1958年9月

1956年10月1日

| 10月 | 1 | 月曜日 |

雨

　昨夜徹夜．朝横浜に行き．検疫，出国手続．税関手続をする．昼近くになったので中華料理を食べに行き，MMに寄って乗船券，荷物を貰い，税関に戻って荷物を預けて帰る．丸ビルで買物をし，研究室へ．あいさつ回り．奎三に来て貰って部屋整理．7時頃終り．池袋で荷物を預けて篠原先生宅へ．8時半から10時半に至る．紹介状を書いて頂いて話す．松方氏に紹介される．帰宅．入浴，答案調べ．眠くてたまらず眠り（3時），5時起きて答案調べ．

| 10月 | 2 | 火曜日 |

雨

　答案のうち卒業見込者の分ようやく終る．8時半朝食．近藤の叔父，叔母来る．9時M子来る．修二，奎三と荷物を持ってタクシーで出，大学で成績を渡し，あいさつ状をとり，東京駅へ．丁度，母，M子，未知子と一緒．11時13，横須賀線．11時過ぎ，「カ

1956年10月4日

ンボージュ」に乗り込む．大野，石原兄嫁，
叔母，渡辺義愛，池原，新川，清水，新堂，
村上，渋谷，井上叔父，叔母……昼から食堂
に出る．3時頃皆で1等のサロンでのみ，写
真をとる．出帆は1時の予定か．6時，12
時，翌日11時とおくれる．早く眠る．——さ
すがにやや淋しくなる．

10月	3	水曜日

曇
　起床8時．朝食．後伊勢崎町に出て，少し
買物をし，10時半帰船．家に電話．11時出帆．
丹宗，○○両君見送りに来てくれる．午后か
ら答案調べ．夜9時より映画．つまらない．
胃がおかしくなる．酔ったか？　就床12時．

10月	4	木曜日

曇
　起床6時．7時神戸入港．答審調べ．朝食
はやめる．9時同室の関口氏来る．昼食は1
人．1時頃出て，小包を作り，郵便局で色々
出し，元町通りで買物をして，松茸うどんを

1956年10月5日

食べる．一旦帰船後，出てすしを食べて8時
半帰る．就床10時．

| 10月 | **5** | 金曜日 |

曇

　12時神戸出帆．それまでぶらぶらする．誰
も来ない．広田夫人来る．テープを持つ．甲
板で色々な人と話す．夜は映画．「Boulanger
de ……」就床12時近し．

| 10月 | **6** | 土曜日 |

晴

　起床8時15分．ティーは抜く．午前午後共
寝ている．午後眠る．快い．外は蒸し暑い．
就床10時半．映画あるも（*The Aweful
Truth*）見ず．

| 10月 | **7** | 日曜日 |

晴

　少し勉強をする．タイプ．「モランディ

1956年10月9日

エール」．夜は9時からダンスパーティー．
12時近くに眠る．

| 10月 | 8 | 月曜日 |

晴
　8時ウーロン着．賀田君と出ると森山君が
うろうろしているので一緒に行く．ホンコン
にわたり，美賀子に手紙を出し，電車でパゴ
ダに行き，バスでピークトラムの終点に着
く．ビクトリヤピークに登って冷たいものを
のみ，すぐおりて歩いてチャーハンを食べ
る．森山君具合悪く別れる．植物園に行っ
て，あとはぶらぶらまわり，お茶をのんで帰
る．7時．夕食．10時出帆．11時就床．暑
い．疲れた．

| 10月 | 9 | 火曜日 |

晴
　1日変わりなし．夜　競馬なるもの（Course
de chevaux）あり．

1956年10月10日

10月	**10**	水曜日

晴

　昨夜時計を1時間おくらす．朝7時マニラ着．ビザがなくても入れるというので手續に行ったところ，旅券を渡したままで，結局2時間近く待たされて入国許可をくれた．村上・森山両君と出たら，ガイドにすすめられ，1時間1ドルの約束を結局3時間となった．しかし面白い所を見た．昼は船．3時出帆．夜映画あるも，行かず眠る．ホンコンほどではないが疲れた．

10月	**11**	木曜日

薄雲

　起床8時．午前1時間半ほど「モランディエール」．午後昼寝．夜，オーストリヤその他各地をオートバイで探検した船客の記録映画と幻燈あり．就床11時．

1956年10月14日

| 10月 | **12** | 金曜日 |

晴

　起床7時半．昨夜1時間おくらす．昼頃から河と湖行きはじめる．3時サイゴン着．入口手続．5時近く出て，金の手続をし，1,000フランを192ピアストルに代えて，関口君と町を歩く．本屋などをまわり，郵便局で手紙を出して帰船7時20分．夕食．5時に山下君来たとのこと，残念．就床10時半．

| 10月 | **13** | 土曜日 |

晴

　起床8時．午前少しタイプ．大分上達．午後昼寝．3時過ぎ．門脇氏と山下君来られ，自動車でサイゴン郊外を案内してもらった．帰船7時．夕食後キャメラを一国氏に教わる．就床11時．

| 10月 | **14** | 日曜日 |

曇

1956年10月15日

　起床 7 時半．食事後 1 等ホールでミサに与
る．感銘あり．午前は手紙書きなど．12時半
の約束をやや遅れて，日本大使館に．山下君
に安南料理を御馳走になる．ここのビール，
チャシュウ麺，鳥肉 Poulet desosse（？），
肉（？）を麺で巻いてあげたもの．チャーハ
ン，パパイヤ，コーヒー．歓談．3 時半過
ぎ．少し車で廻って貰って写真をとり，駅で
おり，ぶらぶらする．雨．帰船 5 時半．7
時，門脇夫妻，山下君に迎えられて，ショロ
ン「アルカンシェル」に．御馳走．前菜，ふ
かひれのスープ，あひるの肉の空揚げ，なま
こ炒めスープ，えびの煮たもの，きのこスー
プ，チャーハン，パパイヤ．帰船11時近く．
やはり送って貰う．入浴，就床11時半．

| 10月 | **15** | 月曜日 |

晴

　起床 7 時半．食事後，町に出て写真を撮
り，エハガキを買って戻る．ピアストルをフ
ランに代える．細かい金がないというのを
粘って，やっと代えた．11時出帆．フランス
の軍人・兵隊が多く乗る．そしてインド人ら
しい者も．昼食より 2 つのサーヴィスとな

1956年10月17日

る．午後昼寝．9時，映画"Identite Judi-
ciaire"すじ分からぬし，つまらない．就床
11時半．

10月　　　　**16**　　　　火曜日

晴
　起床8時．9時半〜12時，「モランディ
エール」．午後1時半〜4時，昼寝．4時，
待避演習あり．「モランディエール」．6時—
7時タイプ．夕食後9時入浴．手紙を家と美
賀子に書いて，就床11時．30分時計を進めた
ので．

10月　　　　**17**　　　　水曜日

雨後曇
　起床7時近く．6時シンガポール入港．9
時頃港に着く．雨で出られない．手紙，タイ
プ．午後，雨も上ったので，2時近く出て，
まず関口氏のドルチェックを両替し，トロ
リーバスで繁華街（？）へ．少し買物をし，
葉書を出してからフォート・カニングを訪ね
るも，結局軍人宿舎のみ．おりて，コーヒー

1956年10月18日

を飲み，ぶらぶら歩いて帰る．入浴．就床11
時．

| 10月 | **18** | 木曜日 |

晴

　起床8時．10時近く関口君と出る．まずシ
ンガポール駅に行ったところ，汽車は11時55
分というので，郵便局まで行って手紙を出
し，クイーン・エリザベス・エスプンチード
を歩いて，バスで駅へ．3等でジョホール・
バールへ．湯と白飯を食い，歩きまわり，グ
リーンパスでシンガポールに戻る．ラフル
ズ・ミュージアムを見て帰る．5時．疲れて
眠る．夕食後映画あるも眠る，10時半．

| 10月 | **19** | 金曜日 |

晴

　起床8時40分．9時40分〜12時，モラン
ディエール．昼食後1時半〜4時半，昼寝．
つずいてモランディエール．6時半〜7時，
タイプ．夜ビンゴとダンスパーティー．10時
過ぎ帰室．賀田君来る．就床11時．

1956年10月22日

| 10月 | **20** | 土曜日 |

起床8時. 午前9時〜11時.「サヴァティエ」始める. 面白い. 疲れて眠る. 船酔いらしい. 夕食. 辛うじて食べる. 就床9時.

| 10月 | **21** | 日曜日 |

曇

8時近く目ざむ. すっかり疲れている. ミサに与り, しばらく1等デッキで海を眺めて身体を慣らす. 11時, 帰室, 眠る. 昼食, 夕室ともに出られず. 軽食をもって来てもらう. 9時近く消灯.

| 10月 | **22** | 月曜日 |

晴

起床8時. 入口査証手続. ホンコンと同じでもっとも簡単. 簡単にお茶のみの朝食. 中国人2人と村上氏と, ガイドに連れられて出る. まずランチでコロンボへ. 金を両替し, 植物園, 仏教寺院, 博物館, 動物園とタク

1956年10月23日

シーで廻る．12時半，3時間のエクスカーション．中華料理店で食事．カントン料理，甘くてまずい．椰子を飲んだりして帰る．5時半出帆．就床9時．

10月	**23**	火曜日

（記入なし）

10月	**24**	水曜日

晴後曇

　起床8時．9時～12時「モランディエール」．午後2時～3時半．昼寝．4時ボンベイ着．関口氏と出て，その友を訪ねるも不在．2人でまずゲイト・オブ・インデイアに行き，電車でヴィクトリア・ガーデンに行かんとしたが遠そうなので途中でおり，又引返して，ゲートの近くのレストランでカレーを食べ，少し買物をしてタクシーで帰船，9時半．入浴．就床11時半．

1956年10月27日

| 10月 | **25** | 木曜日 |

曇

　起床8時．午前「モランディエール」「サヴァティエ」．11時〜12時．2時〜7時，眠る．昨夜遅かったので．夕食後はピンポン．入浴9時半．就床10時半，但し時計を30分遅らせたので10時．

| 10月 | **26** | 金曜日 |

快晴

　起床8時．よく眠る．9時過ぎ〜12時，「サヴァティエ」．午後1時半〜4時，昼寝．ティー．4時45分〜6時半，「モランディエール」．6時半〜7時タイプ．夜9時から映画あるが見ないで8時半入浴．就床．又も時間を1時間おくらす．

| 10月 | **27** | 土曜日 |

晴

　起床8時．9時過ぎ〜12時，「モランディ

1956年10月28日

エール」．午後１時半〜３時半，昼寝．３時
半〜６時，「サヴァティエ」．入浴．６時半〜
７時タイプ．夕食後，トランプ12時に至る．
ソアレ・ダンサントをのぞいて就床．時計を
１時間遅らせたから，就床12時というわけ．

10月	28	日曜日

快晴

　　起床８時．朝食後９時のミサ．午前10時〜
11時半，「モランディエール」．午後，少しト
ランプ．２時半〜４時，昼寝．後，荷物のこ
とをしらべたり　写真をとったり，入浴した
りして夕食．后，トランプ．９時から映画．
「Salga17」戦争のいやなこと，ぎりぎりにあ
る人間性を感ず．就床11時半．

10月	29	月曜日

快晴

　　６時頃メートル・ドオテルが母からの手紙
を持って来てくれた．なつかしく読む．７時
起きて手紙を書く．食後９時頃，森山・関口
氏と出，タクシーで郵便局まで行って手紙を

1956年10月31日

出し，町の中心（！）でおり，ぐるぐる歩いて，又タクシーで帰る．行き，郵便局で待たせたことをたねにぼられた．帰船11時過ぎ．午後賀田氏来り話す．夕食後入浴．就床10時．

10月　　　　　**30**　　　　　火曜日

快晴

　起床8時半．午前9時半〜11時半，「サヴァティエ」．午後1時半〜4時，昼寝．後6時半まで洗濯．つづいて荷物のリスト作り．夕食の間，急に船内放送あり，「スエズ運河危険のため，ジブチに戻って待機」と．イスラエルとエジプト戦争に入り，運河の近く45マイルまでイスラエル軍迫っているとか．フランス軍艦がこの船を護衛しているとか．入浴，就床11時近く．ロトリーとダンスあるも出ず，ピンポンをする．

10月　　　　　**31**　　　　　水曜日

晴

　起床8時．9時半〜12時「モランディエー

1956年10月31日

ル」．10時，ニュースの放送あり．午後2時
〜4時，昼寝．少し歩いたり面白い島を見に
いったりする．5時半〜7時，タイプ．就床
10時．

後記 10月1日に，星野英一は，横濱に停泊していたパリ行カンボージュ
号に行って，乗船手続きをするが，まだ出発前にしなければならない仕事が
沢山残っていたので東京に帰り，その晩は家に眠る．午前3時就床，5時起
床．

　これまでの星野の経歴については，はしがき「時を生きる」に述べられ
た．それは，第二次世界大戦の悪影響を全身に受けた悲惨なものであった
（『ときの流れを超えて』有斐閣2006参照）．1956年にやっと仏国政府の奨学
生（ブルシェ）として船のデッキを脱脂綿の箱を鞄に入れて，上り，無事に
乗船できた．ただ多くの仕事が山のように溜まっていた．そういう状態で
あったので，両親はじめ周囲の者は，彼が健康になり，無事に留学生活を終
えればよいと思っていた．押せ押せの忙しさの中で荷物のチェックも行わな
ければならず，あわただしかったが，しかし，出発10日前に退院した人とし
ては，静かに，落ち着いて乗船している．内部的には摩擦もあった外国留学
への出発であったが，日記ではそれに触れていない．すべて，若年の力強さ
で乗り切っている．

　2日には，星野の父，母，そして私などが船上に集まり，その他親戚仲間
も集り，見物がてら異国情緒を味わった．これは，星野家の当時の風習で
あったので賑やかになった．1等サロンでコワントローを飲み，フランス人
のボーイから，「この船に乗る者は，奨学金をフランス政府から貰うほどの
経済事情だと聴いていたが……」とからかわれたが，とっさに星野が，「皆
で別れを惜しんでいるのだ」と，流暢なフランス語で弁明したので，ボーイ
はニコニコしてコワントローをもってきてくれたのを思いだす．さすが，そ
の日別れた晩は，星野も「淋しくなった」と書いている．

［後記］

　星野は，乗船後は，休息を取り，エネルギーの回復に努めている．一方，
ピンポンをしたり，映画を見たりして，船内生活も楽しんでいるが，船室で
は，モランディエール，サヴァティエ（ともにフランスの法学者）の著作を
読むことに専心している．目前に迫ったフランスの学会に参与するために，
研究のための読書は欠かせなかったのである．東洋圏内の港では，旧知の外
交官の山下様にたいへんお世話になっている．

　30日，スエズに達したころ，船内放送でスエズ運河戦争が始まったので，
航路を変え，喜望峰を通るアフリカ廻りになる予定が知らされた．放送自体
は，食事中のためか，静かに伝えられたが，このままではすまない，という
ことが推察できる大事件であった．このニュースは，東京にいる者にも伝わ
り，私は，荻窪にある大きな郵便局から船内の彼に電報を打った記憶があ
る．

1956年11月1日

| 11月 | 1 | 木曜日 |

快晴

　起床8時．9時，聖人祭のミサ．ぶらぶら歩いて門まで出る．10時半〜12時．「モランディエール」．午後4時出帆でケープタウン廻りとなるといったので急いで日本とパリの教授に手紙を書く．3時〜5時，昼寝．6時出帆．夕食後少しデッキを散歩し，入浴．就床10時．

| 11月 | 2 | 金曜日 |

晴

　起床8時．9時〜12時，「モランディエール」．午後2時〜4時，昼寝．4時半〜5時半「サヴァテイエ」．グアルダウア岬を右に見て廻る．写真をとる．6時入浴．6時半〜7時，タイプ．夕食後少し散歩して就床9時半．

1956年11月5日

11月	**3**	土曜日

晴

　起床8時．9時〜12時，「モランディエール」．午後1時半——4時，昼寝，洗濯．5時〜5時半「サヴァテイエ」．入浴．6時半〜7時，〈Boulanger〉，前に見たが，言葉の練習のために見る．就床12時近し．

11月	**4**	日曜日

晴

　起床8時．9時ミサ．後しばらくデッキにいて，10時半〜12時，「サヴァテイエ」．やや気分悪し．午後1時半〜5時，昼寝．後甲板を歩き入浴．夕食後も同じ．1等デッキを散歩．就床9時半．

11月	**5**	月曜日

晴

　起床8時．9時からプールでの赤道祭を見る．10時半〜12時，「サヴァテイエ」．1時半

1956年11月6日

〜3時，昼寝．眠らず．3時〜4時，「サヴァテイエ」．ティーの後，サロン・ド・ブリジェでブリッジの試合を見る．グランド・コモール島を左に見て過ぎる．6時入浴．6時半〜7時タイプ．夕食後日本人でゲームをして遊ぶ．10時に終り少しピンポンをして就床，11時近し．

| 11月 | **6** | 火曜日 |

晴

　起床8時．9時，医務室に脱脂綿を貰いに行く．ただでくれた．9時半〜12時，「モランデイエール」．午後1時半〜4時，昼寝．お茶．後ピンポン．入浴．5時半より駐日仏大使館への手紙の草案を書く．夕食前後は専ら散歩．9時に就床．1時間遅らすので8時．

| 11月 | **7** | 水曜日 |

晴

　起床8時．9時半〜12時，「モランデイエール」．午前1時半〜3時半，昼寝，眠ら

1956年11月9日

ず．後ずっと手紙を書く．入浴4時半．夜も
手紙．就床10時半．

11月	8	木曜日

晴

　起床6時半．7時ダーバン着．船のエクス
カーションに申込み，金を船に来た交換屋で
代えて，1025，同テーブル6人で，遊覧バス
に乗る．町の中をまわり，あるホテルで
ジュースを飲み，ズール人の部屋を見て，
昼食．帰り途中でエンコしてしばらく待つ．
帰船5時半．日本船で「あるぜんちな丸」に
行く．夕食後8時半出帆．入浴．所，関口，
森山氏とトランプ「ブロット」をして，就床
12時半．

11月	9	金曜日

曇

　起床8時．9時半〜12時，「モランデイ
エール」．ピッチング激し．午後1時半〜5
時半，昼寝．後ピンポンをする．夕食後日本
茶に梅干，飴などみんなにもらう．9時，映

1956年11月10日

画「Mr. Struyusle」. つまらぬ. 就床11時.
——海荒れる.

11月	10	土曜日

曇

　起床8時. 9時30分, 喜望峰を廻る. 10時
頃写真をとる. 午前中は, 手紙を書いていた
が揺れて気分悪いので, 歩いたりピンポンを
したりする. 午前1時半〜4時, 昼寝. 後,
又もピンポン, 散歩. 少し「サヴァテイエ」.
夕食後フランス人のペール（神父）と少し話
す. 就床9時半だが1時間遅らすので8時
半. ——揺れるが夕7時頃からジャイロス
コープを使い出したのでおさまる.

11月	11	日曜日

曇

　起床6時. 7時のミサに行く. 9時よりの
ミサはCデッキで一次大戦記念日のミサ.
軍人多し. 写真を撮る. 後,「ザヴァテイ
エ」. ピンポン. 午後1時半〜4時, 昼寝.
お茶の後は散歩, 洗濯. 夕食後入浴. 就床9

1956年11月13日

時半.

| 11月 | **12** | 月曜日 |

晴

　起床8時. よく眠るももう一息. 9時半〜11時半,「サヴァテイエ」. 後フランス人官吏. 勲章を見せてくれる. 午後2時〜4時, 昼寝. お茶の後洗濯, アイロン. 本を読もうとしたがさそわれピンポン. 夕食後ブロット, ピンポン. 就床11時だが1時間おくらすので10時.

| 11月 | **13** | 火曜日 |

曇

　曇りついに5日. 起床8時. 9時スートに行って, 少し物を出す. 11時になる.「サヴァテイエ」. ピンポン. 午後1時半〜4時, 昼寝. お茶の後,「漁業信用保証」のミスプリントをしらべる. ピンポン. 夕食後, 9時から無声映画の本. チャップリン, ハ……など. 就床11時.

1956年11月14日

| 11月 | **14** | 水曜日 |

曇後晴

　起床 8 時． 9 時半〜11時半，「漁業信用保証」． 後ピンポン． 食事後ブロット． お茶． 後，部屋の写真をとる． ピンポン． 夕食後少し話をして入浴． 就床 9 時半．——昼頃から久しぶりに晴れた．

| 11月 | **15** | 木曜日 |

曇

　起床 8 時． 9 時〜10時，「漁業信用保証」． 機関部の見学があるというので行く． 暑くてやかましく，ヘンなところ． 11時過ぎ戻る． ピンポン． 午後 2 時半〜 4 時，昼寝． お茶の後，洗濯． 6 時〜 7 時，手紙書き． 夕食後トランプ・ブロットをしているところへ下士官がマニラというのを教えてくれた． 11時15分に至る． ドゥーシュ． 就床12時．

1956年11月18日

| 11月 | **16** | 金曜日 |

曇
　起床8時. 午前, 手紙. 11時よりピンポン. 午後身辺整理をして2時〜4時, 横になるも眠らず. お茶の後, ピンポン, 手紙. 9時より映画《Montagne rouge》. 就床10時半. H, 久しぶりに悪い. 理由不明.

| 11月 | **17** | 土曜日 |

晴
　起床8時. 午前, 手紙書き, 雑用その他. 午後1時半〜2時半, 昼寝. 3時半, ダカール港外に着き, 5時半頃着. 関口氏, シスター2人とバスで町へ出, デパートで買物をして帰る. 社会党のデモを見る. 夕食後, ブロット. 入浴10時. 就床11時.

| 11月 | **18** | 日曜日 |

晴
　起床8時. 9時, ミサ. 後9時半〜11時

1956年11月19日

半,「石田論文集」書評のため読む. ピンポン. 午後 2 時〜 4 時, 昼寝. 但し多く本をしらべる. 船で金を払えといったため, そのことを昼食後相談し, 後ミュージックホールで写真をとる. 後, 所, 戸張, 鈴木三氏と事務長の所に行くもらちあかず. 散歩. 「石田論文集」. ピンポン. 夕食後ピンポン. 入浴10時. 就床11時.

11月	**19**	月曜日

晴後曇

　起床 8 時. 午前は雑用. 11時半船長に会い──戸張, 渡辺両氏と──, 話をする. 昼食後ピンポン. 午後 2 時〜 4 時, 昼寝. お茶の後チップ, チソトの支払. スートに行く. 後洗濯. 夕食後又もや支払いについて, 談話. 入浴10時. 就床11時半.

11月	**20**	火曜日

晴

　目覚しがならず 9 時過ぎまで寝過ごしていたのでずっと床にいたところ酔った. 午後,

1956年11月22日

ピンポンをし，デット（スエズ戦争のため乗
客となる期間が伸びたための費用の負債のこと）
に関する船への手紙を見ることにしたほか，
ずっと床にあり．就床9時．

| 11月 | **21** | 水曜日 |

晴
　起床8時．午前，デットについて手紙を出
すことに昨夜決まったので，戸張君がタイプ
を打って，署名をする．床磨きほか雑用．風
呂．洗濯．夕食後少しフランス人と話して，
就床9時半だが1時間進めたので10時半．

| 11月 | **22** | 木曜日 |

晴
　起床8時．ひどく揺れる．午前はぶらぶら
して，荷物のリストを作るなどして過す．午
後ピンポン，昼寝．お茶の後，荷物造り，洗
濯．夕食後入浴，荷物のリストのタイプ，就
床11時．午後一旦静かになったが，夜揺れ始
める．

1956年11月23日

| 11月 | **23** | 金曜日 |

曇

　起床6時．荷物の整理．食事などしている
うちに，8時近くマルセーユ着．コレスポン
ダンス・マリティームとは別の案内人来た
り，荷物の搬出，税関手続を終え，バスでマ
ルセーユ駅へ．メゾン・ジャポンに電話を打
つ．2時43分発車．ラピードにてアヴァイニ
ヨン，ヴァランス，リヨンディジョンのみ停
車，19時55分パリ・リヨン駅着．途中食堂で
デジュネ．荷物のことで時間を使い，結局10
時頃，メゾン・ド・ジャポン着．芳賀，平川
君迎えてくれる．いちおう40号室に入る．カ
フェでサンドイッチとする．就床12時．

| 11月 | **24** | 土曜日 |

曇

　今朝雪がうっすら積もっていた．8時起
床．9時に集まる予定のところ，遅れて，10
時頃，スクレテールの所に行き，ついでアメ
リカ館で朝食．終ってコミテ・ダケーユ（留
学生歓迎委員会）で手續．昼食は国際館で．

1956年11月25日

紹介されたホテルに行ったところ，問題にならないほどひどいので考え，サンスルピスの道を歩き，山口君を訪う．一緒に出，国際館で夕食．ホテルに断りに行って，少し散歩．日本館に帰る．就床12時すぎ．

朝
クロワッサン，牛乳，バター，ジャム
昼
鳥貝のスープ，シュークルート，じゃが芋シチュー，シュークリーム
夜
牛肉ステーキ（？），マカロニのいためもの，サラダ，チーズ，ぶどう

| 11月 | **25** | 日曜日 |

曇

　起床9時．食事はカフェで．ノートルダム，11時15分のオルガンミサに行く．少し歩いて，サンミシェルから大学を通り，リュー・スフロを下って帰る．昼食後，2時〜6時半，眠る．夕食．9時，部屋のこと相談．実務をして就床11時半．

朝
クロワッサン，牛乳
昼
肉（羊，牛？）のロースト，じゃが芋シチュー，グリンピース，人参の煮たもの，ヨーグルト，りんご
夜

29

1956年11月26日

ポタージュ（うまい），
ソーセージとじゃが芋
マッシュ，米の煮たも
の，サラダ，マフィン

| 11月 | **26** | 月曜日 |

曇時々雨

　起床8時．9時に集まって，セルヴィス・フィナンシェに行く．さっそく小切手をくれた．これを持って，○○○○のコントワール・ド・エスコント銀行に行き現金にする．後，朝食．メゾンの手紙．午後1時半出て，コミテ・パリジャンに行って食事の手続きをするも向こうが間違ってらちあかず．3時にコミテ・ダクイユに行く．待たされ，5時半に，ムシュー・ブイシエルに会う．帰館，夕食．散歩して脱脂綿など買う．雑用．11時近し．

朝
クロワサン，牛乳，バター
昼
いわし缶ずめ，ビフテキ，じゃが芋空揚げ，グリンピース，チーズ，梨
夜
ポタージュ，ソーセージと豆，じゃが芋油いため，サラダ，果物ゼリー

| 11月 | **27** | 火曜日 |

曇後雨一時晴

昼

1956年11月28日

眠くて11時半まで起きず．昼食．後，コパール，法律書出版店，法学部，サント・イーヴ，アシスティティ・カトリック，カトリックセンターとまわり，マガサン・レユニで買物をし，ホテルに帰ったのは7時．夕食後，いろいろ整理など．就床12時半．

ハムとピクルス，にしんのロースト，うどんのいためたもの，サラダ，チョコレートゼリー
夜
ポタージュ，ローストビーフとシュークルート，米の煮たもの，チーズ，りんご

11月	**28**	水曜日

晴後曇

　始めて晴．起床10時．朝食後大使領に出かけようとしたが，時間なくて引返す．昼食後行き，河野領事官，河中氏，松原氏に会う．コミテで紹介状を貰う．大学の近くへ行く．サント・イーヴの集りに出る．6時．講話，ミサ，食事．ミサよし．帰館8時．ドゥーシュ．先生方に手紙を書く．就床2時半．（ハガキ——学部長，江川先生）

朝
クロワッサン，オレンジジュース，バター
昼
じゃが芋とトマトのサラダ，牛のレバーとじゃが芋，人参のクリーム煮，チーズエクレア
夜（イーヴの集い）
スープ，葡萄酒，ジャムといわしのサンド

1956年11月29日

｜ イッチ，りんご

| 11月 | **29** | 木曜日 |

曇

　起床9時半．朝食後，手紙の清書．法学部
へ．昼食に帰り，又法学部へ．フレジャヴィ
ルの講義を聞く．出て，ソルボンヌを見て，
6時コミテ・ダクイユのレセプションに行
く．各国の人に紹介される．8時近く出，モ
ンパルナスまで散歩して帰り，夕食．就床．

忘却
昼
つけ物，にしん，チー
ズ
夜
ポタージュ，鳥のロー
スト

| 11月 | **30** | 金曜日 |

晴後曇

　起床9時半．朝食後法学部へアンスクリプ
ションに行くも又もや月曜に来いという．呆
れる．食事をカフェでし，サントル・リシュ
リユーに寄ったり，古本を見たりしてから，
フレジャヴィルの講義に．すんで，リユクサ
ンブールを通って，コミテ・ダクイユに音楽
会の切符を貰いに行く．15%引き本を売る店
に寄り，モンパルナスから，マガサン・レニ
ユで洋服かけを買って帰館．就床10時半．

昼（カフェ）
クロワッサン2個，カ
フェオレ，バター
夜
ポタージュ，じゃが芋
の煮たもの，卵焼きと
シャンピニヨンの煮た
もの，パティスリー

［後記］

（——滞在許可をとる）

後記　星野は，11月にはいっても，スエズ運河戦争の勃発にも関わらず，船上で，比較的穏やかな生活を送っている．が，途中で立ち寄ったアフリカ人の町などについて多くのことを感じ取った．だが，この日記には，それは詳しく書かれていなく，私への手紙には，彼が受けた印象が詳しく書いてあったのを思いだす．例えば，カンボージュ号が寄港する町では，原住民が怒ったと言う話，何故かと言うと，この仏船は，泊まった港で，最大限の食糧を買い上げていくので，住民たちは食べ物が不足して困ったという話，また，人種差別がいまだに大きく残っているという深刻な話など．また，7日には，駐日仏大使館への手紙を書いているが，星野は，フランス滞在中に多くの手紙を，大使館宛てに，あるいは大学訪問のために，学部長宛てに，フランス語で書いたが，こういう手紙書きの仕事は，すでに，この船上から始まっていることに驚く．電子メールがなかった時代である．一方，海は荒れ始め，ジャイロスコープを使いはじめたことが6日あたりに書かれている．11日には，船上で9時より——その船には多くの聖職者が乗っていたこともあり——第一次世界大戦記念ミサがあげられた．だが，英一は7時のミサに参加している．12日には，彼にしては珍しく，誘われたため，勉強よりもピンポンを選んで運動に励んでいる．このように遊んでいる姿は，青年時代の前期，戦争に脅かされていた時にはみられなかったものである．

　待望のパリには23日に着く．この日，朝8時にマルセーユに着いたので，上陸し，メゾン・ド・ジャポンに電報をうち，急行でパリに向かう．パリに着き，午後10時頃，メゾンに着き，芳賀，平川様に迎えられ，40号室にはいる．

　その翌日は雪がうっすらと降っていた．まるで，星野のパリ生活の初心な始まりを表すかのように．手續きを終え，山口先生を訪ねる．日記帳は引き続き日本製の博文館日記帳が使われているが，パリ着と同時に，日記帳の余白欄に，食事のメニュウが記録され始めたのである！　立派な食事に感嘆し

33

1956年11月

たのだろうか．24日に「国際館（Fondation International）で夕食」とある
が，この語は後に「F. I.」として常時使われるものに当ると思う．星野は食
べ物に対して常に感謝の念を抱き，かつ，食べ物に興味をもっていたので，
フランス料理は，生命の華に見えたであろう．

　26日以後は，小切手を現金に換えたり，すぐに法学部のフレジャビル教授
の講義に出たり，領事館に行ったり，ルウ・スウフロ，モンパルナッス，ソ
ルボンヌなどを訪れ，本屋に行ったりして，今後彼の活躍拠点となる場所を
親しく巡り歩いている．そして，パリ滞在の全期間，心の癒しどころとなっ
た美しいルクサンブルグ公園にも！

1956年12月2日

| 12月 | **1** | 土曜日 |

曇

　朝，霧深し．起床9時半．朝食後，整理．昼食をして大学へ．○○○を見て，フレジャヴィル教授の講義．図書館を見る．リブレリー・リュクサンブールで本を注文して帰る．夕食．ドゥーシュ．8時出て，テアトル・ド・シャンゼリゼへモーツアルトのレクレイムに．終って少しシャンゼリゼを歩いて帰ったら，1時．

昼

さけ缶詰（？），米の煮たもの，トマトの上にひき肉，チーズ，あんずの　（？）

夜

ポタージュ，じゃが芋の煮たもの，サラダ，牛肉のフライとシュウークルート，リンゴ

| 12月 | **2** | 日曜日 |

霧．

　起床9時半．部屋で牛乳500ccとセレアルを食べてサン・スルピスの11時のミサに行く．終って一まわりして帰り，すぐ直接昼食．昼寝，6時半まで．夕食．後3つ手紙書いて，就床11時．〈ハガキ――美賀子，家〉

昼

オールドーブル（大根？）の和え物，ビフテキとマカロニ，茶豆，ヨーグルト，みかん

夜

玉葱のコンソメ，〈マッシュポテト――食べず〉，ローストビーフ

1956年12月3日

とグリンピース，サラ
ダ，りんご
体重　53.5KG

12月	3	月曜日

曇一時晴
　起床11時．朝は抜く．眠いのと，昨日，船に乗って2番目ぐらいのごく軽い消化不良を起したので．昼食後，大学へ．本屋に寄り，図書館で調べものをして，レヴェイ・グリユール教授の講義に出る．終って又図書館．7時出て，写真屋に寄って帰る．直接食堂へ．帰館後，整理，手紙書きなど．就床11時半．〈ハガキ——野田，関屋，石崎各先生〉

昼
トマト，ビフテキとじゃが芋から揚げ，グリンピースのマッシュ，チーズ，りんご
夜
ポタージュ，ローストポークとグリンピースのマッシュ，マカロニ，サラダ，フルーツゼリー

12月	4	火曜日

　起床8時半．10時に事務長（？スクレテール）に面会し，手続のことを聞く．さっそく外人学生係のところで手続してくれる．12時になる．食事をレストランでしたら高い．午

夜
ポタージュ，牛の煮込みと白いんげん豆の煮たもの，サラダ，ヨー

1956年12月5日

後2時，サントル・リシュリスーでダニエルーの話を聞く．非常に面白い．3時終り，図書館で調べものをする．5時15分，レオン・マゾー教授に会う．アンリ・マゾー，ブーランジェ両教授を紹介してくれた．出て，ミッション・ユニヴェルシテール・フランセーズに寄り，帰る．直接夕食．帰館後，アルメニア館に（……）を頼みに行ったら，その人は結婚していないとのこと．帰り，整理その他．就床10時半．

グルト

12月	**5**	水曜日

曇

　起床10時．昨夜遅く隣に入って来て寝た者あり．よく眠れず．11時，ブーランジェ教授に会う．ガヴァルダ助手に紹介される．30分で辞し，昼食．散歩してコミテ・ダクイユに寄り，法学部で　請求された額のことを相談する．出て帰る．整理．ドゥーシュ．夕食後すぐ眠る．賀田君引っ越してくる．（ハガキ—美賀子）

昼
（ブラスリー），オールドブル，クレソン・フリート
夜
ポタージュ，ローストビーフといんげん豆，じゃが芋を煮たもの，サラダ，ぶどう

1956年12月6日

| 12月 | **6** | 木曜日 |

曇

　起床9時半．朝食アメリカ館．帰って，身辺整理．レヴィ，ブリユール，アスペ・○○サンーク・ド・ドロワを読み始む．昼食．昼寝．2時半出て，まず，保険料を払いに．クローヴィスまで行き，リブレリー・ジェネラールで，トレテ・プラティークを注文．ソルボンヌ，ギュルヴィチ教授の講義を聞く．終って，街頭スナップで写真をとり，サンジェルマン，252まで行って現像を頼み，○○○○のフロに入り，リブレリ・リュクサンブールで本を受取って帰る．夕食．後関口君寄り，メザジュリ・マリティームに荷物の催促の手紙を書く．就床11時．（テガミ ―― MM)

昼

オールドブル（いわし缶詰と芋），ローストポーク，米の煮たもの，サラダ，みかん

夜

ポタージュ，ビフテキと芋からあげ，ほうれん草うらごし，チーズ，アップルジャムのパイ

| 12月 | **7** | 金曜日 |

曇

　起床9時半．朝食アメリカ館．少し，Traite pratique の Lonage を読む．6階63号室に移れると Mme Jaune よりの手紙で見に

昼

オールドブル（牛，トマト，オリーブ），魚のバター焼き，茶豆，

1956年12月8日

行く．まずよい所．静か．昼食をして直接大学へ．Pr. Esmein の Doctorat, Licence 合併の Propriete の講義．学生が騒いだのはわからない．ついで Pr. Frejaville, 民法．やはり明快だ．出て，Institut Catholique に徳川神父を訪ねるも見当たらず．Cite を散歩して帰る．6時半．直接夕食．後ぼんやりして，早く寝る．(ハガキ――篠原先生，山本桂先生)

ヨーグルト，りんご
夜
ポタージュ，オムレツと牛のバター焼き，カリフラワーのクリーム煮，サラダ，ビスケット

| 12月 | **8** | 土曜日 |

曇

　起床9時半．朝食アメリカ館．6階63号室に引越しをする．午前中かかり，すべて終る．昼食1時半．Douche. 少し横になる．5時出て，まず，St. Germaim の Pigeon Voyageur で現像・焼付のすんだのを受取り，Pont Neuf へ地下鉄で出て，Bon Samaritan で少し買物．6時半，出，Rue Damphivre を通って Bd.St.Germain に抜け Luxembourg 駅まで歩いて Metro で帰る．直後夕食．後洗濯物．写真を見たりして就床11時．

昼
オードブル (茸の煮)，ビフテキと芋からあげ，小マカロニ，チーズ，杏のコンポート
夜
ポタージュ，メンチボールと芋，米の煮たもの，サラダ，ぶどう．

1956年12月9日

| 12月 | **9** | 日曜日 |

曇

　起床9時. 朝をカフェでして Eglise Madelaine に行く. Haute Messe 説教した神父は雄弁. 出て, Concorde を抜け, Rue Rivori を Louvre まで歩き, Metro で Clignamcourt へ行く. Restaurant で食事をして——パリの下町的！——Marche aux Puces を見る. 2時半〜5時半. Metro で戻り, 直接夕食をして帰館7時.

昼〈レストラン〉
Moule marine, Saucisson（サラミ風ソーセージ）, Vin Rouge
夜
ポタージュ, ローストビーフと豆, じゃが芋のいためもの, チーズ, オレンジ

| 12月 | **10** | 月曜日 |

曇

　起床10時. 朝は部屋でパン, チョコレート, オレンジ. 11時半, Mme Jaune に部屋代を払いに行く. "Levy-Bruhl". 昼食1時過ぎ. 一旦帰室して, 大学へ. COPAQ に行って Restaurant のことを聞く. 16.35 Prof.L.Mazeaud に会う. 立話をして別れる. 出てすぐ帰館. "Levy-Bruhl". 夕食8時近し. 帰室後少し整理して就床. ——来信, Prof.Frejaville, 美賀子, 発信, 家, 美賀子

昼
オールドブル（いわし缶詰とバター）, 牛のローストとカリフラワー, うどん, さらだ, プラムの砂糖煮
夜
ポタージュ, ○○のカツレツと芋のクリーム煮, マッシュポテト,

1956年12月12日

チーズ，りんご

| 12月 | **11** | 火曜日 |

曇一時雨

　起床9時半．食事，アメリカ館．11時，Prof. Boulanger と会い，Travaux Pratiques を紹介して貰う．M. Gavalda と Rendez-vous の約束をする．11時半出て，まず Gare St. Léger の ENCO へ行って説明を聞き，Inscription をし，○○○の時計屋 Bijoux Terminus で時計修繕をたのんでから，カフェで食事．ついで R.de Paradis の Scripta で文房具を買い，名刺をたのみ，Bd. Sebastopol の Bernel でくしを買い，Bon Marche で靴みがき入れその他，Monoporix で2，3買物して帰館7時半，夕食8時．所君，その他と少し話して就床11時．

昼（カフェ）
ソーセージサンドイッチ，カフェオレ，パン半分
夜
ポタージュ，ビフテキと芋からあげ，グリンピース煮たもの，サラダ，バナナ

| 12月 | **12** | 水曜日 |

曇一時雨

　起床9時半．朝食アメリカ館．午前 "Levy—Bruhl. Douche. 午後昼食をして直接 Maga-

昼
オールドブル（かぶ？）
ローストポークと芽

1956年12月13日

zins Reunis に行き，額？を取り替えて Luxembourg 駅へ．2時半賀田君と会い，Madelaine の MM で金を払って，La Chapelle a Dovane で税関を通し，タクシーに乗って帰館，6時．荷物を上げていたら6時半．Douche をあび，食事をして，日本館のパーティー．11時半までいて帰室．少し用事をして就床1時近し．——手紙，野田先生

キャベツ，じゃが芋いため豆，サラダ，みかん
夜
ポタージュ，？ロストと米，ほうれん草，チーズ，りんご

| 12月 | **13** | 木曜日 |

晴後雨後曇

　朝，快晴，始めて．起床9時半．荷物整理に午前を潰し，12時半出て食事をしてから Bd. Italiens の Credit Lyonnais に日本からの金を受取りに行く．大学の事務へ行き，Carte d' Auditeur libre をもらい，Mairie du 5 Arrond で Restaurant の登録手続をし，COPAR で Concert Colonne の切符を買って Comite d' Accueille へ行く．5,000fr は貰えないとのことでがっかり．ついで一旦 Quartier Latin へ出てから Photo へ現像焼付をたのみに行き，Centre Richelieu で大園神父の話を聞く．後あいさつをし，帰る．直接食事．出て食料を買いに行ったが店閉じてい

昼
羊ローストといんげん，マカロニ，サラダ，パティスリー，ジャム，
夜
ポタージュ，羊フリッターと羊から揚げ，茶豆，ミカン，
来信　母

1956年12月15日

る．21.00．送着委員長にされる．終わって
芳賀君の部屋でごちそうになってだべり，
後，所君のところで話して帰宅．就床1時
半．

12月　　　　　　**14**　　　　　　金曜日

曇

　起床9時半．午前 "Levy -Bruhl'. Ma-
dame Jaune にあいさつに行く．手紙書きに
あと1日費やす．昼は1時半，自室にて．
ちょっと横になってから，3時過ぎ出て，
Restaurant の Carte を貰い，COPAR で
Vignette をもらって，16.25，Pr.Frejaville
に会う．すぐ終る．出て散歩しつつ帰る，5
時半．手紙その他．大園神父からローマへ行
かないかと電話あり．就床10時半．

昼（自室）
パン，バター，チーズ，
Mousse a chocolat,
オレンジ
夜
ポタージュ，○○と芋
のいため焼．カリフラ
ワーのクリーム煮，サ
ラダ，フルーツゼリー

12月　　　　　　**15**　　　　　　土曜日

曇

　起床9時半．朝食アメリカ館．帰り，又食
料とパンを買う．帰宅後 douche 洗濯1時
間．手紙書き．2時，部屋で食事．手紙．告

昼（自室）
パン，バター，チーズ，
Mousse a chocolat,
トマト

1956年12月16日

解の準備をして4時出，St.Sulpice へ行く．
M.le Cure 終って Gare de l' Est の Scripta に
名刺を取りに行く．帰館7時15分前，直接食
堂．帰室后，ちょっと話して，大園神父の所
へ．徳川神父もきておられ，10時すぎまで話
して帰る．3万円受領．ローマへ行くこと決
める．帰室10時45分，就床12時近し．

夜
ポタージュ，トマトの
上にひき肉をのせたも
の，マカロニ，チーズ，
グレープフルーツ

12月　　16　　日曜日

曇

　起床9時半．Paroisse de La Cite Univer-
sitaire のミサ．きれいだった．終って Cure
にあいさつして帰り，直接昼食．一旦帰宅．
Gare de l'Est へローマ行きのことを相談し
たところ，Gare de Lyon へ変わっていたの
で，そちらへ廻る．Location はもうない．
Opera の鉄道案内所へ行ったらしまってい
る．Theatre de Chatelet に Concert Ca-
lonme を聞きに行く．ベートーベン，エグモ
ント序曲，バイオリンコンチェルト4番（独
奏，〇〇〇）田園．よかった．久しぶりに感
激．帰館食事．後手紙書き．就床11時．

昼
オールドブル（赤大
根），ローストチキン
とマカロニ，白豆，チー
ズ，オレンジ
夜
ポタージュ，ポークフ
リッターとマッシュポ
テト，米の煮たもの，
サラダ，チョコレート
ケーキ

12月 17 月曜日

晴

　起床9時半. 自室で食事. 領事館に電話をして, すぐ行って, Visa の申請などをする. Quartie Latin に帰り, Restaurant libre service で食事をし, 14.00, M.Gavalda に会う. 法学部を一わたり見せて貰って15.10出る. École Pratique des Hautes Études で Inscription するも Bureau みつからず苦心. 4時になる. バスで Pigeon Voyageur に行き, 写真を受取りフィルムを買う. Opera の CIT でローマ行きの切符を買い, イタリア国鉄案内所でパンフレットをもらって (18.00). 又も Quartier Latin に来て, Concordia で夕食. 帰館8時頃. 月美し. Session de Noel のパンフレットを見. 雑用をして21.30. 就床10時.

昼 (レストラン)
Saucisson, frites, pommes, frites, Yaourt, Pain
夜 (Louandia)
コンソメ, カリフラワーとセロリの酢漬け, 牛肉, 芋, 人参のシチュー, オレンジ

12月 18 火曜日

晴後曇

　起床10時. 自室で食事. 少し Session de Noel の参考文献を見て, 食事. 国際会館.

昼 (Cite U.)
オールドブル (○○○○), 魚のフライ, じゃ

1956年12月19日

後，一旦帰館後，出て，スイス領事館へ visa を貰いに行き，Librairie に行って柳さんにたのまれたものをわたし，本を買い，St Légare の Bijou Terminus で時計の修繕を受取って，Notre Dame de Champ まで来る。Librairie de Luxembourg で仏伊，伊仏辞典を買ってから大園神父にパンフレットを帰す。Concordia で食事をして帰る。ちょっと戸張，渡辺君の部屋でだべり，20.45委員会。11時半になる。芳賀君の部屋で松原君，後平川君を交えて話して就床3時。

が芋の煮たもの，サラダ，シュークリーム
夜（Concordia）
ポタージュ，ハムと野菜の煮たもの，サラダ，バナナ

| 12月 | **19** | 水曜日 |

曇後雨

　起床8時。急いでスイス領事館に行き，Visa を貰う。帰り直接 Fondation Deutsche の床屋に行く。終って帰宅11時半。Douche，つづいて洗濯。10時半になる。食事をして Comite d'Accueil に行く。M.Fichelle に会い，2，3手續をして，16,00，Ecole Pratique des Hautes Etudes に Morage の講義を聞きに行く。まだ始まってなくて，ちょっと話して出る。図書館に行き，Cours de Droit をもらって，17,30，Lycee

昼（自室）
パン，チーズ，バター，トマト
夜
カクテルパーティー

1956年12月20日

Montaigne に Travaux pratiques に行き M. Desiry に会って，大使館の Reception へ．五目鮨あり，シャンパン乾杯．9時出て帰館10時過ぎ．就床．

12月　　　　　　**20**　　　　　　木曜日

曇

　起床10時．11時，Mme. Jaune に会い，Comite の結果を報告し相談．昼食は Cite U. にて．手紙書き．4時過ぎ出て，Comite d'Accuieil に行き，小切手を貰い Livrairie du Luxembourg でイタリア会話の本を買って，Servandoni に M.Guillain を訪う．5時半．6時辞し，Soufflot で○○○○をして，Concordia で食事．一旦帰宅後8時半森先生を訪う．歓談1時近くに至る．一緒に出て帰館10時すぎ．就床．

昼（Café）
オードブル（貝のパイ），ひき肉とじゃが芋のグラタン，人参の煮たもの，サラダ，オレンジ
夜（Concordia）
ポタージュ，ビフテキとからあげ，芋の煮たもの，サラダ，りんご．

後記　パリでの研究体制を築くのに多忙な月である．1日には，彼が留学中，何度も行くことになる本屋，リブレー・リュクサンブルグに初めて出かけ，本を注文する．夕食後には，テアトル　ド　シャンゼリゼでモーツアルトのレクイエムを聴いている．専門の法学の研究と同時にパリ文化の知識を深めようとしているのがわかる．4日にはダニエルの話を聞き，「面白い」と書いている．レオン・マゾー教授に会い，アンリ・マゾー，ブーランジェ

1956年12月

両教授を紹介される．こうして，星野は，パリ大学の教授たちに，少しずつ存在を知ってもらい，彼自身も少しずつパリ大学に親密感を感じるようになる．5日には，かねてより，どんなに馬鹿な質問をしても，話が出来るような，助手の方でも紹介して頂きたいと頼んでおいた願望が叶って，当時は助手であった，M. Gavalda を紹介して貰った．氏はその後もずっと親切であり，自分がアグレガシオン（教授資格試験）に受かった時，また，その他のイヴェントに招いて下さった．だが，さすが，自分の結婚式にだけは招くことができなかった──と言われた話を聞いている．後に山田誠一教授がパリに研究に行かれる時には，星野は，Gavalda 氏に，山田教授の指導教授になってくださるようにと，入念な推薦状を書いた．星野の留学時代から，幾年も後に，私も夫に同道して，ガヴァルダ氏を訪れることになった．その時夫は，花屋に寄り，大きな花束を私にお土産として持たせた．

星野は，エスメイン，フレジャビル教授の講義も聞き，「明解だ」という．その他，大勢の教授の講義に出て，パリ大学の雰囲気に慣れようと努めている．このようにして，自分の中で，日本とフランスとの学術交流の基礎が固まりかけるのを感じる．11日には，M. Gavalda との初めての Rendez—vous（予約会見）があり，まず，法学部全体を案内してもらった．

船で一緒だった賀田様が日本館に越してこられる．日曜日にはミサに出るのを怠らないが，15日には Cite Universite のミサに与り，「きれいだった」と感嘆している．クリスマスが近ずき，16日には，Theatre de Chartelet にベートーヴェンを聞きに行き，久しぶりに感動する．また，大園神父からローマに行くように言われ，直ちにその気になり，ローマ行の切符を求めたり，visa 申請，その他の手続きなどで忙しい．このローマでクリスマスを過ごすというアイディアは彼の意識を全面的に引きつけたらしく，21日以後の彼の日記帳には，何も書かれていない．なお，このローマ行のために，彼は，大園神父から3万円を預かるが，後にその会計報告を書くのに忙しくしたことも日記に現れる．こうして，彼がパリ大学で研究するための最初の年の晦日，そして新年を迎えた．

1957年1月5日

1月1日より4日まで，無記入

1月	**5**	土曜日

聖女 アメリー

曇

　起床9時半．10時半，朝食にアメリカ館へ．11時出て法学部長の秘書に会う．Doyenの rendez-vous（お会いしましょう　面会許可）をもらうため．すぐ帰り，直接昼食．帰館後，Douche（風呂），洗濯，山のごとし．途中，一国君に呼ばれ，ピンポンのトーナメント，補欠として出，○○○君とやってあっさり敗ける．すこし新しい朝日新聞を読んで，帰り，洗濯．6時近く終わる．色んな物の整理．7時半，夕食．賀田君といっしょになり，帰る．関口君に写真をもらい，たのまれた物をわたし，賀田君の部屋でお茶とせんべいをご馳走になって写真の打合わせをし，Dom Marie Joseph と Pere Osono（大園神父）に電話するも通ぜず．帰室．すこし整理をして就床10時半．

朝食（アメリカ館）

パン，ブール（バター），コンフィチュール（ジャム）

昼食（学？食）

オードブル（サラミ，ブール），牛肉の煮たものに人参の煮たもの，うどんバターいため，サラダ，菓子（パイ）

夕食（学食）

ポタージュ，メンチボール，トマト煮と米，グリーンピースの煮たもの，チーズ，りんご

1957年1月6日

| 1月 | **6** | 日曜日 |

ご公現

雨後晴後曇

起床7時半. Cercle St. Jean Baptiste de la Salle のミサに行く. 9時と思ったら11時. 徳川神父司式, 侍者をする. 後, 朝食. M.Guillain 夫妻, その他に会う. ついで大園神父のローマ報告. 出て小幡君と Cite Univt. へ. 直接食事. 帰室2時過ぎ. 12月, ローマ旅行などの会計をする. 途中関口君来たり話して行く. 夕食, 学会, 7時半. 帰室後, Dom Marie-Joseph に電話. 就床10時半.

朝食（Cercle）
カフェオレ, クロワッサン, Garette de roi,
昼食（学食）
オードブル, ローストビーフ, チーズ, オレンジ
夕食（学食）
ポタージュ, ローストビーフとセロリのサラダ, じゃが芋, 煮たもの, コンポート, ウェハース

| 1月 | **7** | 月曜日 |

聖女 メラニー

晴

起床9時半. よく眠る. 朝食アメリカ館に行き, その足で Fondation Nationale でチェックをもらい, Fondation International で現金にして帰る. すぐ出て, rue de Laborde に, Dom Marie- Joseph をたずねたが, 番地を間

朝食（アメリカ館）
クロワッサン, ブール
昼食（カフエ）
ソウニッソンのサンドイッチ
夕食（F.I）

違えて見当たらず．しかたなく，ENCO で新しい carnet を受け取り，カフェで食事をして帰る．2時半．昼寝よく眠る．6時に起きて，ボタンつけ，○○など．7時，F. International へ食事に行き，一旦帰館してパン，チーズ，など買いに行く．帰って Dom Marie-Joseph に電話．9時〜10時半，"Lonage"．就床11時．

ポタージュ，牛肉の煮込みと，白いんげん，サラダ，マフィン

1957年1月8日

| 1月 | **8** | 火曜日 |

聖 ルシアン

曇霧深し

　起床9時．自室で朝食をし，10時〜11時，"Aspect sociologiques"．11時出て，Eglise St. Augustin 門前で，Dom Marie-Joseph と待ち合わせする．レストランでご馳走になり，話す．良子への手紙を託す．2時別れ，Comite d'Accueil に寄って，2，3用事をし，Librairie du Luxembourg に寄り，Gibert で文房具を買い，Librairie General du Droit…で Traite Pratique を受け取って帰る．4時半．"Aspects juridiques" 7時まで．夕食，自室．8時まで手紙書き．出て戸張，波辺君等とちょっと打ち合わせて，8時45 Comite．11時に至る．就床12時近い．

朝食（自）
ウエハース，バター，人参，チーズ，
昼食（F.I）
オードブル，鳥ローストとグリーンピース，チーズ，りんご，コーヒー
夕食（自）
ウェハース，バター，チーズ，人参，オレンジ

1957年1月9日

1月　　　**9**　　　水曜日

聖 ジュリアン

曇後霧雨（ブルイーブル）

　起床9時半. Cartier と Mme Jaune に会うことにしてあったので，あわてて起きる. Cartier 来たる. 急いで支度して行く. あいさつと少し相談. 終わって朝食，自室. "sociologique" 11時. Douche,12時. 12時半食事，F.I. 1時半〜3時，昼寝. 眠し. 起きて，まず，Comité d'Accueil で Opera Comique の切符を買い，リュクサンブルグ公園を抜けて，Cafe で一休みし，Prof. Morage に会う. 疑問を提出し，それを Prof. が答えてくれることになる. 5時，終わって Secretaire du Doyen de la F. de Droit in Doyen との rendez-vous を貰い，Lycée Montaigne で M. Desiry の Travaux Pratique に参加. 途中，Prof. Durand 入ってきて話す. 面白い. 帰館，Cartier と一緒になる. 夕食，F.I. に一緒に行く. 帰館後，T. P. の復習をする. 9時戸張君来たり，M.M の請求について話を聞く. T. P. 9時半〜11時. 就床11時半.

朝（自室）

ウエハース，バター，人参，チーズ

昼（F.I.）

オードブル，ソーセージ，ボールのトマト煮と茶，グリーンピース煮たもの，サラダ，マフィン

夕（F.I.）

ポタージュ，チキンのローストとほうれん草のうらごし，じゃが芋煮たもの，チーズ（Gruiyere），みかん

1月	**10**	木曜日

聖 ギヨウム

曇　夜　晴	朝（自）
起床10時近し．朝食自室．11時〜12時半，"Aspects sociologiques"．昼食 F.I. 戸張君といっしょになる．2時出て，109Av 新しい UNESCO 見学（Comité d'Accueil の主催．3時〜4時20分．帰室，5時過ぎ，途中パンを買う．ブドー酒のせんを抜くのにてまどる．7時夕食，F.I. 帰館後，すぐ眠る．疲れたので．9時．美賀子より手紙来る．	ウェエハース，バター，人参，チーズ 昼（F.I.） オードブル，ソウセージの揚げ物とグリーンピースうらごし，じゃが芋，ケーキ 夕（F.I.） ポータジュ，ローストポークと人参，マカロニいためたもの，チーズ，みかん

1月	**11**	金曜日

聖 ホルテンス

曇後晴	朝（自室）
起床9時．よく眠る．関口君を訪ねる．朝食自室．10時半〜12時，"Aspects sociologiques"．昼食 F.I. 少し横になってから2時過ぎて出て，法学部で3時に Doyen Hanmel と rendez-vous．待たされるが，便宜を図っ	パン，バター，人参，チーズ，チョコレートクリーム 昼（F.I.） オードブル（じゃが芋

1957年1月12日

てくれた．出て Le Monde を尋ねて Place d'Italie へ行ったら，rue des Supplementaire の相談．松井さんも加わってくれた．帰館，直接夕食，F.I. 帰室 8 時半，"Traite Pratique, Lonage" 手紙．就床11時半．

のサラダ），魚のフリット　豆，チーズ，杏コンポート
晩（F.I.）
ポタージュ，卵焼とじゃが芋のから揚げ，Jardin du Végétable サラダ，りんご

| 1月 | **12** | 土曜日 |

聖 アルカデウス

曇一時雨

　起床10時近し．朝食自室，すぐに douche，風呂，11〜11時45．洗濯12時半まで．昼食F.I. つづいて，洗濯，13時30〜14時45，昼寝，15〜16時半まで．出て，Rue de Rome の○○○○○に，アルコールランプを探しに行ったがなく，プロパンガスランプのみ（Butangaz），高い．止めて，モンパルナッスの Monoprix で，昼食をして，シテ・ユニヴェルシテの近くのよろず屋で，アルコールランプと鍋を買って帰館，19時30．夕食，F.I. 帰館後，食器を洗ったり，雑用をして，ついに10時になる．就床11時．―― 美賀子の留学のこと，心をなやまし，考え

朝（自）
朝パン，バター，人参，チョコェートクリーム，
昼（F.I.）
Hors d'Oeuvre, Poulet Rotique, pomme frite, ○○○○人参クリーム煮，Yaourt, Poire
夕（F.I.）
ポタージュ，Pork Roti，じゃが芋炒め焼き，サラダ，カステラ

1957年1月14日

る．やっと落ち着いて結論出そう．

| 1月 | **13** | 日曜日 |

聖 J.C. バプテーム

晴後曇一時雨

　起床 8 時 半．St. Germain de Pres の Grande Messe に行く．終わって（（11時15），Musée de Louvre に．ぶらぶらと見る——De Vinci, Raphael, Van D'yck, Rubens など．そしてギリシャ彫刻．11時半〜13時，出て帰館．13時40，昼食，自室．始めてアルコールランプを使ってみる．14時45分〜17時半，昼寝．Dossier（紛失）を探したり，雑用．手紙美賀子に．19時半出て食料を買い，帰館後夕食，20時半〜21時半．時間をくうのが困る．手紙書き，就床 1 時に至る．
体重　54.25

朝（自室）
牛乳
昼（自室）
パン，バター，チーズ，チョコレートクリーム，コンソメ，オレンジ
夕（自室）
パン，ポタージュ，バター，チーズ，サラダ，チョコレートクリーム，オレンジ

| 1月 | **14** | 月曜日 |

聖 ヘリックス

曇　一時　雨

　起床10時近し．朝食自室．11時〜12時．15 "Aspects sociologiques"．
　昼食，F.I. 後 "Aspects"．14 時 30 出て，

朝（自室）
ウエハース，バタ，人参
昼（F.I.）

1957年1月15日

Rue des Italiens の Le Monde Abounement に行き，少し Blvd. des Ialiens, Bd. des Capncines をぶらつき，スイス鉄道案内所で地図などを貰って，Solferino へ来，Pigeon Voyageur でフィルム1本現像をたのみ，1本を買う．ST. Germain des Pres から帰り，よろず屋で買い物をして帰室，18時半．写真機の手入れその他．夕食自室．20時．出て C.C. I.F. の Conference に行ったら，日をまちがえていた．Vavin から帰る，ところが Metro を誤り乗ってしまい，Odeon で乗り換える．帰室22時．関口君に写真機を見てもらって，日本茶をごちそうになり，帰室23時．就床24時．

Hors d'oeuvre, Poie Roti, avec choufloues, Hariet blanc, Fromage.

夕（自室）

Pain, Beurre, Fromage, Creme en chocolat, Potage de Poisons, Legume.

| 1月 | **15** | 火曜日 |

聖女 ラケル

曇

　起床10時近し．朝食自室，少し "Aspects sociologiques" の後，軽食をして12時30, Palais du Justice en（？）Plaidoirie を見学に行く．C.A の案内．ところが，弁護士が病気でいないのでだめになった．歩いて Concordia で食事をし，帰館．14時14分．17時まで "Aspects "出て，○○○○の reception に行

朝食（自室）

パン，バター，チョコレートクリーム，

昼食（Concordia）

Hors d'oeuvre 貝のパイ），ペースト（？）と芋のから揚げ，チーズ，りんご

1957年1月16日

く．18時．19時30分終わり，またも Luxem-bourg まで来て，Concordia で食事をし，Place de Vorge の Lionellé に Comite d'Accueil の案内で見学に行く．Marionette 2つ，"Innoccent" と "○○○"．面白い．23時出て，帰館，ドイツ人法学生，スイス人など一緒になる．帰室24時，就床1時．

夕食（Concordia）
Potage, Porc-roti, avec pomme de terre et epinard（ウラゴシ），Salade, Patisserie（この1つは日本のユベシと錦玉糖のアイノコのごとし，なつかし）

1月　　　**16**　　　水曜日

聖 マルセル

晴　後　曇

起床10時半．自室で朝食．11時30～12 "Aspects sociologiqes"．昼食，F. I.　13時30～16時 "Aspects" 及び T.P. のため，Lesion, Cause の理論を C.C. M. により勉強．16時～16時30, douche, 後ちょっと○○○○洗濯．17時出て17時30の T.P. に．少し遅刻．19時終わり，Concordia で夕食をして，Opera Comique に．Les Noses de Figaro, 興あり．11時45終わる．帰室，1時．就床1時30分．

朝（自室）
Pain, Beurre, Crème au Chocolat,
昼（F.I.）
オードブル（ハム），Boeuf briard avec haricot vert, Riz, Fromage（Creame suve），Pomme,
夕（Concordia）
Consomme, レバーとじゃが芋の蒸し焼き，Legume, Banane（Salade de Pomme de

1957年 1 月17日

| T.-Supple）

| 1 月 | **17** | 木曜日 |

聖 アントワーヌ

晴

　起床10時45分．自室で軽食．11時30～12時30．"Aspects sociologiques"，昼食，F.I. 13時30～14時，続き．14時15，出て，パレ・ド・ジュスティスへ．Comite d'Accuiel のあっせんによる見学．Cours correctionales, Cours d'Appel, Cours de Cassation を見て，17時15終わる．出て，歩いて Gilbert で古本を見，法学部で法社会学の時間割を見て，Concordia で食事をして帰る，20時．少し休んで，20時45より，F.I.（Theatre de la Cite Universitaire）へ，映画，Olivier の"Hamlet"を観に行く．感心した．23時30帰宅．就床24時．

朝（自室）

パン，バター，チョコレートクリーム

昼（F. I.）

Hors d'oeuvre（Salade de Tomate）Sale avec choucruit, Pomme de T. Cuit? Fromage（Brie?）, Pomme

夕（Concordia）

Potage, Porc, Roti avec Pomme cuit, Salade, Pomme, Gateau,（Pomme frite）

| 1 月 | **18** | 金曜日 |

聖女 ベアトリス

晴

　起床11時15．朝食はおそいのでやめた．12

昼（F. I.）

オードブル（豆，人参，

58

1957年1月19日

時〜12時30. "Aspects sociologiques". 昼食, F.I. 13時15〜14時45 "Aspects" 14時45〜19時30. 及び20時30〜22時 "Traite pratique —Lonage". 夕食は自室. 就床22時45. 美賀子より手紙, うれし. 彼女を妻とすることの幸いを思う. 目羅八郎君手紙をくれる. よい人だ.

生のピーナッツソース和え?), 魚のバタ焼きとじゃが芋のゆでたものの付け合せ, 米の煮たもの, 杏子コンポート, ウェハース,

夕(自室)

人参スープ, Pain au seigle , Beurre, Fromage, Salade, (Crème de Chocolat は変味している)Lait

---

1月　19　土曜日

聖女 ゲルメーヌ

晴

　起床8時20.

軽食をして, 9時50と11時の Prof. Carbonnier "Sociologie juridique" の初講義に行く. パリ大学法学部始めての講義. 始めは8人, 後10人のみ——Doctorat の講義だからか?——. 終わってすぐ帰り, 直接1階で昼食をして帰室. 入浴, 後, 洗濯. 16時出て, 聖スルピス教会で告解. 帰館. 自室で夕食. 21時ベルギー館でリュクセンブルグの大使の

朝(自室)

パン, バター, ミルク

昼(F.I.)

オードウブル (ハムとピクルス), ハッシュ・ド・ビーフ (?)

カリフラワー, サラダ, パテイスリー (エクレア)

夕(自室)

1957年1月20日

レセプシオンに行く．帰室，22時30．就床23時——家より船便で，出発の時の写真が来た．美賀子淋しそう．別れを思い出して悲しくなる．しかし，あと4年も別れているのだ．いまさら何を．2人で心を合わせて歩んで行こう．

人参と？のコンソメ，パン，バター，チーズ，ジャム，サラダ．

| 1月 | **20** | 日曜日 |

聖 セバスティアン

晴　霧深く曇のごとし

　起床8時20．9時30分，Paroisse de la Cite Univ.のミサに行く．ビザンツ典礼．式は神秘的，歌は美し．ローマ式より好きになった．聖体拝領は葡萄酒にひたしたパン．終って，Foyer Internatinal に始めて行き Petit Dejeuner（自分の昼食）をする．ノルウェー人と知り合う．11時出て，Musee Nat.d's Art Moderne（Alma Marceau）に行く．Duffy, Matisse, Rourault, Signac, 美し．Prix Guggenheim, 1950という Exposition をやっているので見る．Soussol は修理中．13時出て帰室，14時30，"Aspects sociologiques" 18時まで．18〜21時30 "Lonage" 夕食は F.I.．18時30〜19時30．戸張君，Frais Supplementaire その他で相談に来る．20時

昼（F.I.）
Chocolat, Pain au Beurre
夕（F.I.）
Potage, Boeuf roti avec Noville, Salade, Mandarine

1957年1月21日

30～22時45. 手紙. 就床23時15.
体重　54.5kg

| 1月 | **21** | 月曜日 |

聖女 アグネス

晴
起床9時45.
　軽食，自室. 11時～12時30, "Aspects so-
ciologiques". Dame de Chambre が掃除をし
ている間，Salon で新聞をみる. 昼食，14時
30になる. 14時30～15時45, "Lonage" 出
て，法学部へ. 16時30, Prof. L. Mazeaud に
会い話をする. 17時15, 出て, Librairie de
Luxembourg で本を受け取り，歩いて Pi-
geon Voyageur で現像したフィルムと
Bande Temoin を受け取って帰館, 18時30,
夕食，F.I. 19時30～20時30，手紙. 20時30
～21時, "Lonage", Biblioithèque で M.M. の
Frais supplementaire について相談，5人の
み. 22時～22時45, 続き. 賀田君に呼ばれ，
せんべい，のりなどでお茶をご馳走になって
零時30に至る. 就床1時.

朝（自室）
Pain, Beurre, Confi-
ture
昼（自室）
Potage de Poulet,
Pains, Beurrs, Fro-
mage, Confiture, Car-
rot cru.
夕（F.I.）
Potage,（tomato）
Boeuf Stew avec riz,
Pomme, Salade,
Pomme.

1957年1月22日

1月	**22**	火曜日

聖 ヴァンサン

晴

　起床10時45．軽食．11時45～12時30 "As-pects juridiques"掃除の間下に降りている．13時～13時45，昼食，自室．13時45～14時45．Madame Jaune のところで相談．15時，下で電話をかけ，15時30出て，Comite d'Accueil のあっせんの Hotel de Ville 見学．M，L，の話，見学．終わって前のレストランで Vin d'honneur18時終わる．時間があったので，Rue de Rivoli を散歩して Etoile まで来，メトロでパッシイへ．柳谷さん宅に招かれる．少し，早くて，柳谷さんはまだ留守．19時30，同氏と加藤君来る．Sherry，日本食，……．24時，自動車で送って貰って帰館．就床1時．

朝（自室）

パン，バター，コンフィチュール

昼（自室）

魚のポタージュ，パン，バター，チーズ，人参と○○のサラダ，ジャム

夕（柳谷氏宅）

茶碗蒸し，酢豚，キャベツのおひたし，のり茶漬け，かぶの漬物

1月	**23**	水曜日

聖 レイモン

晴

　起床10時45．軽食後，Foundation Deutch に散髪に行く．帰って，すぐ入浴．昼食，14時15，自室．14時40，出て，M. Bentin を翻

朝（自室）

パン，バター，ジャム，

昼（自室）

チキンのポタージュ，

1957年1月24日

訳のことでたずねる．帰り，P.U.F. で本を見て，Lycee Montaigne に T.P．今日も Prof. Durand 来る．終わって Vavin から帰る．チーズなど買い，一旦部屋に帰ってから，食事，F.I. 20時45，Comite，その前，K君来たり，ピアノのことで色々言って行く．Comite，21時〜22時30．終わって芳賀君の部屋で数人，お茶をご馳走になって，色々話し，1時に至る．就床．

パン，バター，チーズ，ジャム，
夕（F.I.）
ポタージュ，牛の舌，米，焼き芋に辛いソースつき，サラダ，ミカン

| 1月 | **24** | 木曜日 |

聖 ティモテ

曇

　少し暖かくなる．起床10時30．昨日出来なかった洗濯などしていると11時30．マダム・ジョーヌに話をしに行く．12時になる．朝，昼兼用の食事．12時〜13時．13時〜14時，○○○○やらに手紙を書く．14時，大使館に電話をし，古垣新大使を迎えに行く，大使館邸へ．飛行機が遅れて，16時近くになる．あいさつ，シャンパン，16時近くになる．戸張君と Monceau 公園を歩いて帰る，17時45．Pere（神父）にランデヴーがあったが，間に合わず，Cite Univ. のうしろを歩き，18時15夕食，F. I. でして，パンとバターを買い，

昼食（自室）
Potage de poisson, Pain, Beurre, Fromage, Salade, Confiture.
夕食（F.I.）
Potage（グリーンピース）, Steak Roti, Haricot vert, Macaroni, Fromage Madeleine

1957年1月25日

帰室，19時15．20時15まで "Lonage"．出て，
1階へ映画，"Sous les Torts de Paris"（"パ
リの下セーヌは流れる"，"Le Million"（"百
万長者"）を見に行く．帰室11時30．就床12
時30．

1月	**25**	金曜日

聖 パウロの改心

晴後曇

　起床10時45．軽食，11時45～12時45，
"Aspects sociologiqus" 終った．以外に時間
をついやした．思ったほどのことはなかった
が，フランスの学者らしいところを少し見ら
れたのは面白かった．12時45～13時15，掃除
のため下におりる．13時30～14時30，昼食，
自室．後18時30まで，「ギュルヴィッチ，法
社会学」．夕食，19時30まで．川口君に呼ば
れ，部屋で要件のほかだべる．就床22時45．
美賀子に手紙．——夕食のとき，前にいたア
フリカ（フランス領）人が牛乳を1杯くれた．

朝（自室）
Pain, Beurre, Confiture.
昼（自室）
Consomme d'Oignon, Pain, Fromage, Salade, Confiture
夕（自室）
Potage (tomate), Omelette Pomme Saute, Haricot Salade, Patisserie.

1月	**26**	土曜日

聖女 ポール

曇 後 雨

朝（自室）

1957年1月27日

起床8時30. 軽食をして，カルボニエ教授の「法社会学」後，あいさつをし，ランデヴーを求めた．サン・ジェルマン通りのアシェットにカタログを貰いに行ったが閉まっている．帰館，直接昼食，1階．帰室13時30. 入浴，洗濯，15時30に至る．勉強を始めたが，眠くてたまらず，昼寝，18時30に至る．——2, 3日位，神経が疲れてきた．睡眠が，やや不足しているらしい．——出て，少し，買い物をして帰り，夕食，自室．19時30—20時30. 後，電報が来ているといって呼ばれたり，Prof. Longrais に電話をしたり，又呼ばれたりして21時30になる．疲れているので，眠る．22時30. 美賀子の声をまっている．

ミルク，パン，バター，チーズ，

昼（F.I.）

オードウヴル（ムール貝），ポットフウ，ガルニ，○○○サラダ，フルーツのジュレ，

夕（自室）

トマトのポタージュ，パン，バター，チーズ，ジャム，サラダ，マンダリン・オレンジ

| 1月 | **27** | 日曜日 |

聖 ジェイ　クリソストーム

曇後晴

　起床8時20. Paroisse de la Cite Univ. の9時30のミサに行く．すぐ帰り軽食．11時シテ　ユニベルの機関紙，"シテ"の記者来たり，いろいろ写真をとる．13時40近くになった．芳賀，平川君，写真のため来てもらったお嬢さん3人とF.I. の食堂．帰ってサロンで「文春」11月号や，「毎日グラフ」な

朝（自室）

Pain, Lait, Beurre, Confiture,

昼（F.I.）

Hors d'oeuvre, Steak, Petit pois, Pomme（マッシュ）Fromage, Mandarins.

1957年1月28日

ど，なつかしく見る．15時，帰室．美賀子に，旅の記念を送る包装をする．その他．17時〜18時「ロングレー，対人権と対物権」．18時，出てモンパルナッス駅へ時間表を見に行き，パンを買って帰る．19時15—20時15，自室で食事．Bal（舞踏会）のことでやや歩く．21時〜22時「ロングレー」，22時〜24時．手紙．就床1時．

体重　43.5キロ

夕（自室）

Potage de Boeuf, Lait, Pain, Beurre, Fromage, Confitures, Salade.

| 1月 | **28** | 月曜日 |

聖 シャルルマーニュ

曇

　起床9時30．軽食．少しBalのことで歩く．10時30〜11時，"Deruppe"のBibliographieを見る．11時15出て，Gare de Monparnasse から Versaille へ，Prof. Jouone de Longrais を Versaille に尋ねる．11時15発，12時15着．遠く，30分近くかかり，約束の12時30に遅れること15分．夫妻のほか，3人の婦人．2人の子供．昼食，本式の御馳走．終わって，話し，後，書斎で少し話し，本2冊いただて辞す．御馳走で感激．かつ，教授は今まであったフランス人中もっとも大らかな感じの人．帰りは，Gare des Invalides か

朝（自室）

Pain, Beurre, Confiture.

昼（ロングレ教授宅）

Vin Blanc, Vin Rouge, グラタン（原文まま），Gigst de Mouton Haricot, Salade de, Fromage, (Gruyère), Gateau en cerises, café, Digestif,

夕（自室）

Pain, Consommé au

1957年1月29日

ら，16時18分発，17時過ぎ着，帰館，18時近し．19時30まで"Deruppe"．夕食自室．19時45，出て，AIRCUP に手紙をわたし，Operaへ．Ballet "Romeo et Julliet ロミオとジュリエット）""Soir du Fete（祭りの宵）"美し．夢の国に遊ぶごとし．「止まれ」といいたくなる．帰館1時近し．一国，菅原君といっしょになる．就床1時30.

Carrote, Beurre, Fromage, Confiture . .

| 1月 | **29** | 火曜日 |

聖 サレのフランソワ

曇

　起床10時30．軽食．11時45〜13時15，"Lonage"．掃除のため，下におりる．13時30〜14時30，昼食，自室．14時30〜16時，"Lonage"眠くなったので昼寝．16時〜18時45，夕食，F.I.帰り，食料を買って来る．20時〜20時45，"Lonage"後，Comite，20時30に至る．後，芳賀君の部屋で話しこんで，スープ・パンなど御馳走になり．就床2時30.

朝（自室）
Pain, Beurre, Fromage,
昼（自室）
Potage de Poulet, Pains, Beurre, Fromage, Confiture, Orange.
夕（F.I.)
Potage（Pomme), Steak, Pomme frit, Chou-fleurs saute, Salade, Castade.

1957年1月30日

| 1 月 | **30** | 水曜日 |

聖女 マルティーネ

曇　後　晴

　起床9時45.　軽食.　10時40〜11時15,　"Lonage"掃除のため，下に降りて新聞を見る. 帰室後，急いで支度して，Porte de Passy, Prof L. Mazeaud のお宅に PC 線のバスで伺う.　夫妻，2人のお嬢さんと，昼食.　教授はいかにも人品の高い人だ.　14時30分辞し，Metro で○○○○○まで来て，Hachette でカタログをもらい，古本屋を少し見て，法学部へ.　図書館の貸し出しの手続きを，Bibliothecaire en chef にたのんでもらう.　一旦書庫に入ったが，分からぬ.　出て，17時30, M. Desiry の T.P. 面白かった.　出て Vavin から帰館，19時30, 自室で夕食.　すぐ入浴，20時30〜21時30.　Prof. H. Capitant に電話をしたら，明日夕食に来いとのこと.　ありがたし.

　Doyen Morandiere は，不在.　M. に手紙を書く.　22時〜23時，"Lonage".　就床22時45分.

朝（自室）
Pain, Beurre, C
昼（Prof. Mazeurd）
Hors d'oeuvre, (Grape fruits), Mouton （?）roti, Petit pois, Salade de Senille, Fromage, Fruit, Café, Gateau.
夕（自室）
Potage（poison）, Pain, Beurre, Fromage, Salade de Laitu, Confiture.

1月　**31**　水曜日

聖女 マルセル

曇一時雨

　10時に起きて，Doyen Morandiere に電話をかけて，ランデブウをとる．また床につく．11時起床，軽食．11時45〜13時30，"Lonage"．掃除に来たので，おりて，M に小包みとハガキを出した．PTT に行ったところ，結局1時間かかった．並んだり，Imprives するため，のりずけをはがしたりして．14時30〜15時30，昼の準備をして，洗濯，そして昼食，自室．15時30〜16時45，"Lonage"．19時，出て，Prof. R. Capitant のところへ，Diner に招かれているので，行く．Prof. Desbois，Prof. Capitant 夫妻，息子さん，お嬢さん，それに Prof. のいとことめいの人が来る．23時半に辞し，Prof, Desbois と Invalides まで一緒に乗って別れる．帰室1時近し．就床1時45．

朝（自室）

Pain, Beurre

昼（自室）

Potage de Tomate, Pain, Beurre, Confiture, Fromage, Orange.

夕（Prof Capitant）

Hors d'oeuvre, (Graces), Gigot de Porc, Petit Pois, Salade de Seville, Fromage, Gateau, Gratian, (Marron au crème), Fruit, Infusion

---

[後記]　クリスマスから正月にかけての時期は，ヨーロッパにおいても，家族の絆を強くする期間であろうか．星野はフランスでは，最初のクリスマスを，ローマ巡礼に参加して，サン・ピエトロを中心にして，ミサに与ったり，ローマ見物をした．新年に入ってからは，日本館の友人たちとピンポン

1957年1月

をしたり，"山のごとき"洗濯物を片付けている（彼が洗濯に追われている
のを想像するのは私にとって辛いことである．しかし，すがすがしい．）ま
た，神父様から12月にローマ巡礼のために与っていた3万円の会計報告をし
ている．

　その頃，私も自分の外国留学を，今，はたさなければ，一生できないだろ
うと思い立ちはじめる．これは，英一にとって大事であったが，私に宛てた
手紙には，すぐに，行ってよい，と快い返事を送ってきた．同時に星野は，
自分の母つまり，後に，私の義母になった人，その他家族の全員に，私の外
国留学を阻止しないようにと連絡をつけたらしく，私は，自分の留学につい
て，彼の家族の誰からも文句を言われなかった．従来の日本の流儀に従う
と，女は男の人生計画に従うものだとの暗黙の了解があり，社会はそれをよ
い習慣として守っていたので，夫となる人の留学中に，ほぼ，彼のフィアン
セであった私が留学を志すというのは，型破りであったろう．しかし，誰も
私の志に反対を示さなかった．幸いにも，星野の親戚には，女性が，彼女を
敬愛する男性を日本に残したまま，海外に留学する伝統？　が既にあったの
である．というのは，英一の叔母にあたる女性，K先生は，御尊父の経済的
援助を受けつつ，物理学者の男性の敬愛にも拘わらず，イギリスのケンブ
リッジ大学に，2年間留学し，幸い，帰国後，結婚された，という実例が身
近にあったからである．この実例は，私の外国留学実行という意図に有利に
働いたと思う．

　英一は，彼の留学生活を完璧に近い点にまで，学問においても，社交にお
いても，日常生活においても，充実して送っていると思われた．もし，私が
彼に同行してフランスに行ったとしても，彼にとって好伴侶になるどころ
か，足手まといになったのでないかと思う．それほど，英一は独身生活の強
みを持ってパリ生活を，どうやら楽しんでいたようにみえる．パリ大学の法
学部では，その頃，カルボニエ先生の「法社会学」という講義がパリ大学で
初めて行われることになり，それに集まった学生ないし若い教授達は全部で
15名ぐらいであり，英一もそれを聞くのを楽しみにしていた．

　彼が，他の日本人留学生と違う点は，彼がフランスの最大の宗教である，
カトリックに属していたことだろう．熱心にミサに，そして告解にも行って

［後記］

いる．その為，彼は，他の留学生よりも１つ多く，フランス語を磨くことが
できる立派なグループを持っていたと言えると思う．日本人の大園，徳川
ペール（神父）たちも喜んで英一との交際を楽しみながら，彼を導かれたと
思われる．又彼は，フランスの文化そのものが，教会のステンドグラスに
なって，あるいは，その建築様式となって，あるいは，オルガン奏曲となっ
て表れているのを感じとり，教会をみれば，フランス文化の中心部に触れる
ことが出来ると感じていたのでなかろうか．たとえば，1956月12月７日に，
「シテ　ユニヴェルシテのミサ．きれいだった」と書いている．また，１月
20日の，シテ・ユニヴェルシテのミサでは「ビザンツ典礼．式は神秘的，歌
は美し…」と書いている．ビザンツ様式に対するローマ様式にも触れている
所がある．こういうことは，恐らく彼１人しか書けないことでなかろうか．

　１月の前半は，彼は比較的に暇に恵まれ，憲法院（パレ・ド・ジュスティ
ス）を訪問したり，バレー「ロミオとジュリエット」の美しさに感動してい
る．オペラ座に行った回数の多いこと！

　しかし，彼ばかりでなく私たちにとっても，嬉しかったニュースは，彼
が，自然に，パリ大学の教授の家庭に招待され，その楽しさの中に解け込ん
でいることである．招かれる以前に，彼は誠実に，ランデヴー（面会許可）
のための手紙を書き，それがまとまれば，会話の種となる学問上のトピック
もじっくり準備して，お宅に伺ったであろう．こうして，１月の末，28日以
後は，新年の寂しさを癒すかのように，パリ大学の教授方から，つぎつぎに
パーティに招かれている．例えば，28日には，ジョウン・ド・ロングレー教
授（"人品の高い人"）のお宅をヴェルサイユに訪ね，──家族一同，夫妻の
ほかに，２人の子供からも，もてなされている．著書２冊もいただいた．さ
らに星野は，この日，６時ごろ帰館すると，オペラ座でバレー「ロメオと
ジュリエット」「祭りの夕べ」を予約していたと見え，夢の国の恋愛に感動
している．30日には，ポルト　ド　パッセイに L.マズー先生宅に伺い，２
人のお嬢さんも交えて昼食．２時半に辞し，メトロで法学部の図書館の貸し
出し手続きをして，カピタン教授に電話すると，「明日，夕食に」と誘わ
れ，──それも夫は有難く頂いた．その31日には，モランディエール学部長
（Doyen Morandier）に電話すると，すぐランデヴーを約束される．その

71

1957年1月

後，Mに小包みとハガキを出すのも忘れない．昼間，彼は猛勉強をして，31日19時には，カピタン教授の夕食に招かれ，大勢の親戚とともに遊び，帰途，デスボワ教授に送ってもらう．このように次から次へと，教授宅に招かれてほとんど家族同様のもてなしをうけ，学問上の疑問などを聞き，かつ，学ぶと，彼の淋しさは飛び去ったであろうし，彼の旅愁も癒されたであろう．こうして，彼は青春の日々をセーヌの傍で送ることとなる．

なお，この月から料理メニュウ（あるいは，食品メニュウと言うべきか．）を1日の最後に，思い出して，日記の余白に，仏語でリスト・アップし始めた．メニュウなどついていない食事が多く，その場合は，彼自身が，料理名あるいは食品名を，辞書を引きながら書いた，と回顧しいていた．が，それも大急ぎでされなければならなかった．すでに，眠気が襲ってくる頃だから．また，日本の家族にも，此の食べ物の違いも知らせたかった，と，帰国後彼は言っていた．この習慣は以後ずっと帰仏のときまで続いた．すでに日本語による料理リストによって，フランスの食事にも慣れ，親しみを感じられている（と想像する）読者におかれては，フランス語による料理（食品）リストにも驚かれないであろうことを望む．食べ物というテーマは，会話の良きタネとなるから，フランス語の習得にもなったろう，と私は夫の料理リストの多方面にわたる意義を想像する．

1957年2月2日

2月　　　1　　　金曜日

聖 イグナチオ

曇

　2月になった．起床10時30．軽食．11時30
〜12時30 "Lonage"．パンとチーズを買いに
行く．Casier に美賀子の手紙！　しかも2
通！　掃除の間ちょっと賀田君の部屋に寄
る．長い長い彼女の手紙．彼女にひたった，
彼女に酔った．昼食は14時〜15時．後15時.
15〜17時 "Lonage"．眠いので横になるも眠
れず，17時〜19時．

　夕食，F.I. Bruzet，平川君といっしょに
なる．20時30〜22時30，続き．手紙書き．就
床24時——ちょっと軟便．顔色悪し．Mの
愛に陶酔した．

朝（自室）

Pain, Beurre,. Confi-
ture

昼（自室）

Pain, Beurre,Fromage,

夕（F.I.）

Potage（Pomme?），
Omelette, Pomme
sauté, Carotte, Salade,
（Crème a la Chau）

2月　　　2　　　土曜日

魂の浄化

快晴，暖い．

　起床8時45．軽食をして急いで，9時50,
Sociologie Jurisdique の講義に行く．

　学生ふえ，14，5人．終わって，Rous-
seau で "Science et technique" を買い，古
本屋を眺めて，帰る．直接昼食，F.I. 帰室14

朝（自室）

Pain,Beurre, Fromage

昼（F.I.）

Hors d'oeuvre（赤 カ
ブ）Poulet roti Pomme
frite, Noville, Fro-

1957年2月3日

時．家から Air France で小包み，ありがた
い．但し，税金1,800 fr. 余！ 涙！ 軽眠を
していて15時過ぎになる．Douche, 16時過ぎ
になる．準備をして Confesson, St. Sulpice
へ．Pere Boissard．終わって少しぶらぶら
して，St. Germain まで歩いて帰り，直接夕
食．F. I.

今日は少しおごったわけ．やや調子よくな
いようなので．帰室，20時．賀田君が，Vin
Blanc を買ったと呼んでくれたので，家から
来たお菓子を持って行き，23時近くになる．
就床23時半.

mage, Orange
夕（F.I.）
Potage（Tomato），
Steak, Pomme frite,
Petit poir francais, Sa-
lade, Pomme.

2月　　　　　3　　　　　日曜日

聖 ブレーズ

曇
起床8時30．Cercle St. Jean Baptiste のミ
サに行く．続いて大園神父の話．引続き昼
食．後庭でだべり，14時30から，M. Derival
の Rovault についての幻燈つき講演，面白
い．1時．終り，松原君の妹さんにさそわれ
て，芳賀君，阿部さん達と松原君の Apart-
ment に行く．芦原英了氏，岡田さんという
人も来，夕食をご馳走になって，23時30にい
たる．松原さんは，夫妻とも親切で快い．芦

朝（Cerele St. Bap-
tists）
Croissant 2つ.
昼（ 〃 ）
Hors d'oeuvre（Oeuf
a la Mayonnaise, Porc
roti, Ciboule ブラウン，
Salade, Fromage,
Fruit, Cafe
夕（松原さん宅）

1957年2月4日

原氏，芳賀君，岡田さんと帰る．帰宅1時．
就床2時．

すき焼き（牛肉，高野豆腐，ねぎ，茸，白滝，クレソン…），塩こぶ，福神漬，ほうれん草，ひたし，オードブル（蟹カン，キャベツ酢漬），漬物

2月　　　4　　　月曜日

聖 ギルベール

晴

　起床10時．軽食．手紙書き，11時～13時
　掃除のため下へおりる．13時30～14時30，
昼食．自室．14時30～15時30，洗濯．15時30
～16時30，手紙．終って，3通，出しに
P.T.T. 後で散歩．17時～18時30，"Lonage"，
夕食．F.I. 19時30～22時 "Lonage"．但しハ
ンガリー人を訪ねたり，20時～20時30は新館
長菊池先生を訪ねたりで忙し．就床23時15.
母より来信．

朝（自室）
Pain, Beurre, Confiture
昼（自室）
Potage, Boeuf, Pain, Beurre, Fromage, Confiture, Orange
夕（F.I.）
Potage（Lentille）, Steak, Pomme frite, Carrote, Vichy, Salade, Confiture

1957年2月5日

2月　　5　　火曜日

聖女 アガサ

晴

　起床9時45. 軽食. 予・決算. 12時30, 掃除のため下へおりる. 買物. 13時〜14時, 昼食, 自室.

　14時〜16時30 "Lonage". 16時45, 出て, Bal（舞踏会）のビラ貼り, 先ず Cite Universitaire を西から廻る. イギリス館, ベルギー館まで, 19時. やめて食事, F.I. 渡辺君と一緒. 20時, またもビラ貼り, Cite は20時45に終わり, 帰館, 22時30. 就床23時30.

朝（自室）

Pain, Beurre, Confiture

昼（自室）

Bisque du Homard, Pains, Beurre

夕（F.I.）

Potage, Porc roti Petit pois, Riz, Fromage, Banana.

2月　　6　　水曜日

聖女 ドロシイ

曇後晴一時雨後晴　暖かい

　起床8時45. 軽食. 11時に Doyen Morandiere のお宅に伺う. まちがってお嬢さんのところに先に行ってしまった. 親切に道を教えてくださった. 12時. 辞す. Monge から Concordia で食事. 13時30, 図書館で本を探す. 見にくいことおびただし. 結局借りずに帰り L.G. で本を買い15時 Centre St. Yve に Brigent 君を待つも来ず, 16時出て,

朝（自室）

Lait, Pain, Beurre.

昼（Concordia）

Hors d'oeuvre（Oeuf a la coque avec Salade）, Porc roti avec Choucroute et Pomme, Orange

夕（F.I.）

1957年2月7日

Luxembourg 公園を通って Comité d'Accueil に行き，切符をたのみ，Visite の Inscription をし，Dossier を忘れていないか聞いたら，はたしてあった．出て，又しても Luxembourg 公園に来，ベンチでぼんやりしたり，M に手紙を書いたりする．17時30の T.P. に Prof. Durand が来る．19時 Vavin から帰り，直接食事，F.I. 帰室後21時．Comite で菊池館長を訪ねようとしたが，不在．芳賀君の部屋にせんべいを持って行ってだべっていたら，Bruzat 来たり，ロココ式建築について議論．途中で出て入浴．就床1時15.

Potage,（ヒキ肉）Sand Tomate, Haricot bretonne, Salade, Confiture,（ミ ニ？　ビス ケット）

2月	**7**	木曜日

聖 ロナウド

曇一時晴

　起床10時30．軽食11時30～12時30，"Lonage" 出て，F.I. に prospectus をおき，他の2，3の Fondation に Invitation をおいて来る．1時．帰室，昼食，自室，1時30，掃除で下におりる．14時～16時．"Lonage"．横になるも眠れず，少し神経疲れたらしい．17時30．出て Alliance Francaise に掲示をはりに行く．買い物をして帰室．19時夕食，自室．21時．新館長に委員で挨拶に行く．話し

朝（自室）
Lait, Pain, Beurre, Confiture
昼（自室）
Lait, Pain, Beurre, Fromage, Salade
夕（自室）
Potage de Poisson, Pain, Beurre, Fromage, Salade

77

1957年2月8日

て22時15に至る. 2, 3の人と話し, 帰室23
時15. 23時45.

| 2月 | **8** | 金曜日 |

聖女 イルマ

曇時々雨

　起床8時. 軽食をして, Comité d'Accueil
の案内で, Palais Royal の Conseil d'Etat'（憲
法院）見学. 昼になる. 面白い. 大学に寄っ
たら, 韓国人に会い, 話をする. 出て, 帰
館, 食事, 自室. 少し "Lonage" 〜17時.
昼寝, 疲れていて, 少しうなされる. 18時.
電話をかけ, 出て少し招待状を○○から○
○. 河野さんの所へ, 付属会. 藤田嗣治, 福
島繁太郎, 両大先輩のほか, 柳谷, 安斎, 高
階, 芳賀, 平川, 広田嬢, 松本氏. アペリ
チーフ, 日本食のご馳走. だべって1時に至
る. 日本館の連中, 歩いて, Champs-
Elysees から, St. Germain を経て Montpar-
nasse でビールを飲み, 帰館, 4時.

　就床.

朝（自室）
Pain, Lait, Beurre,
昼（自室）
Lait, Pain, Beurre,
Fromage, Salade
Soupe de Fammille
夕（河野さん宅）
アペリチーフ, 海苔巻
き, いなりずし, おに
ぎり, 甘煮（にんじん,
高野豆腐, しいたけ,
団子, こんにゃく, た
けのこ）チーズ, から
すみ, 酢豚, 卵のサラ
ダ, なら漬け, たくあ
ん, 日本酒, フルーツ
ポンチ, コーヒー, ディ
ジェスティーフ.

1957年2月10日

2月	**9**	土曜日

聖女 アポリーヌ

曇時時雨

　起床8時40. 急いで食事をして，9時50,
Prof. Carbonnier の S.J. の講義. 終わってか
ら，教授が今日16時30に rendez-vous をする
ことを告げらる. Rousseau で Cuvillier の本
を買って，帰館，直接 F.I. で食事，帰室，
douche. 16時出て，法学部で Prof. Carbon-
nier に会う. 親切に話してくれた，1時間
も. 出て，Bal（舞踏会）のためのレコード
を借り帰館18時半，飾り付けの手伝いをす
る. 20時近くになり，少し食べて急いで
Quai de la Rapee の Reception, Soire に行
く. 皆がよくしてくれ，ついに，ダンスをさ
せられた. 車にのせてもらって Port-Royal
に来，Metro で3人のヴェトナム人と帰る.
1時過ぎ. 就床2時.

朝（自室）

Lait, Pain, Beurre

昼（F.I.）

Hors d'oeuvre（カ
ブ？），Poulet roti
Pomme frite, Petit
pois（ウラゴシ），Sa-
lade, Jelly,

夕（自室）

Lait, Pain, au chocolat,
Reception, Cham-
pagne, Sandwich, Ga-
teau, Jus d'Orange

2月	**10**	日曜日

聖女 スコラスティーク

曇

　起床8時30. 9時30のミサ，Paroisse de la
C.U. Blugat と一緒になる. 11時近く帰館.

朝（自室）

Lait, Pain. Beurre

昼（自室）

1957年2月11日

Bal の準備で忙しい. 12時30, 昼食, 自室. 準備で忙し. 12時30, 自室. 準備. 15時〜25時30. Bal 始めは Entree で手伝い. (Controle など. 後, Cerele St. Jean-Baptiste の Monique さん来たる. Bal で菊池館長に紹介したり, 話したりする. 失礼して Entrée に来たところ, 切符売り足らず, 手伝う.

それからは, ついで, 19時30ぐらいから, Buffe をする. 22時あたりから, 携帯品預かり所25時近く終わる. 後片附け, 2時30近し. 渡辺君の部屋に行ったら, お茶など出され, 多く集まり, だべって4時, 就床.

Potage de Tomato, Pain, Beurre, Fromage, Orange
夕 (Bar)
Sandwich (Jambon, Pate), Gateau, Vin, Juice

---

2 月	**11**	月曜日

聖 アドルフ

曇
　起床12時. 朝昼兼用の食事. 東京のフランス大使館に送る Bourse 延長願を書く. 16時出て Faculte de D. へ. Prof. Mazeaud にお会いし, 推薦状をお願いする. 図書館に行ったら, ストライキで休館. すぐ帰館. 買物に寄って, 17時30, 洗濯や Doyen Morandiere への礼状 (今日推薦状をくださった) を書く. 19時食事, 自室. 10時続き. 就床22時45.

朝, 昼 (自室)
Soupe de Fammile (Viandox) Sandwich de Pate, Orange.
夕 (自室)
Lait, Pain, Beurre, Fromage, Salade (Laitu)

1957年2月13日

2月　**12**　火曜日

聖女 ユウラーリ

曇夜晴

　起床10時30. 軽食. Fondation Internatio-
nale に Theatre の location のことを聞きに
行く. 12時～12時30, M に手紙. 昼食, 自
室. 12時30～13時30松原君来たり話す. 14時
15出て, Faculte de Droit へ. まず, Doyen
に会って, 推薦状を頼む.

　15時30, Prof. Battifol に会う. 16時. 図書
館でカードをとり, 書庫に入る. 1冊 These
を借りた. 17時30出て, Gilbert でエハガキ
を買って帰館. 夕食, F.I.

　20時～21時30, M. に手紙. 下に降りて
Blugat, Cortin と話して, 就床22時15.

朝（自室）
Lait Pain, Beurre,
Fromage,
昼（自室）
Bisque de homard,
Pain, Beurre, Fro-
mage, Orange
夕（F.I)）
Potage, Port frite
(Cote) Pomme, Fro-
mage, Banana

2月　**13**　水曜日

聖女 ジルベルト

雨後曇　夜快晴　月美し,

　起床10時30. 疲れている. 軽食, 11時30～
13時, 大使館への手紙. 出て, F.I. の売店
で, ポヌードのごときものを買う. 13時半～
14半の食事, 自室.

　少し横になり, 15時 douche. また, 少し

朝（自室）
Lait, sucre, Pain
emeyed? Beurre,
昼（自室）
Lait, Pains, Beurre,
Fromage, Confiture,

1957年2月14日

横になる.

17時から又も手紙など. 18時30下りて図書室で新しい法学の雑誌を借りて, 夕食, F.I. 20時～20時30, 手紙. 疲れて早く眠る.

Salade, (Laitu)
夕 (F.I)
Potage, Porc garni,
Coquillette en Beurre,
Salade, Orange

2月　　　14　　　木曜日

聖 ヴァレンタイン

曇

起床10時30, 軽食, 11時30～12時30, "Lonage".

掃除のため, 下におりる. 13時30～14時30, 昼食, 自室. 15時. 出て, Institut de Droit Compare で, Prof. Battifol にお会いし, 案内してもらう. 話をし, ついでSecretaire general の M. Herrog に紹介される. 16時30出て, Pigeon Voyageur に行って現像をたのみ, 歩いて Comite d'Accueil に行ったところ, 切符なし. 不快. St. Placide から Denfert でおり, 買物をして帰る. 帰館19時, 食事 F.I. 20時～20時45, "Lonage". 20時45～,. Comite, 24時にいたる. 就床24時45.

朝 (自室)
Lait, sucre, pain merge
昼 (自室)
Crème de veau avec fenorille, Lait, Pain, Beurre, Fromage, Salade.
夕 (F.1.)
Potage, Roti de Veau, Endive, Pomme, mousseline, Fromage, Pomme.

1957年2月16日

| 2月 | **15** | 金曜日 |

聖女 ギオルゲット

曇

　起床11時．次第に疲れもとれるが，例によってそれにつれ後頭部と首が痛んでくる．軽食．12時〜12時30，"Lonage."掃除，下におりる．13時〜14時30続き．14時30〜15時30食事．少し横になる．16時〜17時30，続き．18時〜20時 Maison d'Allemagne の Reception，案内してもらう．実にきれいで設備がよい．ピアノを聞く．帰館，20時30．パンを食べる．新館長の Reception, residents のため．あいさつをする．

朝（自室）
Lait, sucre, Pain, Beurre,
昼（自室）
Lait, Pain, Beurre, Fromage, Salade, (Laitu), Confiture, Orange
夕（Reception ＝ 10）
Pain, Beurre, Confiture

| 2月 | **16** | 土曜日 |

聖女 ジュリエンヌ

曇

　起床8時30．9時50の Prof. Carbonnier, "S.J.", その前に COPAR で，明日の Concert Lamoureux の切符を，Rousseau で Patel, Lyjeum et Messuer "Cinq annees d' experience …" を買う．帰館．昼食，自室，——行き帰りとも，菊池先生と一緒になる．——. Douche, 14時〜15時．洗濯，15時〜15

朝（自室）
Pain, Beurre, Confiture
昼（自室）
d'homard, avec fenaille, et pain dessechi, Pain, Beurrre, Fromage, Confiture,

83

1957年2月17日

時30. 文献整理など. 16時15出て Prof. Esmein 宅訪問. 親切に教えてくれ, 抜き刷りなどくださった. 15時45辞す. Denford まで歩き, 色々買物をして帰館, 18時45. 出てアルマールなど買って帰り, 夕食, 自室. 始めて米を炊く. 20時〜22時, "Lonage". 就床23時. (24時.)

Salade, (Laitu), Orange
夕 (自室)
豚ひき肉と玉葱を炊きこんだ飯, Viandox Salade (にしん燻製の腹子, Pain avec Confiture, Orange [27 + 23 + 7 + 7 + 12 + 13 + 13 + : = 79 + X]

2月　17　日曜日

7旬節の主日

快晴後曇

　起床10時15. Paroisse de la Cité Universitaire のミサ, 11時30. 終って懸案の Cite Univ. の冬景色の写真を2, 3枚とり, 直接 F.I. の食堂へ. 帰室, ……,

　13時30. "Lonage", 13時30〜14時15. 出て, Assemblee Nationale 見学, Comité de Accueil による.

　議長席などに坐ってみる. 15時〜16時15.

　時間があるので, Pont Alexandre III からセーヌのほとりを歩き, Av. Franklin Roosevelt, Bd. Haussam, R. de Faub, St.Honore を

朝 (自室)
Flan (demi)
昼 (F.I)
Hors d'ouvre (カブ?) Rosbif Olive (Riz,,Fromage, Camembert, Patisserie (かのゆべしのごときもの)
夕 (自室)
ひき肉, 玉葱の油いために卵をかけたもの,

1957年2月18日

歩き，Pl. des Temess のカフェでコーヒーをのんで疲れをいやして，Salle Pleyel, Concert Lamoureux, 指揮 Martinon, Bach が主で，ブランデンブルグ協奏曲3番，ヴァイオリンコンチェルトホ長調，ニ調組曲など．後2番よし．ソリスト Loewenguth よし．帰室21時．夕食，自室．手紙．就床24時15.

salad, Pain, Beurre, Fromage, Flan（demi）, Orange,……………
〈27：15＋5＋6＋8＋13＋○○○〉

| 2月 | **18** | 月曜日 |

聖 シメオン

晴　後　曇

　起床10時15．軽食，11時36〜12時30，"Lonage" 掃除で下におりる．12時〜13時30 "Lonage"．14時〜14時30，食事．15時まで横になる．出て，Crédit Lyonnais に送金，100ドルを取りに行く．今度は35，255フランになった．不思議．Avenue de l'Opera を歩いて Palais Loyal まで来て Metro に乗り，Denfert で買物をして帰る．17時30分，少し横になる．眠い．18時15分出て，P.T.T. で貯金（Caisse National d' epargne）の手續をして F.I. で食事．帰室後，下へ電話をかけにおりる．時間がかかる．帰り，松原君の所に寄ったら話し込み，21時45分にいた

朝（自室）
Lait, Pains, Beurre, Confiture
昼（自室）
Lait, Pain, Beurre, Ftomage, Confiture, Hareng, Salade.
夕（F.I）
Potage, Veu Roti, Harricot vert, Pomme micoise, Salade, Crème de Café.

85

1957年2月19日

る．就床22時30分．

2月	**19**	火曜日

聖 ギァバン

晴　後　曇

　起床 9 時 30 軽食．10 時 30〜12 時 30，
Bource の延長願．昼，掃除のとき下におり
て手紙を出し，パンを買う．F.I. の食堂でピ
ケを張っている．昼食，自室，13時〜14時30
横になる．15時〜16時続き，一応終わる．出
て，COPAR で Concert Lamoureux の切符
を買い，Librairie Generale で本を 1 冊．法
学部図書館へ．山口君を探すもみあたらず．
Pigeon Voyageur へ寄って現像と Bande te-
morin を受取って，帰る．直接 F.I の食堂
へ．18時30〜19時15帰宅．疲れてぼんやりし
ている．20時30出て，山口君訪問．願書を直
してもらいに．23時までいる．辞し帰館24
時．就床24時15．

朝（自室）

Lait, Fromage, Hareng

昼（自室）

Castade, Pain, Fro-
mage, Salade

夕（F,I）

Potage, Steak, Pomme
fruit Chou-fleurs, vi-
naigrette, Yaourt, Pa-
tisserie（カステラ）

2月	**20**	水曜日

聖 シルヴェイン

曇　時々雨　一時突風

　起床 9 時 30．軽 食，11 時．Institut de

朝（自室）

Lait, sucre, Pain,

1957年2月21日

Droit Compare で M. と rendez-vous. 借地借家の Enquete の Commission について聞く.

　Denfert で見物をして帰館, 12時 "Lonage" 12時～13時30 掃除でおりる. 14時～15時昼食, 自室, 出て Centre de Medicine Preventive に健康診断に行く. 16時15, 帰室, 16時15～17時. 読書. 出て T.P. に. Prof. Durand 来られる. 近く呼んでくれるとのこと. 帰館, 直ちに食事, F.I. 帰室, 20時15. 戸張君その他ロシアの AIRCUP 代表など来る. 疲れているので就床. 水がでないので Douche なし. 不愉快.

Beurre.
昼（自室）
Lait, Pain, Beurre, Fromage, Hareng, Orange.

| 2月 | **21** | 木曜日 |

聖 ペパン

快晴

　起床8時. 9時に Hospital de la Cite Univs. にレントゲンをとりに行く. 少し待ったのみ. 10時～13時 "…………". 掃除, 下に降りる. 昨日の代わりに Douche あり, 15時～15時45, 洗濯, 16時30まで. 16時30～18時45 "Lonage". 19時, 所, 戸張, 松田, 今関各君と松井公使宅へ. ご馳走になり, 歓談. 日本酒あり, うまし. 23時辞す. 公使自ら車で送ってくださる. 帰館23時45. 河口君に招

朝（自室）
Lait, sucre, Pain, Beurre,
昼（自　室）Lait, Pain, Beurre, Fromage, Hareng, Confiture
夕（松井公使宅）
Aperitif, イクラ, のりとかにの酢の物, ひき肉の玉子巻, くらげ,

1957年2月22日

かれ，お茶など出されて話こみ3時30に至 | ハムの酢の物（中国
る．就床4時． | 風），酢豚，大根の漬物，
 | 福神漬け，たくあん，
 | 米飯．

| 2月 | **22** | 金曜日 |

聖女 イザベル

昨夜雪　雨後曇 | 朝（自室）
　起床10時15．軽食11時15〜12時30，"○○ | Pain, Beurre, Confi-
○○"掃除，おりて手紙を出し，パンや牛乳 | ture,
を買う．昼食13時〜14時，昼寝，17時にいた | 昼（自室）
る．"○○○○○○"夕食，F.I. 18時45〜19 | Lait, Pain, Beurre,
時30．後 "Lonage" 20時30，山口君来訪， | Fromage, Salade Ha-
Demand de la prolongation を直してくれ | reng, Confiture,
る．有難い．22時30．彼を送って館内を歩い | 夕（F.I.）
て用足し，賀田君の部屋で少し話して24時， | Potage（petis poits），
Demand の清書．就床13時30． | Omelette, Pomme
 | frite, Carotte Vichy,
 | Salade, Patisserie.

| 2月 | **23** | 土曜日 |

聖 フローラン

曇時々雨 | 朝（自室）
　起床8時30．軽食9時15，出て Institut de | Lait, sure, Pain,

1957年2月24日

Droit Compare の CNRS に行って Allocation のことを聞いたがわからず. S, J, の講義, 遅刻. この講義, あとの30分は, 雑談. 各人の希望を聞く. ユーゴースラーヴィア人でウィーン学派法哲学をやっている Bousier がいたので, 後で知り合いになる. 帰館, 12時30. 掃除で下に降りる. 13時～14時. 昼食, 自室. 14時30, 出て Comite d'Accuiuel の案内で Conseil de la Repulbique 見学. 1時間ほど. 帰館後, Demand de la Prolongation etc の手紙, Rapport au Comite など書く. 18時30, 食事, 20時45, Douche, 21時45, 洗濯. 就床23時.

Beurre
昼（自室）
Lait, Pain, Beurre, Fromage, Horebuy, Confiture, Salade, Orange.
夕（F,I)
Potage, Cote du Porc, (Frite), Epinard, Riz créole, Fromage, Orange,

2 月	**24**	日曜日

6 旬節の主日

曇時々雨

　起床10時. Paroisse de C. U. のミサ, 11時15. 帰り, 直接昼食 F. I. へ. 13時30時～16時30, "○○○○" 賀田君と出て, Salle Pleyel へ, Concert Lamoureux "Festival Morzart" 指揮, Fournet. "後宮よりの逃走" 序曲, バスーンコンチェルト, 変ロ調 (K, 45) ソリストの Heuhemaus よし. "ジュピター" 曲のよさ.

朝（自室）
Lait, Madelaine, Beurre,
昼（F.I.)
Hors d'oeuvre, (ソーセージ), Steak Grille, Pomme frits, Macaroni, Salade, Cake.
夕（自室）

1957年2月25日

帰館，夕食自室．Mに手紙．就床23時30，

Pain, Lait, Beurre,
Fromage, Hareng,
Confiture.

2月　　　**25**　　　月曜日

聖　レンドル

曇後晴一時雨

　起床10時30．朝食後11時30〜12時30，"Lo-nage"．昼食，自室．13時30，出て，Place Vendome の Ministere de Justice に Extract du Casier judiciaire を貰いに行く．Opera へ出て Movge から，まず法学部で CNRS の手續書をもらい，法学部の Salle de Droit civil で，Rev. Trim. de civ. を読む．Saint Alary を読み始めた，16時〜17時45．出て Gilbert でカード箱を見たが古いので Luxembourg の近くで紙のを買って帰る．直接，夕食，F.I. 帰り，買い物．20時〜21時30，"Lo-nage" 但し，訪問をしたりして大分切られる．後，石崎，江川，鈴木先生に手紙を書く．就床23時30．

朝（自室）
Lait, Pain, Beurre,
昼（自室）
Lait, sucre, Pain,
Beurre, Hareng,
Confiture, Orange.
夕　（F.I.）
Potage, (petit pois),
Steak Grille, Pomme frite, Cour fleur (saute), Salade, Confiture (ゼリー)

1957年2月27日

| 2月 | **26** | 火曜日 |

聖 NEUTOR ニュウトー

曇後雨

　起床9時30. その前，菊池館長8時30に来訪．菊池館長と明日の Conference のことで，少し話す．朝食，自室．10時30～13時，Bours 延長願をタイプで打つ．出て，パンを買う．昼食，自室．14時30～17時續き．一応終わり．手紙を書いて，Doyen Hamel の Secretaire に持って行く．

　○○君に Faculté の入り口で会い，立話．帰館，すぐ Hopital に，Consultative に行く．待たされる．女医さん，親切．19時過ぎ．すぐ，行木さんと荻須さん宅を訪問．ごちそうになり，法律相談を受ける．歓談2時に至る．奥さんと2人で自動車で送っていただく．就床3時15.

朝（自室）

Lait, Pain, Beurre.

昼（自室）

Lait, Pain, Beurre, Fromage, Confiture.

夕（荻須氏宅））

Hors d'oeuvre, (Bettrauve, Chou rouge, Saucisson, Pate, Beuffe Boeuf roti, Pomme, Petit pois, Salade, Fromage, Fruit, Café- Aperitif, Cote du phone.

| 2月 | **27** | 水曜日 |

聖女 オノリーヌ

曇

　起床8時15. 10時15, Morandiere 先生のお宅に伺い CNRS のことなど相談．実に親切にしてくださるのに感激．帰館12時．食

朝（自室）

Fromage, Beurre

昼（自室）

Crème de Veau, Pain,

91

1957年2月28日

事，自室．昨日のせいか，胃の調子悪し．14時〜15時，お風呂．出て，テープレコーダーのテープを買い，Salle de Droit civil で本を読み，13時30の T. P. に．終わって Vavin より帰り，直接夕食，F.I. 帰る暇もなく，Conference の準備．21時より C.M.Remou, Prof.Capitant 夫妻も来られる．閉会の辞をやらされてへきえきする．終わって館長室で Cocktail，23時近くに至る．Salon 一杯の盛会．後，松原君 Cheuve の部屋で話して24時15になる．

就床1時．

Fromage, Beurre, Pomme, Orange
夕（F.I.）
Potage, Tomato Macaroni, Lentille, Salade
Mandarine

2月　28　木曜日

聖 ローメイン

快晴　一点の雲なし

起床11時30．朝昼兼用の食事をする．Demand du renou-vellement，タイプを1枚打つ．Comite d'Accueil に出す Rapport No 1 を書く．15時30出て，Comité d'Accueil にわたし，帰りの旅費の請求をする．今関，松田君と Metro で，C.A. で松原君と一緒になる．Luxembourg 公園を通って法学部へ．

公園は人通り多し．Salle de Droit Civil で Saint Alary の論文の續きを読む．17時〜18

朝昼（自室）
Lait, Pain, Beurre, Fromage, Orange
夕（F.1.）
Potage, (Lantille), Boeuf Saute Riz, Jardin de Legume, Salade, Poire.

[後記]

時30. 出て直接 F.I. で食事をして帰室. 食堂
で関口君といっしょになる. 20時, タイプ1
枚. 21時〜22時 "Lonage". 就床23時10.
　すばらしく晴れた1日.

　[後記]　2月の星野の身上に起きたことは, ブウルシェ（フランス政府留学
生奨学金）を, もう1年延長してもらえないか, という問題だった. その
ため彼は東京のフランス大使館宛の推薦状を書いてもらうために, L. マゾウ
氏に依頼しなければならなかった. 研究学業としては, 相変わらずカルボニ
エ教授の法社会学の講義を聴いていた. このブルシェ延長の問題は, 以後,
3か月という長さで續き, 様々な面で彼は頭と時間を使わなければならな
かった.
　荷物が Air France の便で届き, 有難く思うが, 税金に1,800フランを払わ
なければならず, 星野にしては珍しく嘆いている. 賀田様の白葡萄酒の誘い
には, 家からのお菓子をもっていく. 幻燈つきの講演もある. 星野はまた,
メゾンのなかでも付き合いは良かったように見える.（私もアメリカのラッ
ドクリッフ大学院時代, 寮で, 近室者同志が集まって廊下の上にペタリと座
り込み, エディンバラから来た大柄の女性などは煙草を, ふかしながら,
皆, 色々としゃべり込んだものである. 今, 思うと, 煙草を吸う人があるの
で, 室内では, そのお喋り会は開けなかったのか）
　星野1人の時は, 自室で "Lonage" を読むのに専念した. この時期, 館
長が変わり, 菊池新館長を迎えることとなった. また, 英一は, ときにルク
センブルグのベンチに座り, ぼやっとすることもあった.「ぼやっとする」
ことは, 彼にとって良い安らぎをもたらした. コミティ・アクイユの案内で
パレ・ロワイヤルのコンセイユ　デタ（憲法院）を見学した——日本学士院
客員会員, 憲法専門のジャック・ロベール氏は, 日本留学生を良くここに案
内された. 外交官の河野氏のお宅で附属会. 日本食を頂きながら, だべるこ
とを楽しんだ.「だべる」（駄弁る）という形容は, この日記に何度も出てき

1957年2月

て，留学生仲間の話合の雰囲気を表すと思う．

　9日，カルボニエ教授からランデヴー　をするとのこと，一旦かえり，douche を取り，大学に帰り，先生から親切にしていただき，1時間も話した．

　一方，日本館では Bal（舞踏会）の準備で忙しいが，面白くもあり，午前4時まで渡辺君と話し合う．ブウルス延長のことで，11日，D. モランデエール氏から頂いた推薦状にたいして礼状を書く．後頭部と首にかけてまだ痛む．

　日本館の新館長のリセプションあり，星野が代表として挨拶．16日には，カルボニエ氏の講義“S.J”に出席し，エスメイン教授も訪問し，抜き刷りなど頂く．著名な教授すべてに，ランデヴーをしていただいているようで，星野もパリ留学に来た甲斐があったと思ったろう．日記帳の今月の16日，17日に小さな計算表がついているが，それは，食費の計算でもあるだろうか．また，ある会ではダンスにも誘われ，皆によくされている，と感じ，感謝している．

　一方，彼は自然の美にも感覚を鋭く通わせ，大学都市でミサに与った後，冬景色を3枚，写真に撮った．私が初めて日記を開いたところ，薄茶色のつるつるした薄い紙に挟まれて，押し花が現れてきたのには驚いた．星野が優しい余裕をもっていたのに涙ぐんだ．エーデルワイスに似た野の花が愛おしかった．「わざわざ，押花用の紙を買ったの？」と聞くと，「トイレット・ペイパーだよ」とよく憶えていた．しかし今では紙違いでないかと思っている．

　個室のなかでは“Lonage”を集中して読み，よく散歩もして，パリのなかを歩き廻っている．17日には，コンサートに行き，ブランデンブルグ協奏曲3番を聞く．ソリストの Loewenguth よし，と．この時期は（ブウルシェが認められるか否かのこの時期には，）金銭の手続き多し．

　19日には，この方を除いてパリ勉学について語るなかれといっても良い，山口先生にも会っている．20日には，後に星野の，割りによく読まれた業績の1つになる「借地借家」のテーマについてフランスで聞くことになる．

　また，「ブウルシェ」を受ける者に対するフランス政府の好意か——病気

［後記］

予防センターで健康診断に行く．27日には，大学都市の病院にてレントゲン
をとる．結核の病歴を持つ留学生にとってなんという親切さよ．27日にはモ
ランディエール氏のお宅に相談に行き，相変わらず，親切にしていただく．
カピタン教授夫妻の会では閉会の辞をやらされ，ヘキエキする．2月最後の
日は「一点の雲なし」の空に起床し，「素晴らしく晴れた1日」で終わる．
春の兆しか．留学は延期できそうだし，コミティに延長願いを出し，帰りの
旅費の請求をしている．また，勉強のほうも疎かにしていない．法学部の民
法室で Saint Alery の論文を読む．

1957年3月1日

| 3月 | 1 | 金曜日 |

聖 ユードキシー

快晴　一点の雲なし

　起床8時45. 9時30のS.J. 少し遅れる. 終わって, ユーゴースラビアの○○○○○君と出る. 帰館. 菅谷君といっしょになる. パンを買って, 昼食, 自室. 少し横になる. 15時〜18時30, Demande de la Prolongation（ブウルシェ延長願い）をタイプで打ち終る. 夕食, F.I. 安斉君といっしょになる. 帰館, 一國君とちょっと打合せをしてから, たまたま多くの者集まり, 8人になる. 帰室22時. "Regle Morale" 22時45まで. 松原君来る. 就床23時30.

朝（自室）

Lait, Beurre, Fromage

昼（自室）

Lait, Beurre, Fromage Confiture, Orange.

夕（F.I.）

Potage, Omelette, Champignon, Macaroni Gruyere Salade Pomme.

| 3月 | 2 | 土曜日 |

聖 サンプリース

快晴　前日に同じ

　起床11時30. うつらうつらと眠る. 次第に疲れとれ快くなる. 朝昼兼用の食事, 12時. 掃除のため下におりる, 12時45〜13時. 昼寝, 15時30に至る. Douche, 洗濯, 16時45に至る. 準備をして Confession, St.Sulpice に. 終って出たのが18時45. Marche de St.

朝昼（自室）

Lait, Pain, Fromage, Beurre Confiture,

夕（F.I.）

Potage, Pot au fer, garni, Haricot Bretonnes, Fromage,

96

1957年3月4日

Germain で買物をして一旦帰館, 荷物をおいて F.I. の夕食. 帰って新着の新聞を読む. 20時45帰室. 1つ洗濯. 21時〜22時15, "Lonage" 就床22時45.	Mandarin

---

3月	**3**	日曜日

聖 クアンクアセシーム

快晴　　起床8時30. Circle St. Jean Baptiste のミサ. 大園神父. 侍者. 終わって朝食. M. Guillain に会う. その他の人々. 後, 徳川神父の話. 昼頃小幡君と出て, セーヌ川で増水の写真をとり, St. Germain から帰室. 小幡君にローマの写真その他を見せ, だべる. 17時45に至る. 食事, F. I. 後で新着の新聞を読む. 20時〜22時 "Lonage "途中賀田君来る. 家に手紙. 就床23時15.	朝 昼（Cercle St.Jean Baptiste）Croissant, The, Café, Beurre.　夕（F.I）Potage, Saucisson frite Endive Pomme Fromage （……）Grape fruit

---

3月	**4**	月曜日

聖 カシミール

快晴　　起床10時30. 軽食, Demande の手紙, タイプを打ち終わる. 掃除のため下に降りる. 昼食13時30〜14時30. 封筒を買いに出, 手紙	朝（自室）Lait, sucre, Pain, Beurre,　昼（自室）

1957年3月5日

を作って，15時30，出て P.T.T. で出して，〇〇〇に "Gervaise" を見に行く．M にあまりよいといわれていたので，かえって具合悪し．しかし，よい映画．帰館，F.I. で食事．帰室，20時，2月分の決算をする．22時30，館長をたずねて，雑談．23時15辞す．賀田君寄り，24時に至る．就床1時，M，母より手紙．嬉し．

Lait sucre, Pain, Beurre, Fromage Salade, (Endive)

夕（F.I.）

Potage, Foie frite, Haricot Vert, Noille Saute, Beurre, Salade, Confiture.

| 3月 | **5** | 火曜日 |

灰の水曜日

曇

　起床10時30．Fondation national で小切手を受け取りに行き，F.I で現金化し，P.T.T.で貯金をして帰室．昼食．掃除．Bajeux "〇〇〇〇" を読み始めたが，眠くてたまらず，昼寝．17時30に至る．洗濯．"Bajeux"．18時25出て，Prof. Durand 宅に．Prof. Chabas, Prof. Raynaud 夫妻，その他，計8人が，呼ばれていた．夕食はコックが来ていて大したもの．歓談，12時45に至る．Prof. Raynaud が自動車で送って下さる．帰室1時．就床2時．

朝，昼（自室）

Pain, Lait, Beurre, Fromage, Salade, Harry, Confiture,

夕（Prof. Durand）

Aperitif, Soupe de Poisson mélange, Poulet roti, Harricot blanc, Asperge, Glace d' Café, Digestif.

1957年3月7日

| 3月 | **6** | 水曜日 |

灰の水曜日

曇

　起床10時30．　1日，手紙書き．Prof Durand, Prof. Esmein, 我妻先生，杉山先生，M. 深瀬君．14時半〜15時30，Douche．17時30〜19時 T.P. 就床23時，大斎．たまに，かえって胃のため快い．M. より来信．父上に一筆書いてくれとのこと．（大斎とは，肉類，食事をとらない事)，

昼（自室）

Pain, Beurre, Fromage, Hareng, Orange

夕（自室）

Hareng, Fromage, Pomme

| 3月 | **7** | 木曜日 |

聖 アクアンのトーマ

曇

　起床11時．軽食をして，13時，Le Monde に M.Guillaine を訪問．レストランで昼食をご馳走してくれた．親切に色々話してくれる．出て，N 2 で Luxembourg へ．Livrairie Generale で，本を買い，Luxembourg 公園を通り Comité d'Accueil に行って用足し．関口君に会い，一緒に又も Luxembourg を横切って，COPAR で切符を買い，Denfert で食糧を仕入れて帰館．18時近し．夕食前，Paroisse de la Cité で，Monsseurs l'Able に

朝（自室）

Beurre, Fromage, Hareng, Pomme, Orange,

昼（レストラン）

Par M. Guillaine

Hors d'ouvre (Tomato Raddit) Gigot avec Chou-fleur et Pomme frite, Tarto, Cafe, Bierre.

夕（F.I.）

99

1957年 3 月 8 日

あって，derogation を貰い，パンを買い，
帰室．　出て，19 時 45，"Propriete Cultu-
rale"．21時，Blugat の部屋に招かれ，彼の
試験合格祝いシャンパンをご馳走になり，彼
の最近買った自動車で Champe Elysese,
Boulogne を廻って彼の部屋へ，24時15，も
う 1 回　シャンパン．辞す．24時30．就床 1
時30．

Potage，（Lentille）
Steak Grill Pomme
frite, Carotte, Vichy,
Salade, Patisserie

3 月	**8**	金曜日

聖　神のジャン

曇

　起床11時30．Madame Jaune に合って用
足しをし，掃除のため下におり，軽食，13時
30〜14時30．Prof. Morandiere に手紙，そし
て，M. の父上に手紙．M にも．17時45に至
る．支度をして，委員で，寺中参事官のお宅
で．すき焼き，日本酒のご馳走になり，歓
談，23時30に至る．自動車で送ってくださ
る．帰宅24時，就床 1 時．

朝昼（自室）
Lait, Pain Beurre,
Fromage Hareng,
Pomme, Mandarine,
夕（寺中参事官宅）
スキ焼き（牛肉，豆腐，
しらたき，葱，シャン
ピニオン，もやし，等）．
漬物，奈良漬，菓子．

1957年3月10日

3月　　　**9**　　　土曜日

聖女 フランソワーズ

晴

　起床8時30．9時50～12時，S.J. Gibert で買物をして帰り，昼食，自室．Douche，14時15～15時，洗濯．小幡君来り，話す．16時～17時公証人のことを少ししらべる．17時．Madame ○○○○来たり，日本の公証人制度のことを聞かれる．ローマで会った薬学科学生の Mlle の姉さんだった．19時，終り，F. I. で食事．帰室後，手紙書き．就床23時15．暖かく快い．

朝（自室）
Pain, Beurre Pomme.
昼（自室）
Bisque d'homard avec carotte, Pain, Beurre, Fromage, Hareng, Pomme, Mandarine
夕（F.I.）
Potage, Boeuf, Fraise Ravette au Jus, Macaroni au Gruyere, Fromage, Pomme.

3月　　　**10**　　　日曜日

四旬節第1日曜日

曇時々晴

　起床10時15．11時15の Parroisse de la Cité のミサに行く．帰り，直接 F.I. で食事．Croit Rouge の催しをやっている．帰室後疲れたので，横になったら眠る．起きられず．夕食自室，19時～19時45，就床21時．どうし

昼（F.I.）
Hors d'oeuvres（大根）? Steak Grille, Pomme, Mousserine Fromage, Desert（Confiture）

101

1957年3月11日

たのか，すっかり疲労している．

夕（自室）
Lait, Beurre, Fromage, Salade, Carotte, Hareng, Confitures

| 3月 | 11 | 月曜日 |

聖 ユウロージュ

薄曇のち晴

　全身の力抜け，節々痛し．下痢，胃腸が機能しないらしい．過労だ．何時かわからない．とにかく徹底的に直したいと休んでいる．昼，自室で食事に起き，下におりたのと，夕，F.I. に食事に行き，パンを買ったのみ．就床21時．

昼（自室）
Lait avec Eufaure, Pain, Beurre, Fromage, Orange.
夕（F.I.）
Potage, Saute de Boeuf, Macaroni, Puree St.Germain, Salade, Patisserie.

| 3月 | 12 | 火曜日 |

聖 グレコワール

晴

　朝は軽食11時30．あとずっと横になっている．昼，掃除のため下におり，後，昼食，自室．13時〜14時．少しぶらぶらして横になる．だいぶよくなったが，後頭部，肩のあた

朝（自室）
Lait, Pain, Beurre, Mandarine
昼（自室）

1957年 3 月13日

り痛む．夕食．F. I. のち，一國君の部屋で，
又，寺尾君の所にちょっと寄って話し，帰室
20時30．就床21時15.

Lait, Pain, Beurre,
Fromage, Confiture
Hareng, Maudelessive
夕（F.I.)
Potage, Steak Grill
Pomme frite, Epinard,
Fromage, Orange

| 3 月 | **13** | 水曜日 |

聖女 ユウヒラジイ

晴
　起床11時．軽食，床屋，少し待つ．終わっ
て帰館，13時30.
昼食，自室．少し横になり，15時～16時
Douche，洗濯．16時45．出て，法学部で本
を返し，T. P. へ．St. Germain の Marche
で買物をし，Concordia にて，証明書類を図
書館に忘れていたのを，持ってきてくれた人
に偶然会った．じつにありがたかった．帰
室，洗濯．20時．出て，戸張君の所で話を
し，後杉原君の部屋で Bluyat を交えて議論
をして，1 時近し．就床 1 時15.

朝（自室）
Lait, Pain, Mandarin
昼（自室）
Lait, Pain, Beurre
Fromage Confiture
Hareng
夕（Concordia）
Potage, Boeuf, Roti,
Pomme（ムシタモノ）
Fromage, Pomme

1957年3月14日

| 3月 | **14** | 木曜日 |

聖女 マチルダ

晴

　起床11時45．Madamme Villey に返事を書く．掃除，下に降り，帰って昼食．14時〜15時，少し横になる．16時〜19時，"Guide Dalloz"，家に手紙．出て，買物．20時過ぎ，M.Charme とかけちがったので，1人で Foyer International へ，行き違ったが，結局 Pere Charme, Lambert の二君と食事，話して23時．帰館．就床24時．

昼（自室）

Pain, Viandox avec Carotte, Beurre, Fromage, Confiture

夕（Foyer International）

Consommé avec Vermicelle, Boeuf roti avec riz, mayonnaise, Fromage, Banane

---

| 3月 | **15** | 金曜日 |

聖 ザッカリー

晴

　起床10時30．11時30，Madame Jaune に会おうとして行ったら，病気で不在．図書館で武者小路君夫妻に会い，村山君もおり，話しこみ，12時30にいたる．ところが，掃除でまたも下りる．昼食，自室，13時〜14時．14時〜16時30，"Guide Dally"．16時30〜18時30 "Lonage"．夕食，F.I. 帰室．後，家に手紙を書き，Madame Villey あてのといっしょ

朝食（自室）

Pain, Beurre, Fromage, Confiture, Hareng

夕（F.I.）

Potage, Omelette, Pomme sauté, Lentille au Jus, Salade, Patisserie.

1957年3月16日

に出しに行く．就床21時．明日のため．

| 3月 | **16** | 土曜日 |

聖 クリアーク

曇

起床7時．支度して Comite d'Accueil の Excurtion, Chartres へ．戸張，鈴木，渡邊，○○，一国，菅谷の諸君といっしょ．Porte d'Orleance からバスで．St. Reny, Chevreuse をすぎた池の近くでココアとクロワッサンの朝食．Rambouillet, Maintonon を通って，Chartres 着，11時15．外を一まわりして，中に入る．建築，彫刻，特にステンドグラスのすばらしさ！　ゴシックの偉大さに打れた．12時30，Creget で食事．各国の者が歌を歌わされた．"夕焼け，小焼け"を合唱．14時，出て Crypt を見学．ついで町を歩き，Eglise St.Pierre を見る．終わって，戸張，鈴木，渡邊，一国の諸兄と塔に昇る．絶景．16時30出て，Maintenon の Chateau に寄り，帰ったのは，19時30過ぎ．沢山手紙が来ていた．M，母，民懇の諸氏．懐かし．夕食，自室．Douche，就床23時．——フランスの田園風景，涙の出るほど好きだ．

朝（自室）

Pain, Lait, Beurre, Confiture

朝（Exc）

Chordet, Croissant.

昼（Exc）

Filet de Sole, Soleil d'or, Steak aux Endives et Pomme de terre rissoles, Salade de Season, Burquette au Marron.

夕（自室）

Lait, Pain, Beurre, Fromage, Confiture, Pomme.

1957年3月17日

3月	**17**	日曜日

追憶

曇　時々　雨

　起床10時15. Paroisse de la Cite のミサ，
11時15. 終って，パンなど買って帰り，昼
食，自室．少し横になる．15時〜17時半，
"Guide Dalloy" 終わる．17時30〜19時30，
手紙．川島先生，家，そして M，途中まで
夕食，自室．出て，Foyer International. に
Prof. Mus の講演を聞きに行く．○○○○質
問のようにして少ししゃべった．
帰室23時．就床24時.

昼（自室）
Vendex avec carotte
et chou-fleur, Pain,
Beurre, Fromage
Confiture
夕（自室）
Créme de Veau avec
chou-fleur, Pain,
Beurre, Fromage,
Confiture

3月	**18**	月曜日

聖 アレキサンドル

曇

　起床11時．Madame Jaune に会いに行き，
ついでに館長と少し話す．食事，自室．
12時45〜13時15 "Guide Dally" 後，掃除，
又も下におりる．行木さんにカフェをご馳走
になり，赤間君ともしゃべって，帰る．14時
30〜18時続き，"Livret de l'Etudiant"，手紙
8 時30．夕食 F.I.Carte Hebdomadaire（週
間表）とパンを買って帰る．20時，手紙．館

朝食，自室.
Pain, Beurre, Fro-
mage, Hareng
Pomme.
夕食（F.I.
Potage, Carotte, Co-
quille a la Tomato,
Salade, Dessert, （ウエ
ファース）

1957年3月20日

長に呼ばれて行ったら，日本人カトリク学生
2人がいた．話終わって帰って後も村山君を
交えて話し，帰室24時．芳賀君の所へ行って
打ち合わせに行って少し話し，帰室，1時．
就床2時．

3月	**19**	火曜日

聖 ヨセフ

曇	朝昼（自室）
起床12時近し．掃除のため下におりて，食事，自室．13時〜14時 "Lonage" 出て，Rillancourt, Renarillt の工場の見学．17時終り，Mabillon に出て買物をして帰る．18時45，夕食，自室．手紙を出しに行く．疲れて早く眠る．	Pain, Lait, Beurre, Fromage, Confiture, Pomme,
	夕（自室）
	人参，カリフラワー，玉子入りまぜご飯，バター（Viandox 味付）
	チーズ

3月	**20**	水曜日

聖 ヨアヒム

晴	朝昼（自室）
起床11時．朝昼兼用，12時45〜13時15 "Lonage" 掃除のためおりる．上がってDouche，洗濯14時30〜16時15，"Lonage"，	Pain, Beurre
	夕（F. I.）
	Potage, Cote de porc,

1957年3月21日

出て，Comité d'Accueil に寄り，ちょっと Luxembourg を散歩して，T.P. M. Desiry と少し話す．帰館，夕食，直接 F. I. で．帰室．19時45〜20時15，"Lonage" 出て，C.C.I. の講演会．面白い．終了，23時45，帰室，就床1時30.

(frite?) petit Pois, Pomme, Ragout, Salade, Pomme.

| 3月 | **21** | 木曜日 |

春

晴 後 曇

　起床10時30．軽食，11時〜12時15，"Lonage"．出て，Prof. Villey 宅へ．昼をご馳走になり話しこんで15時になってしまった．よい人々だ．Droit romain（Que sai je?）をいただく．辞し，Pl. St. Michel の Bureau に行ったがもう閉まっている．法学部研究室へ．Revue Trim.dr.int. のビブリオグラフィー．18時30，出て，図書館で少し，探しものをして帰室．夕食，自室．館長を訪ねる．21時〜22時 "Lonage" 手紙．就床23時30．M. と黒沢から来信．うれし．

朝（自室）
Lait, Beurre.
昼（Prof. Villey）
Hors d'oeuvre（帆立貝のクリーム煮—その殻につめてある），Boeuf roti, petit Potit pot, Pomme saute, Salade, Fromage, フルーツポンチ, Vin blanc, Rose, Café, Martine.
夕（自室）
Pain, Beurre, Fromage, Confiture, Herry Pomme.

1957年3月23日

| 3月 | **22** | 金曜日 |

聖女 レーア

晴

　起床10時30. 軽食. 12時 Salle des Professeurs で Prof.Berger-Vachon に会う. Salle de Travail d'Etymologie Juridique に案内してくださる. 帰館, 食事, 自室. 13時30, 出て, M.Gavalda 宅へ. コーヒー, Cognac を出され, 歓談. 15時15, 辞し帰室. 16時30〜18時30, "Lonage". 夕食, F. I. 19時15〜20時 15 "Lonage". Concert の支度. Concert, 21時. 松岡, 三原嬢. 終わりの挨拶をする. Bach, Beethoven, Debussy, Lizt, アンコール Schuuman, 後コクテル. 23時30にいたる. 就床24時45.

朝（自室）

Lait, Fromage, Pomme.

昼（自室）

Pain, Lait, Beurre, Fromage, Pomme.

夕（F.I）

Potage (Lentille), Omelette, Pomme Saute, Jardiniere de Vegetals, Salade, Banana.

| 3月 | **23** | 土曜日 |

聖 ヴィクトリアン

晴 後 曇

　起床8時45. あわてて, S.J. の講義に. 終わって, 古本をひやかして帰り, 昼食, 自室. 出て, 14時15, Salle 5 の Conference d'Agregation を聴く. Prof.Esmein の指導で, "Boyeotage" について, ○○○君. 終

朝（自室）

Lait, Pain, Beurre.

昼（自室）

Lait, Pain, Beurre, Fromage, Confiture, Pomme.

1957年 3 月24日

わって少し散歩し，図書館で Bibliographie をしらべて，16時に Conference があると思って行ったら，ない．で，美賀子のカードを買って，Église St. Sulpice で告解，M.le Cure. 帰館，夕食，自室．渡邊君が昨日誕生日というのでお赤飯にソーセージ，野菜サラダをくれたのをふかしてたべる．うまい．Douche，洗濯．眠いので，早く就床，11時．

夕（自室——渡邊君の御馳走）
お赤飯，ソーセージ，野菜サラダ，赤蕪，りんご

---

3 月	**24**	日曜日

オチュリ

曇　一時　晴
　起床10時30．Paroisse de la Cite の11時15のミサ，帰室，昼食，自室．睡眠不足で昼寝，夕方に至る．夕食，自室，19時15．就床

昼（自室）
Yaourt, Pain, Beurre, Fromage, Confiture,
夕（自室）
Yaourt, Pain, Beurre, Fromage, Confiture, Pomme.

---

3 月	**25**	月曜日

受胎告知

曇
　起床11時，軽食．Demande de la prolongation de la Bourse の Comite d'Accueil に

朝（自室）
Pain, Beurre, Pomme.
昼（自室）

1957年3月26日

出す Copie をタイプして1日費やす. 12時～
13時. 14時45～18時15. 昼食は14時. その前
掃除で下におり, 新聞が新しく来ているので
読む. 夕食18時15. 19時15出て, Opera へ.
20時～24時. Tannhauser, 2幕の壮大さ,
3幕の終りがよかった. 合唱が入ったほうが
やはりいい. 帰室1時近し. 就床1時30.

Creme de Veau avec
Carotte et Chou-fleur,
Pain, Beurre, Confi-
ture, Pomme.
夕 (F.I)
Potage, Steak, Pomme
frite, Haricot panache,
Salade, Glace (Fraise,
Vanilla)

| 3月 | **26** | 火曜日 |

聖 エンマニュール

曇時々晴

　起床11時. 軽食. Demande の Copie 完
成. Brieguebec に手紙を書く. 昼, 掃除で
下におり, 上がって昼食, 13時30～14時. 手
紙終える. 15時出て, 郵便局で手紙を出し,
Comite d'Accuiel に Copie を持って行き, Pl.
St. Germain の Beureau d' ○○で法学部の教
授のリストをつくる. 16時～18時, 出て,
Marche de St. Germain で買物をして, 帰
室. 夕食, 自室, 19時～20時, 20時～20時
45 "Lonage" 疲れたので, 眠る.

朝 (自室)
Lait, Pomme
昼 (自室)
Lait, Pain, Pain,
Consommé de Poula-
tan, riz, Beurre, Fro-
mage, Pomme,
Orange

1957年3月27日

| 3 月 | **27** | 水曜日 |

聖女 リデイ

曇	朝（自室）
起床11時. 軽食. "Lonage" 12時〜12時	Lait, Pain, Beurre,
45, 掃除で下におり, 上がって昼食14時,	Orange.
Douche15時〜15時45. "Lonage" 15.45〜17	昼（自室）
時, 出て, T.P. のため Lycée Montaigne に	Lait, Pain, Beurre,
行ったところ, ストライキとかで学生は3	Fromage, Confiture,
人, M.Desiry も来ないので, Faculte de	Orange.
Droit に行ったところ, しまっている. 本屋	夕（F.I.）
をひやかして帰館, 18時45, 直接 F.I. で夕	Potage Rosbif, Endive
食. 帰室, 20時. "Lonage" 20時〜22時	Graise, Nouille
15. 就床23時15——我妻先生より来信. 親切	Beuure, Fromage,
なお手紙に感動する.	(Creame de Gruyere),
	Grape fruit

| 3 月 | **28** | 木曜日 |

4旬節の中日 ミ・カレーム

曇 後 雨 後 晴	朝（自室）
起床10時30. 軽食. 11時30〜13時15 "Lo-	Lait, Pain, Beurre.
nage" 掃除で下におり, 昼食, 自室. 洗濯	Orange.
少し. 15時出て, Rousseau で, 法学部へ送	昼（自室）
る本を注文. Salle de Droit Civil で Biblio-	Lait, in, Beurre, Fro-
graphie, 16時30〜17時45, 出て, Luxem-	mage, Confiture,

1957年 3 月29日

bourg 公園を散歩して帰室，（買物をして），
19時，公園若葉美し．夕食，自室．20時15～
21時15 "Lonage"，就床22時15——Mi-Care-
me，（四旬節の中日）のため，あちこちに
Confetti（紙吹雪）がおちていて，公園の土
がきれいだ.

Orange, Pomme.
夕（自室）
Lait, Consomme de
Poulet a riz, Pain,
Beurre, Fromage,
Confiture, Pomme,
Raddit.

---

3 月 **29** 金曜日

聖 ヨナ

曇

　起床 8 時45．あわてて S.J. の補講に．遅れ
る．終わって，Rousseau で法学部へ送る本
の支払いをし，Librairie Technique へ行っ
たが閉まっていたので帰室．昼食，13時45～
14 時30，洗濯，15 時 30 にいたる．"Lo-
nage" 15 時 30 ～ 17 時 15，出 て，Librairie
Technique でカタログを貰って帰り，川井
君からパリに来るとの手紙が来ていた（大使
館をまわって，遅れた）ので，さっそく返事
を書いて出し，夕食，F.I. "Lonage" 19時45
～20時30.

美賀子に手紙．就床22時15.

朝（自室）
Lait, Pain, Beurre,
昼（自室）
Lait, Pain, Beurre,
Fromage, Confiture,
Raddit, Pomme,
Orange.
夕（F.I.）
Potage, Oeufs Durs,
Pomme anglaise, Ca-
rotte Vichy, Salade,
Orange.

1957年3月30日

| 3月 | **30** | 土曜日 |

聖 アネデ

晴

　起床8時30．S.J．1時間半講義．あと30分は Travaux Pratique として，判例の社会学的研究の2つの例と，書の法社会学解釈をしてくれた．出て Rousseau に寄ったが未だ facture はできていないので帰館．昼食，自室，13時15〜14時．Douche，洗濯，15時30にいたる．"Lonage" 15時30〜17時30．日本館の説明をしてくれというフランス人2人来り，少し説明．18時15〜18時45，續き．19時所君といっしょに河野参事官のお宅に．やがて，戸張，渡邊君も来る．アペリチーフ．日本食．ウィスキー"ミザントローブ"のレコード．23時30，出て，自動車で送って頂いて帰館．24時，就床1時．

朝（自室）

Lait, Pain, Beurre,

昼（自室）

Lait, Pain, Beurre, Fromage, Confiture, Raddit, Pomme, Orange.

夕（河野参事官宅）

味噌汁（わかめ），コロッケ，グリーンピース，付合せ，玉子焼，しいたけ，高野豆腐の甘煮，かに鮨とほうれん草の酢の物，奈良漬

| 3月 | **31** | 日曜日 |

レターレ

晴

　起床10時15．Paroisse de la Cite の11時15のミサ．終わってヨーグルト，パンを買って帰り，昼食，自室．少し勉強し始めたが，昨

昼（自室）

Pain, Yaourt, Beurre, Fromage, Raddit, Confiture, Consomme

114

［後記］

夜どういうわけか，6時頃まで眠れなかったので，眠くてたまらず，15時30，寝る．19時〜20時，夕食，自室．すぐ就床21時．

de Poulet, Orange.
夕（自室）
Pain, Yaourt, Beurre, Fromage, Confiture, Bisque d'Homard avec riz, Orange.

［後記］　星野が3月に果たしたことは，まず，ブルシェ（フランス政府奨学制度）を，もう1年，延長する手続きを最終的に行ったことであった．この問題は，24日，1日かかってコピーを完成し，26日にやっと留学生歓迎事務所——Comité d'Accueil——に提出できた．この問題は，その後も長く續き，何度も提出物をださなければならなかった．

　"Lonage"を，時間が空き次第，読んでいる．6日にはデュラン教授宅に，シャバス教授その他8名が集まり，夕食にはコックが出てくるほどの盛大さであった．星野のフランス人とのお付合いについては，相当よかったと思われる．

　また，寺中参事官宅で，すき焼きパーティ．9日には公証人のことを研究．星野は毎日曜日に色々異なる教会に行き，ミサに与っているが，これは，勿論，第一義的には身を清める目的があったが，一方，教会を見ることにより，フランス文化に接する目的もあっただろう．今月は，主として大学都市のパロワーズ教会（ビザンツ典礼）に行っている．11日より横になったら起きられないほど疲れ，翌日は全身の脱力感，下痢を起こしたが，幸い回復する．頭の後頭部，肩の痛み．だが，微笑ましい経験もする——図書館に忘れ物をしていたら，それをわざわざ持ってきて，星野に手渡した人があった！

　手紙を書いたり，また，会った人々は，マダム・ヴィレイ，ムッシユウ

115

1957年3月

シャルム, 武者小路夫妻. 16日には, Comité d'Accuiel の遠足で日本人数名とシャルトル見学, この日の日記は快い. クリプトも見学, 塔にのぼると絶景. 帰宅すると, たくさんの手紙, うれし. 英一の日記のなかで, 私がもっとも, 感動したフレーズの1つはこの日の「フランスの田園風景, 涙の出るほど好きだ」である. 17日は「Mus の講演を聴き, 質問のようにして少ししゃべった.」──星野は, 自分からしゃべりたい, と積極的になるほど, 彼の語学力は進んでいたと思われる. また, 「日本人カトリック学生と話したい」という男女2人が訪ねてきた, と. 星野は, フランス人の反応の良さに喜んだろう. 21日には, 彼が尊敬する法哲学者, ヴィレーさんに呼ばれ, ご馳走になり, クセジュ文庫のローマ法 (*Droit Romain*) を頂く.「良い人々だ」と英一は感嘆の言葉を残している. 翌22日には, ガヴァルダ氏宅で, コーヒー, コニャックで歓談. 日本館のコンサートを聴き, 感動する. 23日には, 美賀子の誕生日カードを買う.

　　──Mi-Careme (ミカレーム, キリスト教の四旬節の中日, その年には28日　) のため, 子供たちが紙吹雪を公園のあちこちに巻きちらしたのが美しい, と英一は書く.

　　日本館の友人から, 誕生日のための赤飯と野菜をもらい, ふかして (!) 食べたらおいしかった, と. 25日には, まだ, ブウルシェ延長の問題がつづいており, コピーを作るのに1日ついやす. だが, 夕方にはオペラ座に行き, 「タンホイザー」を堪能する. 26日には, 例のブウルシェ延長願のコピーを完成. 27日にはストライキあり, 我妻先生より親切なお手紙. 日本館の説明をしてくれと頼むフランス人2人が来訪. 河野参事官のお宅で日本食に与り, "シラノ" "ミザントロープ" のレコードをきく. このような楽しい日々を送ったあと, 朝まで眠れず, 31日には眠くてたまらず.

1957年4月2日

| 4月 | **1** | 月曜日 |

聖 ヒュウグ

晴

　起床9時45．11時，Prof. Esmein のところに賃貸借の文献（我妻先生よりの依頼）のこととその他について聞きに行く．11時半辞し，○○○で我妻先生に送るものを頼み，法学部に行ったところ，図書館はスト．Marche de St Germain にいったら休み．帰室．昼食，14時～14時45．13時～14時，15時～18時，"Lonage"．家に手紙を書く．出て，19時半，Prof. Esmein のところに夕食に招かれて行く．A. O. F. の判事 Creppy 君，Prof. 夫妻，息子さん（Lille の判事）と娘さんとその子．20時15にいたり，辞し，帰館．松木さんの部屋に呼ばれているので行き，10人ぐらいの人とだべり，帰室24時，就床1時．

朝（自室）
Fromage
昼（自室）
Pain, Yaourt, Beurre, Orange, Confiture,
夕（Prof. Esmein）
Potage, Foie Saucisson, Pomme, Cereal, Cuit, Salade, Fruit, Fromage, Pudding, Café, Cognac, Vin Blanc（Bordeaux）

| 4月 | **2** | 火曜日 |

聖 ポールのFR

晴

　起床8時10．8時40に日本人学生と，Prof. Leon Mazzaud が会われるので，機会を利用して行き，ちょっと話する．図書館で

朝（自室）
Pain, Beurre.
昼（自室）
Pain, Yaourt, Bisque,

117

1957年 4 月 3 日

文献を調べて，帰室，13時.

　昼食，自室，13時半〜14時半 "Lonage"
眠くてたまらず．昼寝，16時〜17時出て，
Conference "Profession de l'Avenir" Salle
des Fetes, 18時半，出て Monparnasse まで，
散歩し，Chaix を買って帰る．夕食，自室，
21時〜21時半，館長と話をして帰室，就床24
時.

d'Homard, Beurre,
Fromage, Confiture,
Orange.

夕（自室）

Pain, Oeuf sur le Plat,
Cresson saute, Beurre,
Orange.

| 4 月 | **3** | 水曜日 |

聖 リシャール

曇

　起床10時．松原君，相談に来，起こされ
る．館長，芳賀君に会い，The demand の始
末．面会に来た人あり．少し横になる．朝
食，11時半．手紙．掃除．昼食，14時，自
室．Douche, 15時〜16時 "Lonage" 12時
まで T.P へ．帰り，Devillebichot 君といっ
しょになる．Fondation Canadienne の Re-
ception に．20時45にいたる．辞し，帰館．
軽食．Canadian Whisky に陶然．就床10時
15.

朝（自室）

Pain, Beurre.

昼（自室）

Lait, Oeuf omelette,
Croissant, Beurre,
Fromage, Orange,

夕（自室）

Pain, Beurre, Lait,
Cresson cru, Orange.

1957年 4 月 5 日

| 4 月 | **4** | 木曜日 |

聖 イソドール

晴

　朝 8 時45，川井君より電話あり，今日，明日あいていると．早速約束して，出，10時，Musee de Rodin の前で待ち合わせ．Musee は午後から．で，Jeu de Paume に行ったが，これ は 修繕中で閉まっている．Concorde から Champs-Elysees と Gorge V まで歩き，Musee des Art modernes に行く．13時出て，Rue de Berri, Val d'Isin で昼食，13時30〜15時．Musee de Rodin に．かなり大きい．18時出て法学部に行き，図書館，研究室など案内し，Luxembourg 公園を抜け，ビールを飲んで，St. Placide で別れる．Comite d' Accueil のカクテルパーティ，法学者（Juriste）のために出る．Prof Buttifol, Boulanger, M. Herzog, にあう．その他，○○君など．20時30出て帰館．洗濯多し．夕食自室．就床23時15.

朝（自室）

Pain, Beurre, Cresson.

昼（レストラン）

Oeuf en gele, Veau Roti, Spaghetts, Beaujolais.

夕（自室）

Pain, Beurre, Cresson sauté, oeuf sur le plat.

| 4 月 | **5** | 金曜日 |

聖 イレーヌ

晴

朝（自室）

1957年4月6日

　起床8時半. Bourse の cheque をもらい, 現金化したら, 遅くなって, 川井君との約束30分遅刻. 菊池館長と一緒になる. 10時半, Luxembourg 駅前. まず, Musee de Cluny を見る. 中世に感嘆. 12時45分出て, 少し歩いて St.Germain のそばで食事. Mabillon から Bir-Haheim へ来, Tour Eiffel, 3階へ登る. 始めて. 美し. 大分長くいて, 2階へ降り, オレンジジュースを飲み, 下る. セーヌの岸を歩いて, Assemblée nationale の前を見, Invalides から Metro で, Strassbourg, St Denis で別れる. 久しぶりの人, 楽しかった. St. Sulpice で Confession. Marche de St. Germain で買い物をして帰宅, 20時. 夕食自室. Doyen Lemounier に手紙. 就床23時半.

Fromage.
昼（レストラン）
Sardine en Beurre, Omelette en Fromage, Yaourt sucre, Rose d' Anjou.
夕（自室）
Pain, Beurre, Orange.

4月　　　　**6**　　　　土曜日

聖 セレスタン

曇

　起床6時45. Comité d'Accueil の Excurtion, Rouen へ. Autoroute de l'Ouest を通り, Nantes の教会の前で, 朝食. 中・外を見る. 9時, 出て, Vernon を経由, Chateau Gailliard で止まる. 古城に登る. 出発,

朝（自室）
Fromage, " （Excurtion,）-Croissant, Chocolat.
昼（レストラン）
Sardine en Beurre,

120

1957年4月7日

Seine の右岸を通る．Normandie の美しさ！ブッシュ，牧草，りんごの花，セーヌ，農家！　Rouen を見下ろす所でおり，眺めてから Rouen へ．まず，Dufour で食事．1人で歌わされたので，"朧月夜" を歌う．出て，Eglise St Oven, Eglise St Machou, Cathedrale と2つのゴチック聖堂を廻り，Ecole des Beaux Arts, Horloge を見て，17時，自由時間．2人のベルギー人 Pere とベルギー人の民法学者，ドイツ人とコーヒーを飲み，美賀子に手紙を書き，教会をもう一度見て帰る．18時出，Louvier のゴチック教会を見，Vernon で降りて，レストランで軽食．あとは一路巴里．Cite までのせてくれる．20時15．Douche，就床0時30．

Omelette en Fromage, Yaourt sucre, Rose d' Anjou.
夕（自室）
Pain, Beurre, Orange.

4月	**7**	日曜日

受難

曇

　起床8時半．10時，Cerele St.Jean Baptiste のミサ．Mme Baranger の家，6，r. de Seine にて．アパルトマンの Chapelle，朝食．大園神父の話．昼食，日本食とあったが，五目鮨と玉子のおつゆ，ほうれん草のおひたし．14時半，レコードコンサート，モー

朝（Cercle）
Croissant
昼（Cercle）
五目鮨, 玉子焼, ハム, 人参, シャンピニオン, （○○○○○）, 清汁
夕（自室）

1957年4月8日

ツアルトについて，モーツアルト，ト短調シ
ンフオニー，クラリネットコンチェルト．終
わってそこの家の珍しいコレクシォンを見せ
てもらう．Aumovier に話かけられ，へきえ
き．熱意あるもセンスなし．帰室，18時半．
小包4個きている．整理．夕食，20時〜21
時．小包中の日本の雑誌を見て少し，焦る．
朝，美賀子から，関西旅行の報告の手紙．嬉
し．Cercle，神父との話，雑誌による刺激と
心の動くことの多い日．珍しい．しかし，美
賀子のいつに変わらぬ心はたまらなく嬉し
い．彼女のためにも，しっかり勉強しなく
ちゃ．

Pain, Poulet au riz,
Beurre, Fromage,
Bisque d' Homard.

| 4月 | **8** | 月曜日 |

聖 アルベール

晴

　起床10時．軽食11時〜12時，手紙．12時．
〜13時 "Lonage"Detail に入る．「ジュリス
ト」の「借地・借家法改正の主要問題点」に
ひっかけることとした．13時．掃除のためお
り，手紙を出し，食物を買う．13時30〜14時
30，續き．昼食，自室．14時半〜16半，16時
〜17時續き．出て，Comite de Accueil で
Excursion の手續をし，Agence で切符をた

朝（自室）

Paine, Beurre

昼（自室）

Poulet au riz, Pain,
Beurre, Fromage,
Yaourt, Orange

夕（自室）

Lait, Curry, Pains,
Beurre, Cresson

1957年4月9日

のみ，Librarie de Luxembourg で本を買い，注文して，法学部へ．18時30〜19時半，Caen, Rennes 両大学の先生の Bibliographie．出て，帰館．夕食，自室，鈴木君がライスカレーをくれた．うまい．21時 Comite 館長室．22時45に至る．就床23時半．

saute, Confiture.

4月	**9**	火曜日

聖女 マリー エキュイプト

晴

　起床

10時半．軽食，11時30〜12半，手紙．つずいて "Lonage"．12時45，掃除で下におり，手紙を出す，Caen に．昼食，19時30．14時出て，Ivry-sur-Seine, Vin de Postillan の工場に行く．3人と Mme. Vasseur のみ．案内され，後 Champagne をごちそうになり，土産（ずた袋）まで貰う．バスで帰る．18時15．少し日本から来た雑誌を見（本日小包3個着），19時夕食，F.I. 帰室後　松原君相談に来る．美賀子に手紙．就床22時45．少しのどを痛める．

朝（自室）

Pain, Lait, Beurre.

昼（自室）

Pain, Beurre, Fromage, Cresson saute.

夕（F.I）

Potage, Steak Grille, Pomme frite, Lentille au jus, Salade, Banane.

1957年4月10日

| 4月 | **10** | 水曜日 |

聖 マケール

晴

　起床9時半．軽食．10時半～12時15，"Lonage"．ついで Rennes に手紙．掃除で下におり，手紙を出す．13時半，食事，自室．14時半，出て，床屋へ．帰室，15時半，Douche，16時30，少し "Lonage"．17時．出て，T.P. 終って Luxembourg 公園を抜けて帰る．夕食，直接 F.I. にて，帰室後洗濯，21時15に至る．雑用．就床22時半．

朝（自室）
Pain, Beurre, Confiture, Lait.
昼（自室）
Lait en ouef, Pain, Beurre, Cresson saute.
夕（F.I.）
Potage（Lantille）　牛肉煮込みと Naille, Chou-fleur saute, Fromage-Pomme.

| 4月 | **11** | 木曜日 |

聖 レオン，教皇

曇時々晴

　起床6時45．（Comité d'Accueil の Reims 行．8時，出発，Porte d'Orleans ○○○○ の Chateau の前で朝食．Marne の谷に沿って走る．景色よし．フランスの土地のうねりが快い．Meaux で降り，教会，Bossuet の司教館，その居室を見る．又も車中の人．

朝（自室）
Beurre, Confiture, Orange," （Exc.)-- Chocorat, Croissant
昼（レストラン）
Pamplemousse au Ratifia, Champignons a

1957年4月12日

Marne 会戦の地にアメリカの建てた記念碑のところでおる. Chateau-Thisry を望む高地, 景色よし. Dormans から左に折れ, Champagne の地へ. Reims 着12時45. ホテル兼レストランで食事. 又も歌を唄う. 日本人グループ5人. 14時30, 出て, Cathedrale 見学, すばらし. Chartre の静かさ, 清純さ○○○○も, より壮大, 華麗. 出てエハガキを買い, カフェーで美賀子に書いて出す. 良子にも書く. ついで○○○○○○○○○バスで St.-Reims の教会. ロマンとゴシックの融合. 面白い. 又も乗る. Soissons で夕食. Cite Univ. 着, 23時19. 就床24時30. よい Excursion.

la crème, Coquelet de Paysan, Cresson, Pommes rissoles, Salades, Fromage, Fruit. (Vin Blan, Rouge).
夜(レストラン)
ハム, ソーセージ, 野菜サラダ盛合せ, サラダ, パン, Vin rouge.

| 4月 | **12** | 金曜日 |

聖 ジュウル

晴
　起床
11時. 風邪, 鼻汁がひどく出て気分悪し. 下へおりてパンを買って帰り, 昼食, 13時. 13時45, 出て, 法学部へ Durand の講義を聞きに行くも, もう無し. Rousseau で法学部へ送った本の受領証を貰い, Librairie generale で本を買う. Luxembourg 公園を抜け

朝食(自室)
Pains, Yaourt, Beurre, Fromage, Confiture
夕(F.I.)
Potage, Omelette Pomme saute Petit pois francaise, Salade, Confiture.

1957年4月13日

て，Librairie de Luxembourg で本を受取
り，Agence で切符を買い，○○君の所に
よって，借りた300フランを返し，少し買物
をして，帰館．おりて夕食，F.I. 後，雑用多
く，いやになる．就床10時．

| 4 月 | **13** | 土曜日 |

聖女 イーダ

曇

起床

　9 時半．軽食，14区の税務署へ．Ren-
boursement 未だだめ，手續不備で．帰館11
時半．いろいろ整理．昼食は14時30．その
前，戸張君と少し話し，後行木さんにコー
ヒーをごちそうになる．Douche. 途中ぬるく
なり困った．15時半，出て，郵便局で貯金を
おろす．洗濯．夕食，自室，19時．身辺整理
の 1 日．風邪快方に向かいつつあるも，やや
気分悪し．

朝（自室）
Lait, Pain, Beurre,
Confiture.
昼（自室）
Lait, Pain, Beurre,
Cresson saute
夕（自室）
Pain, Yaourt, Beurre,
Confiture, Creame de
Veau

| 4 月 | **14** | 日曜日 |

枝の主日

曇

　起床10時．Paroisse de la Cath. 11時15の

昼（自室）
Lait, Pain, Beurre,

1957年4月15日

ミサ. 帰室. 昼食. 自室. 14時. 昼寝. かな
り眠る.

　18時, 起きて, 夕食. F.I. 小幡君といっ
しょになり, 寺間君, スイス人と. 寺間君の
部屋で話しこみ, 22時近くに至る. よい人
だ. あと雑用など. 就床23時45.

Fromage Confiture
Orange.

夕 （F.I)

Potage, Sella au
Pomme frite, Jardin
de Lagumes, Salade,
Pomme.

| 4 月 | **15** | 月曜日 |

聖女 アナスタシー

薄曇

　起床9時半. 10時菊池館長来られ, 事務室
で M. Guillain の講演の掲示その他について
打合せ. 下におりる. 手紙多し. 美賀子,
母, 高橋先生, 青木君は日本より. あと2つ
フランス. Boursier の延長できたと！　嬉
しい. 深瀬君も受かったそうで, よかった.
1日荷物整理に費やす. 昼, 出て, 郵便局に
行き, Cheque postal を出し, 帰り昼食, F.I.
Maison suède にちょっと寄る. 16時10出て
Gare St. Lazare へ. 17時. 着, まだ列車は
入っていない. 17時10入る. Caen 行の車に
乗る. すいていた. 18時 Paris 発. それま
で, 手紙を色々書く. Serquigny, Bornay,
Lisieux, Magidre, にのみ停車. Lisieux は

朝 （自室）

Pain, Lait, Fromage,
Confiture

昼食 （F. 1.)

Hors d'oeuvre, Steak
Pomme frite, Petit
pois francaise, Yaout,
Grace.

間食

Lait.

夕食 （列車中）

Bierre, Sandwich de
Jambon.

1957年4月16日

もう暗い．ノルマンディーの景色すばらし
い．日本の信州へんに似ている感じ．雑草の
ないせいか．Caen 着21時25（少し遅れる）
歩いて Hotel Desmolombe へ．荷物恐ろしく
重くまいった．就床23時．

（左欄に書込あり：）
Mark 1260—
切手　918

サンドゥイッチ，ビール　150—（列車の中）

4月　　　　　　　**16**　　　　　　　**火曜日**

聖　フルクティウス

曇

　起床9時半．朝食を運んでもらう．10時半
勘定をして出る．安い．まず地図を買い，タ
クシーで駅へ行って，荷物をあずけ，まず
Abbey de l'Homme へ．ついで，Eglise St.-
Pierre へ．後の食堂 Labbe（Michelin＊＊）[注1]
で，昼食，安いので安心．電話をかけて
Prof. Levargneur のお宅へ．14時．近くの教
会，St. ○○○○○とその隣の静かな墓地を
案内してくださった．じつに親切．そして自
動車で学部まで送ってくださる．15時．

朝（ホテル）
Café au Lait, Crois-
sant
昼（レストラン）
Salade de Bettrave,
Andonisette frite
Pomme frite, Sable,
Café, Cidre.
夕（トラップ）
Soup, Sale, Macaroni,
Fromage, Pain,

1957年 4 月17日

Doyen Lemounier に会う．とても親切．ま
ず Secretaire general に学生食堂を案内さ
れ，ついで学部長自ら学部―教室，Salle de
Travail, Bureau de Professeur を案内さる．
学部長室で話す．17時半．辞し，Abbeye de
Dames を見，駅まで来て，エハガキを買う．
19時発 Cherbourg 行に乗り Sottvast に来た
ら，宿なし．Café のおばさんが親切にタク
シーに電話してくれる．修院に電話をかけ
る．タクシーで修院へ．P. Hotolier 親切．夕
食．就床24時．

Beurre.

---

4 月　　　　　**17**　　　　水曜日

晴後曇

　起床 7 時．7 時半の Crypte での Pere re-
velier（目覚め，朝）のミサ．8 時15，朝
食．9 時．Grand'Messe. 10 時半～12時，
"Savatier, Metamorphose" 12時半，昼食．
1 時半から 3 時半まで昼寝．ついでエハガキ
を買ったり，手紙を書いたり，散歩したり．
家からは，門の向こう，マロニエ並木の道，
その向こうは菜の花畑．ゆるいうねり，右手
に Briquebec の町．空，やや霞む．美し．
17時40，Vepre（晩鐘）．18時半，夕食，19

朝（トラップ）
Café au Lait, Pain,
Beurre.
昼（トラップ）
Potage, Tripes au
Choucrouts, Fromage,
Confiture, Cidre.
夕（トラップ）
Potage, Oef a la
coque, Pomme, Salad,
Fromage, Cidre.

1957年 4 月18日

時半，Salve. 手紙．美賀子，母，良子，カ
ンの先生 2 人．20時半，就床．寒い．

4 月	**18**	木曜日

聖 パルヘ

曇一時雨	朝（トラップ）
起床 7 時半．朝食 8 時15．9 時15〜12時半	Pain, Café au Lait.
"Metamorphose" カゼ，療らず．やや不快	昼（トラップ）
重くなる．12時半，昼食．13時15〜16時15，	Potage, Jambon Pois-
昼寝．16時15，Mandatem，廊下にて，終わ	son cuit, Fromage,
りのみ出席．17時．Grand Masse. 19時　夕	Confiture, Pain Cidre,
食．後修道士さんが，風邪薬として熱湯に	夕（トラップ）
Eau de Vie（命の水）を割り砂糖をいれたも	Potage, Oeuf sur le
のを作ってくれる．ありがたい．高橋先生に	Plat, Riz cuit du Lait,
手紙を書いて就床　20時45．	Fromage, Pain, Cidle.

4 月	**19**	金曜日

聖 レオンティーヌ

曇後晴	Jeurse
起床 7 時半．朝食 8 時15．9 時〜12時15，	朝（トラップ）
"Metamorphose" 11 時 15，Office へ出る．	Lait
12時昼食．13時〜15時．昼寝．15時半．	昼（トラップ）
Grande Masse. 聖金曜日の式．17時半にい	19時．Potage, Poisson
たる．夕食．18時30．Vepre（晩鐘）19時	saute, Macaroni, au

130

1957年4月21日

40. 大野に手紙を書く. 就床20時.

beurre, Confiture,
夕（トラップ）
Potage, Oeuf a la
Coque, Salade, Fro-
mage, Cidre

4月　　　　　**20**　　　　　土曜日

聖 テオドール

曇一時雨

　起床 7 時半. 朝食 8 時15. 9 時〜12時 "Metamorphose" Confession の準備. 12 時15, 昼食. 手紙書き, "Metamorphose" 13 時15, Confession. 13時半〜14時45横になる. 15 時. Office. 後手紙その他. 17 時, Office. 18時夕食. 18時40, Complies. （終鐘）就床19時30.

朝（トラップ）
Café au Lait, Pain au
Beurre.
昼（トラップ）
Potage, タラ
Saute, Chou-fleur,
Saute, Confiture, Pain,
Cidre.
夕（トラップ）
Potage, Oeuf sur le
Plat, Riʒ lait, Fro-
mage, Cidre

4月　　　　　**21**　　　　　日曜日

復活祭

晴後曇

朝（トラップ）

131

1957年4月22日

0時，復活祭の夜の式，助修士の席で与る．続いてミサ（旧聖土曜の式に似ている）．Matine に出て 2 時半帰り，Café au Lait, Biscuit をごちそうになる．眠る．起床 8 時半．朝食．9 時．Grand Messe, 11時10．昼食，12時半．昼寝．15時45，起きて Vepres（晩祷）修道院のまわりをぐるっと散歩，帰室，18時近し．夕食18時30．Complies（終祷）17時半．就床20時半．……

復活祭．修院も初めてのごちそう．面会の家族いくつかあり．やや春の愁いを感ず．面会人を見て，自分はこの地には家族のない者だと感じた．少し神経的になっているらしい．M. の信仰のこと考える．彼女に信仰が与えられるとよいが．修道院の純粋な神への愛をやはりあこがれる気持ちが又生じた．しかし自分は美賀子への愛に生きぬく．それは聖愛と俗愛として対照されるべきものではない．又別のもの．

Café au Lait, Biscuit, Beurre,
朝（トラップ）
Café au Lait, Pain, Beurre
昼（トラップ）
Potage, Boeuf rotis, Macaroni saute, Chocolat pudding, Biscuit, Cidre,
夕（トラップ）
Potage, Oeuf a la Coque, et Pomme, Salade, Bettruve, Cidre.

4月　　　　　　　　　**22**　　　　　　　　　月曜日

聖女 オポルテュンヌ

曇
起床 7 時30，Crypte でのミサ．8 時30，朝食．9 時30—11時 "Metamorphose" 11時

朝（トラップ）
Pain, Café au Lait, Beurre

1957年4月23日

15, Grand Messe. 12時半, 昼食, ハンカチを洗濯. 13時半—15時半, 横になる. 眠れず. 後, 荷物整理. ○○夕食, 19時. Complies (終祷), 就床.

——全く何にも計画なく, 考えもない訪問だったが, かえってよかった. まず, ごく自然に自分にしみこんだ信仰, 修道院生活に対する理解がわかった. そして, いくつかの背骨が将来に向かって入った. 1つは自分の将来—学問生活と, 結婚生活, 少しの国際協力, に対するはっきりした決心のできたこと, 具体的に, 8時, 起床, 10時, 就床, 寝室で本を読まないこと. 美賀子への愛をつらぬくこと, しかし彼女の信仰のために一層努力すること, ——永遠の幸福に根をおく, そしてこの世の幸福にも亦心を傾倒する, ——理屈で考える黙想よりこういうほうがよい, やはり日本人だからか？ まったく受身のほうがよいのか？ それともこれこそ Grace (恩寵, めぐみ) か？！

昼 (トラップ)
Potage, Saucisse et Pate (?) Petit pois Confiture, Cidre, Café. (本式)

| 4月 | **23** | 火曜日 |

聖 セオース

曇
起床6時15. 6時45のミサ, 聖堂にて. す

朝 (トラップ)
Café au Lait, Pain,

1957年4月24日

ぐ朝食. 学生の人のスクータにのせてもらって出, Bricquebec 駅へ. 8時10発, Renne 行 Expresse. Pontor-son 着10時20, 10時30, バスで Mont. St, Michel へ. Musee に入る. 出て, Vieille Auberge で昼食. 13時半, Abbey へ, 案内人つき. 1時間でまわる. 石の建物に圧倒される. 15時発, バスで Pontorson へ. 同駅発15時32の Dol 行ガソリンカー. Dol で1時間以上あるので, Cathedral を見, 駅前, Promenade des Douve. 前者は前期ゴシック, 美しい. 後者よりの眺めよし. 17時15発（St.L. よりの）汽車で Renne 着18時17. タクシーで Hotel Mont Repos へ. 夕食は Kergus（Michlin x）就床10時.

Beurre.
昼（レストラン）
Crevette, Coquilage,
Agneur roti, Banane,
Café, Muscadet.
夕（レストラン）
Potage, Coquille de
Poisson, Cote du Porc
grill avec Pomme
frite, Glace au choco-
lat Bierre.

4月　　　**24**　　　水曜日

聖 ガストン

快晴

　起床8時, 朝食9時に持ってきて貰う. 9時半, 出て, まず Jardin de Thobor へ. 花壇の美しいこと！　今に自分の家を持ったらきれいな花壇を作りたくなった. Faculté de Droit の前で写真をとったりする. ついで, Palais de Justice へ. ルネッサンス式. 豪華

朝（ホテル）
Café au Lait, Croissan
昼（レストラン）
Fruits de Mer, Co-
quilles St.Jacques,
Crepe bretagne Mus-
cadet

1957年4月25日

なやつ．案内人しきりとチップをほのめか
す．ついで，Cathedral へ行ったら，結婚式
であった．ルネッサンス式，豪華なもの．古
い町並みを通り，Ti-Koz へ．Michelin（☆）
注2．これはうまかった．さすがに．但し，
高い．店，古くて感じよいし．出て Musca-
det の勢で歩きまわり，16時．帰室．昼寝．
19時30，出て駅の Buffet で夕食．帰室，
Doyen Hossin に電話．就床21時．

夕（ビュッフェ）
Chocolat, Sandwich a
Jambon.

4月　　25　　木曜日
聖 マルク

曇

　起床7時，7時45にタクシー来る．8時10
Rennes 発 Redon 行の Autorail, Directe に乗
り Redon で乗替えて Nantes へ．Rennes,
Redon 間，Villaine に そった 景色 良し．
Nantes ではまず Chateau を見る．ブルター
ニュの風俗の博物館，おもしろい．ついで，
Cathedral は，中に入れず．12時57，Nantes
Expresse にて Angers へ．まず Chateurs.
子供といっしょになった．案内のようなこと
をしてくれたが，（?）版画をやる．ついで
Cathedral. Musse で日本の中々いいものの
あるのにおどろく．Cathedral にひきかえ

1957年4月26日

す．ステンドグラス良し．Prefecture で Arcade Romane，すばらし．Musee des Rennes Arts の外を見て，駅へ．16時．10発 Tours 着 Autorail, Omnibus. Tours 着，20時20．Hotel Gramert へ．夕食は○○○○○○○○○で．高くてまいった．就床23時，

4月　　　　　　　　**26**　　　　　　　　金曜日

聖 マルスラン

曇後晴（パリ）

　起床，8時，朝食9時，部屋へ運んでもらう．出て，まず Musee des Beaux Arts を見る．12時近くに至る．少し，フランス Classique の画がわかった＝ sympathisant（愛好者）になったように．ついで，カテドラルを一巡．○○○に沿って歩き，ミシュランによる古い Tours の街を見る．15世紀の家や，17世紀の家面白い．Halles の傍の安レストランで食事．歩いて Cathedrale に至り，古い修院○○○○○を見る．面白い．ついで，塔に昇って見晴らす．15時57，電車で○○○○○○へ．乗り換えて Paris 行 Express，こんでいるが，やっと席あり．止まったのは，Blois と Orleans のみ．Paris—Austerlitz 着，18時45．帰室19時30，食事，F.I. 帰室後整理

朝（ホテル）
Croissant, Café au Lait.

昼（レストラン）
Cote d'Hareng, Omelette an Champignon, Banane, Café.

夕（F. I.)
Potage, Omelette, Champignon, Pomme, Salade, Banane

1957年4月28日

その他. 就床23時.

| 4 月 | **27** | 土曜日 |

聖 フレデリク

曇

　起床 9 時半. 午後は，P.T.T. に行き，買物をし，部屋の整理. 昼，掃除のため下に降り，新聞を見る. 家より小包，美賀子より読書新聞来る. 嬉し. 昼食，自室，14時. 読書新聞. Douche，15時〜16時. 洗濯，読書新聞. 夕食，F.I. 18時半，洗濯，21時近し. 戸張君の部屋にちょっと行ったら，所，鈴木両君がいて，話し込み23時30にいたる. 就床24時15.

朝（自室）

Lait sucre au Pain seche（乾いた）

昼（自室）

Lait, Pain, Beurre, Confiture, Radit, saute, soupe Poulet au riz.

夕（F. I.）

Potage, Steak, Pomme frite, Petit pois, francprise, Salade, Pomme

---

| 4 月 | **28** | 日曜日 |

白衣の主日

曇後晴

　起床10時. 11時15の Paroisse de la Cite のミサ. 後朝昼食，自室. 12時半〜13時半，少し "Lonage" 始めたが，眠くてたまらず昼

朝，昼（自室）

Lait, Pain, Beurre, Fromage, Confiture, Radit saute, Orange.

1957年4月29日

寝．14時30〜16時45，手紙書き．17時40出
て，大使官邸へ，天長節のパーティ——御馳
走．野口氏（付属先輩）に会う．

　荻須夫妻に菊池栄先生と2人でごちそうに
なり，Les Halles, Pont St. Martin などを案
内して頂いて帰室24時．就床24時半．

夜（大使官邸）

日 本 酒，Champagne,
おにぎり，甘煮，カツ，
やきとり，あんころも
ち，

（レストラン）

中華料理，米飯，ビー
ル

| 4 月 | **29** | 月曜日 |

聖 ロベール

曇

　起床9時45．朝食．10時半〜12時半．
"Metamorphose" 12時〜13時15. "Destina-
tion" 掃除下に降り，行木さんにコーヒーを
ごちそうになり，帰室14時．美賀子，石崎先
生，福田さんより来信．昼食，自室，14時〜
15時．15時〜16時手紙，及び旅行計画．16時
〜18時續き．出て買い物をし，19時〜20時，
夕食，自室．20時〜21時半 "Traite"．代理
より始めることとす．後，雑用にて館長室に
行ったり etc.23時近くに至る．就床23時半．

朝（自室）

Beurre.

昼（自室）

Poulet au riz, Pains,
Beurre, Fromage
Confiture Radit saute

夕（自室）

Yaourt, Pain, Beurre,
Fromage, Chou saute,
Orange.

1957年4月30日

4月 **30** 火曜日

聖 ルドヴィック

曇

　起床9時，朝食，10時〜11時 "Metamorphose" 11時．出て，味の素会社に，深沢氏に会い，昼をごちそうになり，14時に至る．辞し，Invalides へ．バスはついた後であった．HEC へ行き，近くのカフエで時間を待つ間コーヒー．16時15，T.P.18時45出て帰室．山口君より，青木，瀬川氏が着いているというので，5号に行き，話しこみ，夕食をレストランでして，帰室23時，就床24時．

朝（自室）

Lait au Pain sec

昼（レストラン）

オードブル，汁，酢豚，五目冷麺

夕（レストラン）

Hors-d'Oeuvre (Pathe), Choucroute garni, Dessert.

後記　我妻先生から依頼の，賃貸借の仕事．パリ大学の図書館のスト．1日，エスメイン先生のお宅に食事に招かれる．モランデエール先生もカルボニエ先生も星野の憧れの師であった．この教授方に次々に会うことが出来る楽しさ．この日もご家族，お知合いの多くと（判事，息子さんと娘さんとその子）一緒に会食．その翌日2日にはマゾー先生が日本人と会われるとかで，星野も参加する．こうして，フランス人と話し合う機会に自ら積極的に参加して行ったには，感心する．

　4日，川井様より電話，ロダン美術館で会う約束．楽しく会い，公園を通ってビールで別れる．夕方，Comite d'Accuiel でカクテル・パーテイあり，バチフォル，ブウランジェ，M.ハーツオッグ教授に会う．星野は，会いたいと願っていた教授たちに次から次へと会うことが出来て満足だったろう．一方では「洗濯物多く」，かかってきた電話に出るためには，6階の自室から駆け下りなければならないような，不便な，慎ましい日常生活であっ

139

1957年4月

たが，多くの尊敬する学者に会うことが出来て，フランスに来た甲斐があったと思っただろう．彼の法学，語学における学問的進歩も大きかったと察する．それにしても，何と多くの手紙を書かなければならなかったろう．彼は，日本に帰国してからも，礼状を多く書いたが，晩年になっては，"若い時にあまりたくさん手紙を書いたので，もう書きたくなくなった"とぼやくこともあった．これらのパリでの星野の学者としての思う存分の生活は，生活自体が"業績"と言いたいように感じさせられる．

こういうフランスという美しいい自然の中で，カテドラル，塔，城を背景にして，宗教を同じにした故に味わえた日々があった．教会，修道院のリズムに合わせた規律ある生活を守ったことが，日記によく現れている．

星野は，15日にパリを発ち，カーンに行き，ホテルに泊まることが出来，翌日16日には，シェルブール行の列車にのり，ソットヴァストという町でホテルを探すが，何処にも泊まるところがない，そこで最後の手段として，修道院に電話して，泊まらせてもらうことを願う．中で，私の印象に残ったシーンがある．それは，夫が，復活祭を共に過ごしたく，全く予告もせずに舞い込んだ修道院の中で，風邪気味になったところへ，修道士が，特別に，命の水（EAU DE VIE）と砂糖をいれた風邪薬を作り，飲ませて下さったあの神秘的なシーンである．この修道院での復活祭を祝う生活全体——修道士の優しさ，そして星野の旅愁など，私にある不思議なものを今なお，感じさせる．夫もこの修道院の深い在り方から感銘をうけたであろう．そして，その不思議な体験は，彼が，青年前期に，戦争，病苦などで嵐が吹き荒ぶ時代を通過してきたからこそ，それだけ尊く，有難く見えたであろう．

20日には，ご復活を前にして告解を行い，同日の深夜から始まり21日の朝に至る復活祭では，助修士の席で与らせてもらう．同日の昼間，復活の歓びの明るさの中で，その修道院の聖職者たちの親戚の者，近隣からの訪問客で賑わう中で，星野は，「やや，春の愁いを感ず」と書いている——自分には訪れてくれる親戚のないさびしさ．この修道院での数日は，彼に瞑想の時間を与え，美賀子の信仰のことを考え，また，神に捧げる純粋な生活を送っている修道者の人生を憧憬するが，彼自身は，普通の世の中にあって過ごそうと思う．この辺りの心情は，日記に，犯しがたく清らかに書かれている．彼

［後記］

がこの修道院の黙想においてはっきり摑んだ未来の生活設計は，その後の彼の人生全体に背骨として，一筋として，通っていったと思うので（"朝8時起床"だけは実現しなかった！）ここにもう一度挙げておきたい．

「───全く何にも計画なく考えもしない訪問だったが，かえってよかった．まず，ごく自然に自分にしみ込んだ信仰，修道院生活に対する理解がわかった．そして，いくつかの背骨が将来に向かって入った．1つは，自分の将来──学問生活と結婚生活，少しの国際協力に対するはっきりした決心のできたこと，具体的には8時起床，10時就床，寝室で本を読まないこと．美賀子への愛をつらぬくこと，しかし彼女の信仰のために一層努力すること，──永遠の幸福に根をおく，そしてこの世の幸福にも亦心を傾倒する──理屈で考える黙想よりこういうほうがよい，やはり日本人だからか？　まったく受身のほうがよいのか？　それともこれこそGrace（めぐみ，恩寵）か？！」

風邪のことは，あの「命の水」を飲んで以来書かれていない．治ったと思う．

そして，最後の23日，「学生の人にスクターに乗せてもらってブリックベックの駅へ」を読むと，突然，私は，神秘的な夢のような世界から現実の世界に返ったように感じる．そして星野自身，修道院からの帰途，美しい花壇を見ると，将来自分も，家を持ったら花壇を作ってみたい，という平穏な現実生活を夢見ている．彼は，その後，Rennes に寄り，見学をする．彼がこうして，深い洞察をえて，パリに帰ったのは，26日である．ついでながら，修道院で深く，清らかな復活祭を過ごす前の数日にも注意すべき日々があるので，書いておきたい．

星野はブール（フランス政府奨学金）のチェック（小切手）をもらい，それを現金化することにも慣れてきた．又，4日の留学生歓迎会（コミティ・ダクイユ）のカクテル・パーティでは，法学者のバチフォール，ブウランジェ，ハーツォッグの教授たちに会う機会を与えられた．

5日には川井様と一緒にミユゼ・クリュニーに行き，「中世に感嘆する」．またエッフェル塔にも初めて昇り，「美し」と書いている．それからセーヌにそって散歩する．川井様と別れて，「久しぶりの人，楽しかった」と書

141

1957年4月

く．その後，聖スルピス教会に，告解に行っている．13日には，ブールシエの延期がまだ決まらないために，税務署に行くが，15日には，ついに決まった通知を受け，嬉し！　と喜ぶ．2月の11日に始まった延長願いが4月22日にきまったのである．その間，様々なところに幾度も，延長願いを出さなければならなかった．

　コミティ・ダクイユ（Comite d'Accueil）は，よく留学生を楽しませてくれた．6日には今度はルーアンに．ノルマンディの素晴らしさを観に連れて行ってもらえた．牧草，リンゴの花，セーヌ！　旅の途中で，「私　1人が"おぼろ月夜"を歌うことになった」．彼はフランスに出立する前，長野県の富士見という高原に行って，地元の人から木曽節を習って行ったが，これは，披露せずに終わったらしい．そして，富士見の方々は，木曽節が星野の声で，ヨーロッパに紹介されなかったことにがっかりされたらしい．

　フランスという国は，外国人に観光地を見せるといっても，教会を訪問客に見せれば，文化全般にわたることが，ある程度わかることになるので，その点，さあ，観光客が来ると言っても，たじろがないで済む．コミティ・ダクイユの観光は，教会やお城が多く，それに隣接している歴史的な町，または都市が選ばれている．ステンドグラス，オルガン，マリア像などで，クリスチャンでない者も，たやすく，満足させることができるようになっている．その上，目的地につく途中の自然，，田園風景が，涙ぐませるように平和で美しい，と星野は経験する．私も同じ思いを抱いていたので，ある時，私が尊敬するフランス人に逢った時"あなたのお国の農村風景はとても…"と言いかけて，よい形容詞が浮かばないでいると，お相手のフランス人が"pastral（パストラル）"と，言ったので，ああ私も，そうだ，と思ったことがある．そして，私は，昔から"pastral――田園的，牧歌的"という語が好きだった．

　ついでながら，星野英一が高齢になって，横になって休むことが多くなった時，「フランスの歓び」という副題をもつ『芸術新潮』2002，8月号を取り出して2人で読み直したことがある．そして2人とも，中世の教会の荘厳さ，その当時の素朴な人が作った，日本の道祖神のような，崩れかけた彫刻の遺物を見るにつけ，またツールーズの肉体美溢れる彫刻に息を飲むにつ

142

[後記]

け，また壇ふみの旅行記を読むにつけ，英一が「僕は，こんなフランスを知らない，行ってみたい！」と本気で言いだしたのには驚いた．さらに，「フランスにもう1度行くと元気になるかな」とも独り言を言ったのも忘れられない．私はその時「2人にそんな冒険ができるかしら…」と危ぶんだが，勇気を出して行っておれば，それは，その後の彼の人生行路を変え，もっと長命に過ごしたかもしれない．

　4月という月は復活祭を含めて春の花の季節である．青年の星野も縮こまりがちな寒さの時期から解放されて，フランスを飛び廻っている．それだけ，私の雑文も長くなり，恐縮に感じる．

　注1　1957年4月16日にミシュランのマークがある（128ページ）．
　注2　1957年4月24日の日記に，どうしても判読しがたい手書きの<u>しる</u>があった．のちに，それは，星野が，いたずらっぽく描いたミシュランの星のマークであることに気付いた（135ページ）．
　注3　1957年6月7日，171ページ参照．これは何という漢字だろうと思案したあげく，手描きのミシュランの星マークであると解った．

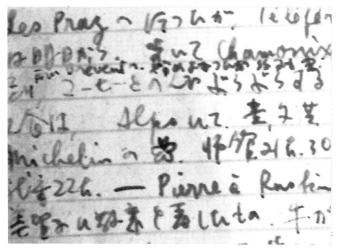

下から3行目の中央にある「星」の印

143

1957年5月1日

| 5月 | **1** | 水曜日 |

仕事の祭 メーデー

快晴
　起床 6 時 45. Comité d'Accueil の Excursion, Normandie へ. Autromte de l'Overt を通り, Nantes, Vernon を過ぎる. 途中, 朝食, Chateau Gaillen を通り, Louviers で止まる. ゴチックの教会を見る. Chateau de Robert- le-Diable に登り景色を眺める. Seine と別れ, Eure にそい, Pont-Audever で降り, 古い町並みを見る. Honfleur 着12時30, Lechat で食事. 後, 教会（木造, 2つの Nef, 面白い）, Musee などを見, 16時出発. 見晴台で眺め, Notre-Dame de Grace でも眺め, Travaille から Deauville へ, 途中の Cote fleurie 美し. 17時30下り, 18時30に乗る. コーヒーをのむ. ——Pont-l'Evique を過ぎ, Lisieux へ. 教会をみたのみ. Evoreux で食事. 出てパリ, Porte d'Orleans 着23時30. 就床24時.

朝（Exc.）
Croissant, Chocolat
昼（レストラン）
Hors d'ouvre, Pate, Poulet roti sauce champignon, Salade, Fromage, Dessert, Café, Cidre.
夕（レストラン）
Jambon, Saucisson, Salade, Pain.

| 5月 | **2** | 木曜日 |

聖 アタンス

曇

昼（自室）

1957年5月4日

　起床10時半．午前中は，M. Guillain の講演への招待状を出したり，その他．昼の時，下に降りて郵便を出す．昼食13時30．15時〜18時30 "Distinction"．買物をして帰り，夕食．自室．20時〜21時30 "○○○○" 電話，館長との話，青木君 etc. 就床23時．

Volailk au riz, Radit saute, Pain, Beurre, Fromage.
夕（自室）
Yaourt, Pain, Beurre, Fromage, Confiture, Chou saute, Orange.

| 5月 | **3** | 金曜日 |

聖女 クロワの INV

曇後晴

　起床9時．色いろな用事で結局11時30に至る．"Distinction," 11時半〜12時30．下に降り，買い物その他．14時帰室，昼食．15時〜16時半，續き．出て法学部で本を返し，Michelin Bourgogne を買い，St. Sulpice で Conf. 帰り，Marche de St. Germain で買い物，帰室，19時半，夕食，F.I. 行木さんと一緒になる．コーヒーを飲む．20時半〜22時，明日への準備その他．就床22時半．

朝（自室）
Lait,
昼（自室）
Lait, Pain, Beurre, Fromage, Orange.
夕（F.I.）
Potage, Omelette champignon, Pomme pures, Salade, Desert
(Pain a confiture)

| 5月 | **4** | 土曜日 |

聖女 モニーク

曇時々晴

朝（カフェ）

1957年5月5日

起床5時30分. サロンに集り, 6人, St. Germain に, カフェで朝食.
Cercle（サークル）St.Jean-Baptiste の Excursion. Vezelay へ. 7時出発. Fontainebleau 経由. Sers へ着く. Cathedral を見る. 続いて Auxere へ, Cathedrale, Aucinsabbatiale（?）St. Germain を見る. 道は Cure に沿い, 美しくなる. Cravaut 付近, Cure のほとりで弁当. 戸張, 渡辺両君と食べる. Café へ. 車中の人, Vezelay には16時, 丘の上の小さな村, 美しいロマネスクの教会. Chartre と並ぶ, いやそれ以上に好きになった. ゆっくり中と外の景色を眺める. 塔に昇る. 出発. Pierre-qui-Vive の Benedictio へ. 18時着. Hotellerie（田舎風の小さなホテル）に入る. 夕食. Complies（晩鐘 1日最後の祈り）大園神父の修院の歴史についての話. 就床20時半.

Café au lait, Croissant.
昼（弁当）
Sandwich, Fruit, Perrier.
夕（修院）
Potage, Roti, Salade, Chocolat

| 5月 | **5** | 日曜日 |

聖 オーガスティンの改宗

晴後曇

起床, 7時15分. 8時, 小さい Chapell でミサ. 大園神父, 解説徳川神父, 終わって9時, 朝食, 後, Art sacre について話を聞

朝（修院）
Café-au lait, Pain, Beurre.
昼（修院）

1957年5月6日

く．10時，Grand'Muse11時15分，Supre-
rieur の Audience，終って少し解説を聞き，
後，1人で川まで行ってみる．日本の谷川に
似ている．12時半，昼食．後，バスで出発．
Fontuing（？）で古い修院（Beriord（？）
を見る．Ancy-Franc で，Chateau の外を
見，又も車中，あとは Paris へ．Cite Univ.
の前，着，21時45．カフェで Cite よりの6
人，少し食べ，帰室22時30．就床23時半．

Hors d'ouvre（Oeuf
de mayonnaise）Boeuf
roti, petit pois, Fro-
mage, Fruit）
夕（バス中）
Biscotto, Sandwich,
Fruit.

| 5月 | **6** | 月曜日 |

聖 ジャン ポルト ラティヌ

曇

　起床10時．Bourse を取りに行き，その足
で買物をして帰る．12時，昼食，自室．12時
30～13時．"Distinction"．掃除，下に降り
る．後眠くてたまらず昼寝．13時30．二宮夫
人来たり，高橋先生のことで，相談を受け
る．16時～17時，"Distinction"．支度をして，
18時～20時の館長招待のカクテルパーティ，
館長その他．後　自室で食事．ついで雑用，
就床23時近し．

昼（自室）
Lait, Cresson saute,
Pain, Beurre, Fro-
mage.
夕（自室）
Poulet au Vermicelle
avec chau, Pain,
Beurre, Fromage,
Confiture

1957年5月7日

5月　　　7　　　火曜日

聖 スタニスラ

曇

　起床10時．手紙を出し，ついでに買物をし
に下におりる．帰室11時30．11時30〜13時
15"Distinction"．掃除で下におり，昼食，13
時45〜14時30．　後　"Distinction"．15時15
出て T.P., H.E.C. 帰館，直接夕食，F.I. 帰室，
19時30〜20時30．"○○"．21時 Comite, 戸張
君の部屋を使わせてもらう．22時30終わる．
就床23時．

朝（自室）

Yaourt.

昼（自室）

Yaourt, Polet avec
Cresson, Pain, Beurre,
Fromage.

夕（F.I.)

Potage, Steak grille,
sauce Olive, Riz イタ
メ Fromage, Orange.

5月　　　8　　　水曜日

休戦記念 1945

曇

　起床10時疲労感脱けず．11時30〜13時
"Metamorphose" 終る．所君来たり少し話
す．14時〜15時．昼食自室．15時〜18時，旅
行計画や予算その他の用事．

　夕食 F.I. 19時 Douche に入ったがぬるくて
飛び出し，Veillerr と交渉．19時30〜21時，
"○○○"，Douche 少し暖かし，21時〜21時
30．就床22時15．

昼（自室）

Lait, Cresson saute
avec poulet au ver-
micelles, Pains,
Beurre, Fromage,
Confiture

夕（F.I.)

Potage,（velout）〈　〉，
Cote au pure chou-

1957年 5 月10日

fleur, Carotte au crème, Salade Confiture, (Jelly)

| 5 月 | 9 | 木曜日 |

聖 グレゴワール

晴後曇

　起床 9 時．手紙書きその他で10時～11時．手紙を出しに行く．11時30～12時30 "Savatier, Droit prive…"

　昼食，自室，13時30，掃除．14時～15時30 "Distinction"．　出て，Pigeon Voyageur で現像をたのみ，Librairie Technique, L.general, Rousseau で本を買い，食糧を少し買って帰室，18時15．すぐ夕食，F. I. 19時～21時30 "○○○○"．下で電話をかけ，館長に会い，就床23時30．

| 5 月 | 10 | 金曜日 |

聖女 ソラァンジュ

曇

　起床10時．神経疲れ始めたか，寝つき，寝覚め悪し．洗濯．11 時 30～13 時 30，"Au droit public" 掃除で下におり，昼食，13時

昼（自室）
Lait, Pain, Beurre, Fromage, Confiture
夕（F.I.）

1957年 5 月11日

45～14時30. 14時30～16時15 "Distinction".
今日の Conference の椅子のことでスイス館
に行き，結局運ぶのを手伝う．○○○君がき
ており，よって少し話をし，F.I. で夕食をし
て，別れる．19時15～20時30，手紙 Ren-
dez-vous 3 通書いた．Conference de Mon-
sieur Guillaine, 21 時，"TOKIO:…" 昼 食.
Prof. Longlais，M.Desiry に 会 う．Pof.Bou-
langer Prof.Capitant, M.Gavalda が 来 訪.
Madame Villey その他知人多し．後 Coeh-
tart，館長室にて，23時に至る．後少し話を
して24時，出る．就床 1 時．

Potage, Omelette,
Pomme saute, Epi-
n a r d , F r o m a g e ,
Beurre.

| 5 月 | **11** | 土曜日 |

聖 マメール

曇一時雨

　起床 8 時30．S.J. の講義に行ったら，Doc-
torat の講義ゆえもう終わっていた．Polyco-
pie をもらい帰室，10時30 Villey さんに電
話．Douche があついので入る．そして昼
食，12時～12時30，掃除でおりて，上り，支
度して Villey さん宅へ．14時コーヒーをご
ちそうになり，南の大学の先生に紹介状を貰
う．近著 "○○○○○○○○○○○○" をい
ただく．ありがたい．15時15，辞し，Pigeon

朝（自室）
Lait, Pains, et Beurre.
昼（自室）
Lait, sucre, Cresson
avec poulet au ver-
micelle, Pains, Beurre
Fromage.
夕（F.1.）
Boeuf sauce tomate
coquer, Jardin de Le-

150

1957年5月13日

Voyegeur の近くへ来たが，割引券を忘れたので帰る．帰室17時．青木君来たり話して18時夕食，F.I. 帰って洗濯，21時近し．Rendez-vous の手紙．就床22時30.

gumes, Salade（cresson）, Cerieses.

5月 **12** 日曜日

ジャンヌ ダルク祭

曇時々驟雨時々晴
　起床10時15．Paroisse de la Cite, 11時15のミサ．帰室，昼食，自室，12時30．後 Rendez-vous の手紙，6通書いて15時10，出しに行く．15時15〜18時45，"Distinction"．帰室後，又も手紙，19時30〜21時30．ポストに出しにいく．就床20時30..

昼（自室）
Lait, Poulet au vermicelle et Radit, Pain, Beurre, Fromage, . Orange.
夕（自室）
Potage, Jambon Salade, Riz saute tomato, Fromage, Prunne au syrup

---

5月 **13** 月曜日

聖 セルベ

曇後晴
　起床9時30．森山君来る．午前は Rendez-vous の手紙で終わる．ポストに入れに行く間掃除．昼食，12時30〜13時30，自室．

151

1957年 5 月14日

14 時 用 事 で 手 紙 家 へ. 15 時 ～ 17
時 "Distinction". 出 て Pigeon-Voyageur へ
行ったが閉店. 法学部で本を借りて帰る.

夕食, 直接 F.I. へ. 帰室20時, 手紙. 下へ
用事で呼ばれており, 青木, 深水両氏に見舞
のつもりで話こんで, 24時45, 就床 1 時15.

| 5 月 | **14** | 火曜日 |

聖 パコーム

曇

起床 9 時30. 電話, Prof. De Juglart よ
り. 22～25日のボルドーでの法学部教授連合
（?）にさそってくださる. 午前, Ren-
dez-vous の手紙, いちおう終わった. 11時
30～12時30, "Au Droit public". 手紙を出
しに行って買い物. 下で新聞を読み, 上がっ
て昼食, 自室, 13時30～14時30, 14時30～15
時30つづき, 15時30～17時 "Distinction".
手紙, 家と高橋先生. 18時15出て, Hotel
Royal Monceau へ, 味の素, 平塚氏に待た
され, やや不快. 19時45, 池田氏と来る. 部
屋で打合わせ, 21時 Premier で夕食, 23時,
わかれる. レインコートをまちがえる. 帰室
24時, 就床 1 時.

昼（自室）
Lait, Potelax avec
Raddi, Pain, Beurre,
Beurre, Fromage, Ce-
rise.

夕（レストラン）
貝 の 生, Coquille de
Homard, Tarte de
fruits, Filtre, ………
Muscadet

1957年 5 月16日

5 月	**15**	水曜日

聖女 デニーズ

曇

　起床10時．よく眠れず．酒は胃のみでなく他にも悪いらしい．止めることとする．Prof. De Juglart に電話．床屋．12時30〜13時30，"Societe"．掃除で下におり上がって自室で昼食．14時〜14時30，続き，15時15出て味の素．18時までいる．帰館，直接夕食，F.I. 帰室20時．Douche．21時 〜22時30"Societe"．就床23時．

昼（自室）
Poulet au volaille avec Radi, Yaourt, Pain, Beurre, Fromage.
夕（F.I.）
Potage, Roastbeaf, Pomme frite, Epinard au crème, Fromage Ceriess.

5 月	**16**	木曜日

聖 オノーレ

曇　後　晴

　起床10時．10時30〜11時45 " Societe" 支度をして，Prof. Boulanger 宅へ．Gavalda 君も来，息子さん，お嬢さんと 5 人，昼食．夫人がよい人．15時30近くに至る．Gavalda 君の自動車で大園神父のところ（すなわち Gavalda 君のアパルトマンと同じ建物）に送ってもらったが，一足先に出ていた．Monparnasse まで歩き，Versailles 行16時20の電車にのる．Clamort 着16時29，教会へ．

昼（Prof. Boulanger）
Hors d'oeuvre, Oeuf dur mayonnaise, Roti de Veau, Tomate, Petit Pain, Fraise au Crème, Café, Vin rouge, blanc Cognac.
夕（自室）
Poulet au vermicelle. Lait, Pain, Beurre,

1957年5月17日

○○○は始まっていたが，小幡君はまだ．代父をつとめる．大園神父，徳川神父，小平氏夫妻．後，Benediction 終わって（18時），小平氏の自動車でドライヴ，Versaille を経て，Marly の公園（Lous XIV の別荘）あとに．おりて散歩．St. Germain を経て，Le Vesinuet のレストランで，小平氏にお茶を御馳走になり，帰る．夕食，自室．21時〜22時 30 "Societe"，就床23時15——ドライヴ，美し．ちょうどパリは晴れてよかった．

Fromage, Radit sauté, Confiture.

| 5月 | **17** | 金曜日 |

聖 パスカル

曇時々晴

　起床10時．11時〜13時 "Societe"，昼食，自室．13時30〜14時30，"Societe" 14時30〜17時，出て河野さんのお宅に．お別れのパーティをしてくださる，ごちそう．20時15出て帰館．21時より館で The dansant, 24時30になる．帰室，4 時まで "Societe" 少し目鼻ついたので眠る．

（The dansant: 午後のダンスパーティ）

昼（自室）
Pain, Beurre, Fro-mage, Confiture, Orange
夕（河野さん宅）
Pain avec Beurre, クラッカー，すし．その他多し．

1957年 5 月19日

| 5月 | **18** | 土曜日 |

聖女 ジュリエット

曇

　起床 9 時．各大学への手紙書き．出しに行く．11時30〜12時30 "Societe" 昼食，自室．掃除で下に降り，Douche．13時30〜15時 "Societe" 出て味の素へ．平塚氏と打合わせ，18時にいたる．柳谷さん宅へ．河野さん送別付属会．藤田画伯，河野夫妻，佐伯，柳谷夫妻，広田夫人とお嬢さん，○○ちゃん，浅尾，安斎，大久保，高階，平川，鈴木．アペリチーフ，立食の日本食，食後，24時たいへんな歓談．柳谷さんの自動車で藤田さんと 2 人送られる．

　就床 1 時半．

昼（自室）

Volaille au vermicelli, Pain, Beurre, Fromage, Confiture, Orange,

夕（柳谷さん宅）

Aperitif, 五目ずし，おにぎり，焼き鳥，おでん，鳥のフライ，漬物，ケーキ．

| 5月 | **19** | 月曜日 |

聖 イーヴ

曇後晴

　起床10時半．11時15，ミサ Paroisse de la Cité．帰室，昼食12時半〜13時．昼寝，17時に至る．"Societe" 17時30〜20時30．M. Gavalda, Mademoiselle ○○○迎えにくる．始め St Germain の○○○○で Rhum をの

昼（自室）

Potage, Pain, Beurre, Fromage, Confiture.

夕（レストラン）

Homard a l'Americaine, Frair Melba,

155

1957年 5 月20日

み，Laboute d'Or で夕食をごちそうになる．
楽し．自動車で送ってもらい，24時 Cite の
前で別れる．就床 1 時30.

Café

| 5 月 | **20** | 月曜日 |

聖 ベルナルディ

晴後曇

　起床 9 時．手紙を書いて10時．出しに行
く．10時15〜12時半 "Societe"，買い物に行
く．上がって又掃除で下へ．13時30〜14時30
昼食．14時半〜17時半．"Societe" 出て味の
素へ．18時15〜21時半に，いたる．帰館，夕
食，自室．就床24時．

昼（自室）
Chou sauté, Pain,
Beurre, Fromage,
Yaourt, Orange
夕（自室）
Poulet au vermicelle,
Chou, Pain, Beurre,
Fromage.

| 5 月 | **21** | 火曜日 |

聖 ベルナルディ

晴

　起床11時．手紙を書いて出しに行く．ホテ
ル予約．12時〜13時 "Societe"．気の進まぬ
仕事はいやなもの．掃除で下に降り，昼食，
13 時 30 〜 14 時 30．14 時 30 〜 16 時 45 "So-
ciete" 出て，まず Pigeon—Voyageur で写
真を受け取り，バスで Luxembourg へ来て

昼（自室）
Volaille au vermicelle
avec Chou, Pain,
Beurre, Fromage,
Confiture, Orange
夕（F.I）
Potage, Steak roti

1957年 5 月23日

Dictionaire Juridique を買い L. de Luxembourg, Michelin を受け取って帰る. 直接夕食, F.I. 18時30～19時, 帰室. 洗濯. 館長室へ. 就床23時.

Pomme frite, Petit pois a la Franpiere, Salade, Banane.

| 5 月 | **22** | 水曜日 |

聖 エミーユ

晴

　起床 9 時30. 手紙を書いて出し, "Societe" 11時～13時. 掃除で下におり, 昼食, 自室. Douche. 13時30～14時30, 少し "Societe" 15時出て, 味の素へ. 常務もいる. 16時45出て, T.P. 終わって一旦帰室, そして Prof. R.Capitant 宅へ. 山口君, 多くの人々, 歓談, 24時に至る. Denfert より歩く, 就床 3 時.

昼（自室）
Yaourt, Volaille, au riz, P Beurre, Fromage

夕（Prof Capitant）
Noville au gruechi et champignon, Poulet roti au Pomme frite et Petit pois, Fromage, Glace, Café, Cidre, Vin rouge, Sherry.

| 5 月 | **23** | 木曜日 |

聖デヂア

曇

　6 時起床. 8 時, Gare d'Austerlitz 発の

昼（車中）
弁当—Sandwich, Vit-

1957年5月24日

Rapide で Bordeaux 着13時59. すぐ Hotel de Bayounne へ，市電で行く．42号1，100fr. の部屋，15時30，法学部へ行くも，まだ教授方来たらず．Prof. Filhol に会う．16時30，民法部会，Prof. Savatier. ざわざわするのにおどろく．18時終り，事務長の車で送ってもらって，葡萄酒協会のレセプション．後，学部で Lunch．帰室，20時，就床22時——多くの教授に紹介された．Prof. De Juglart, Savatier, Ripert, Rovast, …，手紙を出した人が名乗り出てくれた．Prof. Boutard, Joly, Audinet, Gabolde, Boyer, Nelson, Deruppe …

tel Delice
夕（学部）
Sandwich, Patisserie, Vin

| 5月 | **24** | 金曜日 |

聖女 アンゲール

曇

　起床8時．朝食を運んでもらい10時．法学部で総合部会，高い壇に座らされて恥ずかし．昼は学部で Lunch，といって大へんなもの，午後，民法部会．途中で失礼し，Prof. De Juglart にお会いして，ホテルで，荷物をとり，タクシーで駅へ．17時32の Rapide 1 等の切符をくれたので乗る．パリ着23時半．就床1時30．

朝（ホテル）
Café au Lait, Croissant.
昼（法学部）
Hor d'oeuvre (Jambon), Boeuf roti, Petit Pois, Asperge, Patisserie, Café, Aperitif, Rose, Rouge.

1957年5月26日

| 5月 | **25** | 土曜日 |

聖 アーバン

曇

　起床9時30. 下におりて手紙を見るも，日本よりの送金なし. 手紙書き. 12時，下へおりて買物，上がって食事，自室. 手紙. 15時30出て味の素へ. 32,000 fr. 受領. Solferinoで○○○受領，大学で本を返却. 古本屋へよるも目的を達せず. St. Sulpice で Confession. 帰館，直接食事，F.I. 帰室，Douche, 洗濯，荷物整理 24時に至る. 就床24時30. ──山本先生，美賀子，母より来信.

朝（自室）
Volaille au Riz.
昼（自室）
Vollaile au riz, Yaourt, Pain, Fromage, Orange
夕（F.I.）
Potage, Steak roti, Pomme au Carotte, Vichy, Salade (Cresson) Cerrise.

| 5月 | **26** | 日曜日 |

母の祭

快晴

　素晴らしい天気，爽やか，日本の5月か10月か，風快し. 11時15のミサ. Quete（献金）集めをたのまれ，へきえき. 昼食，自室，12時30〜13時30. 14時〜17時30，昼寝. 疲れでる. 起きて，ずっと身辺整理と手紙書き. 夕食，18時30，F.I. 就床23時30.

昼（自室）
Lait, Chow Saute, Pain, Beurre, Fromage, Orange
夕（F.l）
Potage, Jambon au Salade, Noville a beurre, Fromage,

1957年5月27日

Glace.

| 5月 | **27** | 月曜日 |

昇天祭

晴後曇

　起床6時．8時3，Paris—Austerlitz 発 Expresse にて Poitiers へ，着　12時3．Hotel Paris へ．少しおそくなり，慌てて，Doyen Savatier 宅へ．夫人，M. Jean Savatier，その夫人，お嬢さん2人も同席で昼食をご馳走になる．親切な家庭．14時過ぎ，出て学部長室へ．話をし，又案内してもらう．15時半，M. Malaurie に会う．自動車で4つの教会を廻り，ついで氏の家に．お茶をご馳走になり，レコードを聞きつつ，話す．19時過ぎ，自動車で M. Filhol の家に送ってもらう．夕食をご馳走になる．夫人，お嬢さん5人，坊ちゃん1人と（9人の子供さんありと）話して23時過ぎになり，自動車で送っていただく．2人から本の恵贈を受く．ありがたい日．就床24時半．

朝（自室）
Pain, Beurre, Orange.
昼（Prof. Savatier—
-Hors d'oeuvre（Oeuf
…），Boeuf roti,
Pomme frit, Petit pois,
Sola de Pâtisserie,
Café, Blanc, Rouge.
夕
(Prof, Filhol, --Potage,
de To? Boeuf roti, Petit Pois, Salade, Fromage, Patisserie,
Fruit, Café, Blanc,
Rouge, Cognac.

1957年5月29日

| 5月 | **28** | 火曜日 |

聖 ジェルマン

晴後曇

　起床8時半．9時半，朝食．少し散歩．Hotel で荷物をとって，11時18の Rapide に乗る．昼食車内．13時59，Bordeaux 着．Hotel de Bayoneur に入り，すぐ法学部，Prof.Ellale に会う．別れたのが，15時45 Cathedrale を見たり，散歩したり，17時30，Hotel に帰り，横になる．19時15 出て M. Deruppe 宅へ，夕食に招かる．M. Treillard も来る．23時に至り，辞し，Treillard 君に送ってもらって帰る．就床24時．

朝（ホテル）
Café au Lait, Croissant
昼（社内）
Sandwich, Prelefitt
夕（M.Deruppe）
Potage（Tapioka），Bacon et Petit Pois, crème, Porc, Salade Fromage, Fraise, Yoten, Rouge, Blanc, Vin de Noix, Aperitif

| 5月 | **29** | 水曜日 |

聖 マキシマン

曇後雨

　起床8時．その前 Dame de Chambre が朝食を持って来る．9時30，Prof. De Juglart に電話をし，出て，まず小包みを出し，駅で Consigne に預けて，法学部へ．10時45〜12時 Prof. De Juglart と話す．おもしろく，親切で困るくらい．Prof. Robino に紹介さる．Prof. Ellule，著書を恵贈さる．辞し，少し

朝（ホテル）
Croissant, Café au Lait.
昼（ビュフェ）
Jus de Orange, Sandwich.
夕（レストラン）
Potage frite, fru, Pou-

161

1957年5月30日

散歩して，Place des Quinconce のへんへ行き，市電で駅へ．Buffet で食事をして，14時発，Tarbes 行き Rapide に，少し遅れる．Lande の荒涼とした松林におどろく．少し眠る．Dax, Paw, Lourdes 着15時45．Hotel St. Jude へ．夕食は，Michelin により，就床21時．

let roti, Glace café. Blanc.

---

5 月	**30**	木曜日
	昇天	

雨

　起床9時．10時，Basilique のミサ．司教ミサ，○○，司教も他に1人，たいへんな混雑．終わってホテルで会計をし，荷物を持って駅の Consigne へ，ついで，土産を買ったり，水を飲んだり，そして Exposition Missionaire を見る．日本のことだいぶ出ている．ついで St.Bernadette の生家を見，Chateau fort に登り，Auxiliaire に日本人を訪う．坂本，大久保両嬢，お茶を出さる．急いで駅へ，17時33発，Toulouse—Lyon-Geneve 行，やっと坐る．Toulouse 着20時40．バスで Grand Hotel へ．夕食，ホテル所属のレストラン，就床23時．
（Basilique：古代ローマで，裁判や取引のた

朝（立食）
パン2個
カフェ
夕（レストラン）
Pamplemouse au Coebetal, Fruits au Amande, Glace café.

1957年5月31日

めに建てられた長方形の公共建造物. これに
基ずいた立派な教会堂. 特に重要な教会の尊
称.）

5月　　　**31**　　　金曜日

聖女 ペトロニーユ

曇一時晴

　起床8時15. 朝食後 Bain. 時間なくあわて
る. 11時 Taxi で法学部へ. Doyen Gabolde
は急に風邪をひかれたとかで来たらず. As-
sensseur の Prof. Hebrand が相手をしてくれ
る. ついで, Boyer 君が比較法研究室を見せ
てくれ, 自動車でレストランに案内し, ごち
そうしてくれる. ついで○○○君来たり, 町
を案内してくれた. Cathedral, Eg. ○○○,
Eg. Jacovin, Eg. St. Jermin. そしてカフェー
で Psclffitt をのみ, 法学部へ. 17時30, 小さ
い Coloqe（研究討論会）をしてくれる,
Prof.Hebrand, Doyen Maury, Prof. Marty,
Prof. Boyer, Prof. Pallard.
19時45出て, Pollard 君に自動車で送っても
らい, ○○○○君に Prof. Marty の家を教え
てもらう. 一旦ホテルへ, 出て20時30,
Marty 宅へ. 夫人と3人, 夕食をごちそう
になる. フランスの法学部のことなど話す.

朝（ホテル）
Croissant, Beurre,
Cafe au Lait, Confi-
ture.
昼（レストラン―Prof.
Boyer）
Crevette, Sole memi-
neur (?), Salade, Ce-
rises, Café.
夕（Prof. Marty）
Hors d'oeuvre (Pois-
son, ecrouvre (?)
Champignon a la
crème), Porc frite, Sa-
lade, Fromage, Patis-
serie, Fruit, Blanc,
Rouge, Champagne.

1957年5月31日

23時45辞す．就床24時30．

後記 5月は麗しい気候の時．星野にとっても，意義深い羽ばたきが出来た時だと思う．1日に行ったノルマンディへの遠足では，美しい自然と，ゴシックの教会に感嘆して23時にパリに戻る．また，4日には，日本人6人で，ヴェズレイに行く．シャルトルより好きになりそうな，丘の上の小さなロマネスクの教会．修道院に泊まり大園神父の話を聞き，ミサに出る．法律学の本として読んだのは"Distinction"が挙げられ始める．ほぼ同時に"Metamorphose（変身）"を読み終わる．写真も撮っているらしいが，現在見当たらない．ランデブーの手紙を3通書くが，後に5通，7通，と数は増していく．この手紙書きは，星野がフランスの他の大学の法学部を訪問し，各教授に会いたい，という大望を持ち，実行を始めている印である．

10日のムッシュウ・ギレイン（Guillain）の会では「TOKIO（東京）我が隣国」という講演があり盛会．ロングレー（Longlais）教授，M. デズレイ（Desley）教授，ブーランジェ（Boulanger）教授，Prof. カピタン（Capitant）教授，ガヴァルダ（Gavalda）教授，マダム・ヴィレー，その他知人多く来られた．後，コーエタン（Coehtant）学部長室で23時まで話合う．後少し話して24時．パリ大学法学部の錚々たる教授の多くに出会った，というべきか．（ここまでですでに，1人のマダムと7人の教授に会っている）

翌11日には，S.J. の講義が終わったというのは，カルボニエ教授の「法社会学」という初めての講義をさすと思う．ヴィレーさんのところで南の大学の先生への紹介状をもらう．夜，また手紙書き．翌12日にはランデヴー（フランス中の大部分の大学法学部を訪問したいという大望のため）の手紙6通書く．翌13日には，午前に手紙書きの仕事を終わらせている．14日，ジュグラール（Juglart）教授より電話で，ボルドーでの法学部教授連合の会に誘われる．いよいよ，星野の冒険に実現の兆しが見え始めたと思われる．15日は，ジュグラール（Juglart）教授に電話．床屋．

「晴れてよかった」という16日，彼は，ブーランジェ（Boulanger）先生

［後記］

宅で，息子さん，お嬢さんと，ガヴァルダ（Gavalda）氏と賑やかな昼食に
あずかる．大園神父の所に行くが留守．ドライブに行き，ヴェルサイユを通
る．素晴らしい5月の日．17日は河野さんのお宅でお別れパーティ．18，19
と楽しい日がつづく．21日，ルクセンブルグのいつもの本屋でミシュランを
買う．彼は，この案内書に頼って，旅行し，良いレストランを選んだ．我が
家にこの本が10冊も並べてあり，彼は東京でもこの本を頼りに私を食事に連
れていった．

23日にボルドーに行く．フィオール（Filhol）教授に会う．民法部会では
サヴァティエ（Savatier）氏にあう．葡萄酒協会のレセプシオン．多くの教
授に紹介される．その方々の名は，原文に記録されている．（14日にジュグ
ラール（Prof. Juglart）氏より誘われていた会．土地から"ボルドー協会"
のレセプションがあり，これとともに，全仏の法学部（他の学部も？）の教
授が集まると思われる22—25）．星野は24日，一旦パリに帰り，27日にポワ
チエに行く．サヴァティエ先生宅で家族とともに昼食．マロウリー氏に会
い，4つの教会に案内され，彼の家で，レコードを聞きながら話す．28日に
は再度ボルドーへ．夕食はデルッペ氏（M. Deruppe）宅で．29日には，と
ても親切なジュグラール教授（Prof. De Juglart）と話す．それから，ルル
ドへ．途中，荒涼とした松林に驚く．聖ベルナデットの生家を訪れたり，水
を汲んだりして，翌30日にはツールーズに行っている．

ここでは，大学法学部を訪問し，助教授のヘブランド氏がお相手をしてく
ださる．5時に小さな研究会を催してくださる．そこで，多くの教授にあ
う．マーティ教授（Prof. Marty）宅で夕食をご馳走になる．こうして，彼
の大旅行は，大学法学部を訪問し，その後に，観光もかねたものであり，次
にニースを訪れることになる．若く，恵まれたからこそ出来た，意欲に富む
大旅行であった．しかし，これに至るまで，多くの涙ぐましい準備が必要で
あった．そして最後に，何ものかの恵みが働いたと思う．

1957年6月1日

6月　　　　1　　　　土曜日
聖 パムフィル

快晴

　起床8時15. 9時24発. Nice 行 Rapide に
て, Montpellier へ. 途中の景色, 晴れて美
し. ピレネーのはし, Massifs centrales な
ど. 畑はやせていて, ブドーが多い. 12時40
Montpellier 着. Prof. Becque が迎えに出て
くれる. すぐ同教授宅へ. 昼食をご馳走にな
る. Madam Jean Becque, 自動車で Doyen
Legal の家に送ってもらう. Doyen は Prof
Vielleton 宅に. Peyron を通って送ってくれ
る. Prof. V は, Traité pratique を恵贈さ
る. そして医学部, Cathedral その他を案内
して, 法学部へつれて行って下さる. 中を少
し案内され, Hotel Verdun に行き, 出て
Prof Becque 宅で荷物を受けとってホテル
へ. その前, カフェで Pschffit, タクシー
で, Prof. Legal 宅 へ. Prof. Martin de la
Montte 夫妻も来, お嬢さんもいっしょ. 23
時に辞し, Martin 君に送ってもらって帰室.
就床24時半.

朝 （ホテル）

Café au Lait, Crois-
sant, Beurre, Confi-
ture.

昼 （Prof. Becque,）

Loup a la crème, Pou-
let roti Petit pois, Sa-
lade, Patisserie de
Fraise, Blanc, Rouge,
Café.

夕

（Prof Legal） Potage,
Creveti, パイ, Poulet
roti, petit pois Salade,
Fraise, Melba, Blan,
Rouge, Champagne,
Café.

1957年6月3日

6月	**2**	日曜日

聖女 ブランディーヌ

曇

　起床8時半. 10時, Cathedral の歌ミサ. Polyphonie 善し. フランスでも始めて. ホテルに帰り, 荷物をまとめて出る. 12時40の Marseille—Nice 行. 途中田がある. 面白い. Marseille 着15時27. Doyen Audivet に電話をし, Notre—Dame de la Garde に行く. よい眺め, 教会は19C, 的. Marseille 発17時半の Autorail にて Aix-en-Provence へ. プラットホームへ Prof. Kayser 迎えにきてくれる. Hotel Relain, St. Cathedral など面白し. 至る所, 噴水あり. Hotel へ戻ったところを Doyen に会い, Vendome で2人ご馳走になる. 美味しかった. 20時15, Hotel の前で別れる. 就床23時15.

昼（—café au Lait, Petit pain avec beurre et confiture.
夕（Doyen Audin—レストラン）
Laup frite, Volaille au riz. Salade, Fromage, Fraise, Café, Blanc Eau Aix.

6月	**3**	月曜日

聖女 クロチッド

曇

　起床6時45. 朝食中, Doyen Audinet 来られ, タクシーにて, 新法学部へ. 場所よく, 庭はバラ棚, 新設にて美し. まず

朝（ホテル）
Croissant, Café au Lait, Beurre.
昼（弁当）

1957年6月4日

Doyen が, Vestiane その他を見せてくれ, ついで Apparitteur が学部を, そして図書館を見せてくれる.（きれいだが, ご自慢らしきは笑止.）11時辞し, Hotel に帰り, 小包を出し, 駅へ. 12時44発 Autrail にて, Grenoble へ. うち途中の景色, 面白し. フランスで今まで見たうち最高. Veyne までは思ったほどでないが, 幾分, 谷は深く, 木は針葉樹, 塩原—鬼怒川間, 日野春付近などを思わせるものあり, 17時37, Grenoble 着. 迎えの人がいないので Doyen 宅に電話——時間を書き違えたらし——法学部の Annex の客室に案内さる. Bain では, 一流ホテル級なり. 風呂に入り, 20時30, Michelin により, Poularde Bessanee へ. フランスで今まで食べたうち, 1等うまい. 帰室22時15, 就床23時.

Petit Pain, Beurre, et Confiture, Jus d'Orange.

夕（レストラン）

Sole frite, Ragni, riz curry, Pomme ganffert, Fromage, Melba de Fries, Klart.

| 6月 | 4 | 火曜日 |

聖女 エマ

曇

　起床7時30. 8時30, 朝食. 買い物に出る. 10時15, Doyen Colliard に学部長室で会い, つづいて Prof. Catala に紹介される. 学部を案内してもらう. 一旦別れ, 12時30, ま

朝（客室)）

Café au Lait, Croissant,

昼（レストラン）

Oeufs, gelless, ………

1957年6月5日

たも同君に案内されて，Bec Fin で食事をご
ちそうになる．法学部の支出らしい．自動車
で送って貰って別れる．15時30，Prof.
Gord，16時30，Prof. Giverdon と会い，18時
には，Prof. Givord 宅へ．Nssere（？）のほ
とりを散歩，20時，Doyen Colliard 宅へ．
Madame は Doyen Ripert のお壊さん．Prof.
Gord，Giverdon，M. ○○○の他 Madame et
M.? 教授宅にいる Mlle（スエーデン人），
Madame Gord は美人，かつ，教育あり（文
学部教授）美賀子を思いだしたのは，当然．
23時45辞し，帰室，M，○○送ってくれる．
就床○○時○○これで大学めぐりは終わっ
た．やれやれ．——教授宅で Doyen Gu-
bolde の○○報に接す．ああ！

frite（河 の 魚），As-
perge, Fromage, Mel-
ba, Café, Blanc, Rouge,
Chartreuge, <u>jaune.</u>

| 6月 | **5** | 水曜日 |

聖 クロード

曇　後一時雨
　起床8時近し．朝食，8時40．9時30，出
て，Teleferique にて Bastile へ行き，写真を
とる．空中ケーブルは始めて．上に45分ほど
いる．下ってから宿舎に戻り，Doyen を訪
ねたが用談中で，Minerva に行く．12時，
Doyen にあいさつし，トロリーバスで駅へ．

朝（客室）
Café au Lait,, Crois-
sant.
昼（レストラン）
Hors-d' oeuvre, Cote
merville, Foie de
Veau, Patiessrie, Café,

1957年6月6日

Buffet de Gare で昼食．13時52分発 Chambery 行の Autorail で，Chambery 乗替，忙しく15時5発 Paris 行に，15時29には Aixles—Bains 行に乗替，電車，ぐんぐん登る，谷大きい，しかし牧場あり，又よく耕されている．Veyne—Grenoble 間と違う．St. Germain で2時間待ち合わせ．Chamonix 行は，登山電車，側線，ガタガタ登る．20時25発，21時27着，直ちに Le Corolet へ．新しく気持ちよし．夕食，就床23時．

Biser.

夕（ホテル）

Potage, Oeuf-sur Plat, Steak, Epinard, Fromage, Comport.

| 6月 | **6** | 木曜日 |

聖 ノルベール

快晴

一点の雲なし．早く起きる．8時　朝食をして，9時の Teleferique で Aignille de Midi へ．すばらしい眺め，ゆっくり見，家と美賀子に手紙を書いて，12時でおりる．日本の若松におり，また近く来日するという，パリミッションの神父さんといっしょになる．12時45分，ホテルに着き昼食，14時30の登山鉄道で Mer de Glace に．雄大なるもの，16時おりて，少しぶらぶら歩いて帰る，17時30．18時30．Douche. Prive らしく（？）ヘキエキ．夕食，19時30．就床21時30．面白

朝（ホテル）

Petit pain, Café, au Lait, Beurre, Confiture.

昼（ホテル）

Hors d'oeuvre,……Porc sauté, Pomme frite, Salade, Orange, Café, Bierre

夕（ホテル）

Potage, Oeuf sur la Plat, Gruyere, Porc

い1日.

1957年6月7日

gattle, Aubryine, Fro-
mage, Banane.

| 6月 | **7** | 金曜日 |

聖 リエ

曇

　起床8時．朝食後 Brevent への Telefe-
rique に乗ったが，Planpreg は未だしも，
Brevent に行く途中は雲の中，客はもちろん
1人．Brevent では，雪が降っている．す
ぐ，11時に下る．Chocolat をのんでぶらぶ
らして，Roserair で食事．13時39，Vallorine
行の SNCF にて Les Prag へ行ったが，Te-
leferique は明日から．歩いて Chamonix に
至り，再び Brevent へ．始めよかったが，
終わりも○○た．コーヒーをのんでぶらぶら
する．ついで夕食は，○○○○ Alps にて，
昼，夕共，Michelin の「6つ星」（日記帳に
はここに，6つの角を持つ星の絵が小さく描
かれているだけで，言語による説明はな
い）[注3]．帰館21時30．就床22時．——Pierre
a Ruskin は美賀子に敬意を表したもの，牛
が放牧してあり，首に鈴をつけて歩くたびに
鳴るのが面白かった．

朝（ホテル）
Café au Lait, Petite
Pain, Beurre, Comfi-
ture.

昼（レストラン）
Ainperge vinaigre
the, Quick Genevoies,
Blanquette de Veau a
Cunsieure (?) riz
………, Fromage, Cor-
beille de Frit, Café,

夕（レストラン）
Hors-d'oeuvre, Pois-
son du Lac, Sauté,
Omelette champignon,
Fromage, Fraise,
Crepy.

1957年6月8日

| 6月 | **8** | 土曜日 |

聖 メダール

曇一時雨

　起床8時．朝食后，Bois de ○○○○へ散
歩．美しいアルプスの森，流れ，11時15発
St. Germs 行へ．少し，出発おくれる．乗替
えて，Lyon 行の車に．一時雨激し．Aix の
湖のほとりを行く時美し．Lyon—Perreche
着17時30．森山君，迎えに来てくれ，Semi-
naire Universitaire へ．ずっと彼の部屋で話
す．

　夕食，19時30．少し散歩．就床23時．

朝（ホテル）
Café au Lait, Petite
pain, Beurre, Confi-
ture.

夕（S.U.）
Potage, Oeuf, a la
compagne, Epinard
pure, Confiture.

| 6月 | **9** | 日曜日 |

ペンテコスト

曇

　起床8時30．Cathedral St-Jean の10時の
ミサ，司教ミサでリオン典礼，後，上に上が
り，帰館，昼食，12時．森山君の部屋で少し
休んで，14時30分，町へ散歩，Notre Dame
を見，古い通りを下って Café に入り，Prof.
Rombier のお宅の前で別れる．17時〜18時
30, Prof. Rombier と話す．色いろ話する．親
切な人だ．出て帰館，夕食19時30，森山君の

昼（S.U.）
チーズパイ, Porc
grille, Salade, Pomme
de terre, Cerrises,
Baba au Rhem,
Rouge, Blanc.

夕（S.U.）
Consomme, Jambon, Sa-
lade, Petit pois, Confi-

1957年6月11日

所でだべり，就床22時30.　　　｜　ture, Patisserie, Rouge.

| 6月 | **10** | 月曜日 |

聖 エドガール

曇後雨
　起床8時30．10時30，森山君に案内され
て，Francheville へローマの水道をみに行
く．帰えりはバスで Place Bellcourd へ出，
Cremailie にて，昼食，12時．後 Pere Eco-
nomre と話しこんで，17時30に至る．帰室，
森山君の所へ行き，Douche に行ったが使い
方分からず，夕食，19時30．Douche.

昼（S.U.）
Thon maymimm,
Veau roti, Pomme, Sa-
lade, Baba, Pudding,
Blanc, Rouge.
夕（S.U.）
Potage, Pate, Coquille-
ge, gratin, Salade,
Confiture, Rouge.

| 6月 | **11** | 火曜日 |

聖 バルナベ

雨後曇
　起床8時30．雨ひどし．森山君とだべった
りしてぶらぶらする．11時30出て，Prof.
Nelson 宅へ．家庭的昼食，夫妻とお壌さん
4人のみ．本2冊恵贈さる．3時近く辞し，
公園を少し歩く．札幌の植物園を思い出した
のはいかなる連想か？　不思議な淋しさ，美
賀子を思った．バスで Place Bellecourt へ．

昼（Prof, Nelson）
Hors-d'oeuvre, Poullet
roti, Pomme frit Peti
Pain, Fromage, Fraise,
Café, Apéritif Rose,
Chartreus.
夕（レストラン）
Hors-d'oeuvre, Ro-

1957年 6 月12日

Self Service Restaurant で夕食．ビールを飲んで帰る．帰室21時30．就床23時．

gnon frit Pomme frite, Fruits prumm.

6 月	**12**	水曜日

聖 グイ

曇

　起床 7 時15．支度をして，M. le Supperius, M. l'Econome にあいさつし，森山君に荷物を持ってもらって出る．9 時発　Rapide にて Pari へ．Paris—Lyon 着，13時40，メトロで帰室．高橋先生より電話ですぐ来られるとのこと，いっしょに Orly まで行ったが，先生の荷物は Greve でとれず，Cite にもどり，Café で少しお話して，別れる．17時30．下で新聞を読み，整理をし，夕食 F.I. 18時30．帰室，Douche. 整理，就床22時30．

昼（列車）

Sandwich, Visor.

夕（F.I.）

Potage, Fois gras, Pomme frit, Carrote, Vichy, Salade, Cerises.

6 月	**13**	木曜日

聖 パドウの ANT.

曇

　起床 8 時30．賀田君より手紙類を受け取り，小包の整理など．10時近く出て，まず，Alesia の Comptoir d'escompte で Bours の Cheque を現金化し，ついで Bd. Italiens の

朝（自室）

Lait, Pamplemousse.

昼（自室）

Lait, Pain, Beurre, Fromage, Poulet au

1957年6月15日

Credit Lyounais で日本よりの送金をとり，帰室．ちょうど掃除中．昼食，自室，12時30．あと整理で1日．18時○○高橋先生より電話で Prof. Sobourl 宅に来いとのこと，すぐ伺う．少し，話して出，天下楽園で高橋先生にご馳走になる．先生いい気持ちになる．Prof. Soboul の所に戻り，日本茶を御馳走になって帰室23時．戸張君とちょっと話し就床24時30．

Vermicelle, Pample-mousse.

夕（レストラン―高橋先生）

Aperitif, Potage de Poulet et champignon, Poulet au Curry, Porc sauté avec germede, soja Riz, Beaujolais.

6月	**14**	金曜日

聖 ルーファン

晴

　起床9時30．10時30から手紙書き．12時降りて食べ物を買い，昼食，自室．後も手紙その他で17時．洗濯．夕食 F.I. 18時30．夜，桐牧突然来る．宿なしとのことで，寝袋があるというので，部屋に泊めることにする．就床23時30．

6月	**15**	土曜日

聖 モデステ

曇　蒸暑し
　起床8時30．桐牧と朝食．午前，彼のため

朝（自室）

Lait, Pain, Beurre,

1957年6月16日

にホテルに電話をかけたり，Mme Jaune と話したり，館長とあったり，礼状．下へおりて手紙を出し，昼食，自室，13時Douche，14時〜15時，洗濯．17時30，出て，Confession，直接夕食 F.I. 帰室后，館長に Opera の券をいただいたので行く．21時，Rigolette. 面白いが暗い．（イタリア語），館長と帰館．1時近し．就床1時15.

Fromage, Peche.
昼（自室）
Volaile au Vermicelle, Pain, Beurre, Fromage, Pamplemousse.
夕（F.I.）
Potage, Pot au feu garm, Riz au Tomate, Fromage, Ceries.

| 6月 | **16** | 日曜日 |

三位一体

晴

　起床9時30．桐牧と朝食，11時15，ミサ．帰室後，手紙，礼状やっと終わる．15時館長，戸張，渡辺君と能の相談，高橋先生来られる．能のメンバー来られ，写真をとる．高橋先生とジュースを飲んで，少しだべる．写真を撮る時，手伝い，その他，18時30，出て19時．Gare de Luxembourg で桐牧と待ち合わせ，Pote Champenive で食事，ダベリ，帰室23時，就床．

朝（自室）
Lait, Pain, Beurre, Fromage.
昼（自室）
Yaourt, Pamplemousse.
夕（レストラン）
Oeuf Mayonaise, Pate, Patisserie de Maison, Biere, Rose.

1957年 6 月18日

| 6 月 | **17** | 月曜日 |

聖 ジェレミー

晴

　起床 7 時30. 電話をかけに下に行ったが未だしまっている. 結局電話は 8 時30, 斎藤教授に, 午前は雑用多し. 12時15, 出て, Hotel Pont Royal に. 斎藤両氏と出て, Opera の近くの中華料理屋で食事. 薬屋, Air France で用足しをし, Champs-Elysees で買い物を助け, 冷たいものを飲み, 一旦ホテルへ. 斎藤教授の部屋のバスに入れてもらう. 出て, Mediterranne で夕食, ついに帰館おくれ, ○○君を待たせて帰す. 恐縮. 桐牧の部屋の人来たらず, 鍵もなく, 夜12時に至る.

朝（自室）
Potage de Tomate, Cirises.
昼（レストラン）
ふかのひれのスープ, 野菜五目煮, えび天ぷら, 豚の煮ひたし, 茶, 漬け物, ビール
夕（レストラン）
Asperges, Bouillabesse, Fraises de bois, Bierre, Rose.

| 6 月 | **18** | 火曜日 |

聖女 オニィ

曇

　起床 8 時30. 9 時30〜12時, "Notarie" にようやく着手. 下いおりて買い物をし, 昼食, 自室. 眠く昼寝, 15時30に至る. "Distribution" 15時30〜17時30. 洗濯, 夕食, F.I. 18時15, 斎藤教授来訪, 手紙, 20時30, 大園

昼（自室）
Yaourt, Pain, Beurre, Fromage, Confiture.
夕（F.I.）
Veau roti, Epinard, Riz, Italien, Fromage,

177

1957年6月19日

神父来訪. Missel を買って下さる. 但し高 | Banane,
い. ダベリ, 後芳賀君の所で今井君を交え,
1時に至る. 就床.

6月　　　　　　　**19**　　　　　　水曜日

聖 セルベ

晴 | 朝（自室）

　起床7時30. 9時10に Hotel Pont Royal | Café
へ. 斎藤教授と出て, Hôpital に行き, Prof. | 昼（レストラン）
Aubim を訪ねたが不在. Secretaire に会い, | Potage de Poulet et
Dr. Debain に紹介してもらって, 病院内を | Champignon, Noville
見る. 治療を見て貧血をおこす. 手術場に | sauté, Langouste sauté,
入ったが, これは案外平気だった. ついで | Cote frite, Boeuf, sau-
Secretaire に 2, 3案内してもらい, Dr に | té, Ananas, The
抜き刷りをもらって——Dr と思っていたの | Chinoise.
で弱る——帰る, Hotel へ. | 夕（自室）

　Opera の近くの中華料理店で昼食後別れ | Poulet au vermiselle,
る. Comité d'Accueil, Libraire de Luxem- | Pain, Beurre, Fro-
bourg, Sirey, C. G. と廻って帰室17時. 冷た | mage, Cafetore, Pam-
いが Douche を浴びる——修繕中——夕食自 | plemousse, Ceries.
室. 一国君を Cite の病院に見舞う. 帰り,
青木, 瀬川氏（福田定良氏出会った. ○○と
話し, 24時にいたる. 就床.

1957年6月21日

6月	**20**	木曜日

FETE DIEU 神の祭

曇

　起床11時. 疲れて横になっている. 昼食, 12時, 自室. 終わるもずっと横になる. 夕食, 18時30, F.I.帰館後少し雑用. 20時近く○○君来訪, 21時30に至る. 戸張君を訪ね, 能のことについて相談, 就床23時30.

昼（自室）

Potage de Tomate, Pain, Beurre, Fromage, Confiture.

夕（F.I.）

Potage, Steak, roti, Pomme, frite, Petit pois, Fromage, Orange.

6月	**21**	金曜日

夏

曇後雨

　起床10時. 雑用をして, 11時～11時45, "Notarie" 掃除, 下におりる. 12時30, 昼食, 自室. 13時～14時 "Baux". 出て東銀佐々さんを訪ね, 寄付（能）をたのむ. 親切に応じてくれた. ついで, 共同通信に堀さんをたずねる. 応じてくれる. 帰館18時, 一国君の所に寄り, 渡辺君と夕食, F.I.買い物をして帰り, 20時, M. Cereche 君を訪う. 22時辞す. 就床23時.

昼（自室）

Yaourt, Pain, Beurre, Fromage, Confiture, Pamplemousse.

夕（F.I.）

Potage, Oeufs dure Epinard, 野菜のトマト, Salade.

1957年6月22日

6 月	**22**	土曜日

聖 ポーリン

曇一時雨

　起床10時．電話をかけたり，忙し．11時30，高橋先生来られ，いっしょに食事をしようとのこと出る．Luxembourg の Comores でライスカレーを食べ，先生の部屋（Prof. Saboul の屋根裏）に行ってだべり，17時30，辞す．帰室，準備して Conf. 帰室，夕食，自室．Douche，就床22時30.

昼（レストラン）
Potage, Riz, curry, du porc, Fromage, Rouge.
夕（自室）
Poulet au riz, Pains, Beurre, Fromage, Confiture, Yaourt.

6 月	**23**	日曜日

聖 ヤコブ

曇

　起床10時．Paroisse de la Cite のミサ，11時15．帰室，昼食，自室．14時〜16時「フランス法概論」非常に面白い．出て，Garden Party を見てまわり，あちこちの specialite を食べる．帰室，19時．手紙を書く．22時あたりより，桐牧，館長，戸張，渡辺両君その他来たり，24時30にいたる．就床１時30.

昼（自室）
Poulet au vermicelle, Pain, Beurre, Fromage, Pamplemousse.

1957年6月25日

| 6月 | **24** | 月曜日 |

聖 ジャン—バプチスト

曇

　起床10時雑用に追われていやになる．神経
疲れているらしく，いらいらする．

　昼食は自室．後，日鋼にたのまれたものを
見る．14時45，Luxembourg に出，Rous-
seau で本を買い，L, de Luxembourg で本を
受け取り，共同通信，堀さん宅へ．寄付を受
けとり，ビールやチョコレートのご馳走に
なって帰る．

　一旦帰室後，F.I.へ夕食．後，明日の日鋼
の準備，就床22時．

昼（自室）
Yaourt, Pain, Beurre,
Fromage, Poulet au
vermicelle,

夕（F.I.）
Potage, Saute de
Veau, coquillage, Jar-
din de legumes, Sa-
lade, Confiture.

| 6月 | **25** | 火曜日 |

聖 プロスパー

晴後曇

　起床8時．10時　S.G.M.A.（61, Ave. Roo-
sevelt）へ．そこの○○ Rateau の○○○○
○○と，日鋼○○常務，田中，白石氏，旭商
事○○氏とで，契約書を練る．昼は Val
d'Isire へ○○○．15時．常務を除いて行き，
後田中氏と2人，19時にいたる．田中氏のホ
テルで話を聞き，20時30，大使館○○○氏と

昼（レストラン）
Salade, nicsive, Cha-
teaubriand, Fraise de
boir, Cyuzani, Rose,
Cognac, Café.

夕（レストラン）
Hors d'oeuvre varie,
Audov\nilette, Ce-

181

1957年 6 月26日

3 人，レストラン，アパドールで食事をし，
自動車で送ってもらって帰る，23時30就床.

rises, Apricot, Boujo-
lais, Café.

---

6 月	**26**	水曜日

聖 メグゥエン

晴

　起床 8 時．おくれて10時30近くに Hotel
Calfornia へ．出て，S.I. G. M.A. へ．契約の
検討の打合せ，19時に至る．昼は Eiffel 塔 1
階のレストランでごちそうになる．帰館，
Douche. 21時より館長招待の The 23時30に
至る．就床.

昼（レストラン）
Grapefruit, Poulet
curry au Riz, Gateau
maison, Martini,
Champagne, rose,
Café.

---

6 月	**27**	木曜日

聖 フレナン

晴

　起床 8 時30．Hotel California, 11時近し.
Projet du Contrat の検討．昼はホテルのレ
ストラン．17時近く終り．一同出て SIGMA
で細部の検討．19時，出て，タクシーを探す
もなく，バスで待たされて，20時近く
Luxembourg へ．高橋先生と待ち合わせる
ことになっていたが，みあたらず．タクシー
にて　Prof. Capitant 宅へ．先生は，少し，

昼（レストラン）
Hors d'oeuvre, Esca-
lop pane, Fromage,
Comport, Café.
夕（Prof. Capitant）
Hors d'oeuvre（Oeuf
…），Poulet roti froid,
Salade, Crème, Café,
Cidre, Cognac.

1957年 6 月29日

遅れてこられた. 白系ロシア人でアメリカ人
の夫妻. 技師, Madam C：の姉さん, 姪の人
など. 23時, 辞し帰館. 0 時30就床 1 時30.

---

6 月　　　　　28　　　　　金曜日
聖 イレーネ

晴

　起床10時, 11時～12時 "フランス法概
論,", 下におりて買い物をし, 上がって食
事, 自室. 出て, タクシーにて, Corneuve,
Ratean, の工場へ. 日鋼の人達と見学. 終
わって自動車で戻り, 田中氏と 2 人,
SIGMA にて契約書を最終的に検討し, 17時
より調印, 19時に至る. 出て, 田中氏のホテ
ルへ. そして, 一諸に夕食, イタリヤ料理.
散歩して帰る. 帰室, 0 時45. 就床.

昼（自室）
Yaourt, Pain, Beurre,
Fromage, Pample-
mousse.
夕（レストラン）
Salade de Tomate,
Spaghetti de Fruit de
mer, Orange, glace,
Biere.

---

6 月　　　　　29　　　　　土曜日
聖 ピエール, 聖 ポール

晴

　暑い. 起床 9 時. 電話で下に呼ばれる. 能
の荷物が来ている. 下すのを手伝う. 朝食を
して Comité d'Accueil に Rapport final を出
しに行く. 帰室. 昼食, 渡辺, 鈴木三君とレ

昼（レストラン）
Salade de Tomate,
Foil, Glace, Bierre.
夕（自室）

1957年6月30日

ストランへ. 14時〜16時30, 舞台作りの手伝い. Douche, 洗濯, 夕食　自室, 19時30, おりて能のこと, 21時〜23時, 能. Prof. Durand, Prof. Boulanger, Prof. Villey, 来られる. 後, 小さい Cocktail, 0時30客が帰る, 就床1時.

Radit saute, Oeuf, Pain, Beurre, Banane, Pamplemousse.

6月	**30**	日曜日

聖 マーティアル

晴　34.6

起床9時30. Salon の片付けを手伝う. 11時15, ミサ, Cite にて. 昼食, 自室13時〜14時. 昼寝. 19時夕食, 自室, 手紙. 就床.

昼（自室）
Poulet au vermicelli, Pain, Beurre, Thon reverve,
夕（自室）
Potage de Tomate, Pain, Beurre, Thon, saute, Oeuf, Confiture.

後記　星野はフランスの大学訪問の大望を果たすために, 次にニース方面に向う. ピレネーの道の美しさを感じ, 畑がやせていること, ブドウ畑が多いことを知る. 行きついたモンペリエでは, ベケ教授に出迎えられ, 昼食をマダムとともに. 学部長のレーゲル宅へ, 次にヴィアレットン教授からは著書を1部頂き, 次に医学部, カテドラルを見て, 法学部へ. 最後にマーティン教授宅でお壌さんも一緒に夕食―23時まで. 4名の教授と, ご家庭での食

［後記］

事，お嬢さんを含む楽しい会，などで優遇されている．目の廻るような速さ
で教授宅から，別の教授へ，そしてまた，別の教授へ，それからホテルへ，
また教授宅へなどと，息つくような忙しさだが，充実した大学巡りである．

　以後，このようなパターンで各大学の法学部を参観させてもらい，家族と
ともに，食事に与っている．次の日曜日にはカテドラルの歌ミサに与り，美
しく思う．次にマルセイユに．プラットフォームにカイザー教授が出迎え，町
を案内される．至るところに噴水あり，ヴァンドームで夕食をご馳走にな
る．このような交際を通じて，星野はフランス生活を学んでいった．翌朝ア
ンヂネット学部長から法学部，図書館を案内される．午后，グルノーブル
へ．そこへ至る景色は，フランスで見た中で1番面白い，と．グルノーブル
の大学では，出迎えを1時間，間違えられたが法学部のアネックスに案内さ
れる．夕食は，ミシュランによりポウラルド…（Poularde Bessanee）へ．
フランスで食べた中で1番美味しい，と．4日には，グルノーブルで，コリ
アード学部長，カタラ教授，ゴアー教授，ギヴェルドン教授，などに出会
い，素晴らしい奥さん方とも話す．そして，6月4日の夕，パリに帰り「こ
れで大学めぐりも終わった．やれやれ」という．計画どうりに実行できて，
数えきれないほどの，教授に出会い，重荷を下ろしたように感じたであろ
う．しかし，まだ礼状書きの仕事が残っていた．ニース以降，10名以上の教
授方とお会いしている．5月におよそ35名とお会いしているから約50名以上
の方にお会いしている．細かに計算すれば，まだまだ大勢の教授と，お会い
しているだろう．この交際は，彼の「なんとかフランスを知りたい」の熱望
から生まれたものだろう．彼の大きな計画であり，彼だからこそ遂行できた
のだ，と，私は思う．

　後に，彼は「僕は，フランスで何をしたのだろう．大学を廻って，教授方
と会うこと——ずいぶん，ご迷惑だったろう．僕が訪問しても，何の役にも
たたないことだ——論文でも書いておけば，後世に役立ったかもしれないの
に．」と振り返って，自分がしたことを過少評価したことがある．だが，私
はそうは思わない，と言った．「フランス語を話す日本人が訪れてくれれ
ば，それは，向う様にとっても面白く，誇らしいことだし，今後，学会など
も，その地，またその大学で，開かれるようになるかもしれない．日本に

185

1957年6月

とっても，あなた，星野助教授の訪問によって，日本が野蛮国ではないことを知らせる——百パーセント完璧でないとしても——ことになったかもしれない」と自分の意見を述べた．

　当時，約60年前の英一のアルプスの旅に返るとして，彼はそれから，テレフィークという登山電車や空中ケーブルにのってアルプスの山々のなかを巡り歩いた．牧場というより山々のなかに放牧されている牛が首に鈴をつけて歩いているのが星野の興味をひいた．大学めぐりという緊迫した空気のなかで過ごした後，彼は，心の休養を要したと思われる．乗り物の細かいスケジュールをこなしながら，彼はメール・ド・グラース（氷河）まで足を延ばした．（この地は，1992年の日仏比較法学会のエクスカーションの折，ブランジュウヴァン教授（Prof. BLANC-JUBAN）と，マダム，ヴォワネッソン（Mme Voinnesson）が，バスでアルプスのモンブラン登頂駅まで我々を連れて行かれたところ，天候の都合でモンブラン登頂は中止され，近くのメール・ド・グラース（氷河）まで行き，すさまじい氷の塊のそばを歩いて遊んだ所である）

　そういう環境の中で，修道院に入っている森山様と話したり，散歩したりする．全くこの修道士のお陰で星野は大学セミナー・ハウスのような所に泊まらせて頂き，アルプスの山山や大氷河も見物できた．ローマの水道も見に行く．そういう環境の中でネルソン教授宅での家庭的な昼食にもあずかる．夫妻と4人のお嬢さんたちと，2冊の本を恵贈される．森のなかを歩くとき，札幌の植物園を思い出す．連想しているうち，不思議な淋しさを感じ，美賀子を思い出す．滝沢様のお宅へも招待され，もてなされる．翌12日，7時起床，パリ行の汽車に乗り，日本館の古巣に帰る．

　こうして，先月5月27日，ポワチエのマロウリー氏を訪問することから始まった，フランスの大学法学部巡り（6月4日に終わった）を中心として，アルプスの山々をめぐり，また，森山修道士のご配慮によって，宗教的な大学のセミナーハウスのような所にも宿泊を許された大旅行は，恐ろしいような正確さで予定通り6月12日に終わりパリの日本館に帰っている．日記帳の，その間の9枚（18日分—5月と6月の間に1ページの空白あり）は切り取られて，彼は旅の間中，持ち歩き，日々の体験を書き込んだ．それらの

［後記］

ページには，旅の思い出，とくに，東洋から飛び込んできた若い学者を真心もって受け入れて下さった教授方の名前が几帳面に記されている．しかも，頂いた料理の名前まで．また，この旅行中，彼はミシュランを使いきったといえるだろう．悪戯っぽく，星のマークまで日記に書き記されている（6月7日）．切り離されたページは，思い出と記録を満載して，パリに帰るや否や，再び日記帳の本体の中に順序通り収められた．しかし，各ページの端々は，年月と共に茶色になり，ボロボロになりかけている．

再び，パリ生活に戻った彼は，まず経済面の整理から始めなければならなかった．「まず，Alesia の Comptoir d'escompte で Bourse の Cheque を現金化し，ついで，Bd. Italiens の Credit Lyonnais で日本よりの送金をとり帰室．英一は当時，ブルシェのほかに，日本にある自分の預金を毎月母より送金して貰て，この大旅行などの費用にあてた．母は，戦時中，惨めな思いをし，かつ，戦後は重い結核にかかったりして，淋しい日々を送った長男が，明るい青春に恵まれるようにと強く希望していたので，パリへの送金を欠かさなかった．

こうして彼はまた，日本館の生活を，周りの方々と仲良くしながら再開することになる．荷物を整理したり，大旅行の中心になっていた教授方とのランデヴウに対する礼状を15日に書き始め，16日に「やっと終る」と書き残している．15日から桐牧という青年が，宿が見つからないと言うので，星野の部屋に泊っていった．翌日とその翌日，2人は一緒に朝食をとった．

日本の能の上演計画に参加する．19日には，斎藤教授（医学部）に頼まれて一緒に病院を訪れ，手術の見学では何とか耐えられたが，治療を見て貧血を起こした．またメゾンで日本の能を上演する企画にも協力している．29日の夜の上演の折には，パリ大学法学部のデュラン教授，ブーランジェ教授，ヴィレー教授が，観劇に来られた．あとで小さなカクテル，0時頃解散．翌30日には，サロンの後片付．11時15のミサ，という忙しさであった．無いように見えて，とめどなく押し寄せてくる仕事．しかし，充実した日々であった．

法学の勉強としては，"Notari" を読み始める．「フランス法概論」を非常に面白がっている．27日には，ホテル・カリフォルニアで「契約の問題」を

187

1957年 6 月

検討している．後，カピタン教授宅へ．アメリカ人も交じる話し合い．28日
には日鋼の人たちと工場見学へ．さて，この月の［後記］は，綿密な計画を
立て，足早やに動く星野英一に，正確についていくことができたであろう
か．

　　日本の伝統芸術，能の上演のため桐牧という青年が突然現れ，寝袋を
持っているので泊まらせてほしい，とのこと，パリの日本館の星野の部
屋での1957年 6 月14日の夜遅く，のことである．
　　本年2019年 4 月28日の夜半，21時から23時までのＮＨＫ 2 が放映した
能の上演は，新しい元号への推移を目前に控えて，ひと際目立って，華
麗に演じられた（残念ながら，題名を確かめ得なかった）何故，この能
が私を引き付けたかと言うと，テレビ番組の予報に「パリと能との歴
史」という字が目に入っていたからである．
　　開始直前に，女性のアナウンサーが，控えめな声で「歴史」を説明し
た．耳を澄ますと能がヨーロッパにおいて始めて上演されたのはパリに
おいて，1957年のことであります．というような説明であり，私は1957
をしっかり把握しようと1957，1957と口で繰り返しながら書きとめた
が，間違いではないことを望んだ．私は，夫星野の57年 6 月14日以降の
日記に描かれている，桐牧という青年の出現に始まり，29日の21時から
23時にかけての，メーゾン・ド・ジャポンのサロンにおける能の上演
が，2019年，4．28の主催者側のいうヨーロッパへの始めての進出とい
う歴史的な上演であったのではないか，と推察した．もしそうだとする
と，星野の日記は，意義深いものを記録していることになる．
　　その後日談：2019. 6. 21の夕刻，私は津田千駄ヶ谷キャンパスで英文
読書会を終えて，永沼洋子様と別れるところだった。彼女は近くの国立
能楽堂に行って調べものをするとのこと。
　　そこで私は，はっとして，パリの能上演のことを思い出し，彼女にそ
の調査をお願いした。ロンドン勤務 3 年，情報網をせんさいな指で何と
か調べ上げるという才能の持ち主であり，お若い頃能のお稽古をなさっ
たとのことで，私は偶然の出会いにびっくりした。

［後記］

　その夜，彼女から返事があり，後日，「能楽タイムズ」という古い新聞を送られた。それによると，1957年の上演はヨーロッパにおける2度目の上演らしいこと。1957年には，フランスの文化祭に加わるため，サラベルナール国際劇場で，6月25日〜28日まで上演されたとある。これは，日本館に29日の午前に荷が届き，午後に舞台が組み立てられ，その夜，上演されたという星野の記述と噛み合っている。日本館でのあえての上演は，そこには，教授，学生などインテリが多いから，その人たちに見てもらいたいとの希望があったからである．と書かれている．

1957年7月1日

7月	**1**	月曜日

聖 シーリィ

曇

起床9時30. 電話をかけたり忙しい. 11時出て三菱へ寄付を取りに行く. 帰室, 3時30, 昼食, 自室. 昼寝. 起きて夕食, 19時15F.I.帰室後雑用(戸張君その他)就床20時.

昼(自室)

Poulet au vermicelle, Pains, Yaourt, Pamplemousse, Prunes

夕 (F.I)

Potage, Cote du porc, Garni, Pomme, Salade, Orange.

7月	**2**	火曜日

聖女 ヴィエルジィの訪問

曇

起床10時. 11時～12時 "フランス法概論" 昼食, 自室. 昼寝13時～16時, 16時～17時30 "Baux" 出て, ○○○○○で松井公使のレセプシオン. ロングレイ教授, L. マゾー教授, カピタン教授にあう. 20時30, 出て帰館, 瀬川, 青木氏の部屋でだべり, 所君も交えて1時にいたる. 就床.

昼(自室)

Poulet au vermicelli, Pain, Yaourt, Beurre, Pamplemousse.

1957年7月4日

| 7月 | **3** | 水曜日 |

聖 アナトール

晴

　起床11時. 昼食, 12時. 13時〜16時, 昼寝. Douche, 17時〜19時, 日鋼管に頼まれたものを見る. 夕食, F.I. 20時45〜21時45 "カルボニエ民法" 素晴らしい.

昼（自室）

Poulet au vermicelle, Pain, Yaourt, Lait, Beurre, Fromage, Banane, Pamplemousse,

夕（F.I.）

Roastbeef, petit pois, Chores, fleurre vinegre, Fromage, Peche, Jus de Fruit.

| 7月 | **4** | 木曜日 |

聖 ベルテ

晴　36

　起床10時. 10時45〜12時30, "フランス法概論" とにかく面白い. 昼食, 自室. 12時. 14時〜19時, 鋼管の仕事. 松原君来たり, だべり, いっしょに下で夕食. 21時〜22時 "Carbonnier" すぐれている. 就床. —— Bourse の延長決まったらしい. 母からの手紙では, 日本の大使館側では, 十中九まで大丈夫とのことだったが.

昼（自室）

Potage au vermicelle（そうめん）, Oeuf, Pain, Yaourt, Lait, Beurre.

夕（F.I）

Potage, Veau roti, chou, Riz a Tomato, Salade, Rouge, Jus de fruit.

1957年7月5日

7月　　　　　　　5　　　　　　金曜日

聖女　ゾウエ

晴　36度 　起床8時30. 10時にS.I. G.M.A.に. 田中, 白石, 両氏おくれて11時に来る. M. Heurat, M. Villainより書証を受け取り, 疑義を正し, 12時30出る. 両氏のホテルに行き, ぽたんやで食事, 出てタクシーにてホテルに寄って, Comite d'Accuielへ. 朝手紙にて延長認められると, 嬉し. 手続きをし, L. de Luxembourgに寄り, 帰る. Douche, 冷水, 快し. 夕食, 自室. 19時, 20時30より, 日鋼管にたのまれたもの. 熱くだるくてやり切れぬ. 就床22時.	朝（自室） Banane, Nescafe. 昼（レストラン） 刺し身, いわし, 塩焼, 湯豆腐, おひたし, みそ汁, ビール, ビール, 酒, 飯, 夕（自室） Yaourt, Lait, Pain, Fromage, Pample-mousse, Beurre.

7月　　　　　　　6　　　　　　土曜日

聖女　ルーシー

晴 　起床9時30. 10時30〜12時. 日鋼管の仕事, 終わらず. とにかく出て, タクシーで, Hotel Californiaへ. 2人まだ帰らず. 田中氏の部屋で清書を終え, 検討し, Champs-Elysesで買い物をし, 別れて帰室. 9時, 夕食, 自室. 横になる. 疲れている.	朝（自室） Banane, Nescafe, 昼（レストラン） Sandwich, Salade, Nicaise, Orange, Buse (?), Blanc, Rouge. 夕（自室）

1957年 7 月 8 日

Douche，就床.

Yaourt, Pain, Banane, Pamplemousse.

---

7 月	**7**	日曜日

聖女 オービエルジュ

晴

　昨夜夕立，涼しくなる．起床10時15．11時15のミサ．帰室，軽食．昨日の不規則な食事で胃悪し．昼寝．18時起きて手紙，夕食は自室，18時30．手紙，23時．

昼（自室）
Crème, Pamplemousse, Prum.
夕（自室）
Viandox, Oeuf, Pain, Lait, Pamplemousse.

---

7 月	**8**	月曜日

聖女 ヴィクトワール

曇一時雨後晴

　起床10時．"フランス法概論"，Fondation nationale で cheque 受領，買い物，昼食，自室，13時30．15時〜19時 "Carbonnier" 立石氏と Potee Champenoise，で夕食　歓談．帰室 1 時15．——誕生日．古い中央公論を見て，亀井勝一郎の評論，井上靖の遣唐使にかんする小説など，面白し．31才，立ち直る年だ．

昼（自室）
Poulet aux vermicelle Pain, Yaourt, Beurre, Pamplemousse.
夕（レストラン）
Salade de Tomate et Concorbre, Tomate, Fraise, Patisserie, Rose, Fruit.

1957年7月9日

| 7月 | **9** | 火曜日 |

聖女 ブランシュ

曇

　起床11時15. "フランス法概論"，買い物をし，昼食は13時30，自室．續き，14時30～15時30，昼寝17時まで．"Carbonnier" 17時～18時30．夕食，F.I. 20時～21時30續き．就床22時30──神経久しぶりに疲れる．

昼（自室）

Poulet, au vermicelli …… Pain, Beurre, Pamplemousse, Franboise

夕（F.I.）

Potage, Steak Pomme frite, Epinard, Fromage, Peche.

| 7月 | **10** | 水曜日 |

聖女 フェリシテ

曇

　起床10時30．館長と打合せ，11時45昼食，F.I. へ．．

久しぶり，12時30～13時～13時30～14時 "フランス法概論" 出て，銀行で check をおろす．帰室後 Douche. 17時30～18時30，續き．夕食 F.I. 20時45～22時 "Carbonnier"．戸張君と話しておそくなる．就床24時30.

昼（F.I.）

Hors d'oeuvre, Macaroni, fromage, Orange, Yaourt.

夕（F.I.）

Potage, Roastbef, Pomme frite, Leastible, Salade, Rbrist. (?)

1957年7月12日

| 7月 | **11** | 木曜日 |

聖女 オルガ

晴後曇

　起床10時30. 11時30～12時 "フランス法概論" 終わる. 12時～13時, 昼食自室. 掃除で下におり, 13時30～14時30 "フランス民法典150年の歩み" 少し横になる. 15時～17時30 "賃貸借特集, 時効" 17時30～20時 "Carbonnier" その他, 就床22時45.

昼（自室）
Poulet au vermicelle, Oeuf, Yaourt, Pain, Beurre, Tomate, Orange
夕（F.I.）
Potage, Langue de Beat, Riz, Haricot, Salade, Peche.

| 7月 | **12** | 金曜日 |

聖 ガルベール

晴

　起床10時30. 11時15～12時. 12時, 下へ降りて買い物をし, 食事, 自室. 高橋先生来られ, いっしょに出て, Port Royal の近くのレストラン・カフェで先生は食事, こちらはGlace. 別れ, 14時, Prof. Esmein の所に伺って, Lettre de Recommandation を頂き, すぐ辞し, L. du Luxembourg で注文. 公園で少し休み, 15時 Gavalda 君をたずね, 民訴のことを質問. Benedictin をごちそうになる. 16時辞し, L. G. で本を買い　P. U. をひ

昼（自室）
Yaourt, Pain, Beurre, Fromage, Tomate, Pamplemousse.
夕（F.I.）――

1957年7月13日

やかして帰る．17時，新着の新聞を見，松原
君と館長と相談．18時30，夕食，F. I. 14時
30〜21時45 "Carbonnier" 後 "石崎：フラ
ンス民法学の変遷……" 就床22時30，――あ
と1年の留学，将来のオリエンテーション．
そのための自分の反省に○○使いたい．
教理のうち気分的にピンとくるもの，神の存
在，天国の存在，摂理．

7月　　　　　**13**　　　　　土曜日

聖 ユウゲーネ

曇

　起床10時30．"Ripert" 下へおりて買い物
をし，昼食，自室．12時15〜13時掃除で下
に．"Ripert" 13時30〜15時出て，Bourget
飛行場へ．藤田武士氏出迎え．飛行機おく
れ，17時，近し．バスで，Invalides，高杉
先生も来られる．タクシーで Maison へ．2
人部屋しかなく，結局，館長のはからいで
Raspail Hotel に室が取れ，送って行き，近
くで夕食．辞して帰室．11時就床．――疲労
が出た．酒のせいらしい．

昼（自室）
Pain, Yaourt, Poulet
au vermicelle, Beurre,
Fromage.
夕（レストラン）
Salade de Tomate,
Cote de Veau. Patiss-
rie, Beaujolais.

1957年7月15日

7月	**14**	日曜日

国家の祭

曇

　起床10時．11時15のミサ．帰館，白石氏と会い，話をし，高橋先生よりの電話を待って，Porte d'Orleans で食事．14時，別れ，帰室．16時近く，藤田氏来らる．16時30，別れ，写真の整理．18時30出て，同氏のホテルへ．高橋先生を待ち，Quais d ○○○の Restaurant Tonkin で夕食．歩いて St. Michel へ来，Montparnasse でお茶をのみ別れる．帰室，13時就床．

昼（レストラン）
Salade de Tomate, Omelette au Jambon, Glace vanilla, Porilly Fume,

夕（レストラン）
Consommé de noveille, chuosire（？）, Poulet curry, Canard lague boeuf sauté Oignon, Riz, Legunne sale, Rose d' Anjou.

7月	**15**	月曜日

聖 アンリ

曇

　起床11時．11時30～13時 "Ripert" 掃除で下におりる．13時30～14時30，昼食，自室．15時～16時30 "Ripert" "借地借家法" 眠る．18時30，夕食，F.I. 買い物，20時30より戸張君の部屋で戸張君と合同してコンパ．所，鈴木，渡邊，の諸兄．美賀子より送って来たも

昼（自室）
Pain, Beurre, Fromage, Poulet au ……, Confiture, Pamplemousse,

夕（F.I.）
Potage, Côte de Porc,

1957年7月16日

のと，Vittel Delice を出す．2 時近くに至
る．就床 3 時.

Carotte, Riz créole,
Salade, Crème.

7月	**16**	火曜日

聖 アラン

曇後雨

　起床11時．少し，疲れているので，1 日
眠った．美賀子よりのせんべい，ようかん，
おいしい．

昼（自室）

Pain, Lait, Beurre,
Poulet au vermicelle,
Tomate, Pample-
mousse.

夕（F.I.）

Potage, Steak, Pomme
frite, Epinard, Fro-
mage, Orange.

7月	**17**	水曜日

聖 アレキシー

　起床10時30．少し "Ripert" 昼食，自室，
13時30後ずっと眠る．神経の疲れは，但し癒
りつつある．夕食は F.I. 19時．20時30, M.
Villey 宅へ．豊田耕児君のヴァイオリン，
ベートーヴェンのピアノ　コンチェルト，甲
斐，ソナタ（コンセルヴァトワール，Pre-
mier Prix）サンサーンス，ロンド，カプリッ

昼（自室）

Pain, Poulet au ver-
micelle, Beurre, Fro-
mage.

夕（F.I.）

Potage, Roti de Veau
Petit Pois, Pomme,

1957年7月19日

チオーゾ. 立派. 芸術家の修行のきびしさを思う. 客は, 菊池, 所, 芳賀, ○○, その他外人の中に Terre 君夫妻, 24時, 辞し, 帰室, 13時近し, 就床.
——朝起きたとき, 眠さとはちょっとちがったぼんやりした感じでいつまでもうつらうつらしていたい, これ神経疲労の一の徴候.

Boblaugerise（？）, Salade, Peche.

7月	**18**	木曜日

聖 カミーユ

雨後曇

　起床11時. 買い物をして帰り, 昼食, 12時30. 掃除, 下におりる. 13時30〜15時30 "Ripert" ——16時30 "坂本・バーク" ——18時30 "Carbonnier" 洗濯19時. 富山○○君と Potee chanpnoise で夕食して語る. 帰室1時, 就床

昼（自室）
Pain, Lait, Beurre, Poulet au vermicelle, Fromage
夕（レストラン）
Salade de Saison, Porc roti, Pomme frite, Fromage, Salade de Fruits, Rose, Cote de Provence.

7月	**19**	金曜日

聖 ポールのヴァンサン

曇　一時雨

昼（自室）

1957年7月20日

起床11時．買い物など．12時30～13時 "Ripert" 昼食，自室13時30～15時．15時～16時30 "Ripert" 出て，Luxembourg 公園を散歩し，L. de Luxembourg で本を受領．帰室，18時，夕食，F.I. 18時30～20時．20時～21時30 "Carbonnier" 手紙書き．就床23時15．

Lait, Pain, Beurre, Fromage.

夕（F. 1.）

Potage, Oeufs des Sauce. Chau-fleur saute, Salade, Bananne.

7月　　　　20　　　　土曜日

聖女 マルガリート

曇一時雨

　起床7時30．9時 Hotel Raspail に行き藤田教授と Hotel Ville で M. Chastrun（?）に会う．10時．11時30辞し，歩いて L. Rousseau に来て買い物をし，Chop Danton で昼食．別れて帰室．15時 Douche. Confession, St. Sulpice にて．Marche de St. Germain に行って帰り，立石，林，両氏に会う．帰室，——神経早く癒したい，が，生活自体も少し緩んでいるようだ．雑誌を床中で読むのは止めること．

昼（レストラン）

Salade, Nicoise, Gigot de Agneau roti, Haricot vert, Glace nystere(?), Macon blanc.

夕（自室）

Poulet, Beaf au vermicelle, Pain, Lait, Beurre, Tomate, Salade.

1957年7月22日

7月　**21**　日曜日

聖 ヴィクター

曇時々雨

　起床10時15．よく眠った．11時15のミサ．後，李神父の所へ行って，頼まれた日本の宗教書をわたす．帰室12時30，昼食，自室，14時〜15時，坂本，バーブ，非常に鋭い論文．15時〜17時 "Ripert"．17時〜18時30 "Carbonnier" 夕食，F.I. 19時30〜20時，續き．ついで手紙．21時　深田英一氏来られ，話す．就床23時45．

——少し頭の調子よくなった．

——本日をもって誕生日の代わりとする．久しぶりに，Communion．あと1年のプランを建てる．10年計画をさらに考えるべし．

昼（自室）

Poulet au vermicelle, Yaourt, Beurre, Bananne, Biscotte.

夕（F.I.）

Potage, Poulet, roti, salade, Pomme, Mousseline, Fromage, Patisserie.

7月　**22**　月曜日

聖女 マドレーヌ

曇

　起床9時45．10時45〜12時15 "Ripert" 買物をして食事，自室，14時〜14時30 "Carbonnier" 出て，Raspail Hotel へ．藤田教授と会い，内務省で，M. Singer に面会，17時30に辞し，Luxembourg で湯浅さんと会い，

昼（自室）

Poulet au vermicelle, Biscotte, Beurre, Lait, Tomate, Orange.

夕（レストラン）

Potage au vermicelle,

1957年7月23日

Au Depart で話をし，Dragon d'Or で夕食，同（？）でご馳走になる．Oubliette に行ったところ，早すぎるので，セーヌのへりを散歩．22時頃，Chanson 始る．面白し．24時，出て帰室，1時，就床．

Poulet au germe de soja, Boeuf Sauté, Salade, Epinard, Riz Beaujolais.

7月	**23**	火曜日

聖 アポリネール

曇　一時雨

　起床10時30．11時～12時30，青木君，○○君続いて来る．昼食，自室．14時～16時 "Ripert"，16時～16時30 "Notaire" 又始める．16時30～17時．"賃貸借" ジュリスト特集．出て Luxembourg 公園を散歩し，L. de Luxembourg で本を注文し，買う．帰室，16時15．夕食，F.I. 20時45～21時30 "Carbonnier" 手紙，野田先生．起床22時30．

昼（自室）

Poulet au vermicelle, Oeuf, Biscotte, Beurre, Tomate, Banane

夕（F.I.）

Potage, Cote du porc, Peti Pois, Pomme mousseline, Salade, Flaue.（？）

7月	**24**	水曜日

聖女 クリスティーヌ

曇

　起床10時30．11時30～12時 "Ripert" 昼食，自室，後掃除でおる．14時～15時30 "Ripert"Douche，16時30～18

昼（自室）

Poulet au vermicelle, Biscotte, Beurre, Fromage, Lait, Bannane.

1957年7月25日

時 "賃貸借，ジュリスト特集" 散歩して夕
食，F.I. 19時30〜20時．続き，20時〜21時
30 "Carbonnier" 手紙，美賀子．就床22時
30．
――留学の時期は，過ぎた30年（？）の反省
期としたい．とりわけ，病後，身体の弱いま
まにあわただしく過ぎた年月を深く想ってみ
たい．そして，能力だけはあると信ずるが，
エネルギーのない者にとっての一生の方針を
精密にたてたい．かつ，今までの過り多き生
涯（？）をくりかえさぬようにしたい．理性
よりもまず感情で反応し，その強くひびく性
格．行動についてさえ，気分は，不決断とす
る自分（逆説でない．事実だ．中学のときの
運動部のえらび方．学者の道．Nの問題
etc.）をほりさげたい．

夕 （F.I.）
Potage, Boeuf, saute
hongroise Riz Carote,
Vichy, Salade Peche.

| 7月 | **25** | 木曜日 |

聖 クリストッフ

曇

　起床11時．買物，掃除など "Ripert" 12時
30，昼食，13時，自室．14時〜15時30 "Ri-
pert" 昼寝――すっかり疲れて，肩，頭痛
し，原因不明．――17時〜19時 "Carbon-
nier"．深田氏と出て，Potee Campenoise で

昼 （自室）
Pain, Poulet au ver-
micelle, Beurre, Fro-
mage, Lait.
夕 （レストラン）
Pate, Baute de Veau,

1957年7月26日

食事をし，Oubliette で Chanson を聴いて帰る．帰室1時．就床．
Terre 君より，その These を贈られた．Casier の上にあったので気付かず．

Plum au rhone?, Blanc de Bourgogne.

| 7月 | **26** | 金曜日 |

聖女 アン

曇時々雨

　起床12時．——目がさめたら，12時だった．じつによく眠った．珍しい．何ぜか？昨日マッサージをさかんにしたのがよかったか，アルコール分を少し入れたからか？　いろいろ原因が重なったからか？——買い物，掃除，昼食，13時30．14時30～16時30 "Ripert" 17時出て，L. de Luxmbourg へ本を取りにいく．割に車少し．公園を通って行き来する．帰室19時25．夕食 F.I. 19時30，夜少し「我妻講義」　手紙．就床22時30——まだ，すっかりよくないので，ぼんやりした時を好む．

昼（自室）
Lait, Pain, Beurre, Fromage, Confiture.
夕（F.I.）
Potage, Oeuf dur Pommes, Jardiniere de Legume Salade, Peche.

1957年 7 月28日

7 月　**27**　土曜日

聖女 マサーユ

曇

　起床10時30. 午前，床屋に行って帰り，昼食，自室，12時30〜13時30，掃除，やはり神経疲れぼんやりする．雑誌を見て……15時〜16時30 "Ripert" Douche, 洗濯18時にいたる．「我妻，戦後10年の法制」，18時30，夕食，F.I. 桃を忘れ残念．19時30「我妻」，20時〜22時30 "Carbonnier"「講義」就床．

昼（自室）

Pain, Poulet, au versa-mille , Lait, Beurre, Confiture, Orange.

夕（F.I.）

Potage, Jambon Sa-lade, Coqeullette（料理ことば，雄の若鶏）, Sauce tomate, Fro-mage, Orange.

7 月　**28**　日曜日

聖 ナジーレ

曇

　起床10時30〜よく眠ったが，ねむい． 1 日おきに快眠という状態．しかし神経——後頭部，首の痛み，減りつつあり——11時15のミサ，帰室，昼食，自室．

　14時30〜15時 "Ripert" 少し眠る．16時，館長に呼ばれて，藤田氏と会う．17時30〜18時 "Ripert" 18時〜18時30「我妻，戦後法制の変遷総説」18時30，夕食 F.I. フランス人に

昼（自室）

Lait, poulet au ver-micelle, Pain, Beurre, Fromage, Confiture.

夕（F, 1,）

Potage, Roast beaf, Pomme roti, Harricot blanc, Salade, Poire.

1957年7月29日

話かけられ，21時に至る．21時〜22時30 "Carbonnier" 所君も来たり話し，23時30に至る．就床24時．

| 7 月 | **29** | 月曜日 |

聖女 マーシー

曇

　起床11時〜朝7時．眼が覚めたが，うつらうつらとして11時に至る．——
　買物，上って昼食，自室，12時30．掃除．14時30〜16時30 "Ripert" 出て Rue Soufflot で本を買う．帰室18時 "Ripert" 夕食19時〜20時 F.I. 20時〜22時30 "Carbonnier" 就床23時——未だ倦怠感抜けず．

昼（自室）

Pain, Lait, Beurre, Poulet au vermicelle, Fromage.

夕（F.I.）

Potage, Veau roti, Chou - fleur, Coquillette au beurre, Fromage, Poire.

| 7 月 | **30** | 火曜日 |

聖 アブドン

曇

　起床9時30．朝食10時15〜12時45，"Ripert" 掃除で下におり昼食，自室．13時30〜15時，15時〜17時，賃貸借 "Esmein" 寄贈されたものを読み始む．17時出て，L. Luxembourg でイタリア語の本を探したが，

朝（自室）

Lait, Pain, Beurre, Banane.

昼（自室）

Lait, Poulet au vermicelle , Beurre, Pate,

1957年7月31日

なし．公園を通って R. Soufflot へ．Dalloz で Recueil を注文，L. Techniques で，Juris—Classeur Baux et Loyer を買う．帰館，荷物を下におき，夕食，F. I. 18時30〜19時30．20時30〜22時 "Carbonnier" 手紙，母と美賀子．就床23時．——早く起きてみた．うまくくせをつけたい．

Confiture, Banane

夕（F. 1）

Potage, Steak, Pomme frite, Epinard, Salade, Banane.

| 7月 | **31** | 水曜日 |

聖 ロヨラのイグナチオ

晴

久しぶりの晴．やや霞んで春のごとし．但し，少し暑くなった．——起床10時15——やや寝足りず．後頭部の痛み，又も強くなる．これはよほどねばって治さないと．病後，頭を意識しない日とてあったろうか，——この長い神経の過労！

——11時15〜13時30 "Ripert" 掃除，下におりるので，手紙出し．昼食，自室，14時〜15時，Douche. 16時過ぎ出て，Jardin de Luxembourg をカラーフィルムで写し——きれいな晴なので——カード箱を買い，Segun によったところで，大塚幸男氏に会い，古本屋のぞきをいっしょにし，P.U.F. でイタリア語入門を買って，ビール．デンマー

1957年7月31日

ク人の団体に会う．Comor で夕食．帰室20
時過ぎ．21時～22時，"Carbonnier" 就床22
時30.
（食事記録なし）

後記　まず，5日に，やっと翌年度のブルシェが決まった手紙を受け取
り，安心する．

　7月には，夏に入ったせいか，星野は，さして大旅行もせず，華やかなご
招待に2回招かれた程度である．まず，松井公使のレセプションで，ロング
レー，マゾー，カピタン教授に会う．17日には，ヴィレー教授宅で少年豊田
耕児君のヴァイオリンの演奏会に招かれ，楽しむと同時に芸術家の修行の厳
しさに触れる．こうして，日記を辿ってみると，フランスの学者と日本の学
究とが，和やかに触れ合うパーティが多くなって行くのに気がつく．

　パリの自室で，多くの読書──フランスの学者の著作，それに日本からの
雑誌などを読み，また，原稿を書いて日本に送ったことも稀にある．自室に
留まり，日本館のなかの友人達と談話することが多い．かって，夫星野は，
自分のフランス時代の日記をめくりながら「僕は，夏目漱石のように家に閉
じこもって本ばかり読んでるよ！」と笑っていたが，フランス中を駆け回る
ような旅行の後では，自室で静かな時を過ごすのも当然かと思われる．

　従って，内省的な心境が覗われる文が多い．久しぶりに，あと1年の，10
年のプランを考えたり，8日の誕生日には「31才，立ち直る時だ」という．
12日には，「あと1年の留学，そのためのオリエンテーション，自己の反
省」と言い「教理のうち気分的にピンとくるもの，神の存在，天国の存在，
摂理」と宗教的に深い意味合いがあることを書いている．そして，24日に
は，厳しい自己反省のあとが見える．過去と未来との狭間にあって，能力は
あるが，エネルギーのない自己を受け止めている．感情に溺れず，理性的に
なりたいとも．「留学の時期は，過ぎた30年の反省期としたい．とりわけ，
病後，身体の弱いままに慌ただしく過ぎた年月を思ってみたい．」と．

［後記］

　この月ほど，彼が，自己の体調について，特に，後頭部の痛みについて，詳しく書いているのを他に知らない．眠りについて，過度に意識的になっている．そして自己マッサージの効能．「早く起きた，うまくくせをつけたい」という涙ぐましい願い．この時代，パリの街では，さほど暑くなかったのだろうか．31日に初めて「少し暑くなった」と書く．また，ウーブリエットのシャンソンは気に入ったらしい．だが，彼が最も足しげく通ったのは，ルクセンブルグの本屋であった．

1957年8月1日

| 8月 | **1** | 木曜日 |

聖 ピエール

晴　29度

　起床10時45. 暑さが戻って来た. しかし前ほどではないし, 風もある. 買い物に出て昼食, 12時. 13時～14時30, "Ripert" 掃除で下における. 15時45～17時 "Esmein" 疲れて少し横になる――やや疲れ加わる――.
18時15～19 "Carbonnier" 出て Mademoiselle Castelbajac のアパルトマンへ. Mlle Le Blaye と夕食を御馳走になる. 後上村嬢○○○○君来る.

　11時30辞し, ○○○君と帰る. 就床1時.

昼（自室）
Pain, Yaourt, Poulet au vermicelle, Beurre, Fromage, Confiture.
夕（Mlle Castelbajac）
Salade de Tomate et Concombre, Boeuf et Carotts Abricot mixe, Limonade, Banane.

| 8月 | **2** | 金曜日 |

聖 アルホンス

晴

　起床11時. 昼食, 自室, 12時. 13時～13時30, 14時～15時30 "Ripert" 掃除13時30～14時. 15時30～18時30 "Esmein" 18時30～20時15 "Carbonnier" 出て高橋君宅に, 芳賀君帰朝のパーティ. 菊池, 寺中夫妻, 本田, ○○○高階, 堂本夫妻, 加藤　諸兄, 安部, ○○嬢, 楽し. 4時に至る. 芳賀君酔払う.

昼（自室）
Pain, Lait, Beurre, Fromage,
夕（F.1.）
Potage, Omelette au Champignon, Riz au tomate, Salade, Banane.

1957年8月4日

本田○○氏と連れ帰る．就床5時30．

8月	**3**	土曜日

聖 ジョフロ

晴

　起床11時近く．12時～13時 "Ripert" 掃除で下におり，昼食，14時30～15時．"Ripert" 眠し，昼寝，18時に至る．Douche．夕食に降りたら，鷹嘴神父が Salon におり，いっしょに夕食，F.I. 部屋に寄る．20時30，別れる．就床21時．

昼（自室）

Pain, Poulet au vermicelle, Beurre, Lait, Fromage, Banane

夕（F.I.）

Potage, Steak, Pomme frite, Petit pois, Salade, Poire.

8月	**4**	日曜日

聖 ドミニク

晴

　起床10時30．11時15のミサ．昼食，12時30～14時，14時～16時 "Ripert" 16時30～17時30 "Esmein" 17時30～19時 "Carbonnier"．柳谷氏，穂積，鹿島君来訪．おりて，柳谷氏の自動車で同君の夫人をお宅の前で拾って Cher Eugenes へ．夕食，後，Oubliette へ．24時に至る．Cite まで送らる．就床2時．

昼（自室）

Poulet, au vermicelli, Pain, Beurre.

夕（レストラン）

Escargot, Poulet roti, Tarte, Rose de Var.

1957年8月5日

| 8月 | **5** | 月曜日 |

聖 アベール

曇

　起床10時30. Bourse を取りに行き，昼食，12時〜13時 "Ripert" 13時〜13時30，掃除．後，少しぶらぶらする．昨夜寝たのが，5時ぐらい，不調．胃がおかしい．13時30出て，Office du Tourisme Suedoris に行く．帰室17時．17時〜19時 "Ripert" 夕食，自室，胃がへんなので．後手紙．就床22時．——少し鼻カゼ．

昼（自室）
Yaourt, Lait, Pain, Beurre, Fromage, Bouillon de Poulet, Banane.
夕（自室）
Poulet au vermicelle, au Pain, Fromage, Banane. Orange.

| 8月 | **6** | 火曜日 |

変身

曇

　起床11時，風邪治らず，よくねむったが．買い物，掃除で下に降りたら，新着の新聞あり．読みふけって15時近し．昼食15時．ずっと横になっている．夕食は20時自室．就床22時——お汁粉すばらしく，おいしい．

昼（自室）
Pain, Yaourt, Banane, Fromage, Tomate, Orange.
夕（自室）
Pain, Beurre, Fromage, Tomate, Bouillon de Poulet, Orange, 汁粉.

1957年8月8日

8月	**7**	水曜日

聖 ガルタン

晴

　起床10時30．11時過ぎ，北沢さん来らる．
60号．11時45，いっしょに F.I. の食堂へ．メ
トロの駅まで送って別れる．掃除．少し "Ri-
pert" 15時～16時．——まだカゼが治らず．
16時，Douche．ぶらぶらしている．夕食，
18時，自室．後，北澤さん来らる．就床21時
30．

昼（F.I.）
Hors d'oeuvre, Boeuf
roti, Pomme frite,
Lentille, Fromage,
Glace.

夕（自室）
Lait, Pain, Beurre,
Fromage, Tomate,
Confiture, Orange.

8月	**8**	木曜日

聖 ジュスタン

薄曇

　起床10時30，買い物によって昼食．坂本よ
り電話あり．掃除．ずっと1日ぼんやりして
いる．少しずつ良くなるが，まだ後頭痛し．
それでも，"Ripert""Carbonnier" 戸籍法，
ほんのちょっと．19時近く，北沢さんと出
て，法学部などを見，Cochon de Lait で夕
食．St. Goubele を上り，Oubliette，帰室24
時，就床．

昼（自室）
Pain, Yaourt, Beurre,
Jambon, Tomate,
Abricot.

夕（レストラン）
Soupe, d'Oignon, Co-
chon roti, Glace, Rose,
Province.

1957年8月9日

8月	**9**	金曜日

聖女 クラリッセ

曇一時驟雨

　起床10時30. 11時～11時45 "Ripert". 買物に出る. 12時30～13時30 "Ripert" 掃除, 14時～15時, 昼食, 自室, 15時～15時30 "Ripert" 出て, Rue Homelin,, Union Hotel へ. 坂本を訪う. 夕食は, レストランへ. 23時30に至る. 久しぶりに愉快, 帰室24時30. 就床.

昼（自室）
Castade, Pain, Beurre, Tomate, Orange
夕（レストラン）
Salade, Langouste frite, Glace, café.

8月	**10**	土曜日

聖 ローラン

曇風強し

　起床11時買い物をして昼食, 12時～13時, 掃除, 14時～15時 "Ripert" 眠く, 横になる —— 神経の疲れらしい. 17時30, 出て Confession, St. Sulpice. 帰館, 夕食, F.I. 少し, 裏庭を散歩. 帰室, Douche. 北沢さんと話して12時近し. 就床.

昼（自室）
Pain, Bouillon de Poulet, Beurre, Yaourt, Tomate, Abricot,
夕（自室）
Potage, Bourguignon Coquillette, Legumes, Salade, Raisin.

1957年 8 月12日

| 8 月 | **11** | 日曜日 |

聖女 スザンヌ

曇

　起床10時半．11時15，ミサ．疲れて眠る．
——神経性の疲れ．良くなったが完全でな
い．18時，起きて夕食 F.I. 就床20時30．

昼（自室）

Lait, Pain, Beurre,
Bouillon de Poulet,
Tomate, Orange

夕（F.I.）

Potage, Jambon, Sa-
lade, Riz, Tomate,
Fromage, Poire

| 8 月 | **12** | 月曜日 |

聖女 クレアー

曇

　起床11時．買い物をして昼食，自室．12時
30〜13時30，13時30〜15時30 "Ripert" 横に
なる．18時30，散歩．——下痢，胃腸の衰弱
らしい．久しぶりだ．北沢さん来られ話す．
夕食後手紙．就床22時30．美賀子より手紙．
病気と．驚く．

昼（自室）

Lait, Biscotte, Beurre,
Fromage, Tomate,
Peche.

夕（自室）

Castade, Beurre, To-
mate, Abricot.

1957年8月13日

8月 　　13　　火曜日

聖 ヒッポリット

曇

　起床10時30——疲れているが，大分良くなった．昼食，12時〜13時，自室．"Ripert" 13時〜14時，掃除，続いて "Ripert" 14時30〜16時30，やっと "Forces creatries" 終わる．ちょうど1か月目．16時30〜19時 "Aberbane" 開始．夕食後 "Carbonnier"．就床22時．結局　よくあるカタルシスか？　身体中だるい．今日は快調だ．

昼（自室）

Bouillon de Poulet, Beurre, Fromage, Tomate, Peche, Biscotte.

夕（F.I.)

Potage, Pot au fenge? Riz a l'Italiane, Yaourt, Banane..

8月 　　14　　水曜日

聖 ジャン マリー ヴィアネー

曇後雨激し

　起床11時30，昼食，自室，12時15，午後読書 "Declin du Droit" を始める．14時掃除．14時30〜15時，続き．15時30〜17時 "Villey" "Lecon du Histoire de Philosophie du Droit" 読み始める．17時から "Aberhane"Douche．雨をついて夕食18時，買い物．20時〜21時30 "Carbonnier" 芳賀君に頼むものを荷作り．24時に至る．就床．

昼（自室）

Biscotte, Lait, Beurre, Fromage, Tomate, Peche.

夕（F.I.)

Potage, Saucisson frite, Haricot vert, Macaroni, Salade, Raison.

1957年 8 月16日

| 8 月 | **15** | 木曜日 |

被昇天

曇

　起床10時45（？）被昇天のミサ遅れ，説教の間に入る．昼食自室．読書13時30より "Ripert"，"Villey"，"Aberhane" を18時30まで．疲れて時々休む．夕食後，20時〜21時30 "Carbonnier" 就床22時30.

昼（自室）

Biscotte, Lait, Fromage, Tomate, Banane

夕（F.I.）

Potage, Veau fried, Pomme nieprise? Fromage, Patisserie.

| 8 月 | **16** | 金曜日 |

聖 ロッホ

曇時々雨

　起床10時30，昼食，自室　午後読書，"Ripert" "Villey" 下に降り少しぶらぶらする．この頃から頭ぼんやりし始める．17時から "Aberhane" 夕食 F.I, 頭さえぬので，思い切って寝る．20時30──本を読んでも集中できず，頭に入らぬという状態は何からくるか！　こういうときは，イライラして怒りっぽいことが多い．首，後頭部，が全面に痛い．

昼（自室）

Biscotte, Lait, Beurre, Fromage, Tomate, Banane.

夕（F.I）

Potage, Omelette, Pomme sauté, Epinard, Fromage, Poire.

217

1957年8月17日

| 8月 | **17** | 土曜日 |

聖女 エリーズ

曇

　起床10時30. 下におりて電話をかけ，買い物をし，上がって昼食，――久しぶりに飯を炊き，美賀子よりのうに――やっと缶開く――芳賀君に貰った「これはうまい」を食べる. "Ripert"，"Villey" 読 む. Prof. Longrais に手紙を書き，夕食，19時. "Carbonnier" 就床22時30. ――頭ややぼんやり，後頭わきの部分痛し，それに肩と後頭の全面. 夜疲れてくる.

昼（自室）

飯，うに，これはうまい，いり卵，トマト，バナナ，牛乳，チョコレート

夕（F.I.）

Potage, Steak, Pomme frit, Salade, Poire.

| 8月 | **18** | 日曜日 |

聖女 エレーヌ

曇一時雨

　起床10時15，11時15のミサ，又も遅れる. 時計の調子悪いか？　昼食，自室，12時30 "Ripert" 少し横になる. 16時から "Aberhane"「我妻」地權の項. 夕食，F. I. 19時. 20時〜21時45，"Carbonnier" 美賀子に手紙. 就床23時30.

昼

Biscotte, Lait, Beurre, Fromage, Tomate, Banane.

夕（F.I.）

Potage, Cote du Porc, Petit pain, Carotte, Vichy, Fromage, Orange.

1957年 8 月20日

| 8 月 | **19** | 月曜日 |

聖 ユード

曇

　起床10時30. 昼食, 自室, 11時30〜12時15. 12時30〜18時日本鋼管の仕事. 後, その手紙作りと, 家に *France Gothique, France Romane* を送る荷作り. 郵便局で, 出し, 夕食, F.I. 20時〜21時30 "Carbonnier", 手紙, 大野に. 就床23時.

昼（自室）

Biscotte, Lait, Soup au Oeuf, Banane, Tomate, Peche.

夕（F. I.）

Potage, Veau roti, Pomme frit, Haricot au beurre, Salade, Jelly de Crème

| 8 月 | **20** | 火曜日 |

聖 ベルナール

曇

　起床11時30. 昼食, 自室, 12時15〜13時, 13時〜13時30, 14時〜16時 "Ripert". 16時〜17時15, "Esmein". 出て, Quartier Latin を散歩する. 夕食は F.I, 19時30. 帰室後, 家からの小包みを開け, 「我妻・講義・Ｖ２」「橋本社会法と市民法」「フランス民法典の150年」など見て22時に至る. 就床23時. ——空低くややゆううつなり. 冬を思い出す. 新着の本を見ていると, 何かもりもり

昼——（自室）

Biscotte, Lait, Beurre, Fromage, Tomate, Banane.

夕——（F. I.）

Potage, Steak, Pomme frit, Chou-fleur sauté, Salade, Confiture.

219

1957年8月21日

してくる.

| 8月 | **21** | 水曜日 |

聖女 シャンタルのジャンヌ

曇

　起床10時. 下におりたら, 青木君がいる. 部屋で話し, ついで, Au Savoyard へ行って昼食, 後, 古本など見て帰る. 16時30, Douche. 夕食, 自室, 19時. 20時30〜21時30 "Carbonnier". 手紙, 家. 就床23時30. ——第2ケ月目にはいる. 昼はその祝をかねて快適なり.

昼（レストラン）

Salade de Saison, Cuissaude Porc Gratin, Savoyarde, Café, Rose,

夕（自室）

Biscotte, Lait, Beurre, Fromage, Tomate, Banane.

| 8月 | **22** | 木曜日 |

聖 シンホリアン

晴後曇

　久し振りに晴. 起床11時. 昼食自室12時. 13時30より, 能の会計報告の手紙を書く. 14時30洗濯. 13時〜13時30, 15時30〜17時 "Ripert" 17時洗濯, 17時30〜19時 "Esmein" 終わり, "Grimand et Cpivord" 所々見る. 19時夕食, 自室. 少し胃が弱っているので. 20時15〜21時30, "Carbonnier". 洗濯, 就

昼（自室）

Biscotte, Soupe de korewaumai, Beurre, Fromage, Tomate. Gelee

夕（自室）

Biscotte, Bonillon de Poulet, Beurre,

1957年8月25日

床23時. ——永田さんから来信. 久しぶりに | Fromge, Banane, Ge-
なつかし. | lee.

| 8月 | **23** | 金曜日 |

聖女 シドーニー

起床11時. 昼食, 自室. 身のまわりを整え | 昼（自室）
て12時10出て Gare de Montparnasse へ. 14 | Lait, Pain, Beurre
時40発 Brest 行列車 Express に乗る. すい | Fromage, Tomate,
ている. Le Mans, Luval, Remmes, と止ま | Banane.
り Lamballe, 着 20 時. Prof. Des Longrais | 夕（レストラン）
はプラットフォームへ. 夫人と坊ちゃん, 嬢 | Potage, Sole frit, Bif-
ちゃんが改札まで迎えてくださる. まず, 駅 | tek garni, Glace café,
前○○○○で食事. 自動車で Fort de Latte | Musscadet.
へ. 電気のないお城. 風激し. すぐ眠る. 10
時30.

| 8月 | **24** | 土曜日 |

聖 バルテルミー

記入なし |

| 8月 | **25** | 日曜日 |

聖 ルーイス 王

曇後晴 | 朝—（Prof. Longrais）

1957年8月26日

起床7時15分．8時朝食8時45，自動車で Sable d'Ore の教会へ．ミサの後自動車で……………と廻って，途中で降り，先生とその ferme, propriete を歩いて帰館13時．昼食．後すぐ14時30，自動車で出て，……………の岬から海岸を通り，Lanballe へ．奥さん達と別れて先生と17時48の急行にのる．2等が一杯なので，1等に乗り換える．夕食は食堂車．Versaille で別れ，Paris, Montparnasse 着，23時．帰室，24時30，就床．

Café au Lait, Pain, Beurre, Pomme,

昼—（Prof Longrais）
Salade de Tomate, et Concombre, Veau sauté, Pomme frit, Nanille? au Beau, Fromage, Poire, Cidre,

夕（Wagon Rest.）
Melon glace, Oeuf Peche, Epinard, Poulet roti, Pomme frite, Legume cuit, Fromage, Glace vanilla, Blanc de Bordeaux.

8月　　　　　**26**　　　　　月曜日

聖 ゼッフィラン

曇

起床10時30．昼食，12時，身辺整理その他，ぼんやりしている．15時，出て Credit Lyonnaise へ送金を取りに行く．帰り，St. Placide から，Luxembourg を抜け，Rue Soufflot に出て古本を買って帰る．夕食，自室．後，立石氏が明日発つというので，いっ

昼（自室）
Biscotte, Beurre, Fromage, Soupe de Korewaumai, Banane.

夕（自室）
飯，かき玉 Bouillon de Poulet 汁，これは

1957年 8 月28日

しょにお茶をのむ．渡邊君の部屋に行き，高
階君と話して帰り，就床12時30.

うまい，うに，桃.

| 8 月 | **27** | 火曜日 |

聖 アルマン

曇

　起床12時——頭痛，起きられぬため．——
昼食，自室．手紙書きをし，午後も寝る．夕
食，18時15, F.I. 後，賀田君とピンポン，21
—19で負ける．後，同君の部屋でお茶を御馳
走になる．菊池館長と色々話し，帰室24時．
就床.

昼（自室）

Biscotte, Beurre, Fro-
mage, Bouillon de
Poulet, Banane.

夕（F. I.）

Potage, Roast beaf,
Olive, Pomme, Fro-
mage, Orange.

| 8 月 | **28** | 水曜日 |

聖 オーガスタン

曇

　起床，11 時　昼食，自室 12 時 30 "Ri-
pert" 13時30〜14時30, 掃除，續き，15時〜
16時，洗濯，手紙書きなど．夕食，F.I.18時
30〜20時飛澤謙一氏来られ，話し，23時45に
至る．愉し．就床.

昼（自室）

Biscotte, Lait, Beurre,
Fromage, Peche.

夕（F.I.）

Potage, Cote du Porc,
Petit pois puree, Riz a
l'Espagnol, Salade, Pa-
tisserie.

1957年 8 月29日

8 月　　　　　　　　**29**　　　　　　木曜日

聖 ジャン－バプトの死

曇

　起床11時30．昼食，自室，13時30〜14時
30，15時〜16時 "Ripert" 出て，館長の車で
17時の Collisec の三井物産へ，日本人会発起
人会，17時30終わって自動車で帰り，F.I. で
夕食．後，滝口君と少し話をし，……………
○○君に会い，帰室，21時30．就床22時30．

昼（自室）

Biscotte, Lait, Beurre,
Fromage, Chou-fleur,
Bouillon, Tomate.

夕（F.I.）

Potage, Rots de Veau,
Epinard, Pomme vi-
chyssoise, Salade, Com-
pote.

8 月　　　　　　　　**30**　　　　　　金曜日

聖フィアークル

晴

　起床11時15．昼食，自室13〜14時．14時30
〜17時 "Ripert" 17時〜18時30．［橋本，，？
　会法と市民法」を始める．夕食，自室――
ちょっと胃のはった感じがあるので――20時
30〜21時30 "Carbonnier" 就床22時30――
やっと，ややふつうの調子に近くなる．

昼（自室）

Lait, Biscotte, Beurre,
Fromage, Tomate,
Confiture, Orange.

夕（自室）

Biscotte, Levit, Chau-
fleur cuit en Lait, Fro-
mage, Confiture,
Peche.

1957年8月31日

| 8月 | **31** | 土曜日 |

聖 アリスティーデ

晴

　起床11時．下におりて買い物．昼食，自室．13時〜15時30 "Ripert" Douche，洗濯，18時，出て Conf.（告解）St. Sulpice. Porte d' Orleans で鯛（Daurade）を買って帰り，さしみ，うしお汁，にするも，油濃くあまりうまくない．就床23時……──8月も終わり．今日も後頭部と肩痛み，だるく，不調．何故か？

昼食（自室）

Biscotte, Soupe de korewaumai, Beurre, Fromage, Tomate, Orange.

夕（自室）

飯，鯛のさしみ，うしお汁，オレンジ，トマト．

後記　8月には，7月に次いで，パリ大学の教授たちは，景色のよい自然の中で休養をとり，同時に学問的思考も深める，という貴重な夏を過ごしている．そのせいか，パリに残された異国の学究たちは，暑さと孤独と戦いながら，多少，神経を参らせながら，生活している．星野が，ほとんど毎日，肩や，首，そして後頭部の痛みを感じながら生活しているのも，ランデヴーや，旅行のない「夏休み」のせいだろうか．そして，その緊張感のない「夏休み」は，夏以前の緊張に満ちた仕事から来る神経的な痛みを癒すために是非必要だったであろう．彼は，この休暇中に，体調を整え，なお，フランス法学の深みを探ることに邁進している．

　しばしば，後頭部が痛い，神経が疲れている，とか，胃腸を壊したとかの，悲鳴がきかれるが，そういう苦境から懸命に逃れようとする気力ある努力も響いてくる．彼は，この8月という休暇に，日本館の友人達とよく話しあい，楽しい語らいを大切にこなしている．彼は日本人のなかで，信頼されていた人物だったように思える．芳賀様が帰日のおりのパーティでは，皆と

1957年8月

酔いしいれて，まさに「午前様」として翌朝の4時に帰り，5時半に就眠している．当然，翌日はぼんやり過ごしている．坂本義和様がパリに来られると，星野の風邪はよくなり，パリ生活を楽しんでいる．また，1人になると，自分で「めし」を炊き，美賀子が送った「うに」を食している．この頃は，自炊のエピソードが多く，次のようなエピソードも残っている．

当時，星野と同じ頃，パリに居られた林憲一郎教授に（京都大学仏文学者），後年1970年代の夏に避暑地の長野県富士見でお会いした折，「パリでの星野先生は，鯛の切身が一杯入った袋を提げて市場から帰られるところだった．そして『これから鯛のうしお汁を作るところだ』と言われた」と悪戯っぽく夫と私に語られた．ところが英一はそのことを覚えておらず，8月31日の日記をみて，やっとそれが真実だったことが解った．それによると，うしお汁は，脂っぽくて食べられず，失望したらしい．腕を振るって作った刺し身も美味しくなかったらしい．（もっとも彼は千葉県の海辺で結核療養中に，近海でとれた魚を三枚におろすことを学んでいたが.）——このような話を知ると，私は，傍に行って，助けたい衝動を感じる．日本人が故郷を思い出すのは，外国生活に違和感を感じるからであろう．私自身も，ハーヴァードの講義のあと，ふと見廻すと，外国人ばかりなので，急に異国に居るのが淋しくなり，アメリカ人の学生たちの群れを離れ，1人で急に，傍の日本美術館に駆け込んだことがある．他に誰1人いないひっそりした部屋で，高雅な白い鳥などの日本画の前に立ち尽くして，しばし休んだことを覚えている．英一は落ち着いて鯛のうしお汁を作る計画を立てているから，健康で，創造的であるが，内心，故郷の味が欲しかったであろうか．ついでながら8月15日の被昇天のミサには彼は，いつもの通り与っている．

現在，2018年の我が家の蔵書の中に，*FRANCE GOTHIQUE*，*FRANCE ROMAINE* などの豪華な美術書が並んでいる．何時頃からあるのかと，今まで不審に思っていたが，日記により，これらの本は，この時代，正確には，1957年の夏8月19日に英一が日本に送っていたことが分った．彼は，日本からの送金の相当部分を書籍のために使用していたと思われる．

彼は，このような夏を生きながら，一方，必死で，リペール，カルボニエ，エスメイン教授などの著作を読み，フランス法学の中に深く学問の錨を

226

［後記］

下ろしつつあった．また，日本から送られる雑誌からフランス民法が150周
年を迎えることを知り，感慨にふける．

　ついでながら，いわゆる学者の「日記」には，学問的なテーマの断片が書
かれていたり，さらに言えば，その断片が日記の中で，発展，拡張されてい
れば，もっとよい，などと言われるのを，聴くが，星野の場合，日記は，あ
る思想を追求することでなく，1日をいかに生きたかを記録するものである
から——，極く短時間のうちに，1日を振り返り，何をしたかを記録するこ
とであったから——，生の営みを記すことであったから——，抽象的で複雑
な思想の発展についはあまり書いていないと思う．しかし，法律，法学の面
から見ると，どんなに面白そうなタネが蒔かれているか，と想像している．
彼は，いつも依頼を受けたテーマにかんして，原稿用紙に，あるいはタイプ
に十全の努力を傾けて，自分の思想を発展，昇華させていたと思う．私は，
彼の逝去後，書斎のなかから溢れ出る，心の籠った，幾多の小文にも度々，
深く感動した．

　こうして，彼の日記は生活の細かいことを残している．1957年の8月に戻
るとして，彼の足跡を辿ると，彼は気分転換にムーラン・ルウジュや，それ
によく似たウーブリエットという歓楽の館でシャンソンを聴くことも経験し
ている．友達と2晩続けて行ったりもしている．しかし，この月の最大のイ
ヴェントは，23日より25日まで，ロングレー教授のランボールにある，お城
のような別荘に招かれ，優しく歓待されたことであろう．ロングレー教授
は，プラットフォームまで，また，夫人，坊ちゃん，お嬢さんは，改札口ま
で出迎えてくださった．この駅での出迎えの短い描写は，私に，家族の麗し
さを印象ずけた．

　英一はご家族とともに駅前で食事をご馳走になり，車で，電気のないお城
の別荘に案内された．彼の日記帳に戻るとして，彼は，旅行中も絶やすこと
なく日記をつけた．まず，出発前に，予定の日々のページを日記帳から切り
取り，それを，鞄にいれて持ち歩いた．泊まったところで書き込まれ，持ち
帰られ，帰宅後，日記帳のなかに順序を乱すことなく，戻されるのであっ
た．これらのページは現在，2019年においては，ページの端々は茶けてぼろ
ぼろと朽ちかけている．ロングレー教授の別荘に招待された時にも，星野

227

1957年8月

は，ページを持ち歩いていたが，最初の日は空白のままで残されている．あまりに感嘆し過ぎたせいか，それとも忙しくて書く暇がなかったのか．そして，翌25日のページには，パリに帰ったあとで，書き込まれたのだろうか，料理もすべて書き込まれている．ランボールでご家族と別れ，教授と2人で汽車に乗るが，2等車は満席のため，先生は直ちに1等車に移られ，それにつれて夫も1等車の客になる．

　こうして8月の終り頃から，また社交生活が始まり，それとともに日記からは，後頭部が痛い，という悩みが消えた．

1957年9月2日

| 9月 | **1** | 日曜日 |

聖 オウグスト

晴

　起床，ミサ，11時15. 帰って昼食，自室.
13時より読書，"Declin du Droit" 終る. 15
時30～19時30，"Villey" 夕食，自室. 後，
賀田君を訪ねたり，飛澤先生来られたり. 21
時～22時，"Villey" 就床22時.

昼，自室

Biscotte, Beurre, Fro-
mage, Tomate, Confi-
ture.

夕（自室）

Biscotte, Beurre, Fro-
mage, Confiture,
Bouilln au Poulet,

| 9月 | **2** | 月曜日 |

聖 ラザール

曇

　起床11時. 12時～12時30 "Villey"，掃除，
昼食，自室. 14時～16時整理. 出て，法学部
図書館で Bibliographic の仕事をし，Institut
d' Agronomie に寄ったが，もう人なし. バ
スで Gare St. Lazare へ行って時間表を見て
帰り，夕食 F.I. "Villey" 第1論文終わる.
Original で大胆，かつ説得力あり. 就床24時.

昼（自室）

Biscotte, Beurre,
Confiture, Daurade
cuit a Shoyu, Soup de
Daurade, Tomate

夕（F.I.）

Potage, Langue de
Beaf, Riz, Carrotte,
Vichy, Salade, Confi-
ture.

1957年 9 月 3 日

9 月	**3**	火曜日

聖女 サビーネ

記入なし.
(Villey 教授のお宅へ行ったと思われる.)

9 月	**4**	水曜日

聖女 ローザリイ

晴

　起床 9 時，朝食，後，木陰で "Villey:
Droit subjectif." 昼は Villey さんの兄さん
(医者) の一家と一緒. 夕方，自動車で Pays
d'Ange をドライブ Touquelle の11C. の Cha-
teau fort, Guillaume le Conquiant の跡に登
り，ついで Mme Villey の姪の両親の別荘
へ. 小さいノルマンディの村，田舎家を使っ
ている. 母君が Cidre とビスケットをだして
くださった. 暗くなりかける. Caborry—
Villers—Deaville と帰る. 夕食は21時. 又，
Villley さんと話. 討論をし，就床24時.

朝（Prof. Villey）
Café au lait, Pain,
Beurre, Miel.
昼（"）
Salade de Tomate et
Cocombre, Saute de
Boeuf, Pomme frite,
Salade, Fromage,
Café, Rouge,
Monsseux（共　に
Bourgogne), Cider.
夕（……）
Potage, Omelette,
cake, in au Chocolat,
Salade.

1957年9月6日

9月	**5**	木曜日

聖 ベルティン

曇後晴

　起床9時30. 朝食, 午前少し読書 "Villey: ○○○○" 後, Villey さんと少し話す. 昼食, 13時30. 少し出て Honfleur, ○○○○ とドライヴして帰り, エハガキを買い, 帰ってお茶とマドレーヌ, ビスケットを食べ,, 自動車で送られて, 19時04, Deauville 発, Lissear で乗り換え, Paris 行. 食堂で夕食. Paris—Gare St. Lazare 着22時30. 帰室23時30.

朝（Prof. Villey）
Café au Lait, Pain, Beurre, Nisl,

昼（〃）
Potage, Longe de Veau, Lusteth, Salade, Fromage, Frint, Café, ケーキ

夕（食堂車）
Potage normand, Lorge de Veau, Pomme frit, Legume Vrily, Salade, Fromage, Poie, Cote-d'Or, Blanc（Bichot）

9月	**6**	金曜日

聖女 イーヴ

曇時々雨

　起床10時30. 掃除, 早く来る. 11時出て, Bourse の Cheque を受け取り, 銀行へ行き, 帰り, Porte d'Orleans で買い物をして帰る.

昼（自室）
ビスケット, オレンジなど
夕（F.I.）

1957年9月7日

昼食，自室，12時30. 13時30〜16時 "Villey: …Voluntarisme" " 本. 夕食，F.I. 菅谷君といっしょになる. 19時30〜21時30 "Carbonnier" 途中 Gavalda 君に手紙を書いて持って行く. 就床22時30

Potage, Omelette, Champignon, Macaroni, au Beurre, Salade, Confiture

---

| 9月 | **7** | 土曜日 |

聖 クラウド

曇時々晴

　起床，牛乳を飲んで床屋に行く. 珍しく待たず. 帰り買い物. 昼食自室. 12時〜13時. 13時〜14時，お風呂，洗濯. 15時30〜16時30 "Ripert: Capitalisme" 読み始める. 16時30，出て Rousseau で本を買い，Luxembourg を抜けて，L de Luxembourg に行ったら，まだ休み，公園で一休みして帰館. 上がらず，F.I. で夕食. 後，Villey さんに手紙. 20時〜21時30，"Carbonnier" 就床22時. ——神経が極度に疲れているが，Novo-Brol でやや調子よし.

昼（自室）

Bisscotte, Lait, Beurre, Fromage. Tomate, Orange.

夕 （F. I.）

Potage, Roti de Porc, Pomme, frite, Chaufleur, vinaigre, Fromage, Poire（梨），

| 9月 | **8** | 日曜日 |

降誕

雨

昼（自室）

1957年9月9日

起床10時15 ミサ　昼食，自室．午後，読書．13時45〜18時15 "Ripert" 16時45〜18時15, Aberbane" ——20日ぶりに再開——夕食 F.I. 9 時30〜21時30, "Carbonnier"，館長の所へ相談に行き，家からのものを受け取る．帰室20時30.「文芸春秋」を借りてきて読む．就床23時30.

いつものほかに,
Soupe de Korewau-
mai,
夕 (F. I.)
Potage, Cote du Porc-
sale, Haricot vert,
Pomme, Pomme ni-
cais, Salade, Taliserie.

9月　　9　　月曜日

聖 オメール

晴後曇

　起床，昼食，自室，12時15〜13時15，掃除．読書．出て L. Luxembourg で本を注文し，公園を抜けて，L.G.で本を買い，一旦帰館して夕食，F.I. 所，菅谷，両君といっしょになる．買った本を眺める．20時15〜21時45, "Carbonnier" 就床22時30.
——昨夜久しぶりにカルモチンをのんだら快調．未だ後頭部がひどく痛く，肩もこっているが，よく眠り元気．胃の薬「コランチル」ものむ．

昼 （自室）
Lait, Biscotte, Beurre,
Fromage, Tomate,
Orange.
夕 （F. I.）
Potage, Boeuf saute
Ry, Lentille, Salade,
Crème.

1957年 9 月10日

9月　　10　　火曜日

聖女 プルチェリー

曇

　起床，昼食自室，読書，掃除，続き．15時45〜17時45，"Aberbane" d'Orleans の近くで食料品を買い，夕食は R.U. で始めてする――昨日よりここで我々も食べられるようになった――うまい．ガラス張りで綺麗だ．帰室後，スタンドのこわれているのを発見．下に直してもらいに行ったら，朴君来る．21時30に至る．就床22時．――Miko より誕生日の小包来たる．うれし．ヨーカン，せんべい，のり，お茶，読書新聞．朴君にご馳走する．

昼（自室）

Lait, Biscotte, Beurre, Fromage, Tomate, Orange.

夕（R.U.）

Potage, Roast-beaf, Haricot vert, Macaroni au Tomate Salade, Crème au chocolat.

9月　　11　　水曜日

聖 ヤサンテ

曇夕晴

　起床，昼食11時，12時30〜15時30 "Ripert"．飛澤先生来られ，話して17時45に至る．風呂．19時，C.U. の食堂に行く．20時〜21時，"Carbnonnier"．館長と少しはなす．就床23時．

昼（自室）

Biscotte, Lait, pudding, Bari? de Poulet, Maches, Beurre, Fromage, Tomate.

夕（C. U.）

Potage, Saucisson frite

1957年9月13日

Epinard, Pomme nica-
rix, Fromage, Raisin.

| 9 月 | **12** | 木曜日 |
聖 ラハイエル

雨後晴

　起床10時，昼食，自室．午後 "Ripert"
読．出て Institut Agronomique に行く．帰
り，法学部に寄り，初めて Pantheon に入っ
てみる．帰室18時，夕食，C.U. 松原君といっ
しょになる．疲れたので，すぐ寝ることにす
る．就床21時——美賀子より手紙がこない．
どうしたのか．

昼（自室）
pudding, その他,
夕（C.U.）
Potage, Biftek,
Pomme frite, Chou-
fleure saute, Salade,
Patisserie.

| 9 月 | **13** | 金曜日 |
聖 モーリール

晴

　珍しくからっと晴れ，うすら寒く，日本の
晩秋を思わせる．夕食後，裏の林を歩きなが
ら，「何時か，子供の頃こういう感じがあっ
た」と例のように思った．
——起床，昼食，自室13時．午後 "Ripert"，
少し休む．16時～18時，"Publicite foncier"
始める．夕食，C.U. へ．帰り買い物．20時

昼（自室）
Biscotte, Yaourt,
Bouillon de Poulete
Maches, Korewhau-
mai,
夕（C.U.）
Potage, Omelette,
Pomme et Legume,

1957年9月14日

～21時 "Carbonnier". 下で電話をかけ, 奎三よりの手紙について考える. 就床23時.

Harricot blanc, Salade, Orange.

| 9月 | **14** | 土曜日 |

聖女 クロワ(十字架)の称賛

雨後晴

　起床, 昼食自室. 午後 "Ripert" 15時15～16時15, "Aberkane", 17時15～18時15 "Publicite fonciere" 夕食, F.I. 大塚, 林氏といっしょになる. 帰ってお茶を入れ, ヨーカンやセンベイを食べる. 楽し. Miko より20日以上も便りなし. 心配. 19時30～20時15 "Carbonnier" 疲れているので眠る. 就床21時.

昼, (自室)
Biscotte, Yaourt, Bouillon de Poulet, Maches, Beurre, Fromage
夕 (F.I.)
Potage, Porc roti, Chau garni, Riz créole, Salade, Raisin.

| 9月 | **15** | 日曜日 |

聖 アルフレッド

曇

　起床, ミサ11時15. 帰って昼食, 自室. 1日手紙書き. 長くなって困る. 奎三, 3ケ月さん, 小山さん. 夕食は F.I, 飛澤先生来られ, 23時30まで話す. 就床. ——夕食後, みぞおちのへんが猛烈に痛かった. 不思議だ. 夢のせいか. ——肩や後頭はだいぶよくなった.

夕
Potage, Jambon, Salade, Pomme, Fromage, Raisin.

1957年9月17日

| 9月 | **16** | 月曜日 |

聖女 エディス

曇

　暗い日．冬を思わせる．昨年来た頃のことを思い出させる．あの憂鬱な日々．
——起床，昼食自室．午後読書．"Ripert"，"Publicite fonciere"．出て，法・図書館に行くも，Gavalda 君に会えず．Rousseau で，L. de Luxmbourg で本を買い，帰り，直接 F.I. で夕食．帰宅後，買ってきた本を眺める．"Carbonnier"．就床，23時——Miko より手紙のこないこと23日になる．まさか死んだのではあるまい，と胸が騒ぐ．心配の気持ち深し．

昼（自室）
Biscotte, Yaorut, Bouillon de Poulet, Mache, Beurre, Fromage, Orange.
夕（F.I.）
Potage, Steak, Pomme, frite, Lentille, Salade, Confiture.

| 9月 | **17** | 火曜日 |

聖 ランベール

快晴

　起床，昼食自室．疲れてしまって，午後はずっと眠る．久々の快晴で室内明るし．17時30起きて洗濯をし，夕食 F.I. 菅谷，一国，渡邊三君といっしょになる．帰室，20時頃所君来たり，話こんで，22時30になる．後，賀田君のところで，関口，菅谷君と話しこみ，24

昼—（自室）
Biscotte, Lait, pudding, Boriellende, Poulet, Cresson, Tomate.
夕—（F.I.）
Potage, Roti de Veau, カブ, Haricot vert,

237

1957年9月18日

時になる．就床1時．——Miko から手紙が
ないので心配．落ち着かず，物事が手につか
ぬ．これほどとは思わなかった．

Salade, Patisserie.

9月	**18**	水曜日

聖女 ソフィイ

快晴

　起床，昼食，自室．岡大氏来たりフランス
の経済学について聞きたいとのことで，話を
する．洗濯をして，Douche，後，洗濯．坂
本より電話があり，又パリに来たと，19時
P.U.F. の前で待ち合わせて，Chop Danton
で，夕食，散歩をし，彼等のホテルの隣のカ
フェでシャンパンを飲んでだべり，Luxem-
bourg まで送ってもらって別れる．久しぶり
に楽し．就床24時——母より手紙2通と小包
3個来る．身体の調子良くなく（Brut?）勉
強手につかず．

昼（自室）
Lait, Biscotte, Beurre
Fromage, Cresson
saute, Tomate.
夕（レストラン）
Oeuf mayonnaise,
Sandouille Pomme
frite, Saucisson blanc,
Bourgiy 56.

9月	**19**	木曜日

聖 ギュスターブ

快晴

　起床，掃除でおりて，昼食，自室，後，昼
寝．夕食，F.I. 後，手紙書き．21時，図書室

昼（自室）
Biscotte, Bonillon de
Poulet Crus, Beurre,

で大岡先生の建築史の話をスライド. 有益,
かつ楽し. 後, 寺尾, 堀井, 両君来, つい
で, 飛澤先生来られて話す. 就床1時30.
——快晴で快し. 日本の空をなつかしく思
う. しかし, 結局睡眠不足なのを発見.

Fromage, Confiture,
Orange.
夕 (F.I.)
Potage, Fois de Veau,
Haricot vert, Macaro-
ni au Beurre, Fro-
mage, Rasin.

9月 **20** 金曜日
聖 ユースタチ

薄曇
　起床11時45. 掃除でおりてから昼食, 自
室. Comite, d'Accueil に出す書類を作り,
16時出てもって行く. ついで図書館で少し
カードをしらべ, Duchanin で本を買って帰
る. 夕食, 米を食べたくなって自炊. 手紙書
き. 就床22時30. ——要するに睡眠不足がぬ
けないのだ.

昼 (自室)
Biscotte, Lait, Beurre,
Tomato, Orange.
夕 (自室)
米飯, これはうまい,
うに, ねぎとクレソン
の澄し汁. のり, チー
ズ.

9月 **21** 土曜日
聖 マティウ

曇
　起床11時45. 掃除, 後, 昼食, 自室. 午
後, "橋本," 風呂16時30出て, Hotel Masse-

昼 (自室)
Biscotte, お茶漬の素,
Beurre, Tomate, Café.

239

1957年9月22日

net の江川先生のためリサーヴに行くも未
定. 帰って F.I. で夕食, 所君などといっしょ
になる. 3ケ月目お菓子をたべて, 記念と
す. 手紙を3通書いて就床23時30——Miko
どうしたのか？！——しばらく不調だった.
身心とも. もう治りたいものだ.

夕（F. I.）
Potage, Saucisson
frite, Petit pois,
presse, Jardin de Le-
gume, Fromage, Rai-
sin.

| 9月 | 22 | 日曜日 |

聖 モーリス

晴後曇

　秋のような空だったのに, 夕方には雨と
なった. 一昨夜 Mikako のことを考えてねむ
れず, 夜3時に至る. しかし, 教会に行って
いたら, 彼女が死んだとは考えられなかっ
た. ただ, 手紙を書かないだけだろうと感じ
る. ——起床10時, ミサ. 昼食自室. 12時30
〜13時30, 14時〜17時15 "Ripert" しばらく
勉強ができなかったので, とりもどすつも
り. 17時15〜18時15, "Aberkane". 夕食,
米を炊く. 19時30〜21時30 "Carbonnier"
就床22時.

昼（自室）
Biscotte, Lait, Beurre,
Tomato, お茶漬けの
素のスープ, ウエハー
ス,

夕（自室）
お茶漬けの素, うに,
海苔, 牛乳, ウエハー
ス

1957年9月24日

9月	**23**	月曜日

聖 オートノム

曇時々雨

　起床．昼食はF.I.へ．久しぶり．帰室．読書．青木君来たり，話す．15時別れる．15時30出て，Comité d'Accueil de Frais de Scolarite をもらい，日本人会発起人会に行く．時間があまるのでエトワールから Champs—Elysels を歩く．19時終り，菊池館長の車で送って頂く．F.I. の食堂に行ったが満員なので部屋でたべる．就床．

昼（F.I.）
Melon, Poulet Roti Haricot vert, Pomme niçoise, Fromage, Orange.

夕（自室）
Lait, Biscotte, Beurre, Tomate, Soup de Korewahumai, Gauffrete.

9月	**24**	火曜日

聖女 セレスチーヌ

曇り一時雨──後晴

　起床．昨夜いなここ数日ねつきが悪く，3時30になる．やはり心の底に心配があるのらしい．表面は落ち着き始めたものの．どうしているの？　Miko!──昼食 F.I. 午後読書勉強．出て，法学部で Cours d'Initiation の手続きをし，文学部で金を支払ってカードを受け取る．図書館で文献のカードしらべ．本屋で，大学に送るカタログをもらう．帰館買い物．帰室．18時．夕食自室．20時〜21時30，

昼（F.I.）
Jambon, Picles, Pomme au? naise citras, Pomme, mousseline, Salade, Madeleine.

夕（自室）
Lait, pudding, Soup de tomato（手　製），Pan, Beurre.

1957年9月25日

"Carbonnier". 我妻先生 4 日に来られると
のことで手紙を書く，就床22時30.

9 月	**25**	水曜日

聖 ファーマン

起床11時，よく眠る．10日ぶりか．14日夜
だったか，Miko のことを思って眠れず．そ
の後，ずっと寝つきも悪し．早く眠っても朝
目がさめるし，目覚めたとき，へんに興奮し
ているし——しばらく，すなわち，ノルマン
デイから帰ってからニキビができない，腸の
調子がよいか？——昼食，F.I.12時30から13
時．14時〜15時30，"Ripert" 15時30〜16時
"Publicité fourcière"Douche，洗濯，18時，
に至る．夕食自室．19時〜20時．"P, F" 21
時〜22時，"Carbonnier" 就床23時．

昼（自室）
Salade de Poisson,
Hache M, Carotte Vi-
chy, Fromage, Com-
pote.
夕（自室）
Lait, Pain et Biscotte,
Tomato, Korewaumai.

9 月	**26**	木曜日

聖 ジュスティーヌ

雨後晴
起床11時——昨夜またも 3 時にいたる．
——買い物に出て昼食，自室．掃除．14時〜
14時30分 "Ripert"．途中，行木さんと少し
話す．所君の部屋で少し話し，夕食，自室，

昼（自室）
Pain, Lait, Beurre, To-
mate.
夕（自室）
米飯，お茶漬けの素，

1957年9月28日

20時〜21時. 就床22時30. ——調子悪い　不眠のせいであろうか？

パン，牛乳（プディング），バター，トマト.

| 9月 | **27** | 金曜日 |

聖 コーム

快晴

　起床12時頃か. 昨夜も3時になる—時計止まったので分らぬ. 掃除で下におり, 昼食, 自室. 13時30分〜14時, 14時〜16時 "Ripert" 青木君来たり話す. 17時〜18時15に "Publicite f." 夕食　F.I. 19時30〜20時. "Publicité f." 20時〜21時半——Miko どうしたのか. 死んだのか. それにしても通知のないのはおかしい. 何か感じでわかると信じている. これほど結びついているのだから. 気が変わったか. とうてい考えられない. 彼女の誠実さからも, 最近の手紙からも何よりその愛情の深さから, 病気, 怪我, 父君の病気？ このへんが考えられるが, それにしても長い.

昼（自室）

Biscotte, Yaourt, Beurre, Tomate, Melon, Soupe de Nori et Korehaumai.

夕（F.I.）

Potage, Omelette, Pomme Frite, Lentille, Salade, Pudding.

| 9月 | **28** | 土曜日 |

聖女 クレメンティール

曇

昼（自室）

1957年9月29日

　起床　11時．昼食，自室．12時45〜13時15，13時45〜14時15，「リペール」．家とMに手紙．Douche，15時30〜16時30．17時出て会議．買い物をして帰り，夕食，自室—やや消化不良にて食欲なき故——後，少しCarbonnier，手紙，就床，23時30．——Mikakoどうしたのか？　母に調べてもらう手紙を書いた．又，Mには，別離1年の思いを書いた手紙をだしたが，またも耐えられなくなり，夜出す．

Pain, Lait, Beurre, Tomate.

夕（自室）

飯，お茶漬けの素，これはうまい，パン，バター，牛乳，ビスコット，トマト

9月　　　　　　　　**29**　　　　　　　　**日曜日**

聖 ミシェル

曇後雨

　11時15のミサ．帰室，昼食，自室．少し"Ripert"を始めたが，疲れて眠る．14時〜15時半"Ripert"，6時半出て，Gard du Nordへ大野を迎えに行く．17時28着，Nord Express．すぐMaisonに戻り，夕食は，Potie Champumineに行く．話多し．部屋へ20時半に帰り，しばらく話をして23時別れる．就床24時．大野にMより手紙が来なくて消耗したことを話し，慰められる．友達はよいもの．だいぶ元気になった．

昼（自室）

Biscotte, Yaourt, Beurre, Tomate, お茶漬けの素のスープ

夕（レストラン）

Salade de Tomate, Poulet roti, champignon, Glace, fraise Champagne, nature rouge.

1957年 9 月30日

| 9 月 | **30** | 月曜日 |

聖 ジェローム

曇後晴

　起床10時45. 昼食自室, 掃除, 午後, 12時45～13時30, 14時～15, 16時15から16時45, "Ripert", "Aspecte juridique" 終わり, "Regime de moeratique" 序文を読む. 15時, 森山君急に来る. 結局部屋へ入れることになる. 後, 小包——本——を作る. 夕食, F.I. 後, ずっと小包. 食前 2 つ, 食後12作る. 館長来られる. 11時, 大野のところへ行き, 森山さんと話し込んで 1 時30就床. —— Miko より来信. 元気だとのことで安心したり, 怒ったり. フルブライトにおちたのは痛い.

昼 （自室）

Biscotte, Soupe de Korehaumai, Tomate, Beurre.

夕 （FI.）

Potage, Saucissom frite, Petit Pois pure, Coquillette au Tomate, Salade, Prune composte.

| 後記 |　 9 月に入ったからと言って全ての店が開店するわけではない. まだ店を閉めて, 休暇中の所もある. 星野も自室で「法の崩壊」 *Declin de Droit* を読む. 同時にヴィレー氏を読み, フランスの先生たちの中で感銘を受けた人として, ヴィレー, カルボニエ教授をあげている. 2 日には "Villey" 第 1 論文終わる. 「オリジナルで大胆, かつ説得力あり」と書いている. これは, 翌 3 日よりヴィレーさんの別荘に泊りがけで行く準備であろうか.

　 3 日には, 記入なし. 4 日の夕食のあとでは「討論」と書いてあるから深い学問的なことを話し合ったのであろうか. 5 日には, 「お茶とマドレーヌとビスケットを食べ……」の記録がある. これを読んで私は, プルーストの『失われた時を求めて』のなかのお茶とマドレーヌの有名なシーンを思い出

245

1957年9月

した．5日パリに帰る——夏が終わると同時のご招待で彼の心は和んだ．

星野は，すでに仲良し関係になっていた2軒の本屋，ルソーとルクセンブルグの本屋に行き書籍を注文．彼は本屋にとってよい顧客だったろう．夏の疲れは癒えず，睡眠薬を飲む．胃薬のコラーゲンも．日本館にR.U.というガラス張りのきれいな食堂ができたらしく，初めて行く．美賀子からの誕生祝が，やっと着く．「ヨーカン，せんべい，嬉し」友にご馳走する．が，手紙がこないので心配する．

12日頃，初めてパンテオンに行く．法学部はその近くにあり，毎日のように傍を通りながら，パンテオンの中を見物するほど余裕をみつけたのは，パリに来て1年近く経ったころである！　日本人会が作られ始めたのも，その頃である．23日にはその発起人会に出る．やっと，日本人の間にも，そのような会をつくる気運が起きたのであろう．

晴れの日には，林を散歩し，子供のころを思いだす．部屋にて読書，研究に没頭し，友人が来られると，お茶をいれ，ヨーカン，センベイを食べて楽しむ．しかし，「Mikoより20日以上もたよりなし，心配」——が心の底に渦巻いている．これを読むと私は慄然とする．罪悪感めいたものさえ感じる．また，彼は寒い，1年前の11月23日，パリに着いたばかりのころを「あの憂鬱な日々」と表現している．行きの船中でスエズ運河戦争勃発を知らされ，アフリカ周りで40日をかけてやっとパリに着き，パリ大学法学部の先生がたと気楽に付き合いが出来るようになるまでの不安な期間——その間の異郷感は彼にも重く感じられたであろう．そろそろ，この不安感は薄くなりかけていたが，尚，フランスの街との絆が強く，父君が法律界で名高い高官であられた，学友ガヴァルダ氏にも会えないとなると，淋しく感じたであろう．そのような時，我妻先生が来られる，という知らせ．

やっと30日になり，——Mikakoより来信．元気だったとのこと．「フルブライトにおちたのは痛い．」私が手紙を書けなかったのは，フルブライトの失敗が心の底に重くあったせいであろうか．異国にいて，猛然と勉強している青年に気の毒な迷惑をかけたものだ．しかし，彼が心を痛めたのは，私の留学が1年遅れると，2人が共になる日が1年遅れることを察知していたからであろう．

1957年10月2日

10月	**1**	火曜日

聖 レミイ

曇

　起床12時30. 昼食, 自室. 掃除, 午後読書 "Publicite" 夕食, F.I. その前, 小包を出しに行ったら, 30分並ばされる. 20時30～21時30 "Carbonnier" 手紙を書く. 就床, 23時. ——寒くて, 冬のズボン下をはき, セーターの上にスリーシーズン・オーヴァーを被っている.

昼（自室）

Biscotte, Lait, Tomate,Beurre, Orange

夕（F.I.）

Potage, Steak, Pomme frite, Chou-fleur saute, Salade. Orange.

10月	**2**	水曜日

聖女 守護の天使たち

曇　時々晴

　起床 8 時 30. 10時よりの Concours d' Agregation に行く. テーマ, Rapport pecuniaire entre concubins 11時. 出て, 時計修繕をたのんで, 帰室. 掃除. 小包 2 つ着いている. 母よりと法律学全集, 不法行為, もりもりしてくる. 昼食, 自室. 眠くてたまらず. 16時～17時 "Ripert" Douche. 小包 3 つ出し, 夕食, F.I.19時30～20時30 "Ripert". 飛澤先生のところで話す. 帰室, 10時30. 君, 大野と来訪. 就床24時——皆と別れた

朝（自室）

Biscotte, Beurre, Café au Lait.

昼（自室）

Biscotte, Lait, Beurre, Tomate, Bouillon de Volaille, Chocolat.

夕（F.I.）

Potage, Cote du porc, Petit pois puree.

1957年10月3日

日．Mikako と別れた日．大学で Concour に
出，日本の本を見ていたら，ファイトが出て
きた．Miko の手紙も，始め少し腹を立てた
が，結局彼女に初めて全身で体当たりされた
と感じ，かえって嬉しくなった．

10月　　　　　　**3**　　　　　　木曜日

聖女 レンヌのテール，ジェジュ？

曇

　出発 1 年記念日．曇りの様子はもはや冬
で，来た時のことが懐かしくなる．ふしぎ
だ．夏には又あのいやな冬が来るかと思い，
又来た当時のいやなことどもを思いだすかと
考えていたのに．──

　起床 9 時30．10時15，飛澤先生と出て，
Concours d'Agregation．Gavalda 君．Privile-
ge de la conservation de chose．Prof.Boulan-
ger もいる．終わって同君が誘ってくれ，そ
の 2 人の友人とアペリティフご馳走になる．
別れ，Casenave で昼をごちそうになる．別
れ，古本などを見て帰る．ぶらぶらし "Ri-
pert "を読む．夕食，自室．後，所君来たり
話す．就床12時．

昼（レストラン）
6 Rue des Ursins,
Coq au vin, Fraises et
framboises, melba
crème, Beaujolais
夕（自室）
Biscotte, Bouillone de
Poulet, Lait, Beurre,
Tomate.

1957年10月5日

| 10月 | **4** | 金曜日 |

聖 フランソワ ダシス

晴

　起床10時　あちこちに電話して，11時15分出，Aeroport d'Orly へ．江川先生を迎える．12時30，Vienne より AF731，Autocar で Invalides，そして Hotel Massenet へ，タクシーで．しばらく話して，16時近く出，散歩して，Champs Elysées のカフェでアペリチーフ．Anne de Beaujan で夕食をご馳走になる．ついで，Colisee で冷たいものをのんで，Etoile より Metro で Passy までいっしょになって別れ，帰室23時15，就床24時15．

朝（自室）

Lait, Biscotte, Beurre.

夕（レストラン）

Huitre, Poisson au crevette, Fromage, Café.

| 10月 | **5** | 土曜日 |

聖 コンスタン

晴後曇

　起床 10 時 30．Fondation nationale に Bourse をとりに行ったら，7 日とのことで帰る．帰室，掃除．昼食は，大野がスープをのむとのことで，いっしょに自室でする．後，手紙書き．18時15分　夕食，F.I. 帰って買い物に出，Douche. 菊池館長来られ話し込

昼（自室）

Bouillon de Volalle, Biscotte, Beurre, Lait, Tomate

夕（F.I.）

Potage, Steak, Pomme, puree, Hari-

1957年10月6日

む．23時．就床24時——勉強をしなかった
が，パリは好きになるし，Mikako も好きに
なるし，勉強への意欲も増してきた数日で
あった．

cot blanc, Fromage,
Raisins.

| 10月 | **6** | 日曜日 |

聖 ブルーノ

曇後晴

　9時30のミサ．終わって大野と朝食をし，
少しだべって，12時30出，Louvre へ．1回
りすると16時30．Tuillerie を歩き，バスで
Montparnasse へ来，Coupole でお茶を飲ん
で帰る．夕食はいっしょに F.I. 帰室後少しぼ
んやりして就床22時30．

昼（自室）
Lait, Bouillon de Pou-
let, Biscotte, Beurre,
Orange.
夕（F.I.)
Potage, Cote du Porc,
Petite Pois, Riz, ni-
coise, Fromage,
Pomme.

| 10月 | **7** | 月曜日 |

聖 セルジュ

快晴

　起床10時30．Bourse をとりに行く．買い
物，昼食，自室．13時〜14時30 "Ripert" 疲
れて——寝不足——たまらず横になる．15時
30．桐山さん呼びにこられ，大使館の自動車

昼食（自室）
Bouillons de Poulet,
Biscotte, Beurre,
Yaourt, Orange.
夕（Prof. Capitant）

で Orly へ．16時05，我妻先生夫妻着かる．自動車で Cite Univ. の前で別れる．少し休む．"Publicite"．18時出て Hotel Massenet へ，江川先生と出て，Prof. Capitant 宅へ．菊池館長，Prof. De Morandiere 夫妻，M. Frank 夫妻，子供さん全部（？）夕食．日仏会館のことなど話す．23時辞し，館長の自動車で江川先生を送り，いっしょに送られる．就床 1 時30．

肉入りパイ（？）Poulet saute（？）champignon, Pomme, Salade, Crème, Rouge, Carsin.

| 10月 | **8** | 火曜日 |

聖女 ビリジッテ

快晴

　大野に戸を叩いてもらい，起床 8 時．10時に服部さん宅へ．高階も来たり，服部さんにドライヴしてもらう．Versailles 宮殿に入り，ついで庭を見る．再び乗り，Rambouille で昼食．よい気持ちになる．Chartres 着16時30．中を見てブルターニュ人の露店売り子のハンケチを見る．パリ着19時，急いで大使公邸へ．我妻，江川，教授，その他の人との夕食．11時30に至る．帰宅，就床 1 時30．

昼（レストラン）
Pate（Porc）, Fruits frite, Cive de leve, Camembert, Glace Panache, Rose d'Anjou demi- sec, St.Emilian

夕（大使館）
和食——エビのマヨネーズ，豆腐汁，甘煮，てんぷらうどん，飯，

1957年10月9日

| 10月 | **9** | 水曜日 |

聖デニス，エヴェーク

快晴

　9時起床　10時出て，法学部へ．門の前で我妻，江川両先生と待ち合わせて，Concour d'Agregation を見る．民刑事法は，今朝第1限に終わって（民法につき）いるので，ローマ法を聞く．女性，Deruppl 君に会う．出て少し，散歩し上海楼で昼食．又少し散歩しコーヒーを飲んで別れる．一旦帰館し，Massenet に江川先生を訪ね，Gare St. Lazare から，Versailles へ．Prof.Longlais を訪問．Frank 君夫妻も来る．夕食をごちそうになる．10時辞す．車で奥さんが送ってくださる．22時47分発，Concorde で別れ帰館，就床1時30.

昼（レストラン）
ふかの胃のスープ，の天ぷら，豚と白菜の炒め，鳥とピーマンの炒め，ビール，飯，茶．
夕（Prof. Longrais）

| 10月 | **10** | 木曜日 |

聖 ボルシアのフランク

曇

　起床10時30.　大野と出て，Etoile，凱旋門に昇る．おりて Champs-Elysees を歩いていたら我妻先生に会う．Guerlains に行かれるところ．大野と Val d'Isere で食事．George

昼（レストラン）
Consommé, Macoroni, Crust, Poire Melba, Alegot（?），(Blan-sec)
夕（自室）

1957年10月12日

V より帰る．眠る．18時15出て食糧を買い，夕食，大野と軽くする．出て，Musee Gunpet で日本人会発会式，ついで映画「蜘蛛の巣城」シェクスピアの翻案．終わって服部さんに連れられ，大野，高階と，夜のパリ，Moulins-Rouge へ．1時30になる．自動車で送ってもらう．就床2時30.

Lait, Bouillon de Poulet, Biscotte, Beurre, Mousse, de（Boucolet.？）

| 10月 | **11** | 金曜日 |

聖女 クレメンス

快晴

12時まで寝ている．起きて洗濯など．掃除．昼食，14時　後手紙書き．横になる．18時30出て，深瀬君を Gare de Lyon に迎えに行く．病気とのこと．タクシーで Montparnasse の P.T.T. に行ったが，帰館21時30.　洗濯，就床23時.

昼（自室）
Lait, Biscotte, Beurre, Orange.
夕（レストラン）
Salade de Tomate, Omelette, Banane, Bière.

| 10月 | **12** | 土曜日 |

聖 セラフイン

曇

疲れて眠る．起床11時30, 床屋，昼食，Douche で14時15になる．森山君がちょっと来た．行木さんと出て，Hotel d'Iena へ．我

昼（自室）
Bouillon de Poulet, Biscotte, Beurre, Orange.

253

1957年10月13日

妻，江川先生がロビーで待っておられる．しばらく話し，出て Auteuil の○○○○○へ．一旦上がったが早すぎたので，歩いて又戻る．夕食．21時出てメトロで．行木さんと帰る．途中腹痛（原因不明）．Motte-Pique のカフェで便所へ飛び込むが，粗相をする．帰室後 Douche. 洗濯　たいへん．就床24時30.

夕（レストラン）

鳥と麺のスープ，Canard, laquel, Langoustin frite, Boeuf, avec pate de Soya, Poulet saute, …, Porc saute, Moulin a vent, Café, Glace, Gateau de The chinois

| 10月 | **13** | 日曜日 |

聖 エドアール

快晴

　11時15のミサ．帰室，昼食，自室．少し横になる．何分疲れ激し．起きて手紙書き物の他．17時，江川先生が，石井先生を連れてこられる．びっくりする．少し話し，深瀬君を見舞い，Cite UNIV. を散歩して，コーヒーをのみ，Boule d'Or へ行く．夕食，江川先生にご馳走になる．Bastille まで歩いて別れる．就床23時30.

昼（自室）

Bouillon de Poulet, Biscotte, Beurre, Orange.

夕（レストラン）

Soupe de Crabe, Langoustine, Grille, Cognac Vin, ロゼ, Chateau Bel-Air, Parfait de café.

10月　**14**　月曜日

聖 カリィキシイ

　あと 7 月13日まで 9 ケ月，11月23日に着いて落着いたのが，1 月中旬とすると，それから 9 ケ月．勉強のできる日時の中間である．丁度先生がたとも会って，刺激を受けた．再出発．又，当時の，とにかく日本での身心の疲労さへ治し，その点で，立ち上がりさえすればよいと思っていた頃に比べると健康にもなり，ファイトのでてきたことがじつに有難い．まだ，健康は十分でなく，自分のペースもつかめないが，しっかりやろう．そしてできそうだ．ちょうど今日は，Cours d'Institution も始まる．——起床11時，久しぶりによく眠る．昼食自室．掃除．13時30～14時30 "Ripert" 出て Hotel Massuett に，江川先生宛てに来た手紙を持って行ったが行き違い．法学部へ．Conferences d'Initiation, M. Villey, ○○○○○○○○○○ M. Carbonnier, ○○○○．夕食，F. I. 後，深瀬君，館長，所，戸張君と話し，2 時に至る．

昼（自室）
Bouillons de poulet,
Biscotte, Beurre.
夕（F.I.）
Potage, Cote du porc,
Radit, Riz a Espagnol,
Salade de Parixris?
……．

1957年10月15日

| 10月 | **15** | 火曜日 |

聖女 テレーズ

曇

　起床11時30．昼食自室，掃除．14時から15時まで "Publicite fonc" 出て，"Conference d'Imitation". Prof. Villey，あいさつに来られる．帰って直接 F.I. で夕食，20時〜21時30 "Carbonnier"Chaumeu に我妻先生の文面を見てもらい，松原君と少し話し，深瀬君の所に寄って帰室，就床24時30．

昼（自室）
Lait, Bounillon de Poulet Epinard, Biscotte, Beurre.

夕（F.I.）
Potage, Poisson, パイ，Epinard, Fromage, Glace.

| 10月 | **16** | 水曜日 |

聖 レオポルド

曇　夕一時雨

　起床11時30．昼食，自室，掃除．後農業法学会宛ての委任状——我妻先生のサインをもらうもの——をタイプで打つ．15時30，出て法学部へ．メトロ，電気共にスト．バスで行く．後 Rousseau で本を受け取り，帰る．メトロ，電気，共開通．直接夕食 F.I. 飯山君に会う．帰室．後 Douche．就床24時——少し疲れた．Miko より手紙．

昼（自室）
Lait, Epinard saute, Biscotte, Beurre, Pomme.

夕（F.I.）
Potage, Roast boeuf, Olive. Macaroni beurre, Salade, Rasin.

1957年10月18日

| 10月 | **17** | 木曜日 |

聖女 エドヴィッチ

曇

　起床11時．よく眠る．疲労とれず，だるいことひどし．昼食自室13時〜13時30 "Ripert" 掃除14時〜15時 "Publicite f" 出て，L. de Luxembourg で本を注文し，法学部へ．C d'Initiation．終わって Rousseau で facture を受け取り，Duchesin で大学への本を買い，帰館，直接 F.I. で夕食，帰室，後深瀬君来る．疲れてすぐ寝る．

昼（自室

Lait, Epinard saute, Biscotte, Beurre, Pomme

夕（F.I.）

Potage, Boeuf saute, Coquille, Carotte, Vichy, Fromage, Banane.

| 10月 | **18** | 金曜日 |

聖 ルーク

曇　一時晴　風強

　起床11時30．疲労はなはだし．病気に近し．掃除，昼食自室．Ripert を少し．14時30，出て，Rigisere, L de Notari とまわり，法学部へ．○○○○○○ C. d'Initiation. M. Villey に明日お茶に来いと呼ばれる．帰り，Larchon で古本を探すもなし．帰室，直接，F.I. で夕食，買い物，就床21時．

昼（自室）

Lait, Biscotte, Beurre, Pomme.

夕（F.I.）

Potage, Omelette, Pomme, Saute, Saucisson, Salade, Patisserie.

1957年10月19日

| 10月 | **19** | 土曜日 |

聖女 ロール

曇

　起床11時30. 昼食自室. Douche 16時. 出て，Conf. 時間があるのでゆっくり歩いて M. Villey 宅へ. お嬢さんと戸の前で会う. 夫妻は遅れて来られる. 軽い夕食をご馳走になる (The dinatoire)Mlle Perrot, Mlle——もいっしょ. 話はずむ. 21時15辞し帰室. 就床23時30.

昼（自室）
Biscotte, Chou-fleur, Lait, Beurre, Pomme.
夕（Prof, Villey）
Sandwich a l'anglais（Pate，Confiture），The, Raisin.

| 10月 | **20** | 日曜日 |

聖 オーレリアン

快晴一時雨多し

　11時15のミサ. 帰室，昼食. 13時30, ——君きたる（ドイツ官補）. 14時〜15時 "Ripert" 小幡君，飛澤先生来られる. 17時45——18時15——"Ripert" 夕食 F.I. 19時30〜21時，"注釈" 館長のところへ用件で行き，話こんで24時，就床.

昼（自室）
Biscotte, Chou-fleur, soup, Beurre, Pomme.
夕（F.I.）
Potage, Cote de Porc, Haricote vert, Riz à l'Italian, Salade, Patisserie.

1957年10月22日

| 10月 | **21** | 月曜日 |

聖 ウルスール

曇　時々雨

　9時深瀬君来たり起こさる．起床は10時．
法学部へ，Matriculation に行ったら並んだ
ので結局時間なし．帰室．昼食自室．13時～
13時30 "Ripert"，出て又法学部，14時30首
尾よく手続きをすます．16時ぶらぶらして
Capacite の試験を見に行く．商法のそれ．
18時～19時 Conference d'Initiation, Prof. Le-
vy-Bruhl，帰り，直接 F.I. で夕食．帰室20時
すぎ．20時30～22時，"注釈"――こっちに
来て日本の本を読んでもしかたないなどと
思ったりする．就床22時30．

朝（自室）

Lait

昼（自室）

Chou-fleru soupe, Bis-
cotte, Beurre, Pomme.

夕（F.I.）

Potage, Steak, Pomme
frite, Chou-fleur, Sa-
lade, Prune, compote.

| 10月 | **22** | 火曜日 |

聖女 セリーヌ

晴　風強　後雨

　起床10時30，昼食自室，12時～12時30
Ripert" 12時30～13時，出て，Recette Uni-
versitaire に行くも満員なので止め，Luxem-
bourg 公園を通って L, de Luxembourg で2
冊受け取り，Comite d'Accueil へ．Comite
Rendu d'Installation を出て，Certificat de

昼（自室）

Lait, Biscotte, Beurre,
Pomme.

夕（F.I.）

Potage, Roti de Veau,
Epinard, Pomme
saute, Bananne.

1957年10月23日

Boursier を頼んで帰室. 買い物をして帰る.
16時30〜17時30 "Publicite" 出て Confe-
rence d'Institution, 今日は——予告なしに
——政治学入門だった. しかし面白い. 帰っ
て直接 F.I. で夕食. 帰室. 20時30〜22時.
"注釈" 起床23時.

| 10月 | **23** | 水曜日 |

聖女 イヴェッテ

曇

　9時　電話で起さる. 斎藤英雄先生　10時
に起きてしまう. Ripert 少し. 11時過ぎ,
斎藤先生来らる. 案内し昼食を F.I. する.
後, タイプを打つ. 14時, 出て法学部口述試
験を見る. Licence 3 eme Anne. 民訴, (女
の試験官), 国際私法 (M. Desiry), 民法
(Prof. Camerlynck), 18時30終わり, 帰る.
空腹なので, 珍しく F.I. へ行く. ブドー酒を
飲んで, 4ケ月目の始めとす. 帰館後, 20時
〜21時30 "注釈" 館長室で話こみ, 就床24時
30.

昼 (F.I.)
Poisson conserve,
Saucissom frite, Petit
pois, Pomme, Mouse-
line, Fromage, Glace.
夕 (F.I.)
Potage, Pot an feugar-
ni, Riz a l'Espagnol,
Salade, Raisins.

1957年10月25日

| 10月 | **24** | 木曜日 |

聖 マクロワール

曇

　起床11時30. 何か疲れているのか，よく眠る. 昼食，自室. 電話などで上がったりおりたり. 13時〜13時30, 14時〜15時30, "Riperd" 出て，Comité d'Accueil に寄り，大使館へ. 桐山さんにあって農業法学会書類を受け取り，寺中さんに一言かけ，松原さんの所で旅券の行先変更をしてもらって，帰る. 18時〜19時30 "Publicite". 夕食 F.I. 後，斎藤先生の所に寄り，こちらの部屋まで来て頂く. 手紙. 就床23時30. ——Miko と清水君より手紙. Miko の手紙すばらし.

昼（自室）
Biscotte, Chou Bouillon, Lait, Berrre.
夕——（F.I.）
Potage, Steak, Pomme saute, Lentille, Fromage, Pomme.

| 10月 | **25** | 金曜日 |

聖 クレパン

曇

　10時掃除で起される. 昨夜　朝早く目ざめ，不調の時. 12時30, 昼食，ゼネストにて，水も出ない. 少し Ripert. 昼寝. 17時30, 斎藤君のほか，桶口，岡本教授，○○君と歩いて，○○○○で夕食. タクシーで帰る. 館長室で話し，23時に至る. 就床.

昼（自室）
Biscotte, Beurre, Orange.
夕（レストラン）
生かき，貝，えび盛合わせ，languste froid, Glace, Mystire, Mus-

261

1957年10月26日

| cadet.

| 10月 | **26** | 土曜日 |

聖 エヴァリステ

快晴

　すばらしい秋晴れ．1点の雲なし．日本を思わせる．木の葉のかおりが香しい．

　起床10時30．11時30〜12時，"Ripert" 昼食自室．13時30〜15時30，"Ripert" 出て，Luxembourg 公園を抜けて，L de Luxembourg で本をうけとる．Bounesse, Pense juridique——品切れというので，あわて，再び公園を横切って P.U.F. へ行って買う．帰室，Douche，18時30，夕食，F.I. 帰って，少し身辺整理をして，20時30，館長室で新ブルシェへと会合，戸張君も来る．23時30近く終わる．就床．

昼（自室）
Biscotte, Beurre, Confiture, Bonillon de Poulet
夕（F.I.）
Potage, Cote de Porc, Haricot vert, Pomme nicaise, Fromage, Rasin

---

| 10月 | **27** | 日曜日 |

聖女 アントニエット

晴後曇一時雨

　11時15分のミサ．帰室，昼食，自室．疲れて昼寝．起きてしばらくして夕食，自室．手紙書き．明日のため早く寝る．21時30．

昼（自室）
Lait, Biscotte, Beurre, Tomate, Orange
夕（自室）

1957年10月29日

Mene + Chou Poulet
au Pate.

10月	**28**	月曜日

聖 シモン

曇

　起床 7 時半——猛然だるく，胃腸おかし
い．——9 時, Institut d'Etude Agrono-
mique? へ行く. Colloque International de
Droit Rural 10 時 15 開 会 式. 10 時 半
……………11時半，昼は食欲ないので，天下
楽園で中華料理. 帰室，すぐ出て15時半, M.
Malanzieux, 17時, M, Zulueta17時半終わ
り，帰室. 軽食をして，すぐにやすむ. 20時
半.

昼（レストラン）
Soup avec Versailles
chinois, Largoue au
Pate de Syr, Bierre.
夕（自室）
Yaourt, Pomme,
Orange, Chocolat

10月	**29**	火曜日

聖 ナルシス

曇

　ゆっくり眠り，11時30に起きる. 大分快
く，あと少し胃腸の機能が弱っていると感ず
る程度. 昼食は軽くすませ，手紙を書き，14
時30分出て, Colloque へ. Assesseur（補佐
役）をつとめさせられる. President は，○

昼（自室）
Biscotte, Beurre,
Pomme, Orange,
夕（F.I）
Potage, Langue de
Boeuf, Riz, Fromage,

1957年10月30日

○だが，遅刻して来，オランダ人 Assesseur が代わる．ヴェネガラ人　の報告，スペイン語で通訳．終わって，17時 Hotel de Ville で市会議長の Reception．帰って直接 F.I. で夕食，19時帰室．少し休む．

Comport

10月	**30**	水曜日

聖 アルセーヌ

曇

　起床 7 時 30. Colloque，　9 時より多くの Conference，昼は Presideant de l'Assemblee Nationale の Reception．帰室，昼食，自室．15時 Colloque 一旦17時30に休み，18時より

　　Séance de clôture．議論多し，20時30になる．帰り，直接 F.I. で夕食，帰室．Douche ぬるい．就床22時30．

昼（自室）
Biscotte, Pomme, Lait, Orange.
夕（F.I.）
Potage, Foie Haricot vert, Riz a l'Espagnol, Salade, Pomme.

10月	**31**	木曜日

聖女 ルーシイ

曇

　起床 6 時．　7 時30，Institut Agronomique に寄り，Autocar で Rouen へ．Colloque の Reception．Rouen を過ぎ，Shell-Berre 会社を見下ろし，Cite を見，○○○○○の○○

昼（レストラン）
Pate, Coquille St.Germain, Poulet au riz, Café, Blanc（Alsace），Rouge,（Medoc）Cal-

［後記］

○○○○○で昼食．うまい．会社前で止まっ
て，パンフレットをもらい，Rouen へ来て，
13時40〜14時40，散歩一まわりしてシードル
を立ち飲みし，再び車に乗って一路帰る．今
日 は M. Melezieux et Madame, Mademoi-
selle, M（fils）, Megres, Franzhodlux お嬢さ
んトルコ人など．愉快だった．これで大任終
り．帰室，21時，夕食，自室，就床22時30.

vados.

　［後記］　夏が過ぎたと思ったら，すでに晩秋を感じさせる頃になっている．
英一は部屋の中で冬物の衣服を重ね着して，寒さに耐えている．しかし，天
候はからりとし，26日には，素晴らしい秋晴れ―木の葉の匂いから日本への
郷愁をそそられる．精神面でも，留学期間の半分が過ぎ，ファイトをもたな
ければ，と積極的な気分に変わっている．9月には，パリ生活を始めたころ
を「あの憂鬱な日々」と書いたが，10月には「来た時のことが懐かしくな
る」と書いている．
　英一は，外国にいるのに，日本の本を読むのは馬鹿らしいと思っている
が，母からの小包の『法律学全集』などに接すると，ファイトが出てくる．
私自身もひどい手紙を書いたらしく，彼を怒らせているが，彼は，まずそれ
も肯定的に受け取り，5日には，次のように充実感をあらわしている．「勉
強をしなかったが（私からみると，彼は，他に類例がないほど十二分に勉強
していた！），パリは好きになるし，Mikako も好きになるし，勉強へ対す
る意欲もこの数日間増しているし」と自分の人生に満足している．私は，こ
こを読むと我妻先生が，「仕合わせだなあ」と色紙に書かれているのを思い
出す（『追想の我妻栄』一粒社，1974，写真ページ）．自分の人生に満足して
いる様子が，2人の法学者に見られるからである．
　我妻先生がまたもや，7日にパリに来られ，日本側として，我妻，江川先
生と，菊池館長，星野英一，一方，フランス側からは，モランディエール夫

1957年10月

妻，フランク夫妻，子供さん全部 という賑やかな集まりが，カピタン教授宅で夕食を共にされた．いかにも国際レヴェルでの大団円と見え，そこまで国交が親密になったのか，と思わせられる友情交流であった．

一方，9日，大学では Concours d'Agregation が催され（星野は Agregation—教授資格試験—という制度に興味を持っていた．）民刑事法は終わっており，ローマ法を見学できた．また，江川先生をヴェルサイユのロングレ教授宅に案内し，フランク夫妻と共に夕食をご馳走になる．一方，英一の付属小学校以来の親友である大野公男様（物理学者）には，時間の間隙を縫って，8日にはヴェルサイユ宮殿やシャルトルに案内している．10日には，2人でシャンゼリゼを散歩中に，香水を買うために，ゲランに行かれる我妻先生と出会ったりする．先般来，問題になっていた日本人会が遂に発会したのも，丁度10日，我妻先生がパリに滞在中のことであった．ついで，シェクスピア翻案の日本映画「蜘蛛の巣城」を見るという，日本的な文化に接する．その晩，やっと「夜のパリ」ムーラン・ルージュに行った，と，10日の日記に書かれている．ムーランルージュ行を別とすれば，ちょっとした日本ブームが起きているのが判る．

また，新年度のブルシェ達が日本館に着き，お互いに挨拶したので，星野は，前日まで新米だったがすでに「先輩」になったことを意識する．また10月2日は，1年前に横濱を出発した日であるが，彼はそれをよく覚えており，感無量に思う．

この頃，星野は自分の健康のことなど，言い出す暇もなく奔走している．機嫌がよいのは，友人大野正男様がパリに同宿しておられたので，気分がなごやかになっていたのかもしれない．このように，10月の中旬は，日仏両国に亘る大がかりな社交的イヴェントが，クライマックスの波のように押しよせた時であり星野は，それらに献身したと見える．

やっと，いつものペースに帰り「リペール」「カルボニエ」を読む学者の生活をとり戻すが，体調をくずした嘆きが聞かれる．18日，ヴィレイ氏のお茶に呼ばれ，ゆっくりする．

25日にはゼネストで水が出ない憂き目にあう．ついでながら，あの華やかで大規模の社交生活を送りながら，自室に帰れば，洗濯を怠ることのできな

［後記］

かった生活の端々が日記にでている．28日には，国際農業法研究会の開会式
に出ている．翌日のコローク研究会では補佐役をつとめるほど信用をえてい
る．この国際農業法のエクスカーションに見えるルーアンまでのバス旅行
を，英一は楽しみ，シードルをのみ，多くの人々と交わったあと，日記に
「愉快だった．これで大任終わり」と書いている．これを書いたのが月末の
31日であるのは，この国際農業法研究会を含めてのこの月の大任続きも，一
区切りついたと感じたのであろうか．ついでながら，この国際農業法研究会
では，星野は国際学会への初登場をしたことになり，後ほど，大判の写真が
数枚送られてきた．大分前から，農業法についての研究を頼まれていたが，
これで，やっと日頃の勉強の奮闘が実を結んだと思われる．

1957年11月1日

11月	**1**	金曜日

諸聖人の日

晴

　11時15のミサ．帰って昼食，F.I. 少しぼんやりする．14時30〜16時45 "Ripert"．17時〜18時30 "Publicite" 夕食，F.I. 疲労を感じ，眠る．20時30.

昼食（F.I.）

Poulet roti Pomme nouvelis?, Jardinier de Legume（ヤサイ）, Salade, Coupote, Patisserie.

夕（F.I.）

Potage, Steak Pomme saute, Lentille, Fromage, Bananne.

11月	**2**	土曜日

死者の日

　疲れてずっと寝ており，11時30に起きて昼食，自室．又横になる．岡田純一，吉野両氏来られ，話す．16時30別れる．横になる．17時30Douche．夕食，F.I. 後館長のところで話しこみ，21時30になる．就床.

昼（自室）

Lait, Biscotte, Beurre, Pomme, Orange.

夕（F.I.）

Potage, Boeuf saute, Coquillette, Petit pois, Fromage, Raisin.

1957年11月4日

| 11月 | **3** | 日曜日 |

聖 ユーベール

曇　時々雨

　起床 8 時 30. Cerele Saint Jean-Baptiste のミサ. 10時, 深瀬君と行く. ついで, 大園神父, 最後の聖書解説. 12時30, 会合. Madam Villey こられる. 14時30, 深瀬, 戸張君と出て帰る. 15時30～17時30, 昼寝. 清水君より電報, 明日来巴. 18時30出て Luxembourg 駅へ. 岡田, 吉野さんと待ち合わせて, Potée Champenoise で夕食. 出て, ST. Germain まで歩き, Montparnasse の Dome でお茶を飲んで, 帰る. 帰室23時30. 就床.

朝（Cerele）
2 Croissant
昼（Cerele）
Poisson mayonnaise, Roti de boeuf　Pomme Saute, Salade, Mousse de chocolat, Café
夕（レストラン）
Terriene maison , Tete de Veau, Glace fraise, Baujolais.

| 11月 | **4** | 月曜日 |

聖 シャリーズ

曇　後　雨

　起床10時30. 12時過ぎ, Hotel Savoy に川島さんを訪ね, Luu で食事をしつつ相談. ついで Rousseau で本を買い, 法学部を見, カフェに入り, Denfert で別れる. 一旦帰宅し, 18時30出て, 清水君たちを迎えに Gare de Lyon へ. 間違って早くきすぎた. 19時32

昼（レストラン）
Salade de Tomate, 魚のパイ, Poulet saute, Fromage, Glace parfet, Fromage, Glace parfet, Rose Chateau, Guillon, Bordeaux

1957年11月5日

着. ポーターを呼び, タクシーを探して
Maison へ. 清水君の部屋の鍵がうまく行か
ず, へきえきする. 21時30夕食に出る. ○○
○○○にて. 23時帰り, 少し話して別れる.
1, 2用事をし, 就床1時

夕（レストラン）
Salade de Tomate,
Omelette, Jambon,
Crème de Maron,
Bière.

11月　　　　　　5　　　　　　火曜日

聖 ベルティーユ

曇一時晴

　起床9時30. 館長に会ってちょっと相談.
Bourse を取りにいき, 戻って清水, 戸田君
と 出, Luxembourg から, 法 学 部, Sor-
bonne を見, St.Germain のレストランで食
事. Gare de Lyon で両替, 切符買い, 荷物
の通関と発送をし, Opera で明日の切符を
買い, ドイツ交通社で案内を聞き,
Concorde から Champs Elysées を歩く. Co-
lises でカフェ. Etoile まで歩いて帰り,
F.I. で夕食. 別れて館長室で Comite. お茶.
10時30終わり, 深瀬君を誘って自室で話す.
就床1時.

昼（レストラン）
Foie au Macaroni, Sa-
lade, Yaourt , Rouge
夕（F.I.）
Potage, Boeuf saute,
Epinard, Riz, Fro-
mage, Poire.

11月	**6**	水曜日

聖 レオナード

曇

　起床10時30. 法学部へ行ったが事務は11時30まで閉まっている. 帰室, 昼食, 自室. 手紙書き, タイプなど. 寺中さんに電話をしたら, ソルボンヌに. 明日の招待券を取りに行くようにとのことで, 17時, 出て Sorbonne の事務長より受け取り, Opera 前で清水, 内田君と落ち合わせて, Tourist で夕食. Opera 20時30. Giselle（ジゼル）と Palais de Crystal（ガラスの宮殿）良し. 帰室, 就床1時30.

昼（自室）
Lait, Biscotte, Beurre, Tomate, Pomme.
夕（レストラン）
Oeuf dur mayonnaise, Veau saute, Tarte maison, Rose.

11月	**7**	木曜日

聖 エルネス

曇

　起床8時30. 10時のパリ大学の入学式に Sorbonne の大講堂に行く. 9時30に行ったら早すぎた. 地方教授の席. Docteur honoris causa の授与式, 大統領入場, Recteur の話. ガウンがとりどりで美し. 12時30に終る. 帰室. 深瀬, ○○嬢次々と来る. 掃除. 昼食, 自室. 14時30. Douche 少し　賃貸

昼（自室）
Lait, Biscotte, Beurre, Tomate, Pomme
夕（レストラン）
Saucisson, frite, Pomme saute, Patisserie, Bierre.

1957年11月8日

借．17時．少し清水君達と話し，お茶を入れ，18時15出てタクシーで（深瀬君と）Gare de l'Est へ．税関閉まっているので，チッキのみ．列車を少し待ち，まっさきに坐り，清水，丸田君と Buffet で食事して帰ると，もう出発，20時25．帰室22時，館長と用談ついで話しこみ，24時30タイプを打ち，就床2時．

11月	**8**	金曜日

聖　ゴディフロ

曇

　起床12時．疲れている．掃除でおりて昼食，14時．横になる．所君来たり少し話す．賃貸借少し．夕食，F.I. 20時30，館長と話す．賀田君を呼び，ようかん，せんべいを食べる．就床22時30．

昼（自室）

Lait, Beurre, Tomate, Pomme.

夕（F.I.）

Potage, Omelette, Pomme saute, Lentille, Salade, Compote.

11月	**9**	土曜日

聖　マチュウラン

曇

　起床11時．昼食，自室．掃除でおりたら青木君がいる．少し話す．14時30出て，Hotel

昼（自室）

Lait, Biscotte, Beurre, Pomme

1957年11月11日

Little Savoy へ．川島さんに会い，賃貸借の
ことを話す．夕食は Jonace へ．22時別れ
る．23時帰室　Douche ぬるく，かぶるの
み，就床23時30.

夕（レストラン）
Huitry? Tripes
"Lamu", Parfait Café,
Rose, Tavel, Kirch.

11月	**10**	日曜日

聖 ジュスト

曇
　11時15のミサ．Pere Joly の最後の日．帰
り，F.I. でビスコットを買い，自室で昼食，
13時30．館長室で前年度ブルシェとの話合．
不愉快であった．帰って，不快さの始末でぼ
んやりしている．17時深瀬君来る．夕食，
F.I.19時．20〜21時30，"賃貸借" 就床22時
30.

昼（自室）
Biscotte, Bouillone de
Poulet, Beurre,
Pomme.
夕（F.I.）
Potage, Rosbif, Petit
pois, Riz, Salade, Pa-
tisserie.

11月	**11**	月曜日

戦勝記念日

曇
　起床　12時．11時に目がさめぼんやりして
いたら，快適になった．昼食，自室．手紙を
書き，出しに行く．15時30〜18時30，"賃貸
借" 夕食，F.I. 後，渡邊君の部屋でたまたま
松原，一国君も来，柴田君と相談．就床 1 時

昼（自室）
Lait, Biscotte
夕（F.I.）
Potage, Veau saute,
spaghetti, Carotte, Vi-
chy, Salade, Pudding

1957年11月12日

30.

| 11月 | **12** | 火曜日 |

聖 ルネ

曇

　起床9時過ぎ．11時に大使館で川島さんと打ち合わせて，桐山さんと会い，法務省の件などたのむ．川島さんとそのホテルの近くに戻り，昼食をし，ホテルでずっと質問事項の打合せ．18時辞し帰り F.I. で夕食．後少し用事をし，20時30分，所君と相談し，21時30，館長室へ．22時奥さんと共に，自動車にのせてもらって，Katia Granoff──荻須さんのヴェニスの個展の Verninsage 美しい絵だが人が多すぎてゆっくり見られず．又 Cocktail もゆっくりできない．M.Guillain，堀さんに会う．22時40出て，又，送っていただき，帰室23時，就床24時．

昼（レストラン）
Potage, Veau …… riz,
Tarte, cerise, Calvados, Rose,
夕（F.I.）
Potage, Rosbif Haricot vert, Riz a Tomate, Fromage, Bananne.

| 11月 | **13** | 水曜日 |

聖 ブリース

曇

　起床10時30．11時30〜12時，"賃貸借"．昼食自室，13時〜14時，続き．掃除．14時30〜

昼（自室）
Lait, Biscotte
夕（F.I.）

274

1957年11月15日

15時30，続き．Douche，16時30より Comite の雑用など．18時出て夕食，ついで Bureau du Grive に行って話聞き，買い物をして帰る．19時30．少し賃貸借20時30，Comite，大議論．22時30終わる．就床23時30．

Potage, Veau Roti champignon, Pomme, jardinier, Salade, Pudding.

11月	**14**	木曜日

聖女 フィロメーヌ

曇

　起床9時30．11時法学部正門に青木君を待合わせて Concours d'Agregation に行こうとしたが行き違えで会えず．Prefecture de Police へ行ったが閉まっている．Cite から Hotel Little Savoy へ．川島さんと出て，○○○○で食事をし，部屋で打合せ．18時に至り，止めて雑談．出て Madelaine の近く「上海」で中華料理．21時30別れて帰る．渡邊君の部屋で松原君（後鈴木君）を交えて話し，ついで館長と話し，ついで中島君と話し，2時に至る．就床3時．

昼（レストラン）
Pate Aubeyesis?, Sale Brite, Ananas au brisk, Rose de Bearn?.
夕（レストラン）
ワンタンスープ，海老天ぷらくずかけ，鳥ソテーくずかけ，アマンド菓子，炊飯，ビール，支那茶．

11月	**15**	金曜日

聖女 ユウジーニィ

曇

昼（自室）

275

1957年11月16日

起床9時30. 10時15出て Prefecture de Policen Carte de Sejour の Prolongation を, 貰いに行く. すぐすんで助かった. 法学部へ行って Carte d'Auditear Libre をもらう. これもすぐもらった. Rouseau で本をすぐ受け取り, 帰室, 12時30, 昼食自室. Assenble General のため準備. 夕食19時. 20時30, A.G. 議論多し. 時間長し. 23時終了, お茶. 就床2時30.

Yaourt, Biscotte, Bannane
夕 (F.I.)
Potage, Omelette Pomme saute, Lentille, Salade, Jelly.

| 11月 | **16** | 土曜日 |

聖 エドモンド

曇

起床11時. 昼食, 自室. 12時30〜13時 "賃貸借" 青木君来たり, ついで掃除で下におりて話す. 14時別れて上がり, 16時まで続き. Douche. 17時〜17時30, 続き. 出て川島さんのホテルへ. 少し商工業賃貸借の説明をして, 20時, 出て Luce で夕食. 22時別れて帰る. 就床24時.

昼 (自室)
Lait, Biscotte, Beurre, Orange.
夕 (レストラン)
Champignon……, Quiche Lorraine, Rognou, Fromage, Glace, Parfais, Café, Blanc, (……), Rose, (……) Rouge, (Bordeaux)

1957年11月18日

11月	**17**	日曜日

聖 アグナ

曇

　11時15のミサ. 館長さん一家といっしょに
なる. 帰室, 昼食自室. 13時30〜18時15 "賃
貸借" 夕食. F.I.19時〜20時. 続き. 就床20
時30. 疲れているが明日早い.

昼（自室）

Biscotte, Beurre,
Orange, Café.

夕（F.I.）

Potage, Jambon, sa-
lade, Pomme niçoise,
Plune au vin, Gauf-
frette.

11月	**18**	月曜日

聖女 クロウディーヌ

晴

　起床8時. 10時に Place Vendome, M. de
Justice の前で川島さんと待ち合わせ, M.
Brun にあう——局長つきらしい——. ま
ず, Directeure Legislative の M. ○○○○と
M ○○○○○のところで賃貸借の問題を聞
く. 11時半に至る. ついで Bureau de Offi-
cieau? Ministeriels の M. ○○○○と M. ○○
○○に会い公証文のことについて聞く. 15時
に約束をし, 出て, Belle Avenue で食事.
少し散歩. 15時, M ○○○○に会い, 17時

昼（レストラン）

オードウブル（生貝,
ハム類, 野菜）Fruits
de bois, Rose Arbois.

夕（レストラン）

Moule marinière,
Omalette de jambon,
Poire, Café, Bierre.

1957年11月19日

まで話する．出て，大使館へ桐山さんを訪ね
て Rendez—vous を 頼 み，Trocadero で
ジュースを飲み，軽食をして別れる．帰室21
時，就床22時．──美賀子 JAUW の試験に
受かったとのたより．嬉しい．「よかったね」

11月	**19**	火曜日

聖女 エリザベート

曇

　起床　11時．おりて買い物をし，昼食自
室，12時．13時〜18時，"登記法改正"夕食
　F.I.19時15〜20時半，続き．20時半，新旧
委員会引き継ぎ．後，渡辺君のところで話を
し，就床23時半．

昼（自室）

Lait, Tomate, Biscotte,
H o n e y , B e u r r e ,
Pomme

夕（F.I.）

Potage, Cote du Porc,
Epinard, Riz a l'epi-
nard, Yaourt, Pomme.

11月	**20**	水曜日

聖 オクターブ

曇

　起床10時．猛烈に眠い．11時〜12時 "登記
法."昼食，自室12時半〜13時半，続き．
Douche，少し "登記法"14時　出て川島さ
んのホテルへ．

昼（自室）

Lait, Tomate, Biscotte,
B e u r r e , H a r e n g ,
Orange.

夕（レストラン）

1957年11月22日

説明の後，19時半出て夕食をし，別れたのが
20時半，帰室22時15，就床.

Rillette, Savenir, Lyon,
Salade, Partisserie de
A m e n d e ,　B l a n c ,
Rouge, Vefour, Calva-
dos, Café.

11月　　21　　水曜日
聖女　ヴィエルジの近く

曇
　起床7時30．9時30にガリレ通り，大蔵省
分室に川島さんとジェセール氏を誘う．1時
間半話を聴き，フィチスのモデルをもらって
帰る．メトロ，エトワールで，桐山さんに電
話をかけ，「ぼたんや」で昼食をし，Opera
の切符を買う．少しカフェで休み，R，スウ
フロ通りへ．Rousseau で本を買い，法学部
をぐるっと見て，Luxembourg からメトロ
で Denfert-Rochere で別れる．一旦帰室．夕
食F.I.後，身辺整理，手紙．就床22時.

昼（レストラン）
さしみ，天ぷら，みそ
汁，飯，漬け物，酒.
夕（F.I.)
Potage, Rosbif Haricot
v e r t ,　M a c a r o n i ,
Gruyere, Salade, Com-
pote.

11月　　22　　金曜日
聖女　セシール

雨後曇
　起床9時．出て，メトロ Rome 駅で川島

昼（レストラン）
Huitre (Claire), Pileff

1957年11月23日

さんと待ち合わせる．少し早すぎ，腹が減るので，コーヒーをのむ．雨の中を Conseil Supérieure du Notariat へ．少し待って会長，副会長に会い，1時間近く話を聞き，本を貰って帰る．12時出て，Merville de la Mer で昼食，うまい．川島さんのホテルで少し話をし，公証人制度の説明をし，17時30出てジュースをのむ．そのうち19時になったので，Relais de Batiqnol で夕食．21時別れて帰館．M.Desiry へ電話，就床23時．

de Fruits de Mer, Crepe Maison, Café, Muscadet, Cassis rose.
夕（レストラン）
Tomate, Sole messnier, Glace, panache, Bierre.

11月　　　　**23**　　　　土曜日

聖 クレマン

薄曇後曇　後晴

起床11時．下へ電話をかけに行き，ついで床屋．13時30，自室で昼食，Douche. 電話その他でごたごたする．一旦出て St. Sulpice まで行き，帰って夕食，F.I. 帰室．少し読書．19時出て Orly Sud へ，小山さんを迎えに行く．早すぎて，少し待つ．深瀬君来る．22時30着．バスで Invalides，メトロで Cite U. カフェでお茶を飲み，帰る．就床1時30.

昼（自室）
Yaourt, Biscotte, Beurre, Tomate, Hareng, Buillon de Poulet.
夕（F.I.）
Potage, Porc roti, Pomme mousseline, Haricot, blanc, Fromage, Poire.

1957年11月25日

| 11月 | **24** | 日曜日 |

聖女 フロール

晴

　久しぶりに1日晴れる.
11時15のミサ. 帰室, 自室で昼食. 少し休
む. 13時30出て川島さんのホテルへ.
Anvers, Fruinlare に乗り Monmartre へ. 写
真をとる. Place Tertre でコーヒーをのみ,
歩いて Anvers へ出, メトロでホテルに戻
る. 又出て, ○○○○○○○を探すも休み.
Richard というのはない. Deris で夕食. 21
時30. 別れてメトロで帰る. 帰室22時30. 就
床23時.

昼（自室）
Lait, Tomate, Biscotto, Beurre.
夕（レストラン）
Salade, ruice, Fesant, roti, "Stanilas" Rouge, Carotte, Chartruse verte.

| 11月 | **25** | 月曜日 |

聖女 カテリーヌ

曇

　起床11時. 買い物に出, 靴直しに出した靴
を受け取る. 昼食自室. 少し "賃貸借", 14
時出て, Passy で川島さんと待ち合わせる.
15 時, M, de le Reconstruction et du
Logenert へ, M. Boujan にあう. だいぶ待っ
て16時頃来られる. 18時まで話を聞く. 本を
貰う. 出て, メトロ Opera で Frank 君夫

昼（自室）
Yaourt, Biscotte, Mache, Poulet, Beurre, Tomato.
夕（レストラン）（日本料理）
卵のスープ, えび天ぷら, 鳥のシャンピニオ

1957年11月26日

妻と待ちあわせ，"香港"で食事をし，Operaへ．20時より"Othelo"．4幕，面白い．美賀子と見た○○○の映画を思い出し，比べる．終わってお茶をのみ，24時20別れる．Porte d'Orleans から歩いて帰る．就床2時．

ンソテー，豚のソテー，米，茶，ビール．

11月 **26** 火曜日

聖女 デルヒーヌ

曇

　起床9時．出て法学部へ．川島さんと待ち合わせて，10時15，M. Desiry に会う．11時まで話を聞いて，別れ，出てお茶をのみつつ話し，Au Savoyard で昼食，後，Maison の部屋へ来てもらい，お茶を出し，16時出て Gare de Montparnasse へ．16時20の Versaille 行に駆け込み，16時50着く．一見 Bureau de la Conservation des Hypotheques のありかを見て，お茶をのみ，17時30，Conservateur の M. Caussennel に会う．親切に説明，案内してくれ，20時にいたる．出て，Invalides へ帰り，Opera の近く "香港" で夕食．堀さんに会う．23時近く出て別れ，帰室，23時45，就床24時30．

昼（レストラン）
Fruite aux Amandes,
Poulet frite, Glace,
Champagne, Rose de
Savoy.

夕（レストラン）
鶏と松茸のスープ，えびのソテー，Chaumein,炊飯，ビール，バナナの揚げ物．

1957年11月28日

| 11月 | **27** | 水曜日 |

聖 マキシム

曇

　起床11時30. 朝食，自室，川島さんより電話にて我妻先生がおられると．川島さんと廻ったお礼のタイプを打つ．Douche. 17時出て，Hotel Buckingam に我妻先生を訪ねる．川島さんも来ておられる．少し話し，写真をとって出て，Touriste で夕食．21時30別れ，川島さんと Lido へ．23時30から1時まで．出てタクシーで川島さんのホテルを通って Cite U に帰る．就床2時30.

昼（自室）

Biscotte, Pomme, Beurre, Hareng.

夕（レストラン）

Huitre, Canard, Roti, Pomme frite, Champignon, Salade de Mache , Rose, Tarte Maison, Café.

| 11月 | **28** | 木曜日 |

聖 ソステーヌ

曇

　起床11時45. 昼食，自室．掃除でおる．14時〜16時30，民法改正委員会のことを調べる．窓を直しにきたので，おる．17時〜18時30，礼状のタイプ．夕食，F.I. 19時15〜20時45，タイプ．21時，Maison の講演会，Dr. Besanson, "Problemes moraux de la medicine contemporaine"
就床23時.

昼（自室）

Biscotte, Beurre, Mache, Poulet, Pomme.

夕（F.I.）

Potage, Steak, Pomme sauté, Chou-fleur sauté, Salade, Pains de Confiture.

1957年11月29日

11月　**29**　金曜日

聖 サチュールルニン

曇　一時薄曇

　起床11時，電話をかけに降り，F.I. で食事．帰ってから，お礼のタイプ．ついで，農業法会議のレジュメを見る（ドロナワ）．夕食，6時30，F.I.（F.I. 85 frs になった）．帰って，家からの小包を開く．20時30．館長室に遊びに行く．帰室，23時．就床．

昼（F.I.）
—?, Poisson frite Pomme cuit Petit pois, Fromage, Orange.

夕（F.I.）
Potage, Omelette, Pomme saute, Coquilette, Tomate, Salade, Madeleine.

11月　**30**　土曜日

聖 アンドレ

快晴

　空がまっ青で，日本の晩秋のごとし．フランスで始めて．空気冷たく快し．起床11時．昼食，F.I. "農業法会議"Douche, 14時．15時30出て法学部で "民法改正—モランディエール" を見，歩いて，Sulpice で Conf.「ぼたんや」へ．少し，早すぎた．Villey さん一家を招待，よく食べてくれたので嬉しかったが……．22時出てメトロで帰る．帰室23時，就床24時．

昼（F.I.）
Jambon Saute de Boeuf, riz, Jardinesse de Legume, Salade, Patisserrie

夕（レストラン）
さしみ，天ぷら，やきとり，鳥すきやき，酒，ヨーカン，茶．

［後記］

[後記]　この月は，ドラマチックな事件が多かった先月に比べると，地味な交流が多い月であった．11月は，カトリックの国では，死者を敬う月であるので（近年この宗教的伝統も守る精神がうすくなった），私は，その為，社会的な影響もあるのかと訝っていたが，星野の日記は，そのような，死者の月としての影響を何ものこしていない．

　7日には，パリ大学の入学式のため，星野は，ソルボンヌの大講堂に行き，地方教授の席に座ってDocteur Honoris Causa（名誉博士）の授与式を観覧することができた．「ガウンがとりどりで美し」後年，約半世紀を経た2004年のマロニエの花咲く5月15日に，星野英一自身も，その賞に与る栄誉を受けたが，そのようなことを誰も予想できなかったであろう．

　今月は，級友，清水様の来パリがあり，また小山様の名も見える．そして，「我妻先生が来ておられる」という川島様の驚くべき知らせ．フランスの「民法改正」の大問題が聞かれ始めたのもこの頃からである．

　3日にはマダム・ヴィレーが星野を訪ねて来られる．川島様が，日本の法律問題のことで（"登記法改正"の事か，賃貸借？）大使館の桐山様も交えて討議し，提出する書類を整備しておられるのに星野も協力する．これは，幾日も続いた問題であった．川島様の居られるリットル・サヴォイ・ホテルが懇談会の場所となった．

　一方，日本館では，館長宅で前年度のブルシェとの交換挨拶があり，その中に星野の気にさわることがあったらしく，彼にしては珍しく感情的な問題で悩み，「帰って，不快さの始末でぼんやりしている」と書いているが，幸い翌日の朝には，「12時頃目覚め，ぼんやりしていたら，快適になった」と書いている．彼は，毎日曜日のミサに出るとか，告解を行うとかで，それらの宗教的鍛錬により，割合，穏やかな性質になっていたのであろうか．

　なお，彼のブルシェ延長の件でまだ，居住証とでもいうべきものが必要であり，彼は，それを貰いにいった．すぐに貰えたが延々と続くこの問題！また，12日には荻須画伯の展覧会があり，美しい絵に多くの人が集まった．

　なお，この頃「ぼたんや」という日本料理店が開店し，星野はヴィレーさん一家を招いたところ，「よく食べて下さったので嬉しく思っているが……」この月は，何々大使によばれるような正式なパーティはなく，星野の

1957年11月

朝食もすっかり細くなり、「ビスケット，牛乳，オレンジ」になっている．なお，この頃から食事欄に，Roast Beef のかわりに Rosbif という，辞書（"Dictionnaire Français Japonais"）にも出ている省略形が使われ始めている．

　彼は地道に，空いている時間には，賃貸借，その他を勉強しつづけており，Ripert や，Publicite を読んでいる．またルソーや，ルクセンブルクの本屋に茂く足を運んでいるが，そのための出費もあるせいか，銀行に送金される金子を待望している．また，25日にはフランク氏夫妻と待ち合わせて食事をとり，オペラ座で「オセロ」を面白くみている．6日には，オペラ座で「ジゼル」と「ガラスの宮殿」を観て良かった，と．

　18日には，美賀子が JAUW（Japanese Association of University Women 日本大学婦人協会）の留学試験に受かったことに英一は喜んだ．

　彼は，1957年11月30日の日記の書き出しに，「快晴　　空がまっ青で，日本の晩秋のごとし．フランスで始めて．空気冷たく快し．」と書いているが，彼は，日本に在っては，夕方など美しい空を見ると，「ああ，きれいだ，まるでパリの空のようだ」と，感嘆し，フランスにいる時には，日本の空の美しさを思い出している．彼にとって，両方の国が故郷のように，懐かしいものになっていたのだろうか．

1957年12月2日

12月   1   日曜日

待降節

快晴

　快晴續きとは珍しいことこの上なし.

　起床 8 時30. 9 時30, 館長の車に乗せていただいて Institut ○○○○○へ. Cercle St.Jean -Baptiste の集まり. ミサと話の後帰り, 自室で昼食. 我妻先生を下で待つ. 小山さんも来られる. Directe にのられたとかで, 1 時間おくれて15時に来られる. 報告, 打合せをし, 雑談. 館長に呼ばれ, 3 人でお茶を頂く. 駅まで送って別れ, 一旦帰室. 夕食, F.I.18時30後, 明日の準備. ついで手紙. 礼状と Agregation 合格祝い. Gavalda 君 4 番, Deruppe 君 2 番, Terre 君 6 番. 就床22時30.

朝（セルクル）
クロワサン
昼（自室）
Biscotte, Café, Beurre, Pomme.
夕（F.I.）
Potage, Veau fried, Salade, Macaroni, au Gruyere, Fromage Mandarine.

12月   2   月曜日

聖女 オーレリ

快晴

　3 日続いた快晴.

　9 時, 起床. 11時 Prof. Morandiere のアパルトマンの前で我妻先生と待ち合わせ, 伺う. 民法改正についてお尋ねする. 12時辞

昼（自室）
Biscotte, Conserve de Sardine, Café, Orange.
夕（F.I.）
Potage, Veau (bri-

1957年12月3日

し，カフェで少し話して13時別れて帰室，自室で昼食．"Pubicite f."15時〜16時，16〜18時30，昼寝，疲れた．しかし，これで用件終り．はりきっている．夕食 F.I.20時〜21時，"Carbonnier"山口君来る．22時，別れる．就床22時45．

mie?), Carrote Vichy, Pomme moussline, Salade, Prune, Compote.

12月	3	火曜日

聖 フランソワ ザヴィエル

曇後晴

　起床10時30よく眠るも疲れではじむ．昼食 F.I.12時30〜13時30 "Ripert"たまらず昼寝，13時30〜17時，17時〜19時30 "Publicite f."出て，Rhumris Martinique に．Gavalda 君の招待．Schaffer, Deprey, Bonassin の Agrege, Mme ○○○○○, N. Baudin の Agregatif が集まり，うんとのみ，Berthe で夕食．コンパ．愉し．出て，Aux Deux Magots ディジェスティフ．Gavalda 君の自動車で送ってもらう．就床2時30．

昼（F.I.）
Hors d'Oeuvre, Poisson frite, Coquilette, Gruyeres, Salade, Prune composte,
夕（レストラン）
Belous,
Chateaubriand, Salade, Gateau au Poires, Muscadet, Cote du Rhone, Champagne, Plunne, Marin.

1957年12月5日

12月　4　水曜日
聖女 バーブ

曇

　起床11時．出て，12時30，Prof. Durand
宅へ昼食に招かる．ツールーズの Prof.
Laure も来る．若い経済学者．3人のお嬢さ
ん，2人の坊ちゃんと一諸．14時15辞し，大
学に寄って帰る．Douche，17時出て，我妻
先生のホテルへ．しばらくお喋りし，ホテル
の食堂でごちそうになる．小山，深瀬，山口
君と．後，先生の部屋で話し，22時30辞す．
帰室．23時45．就床0時30．

昼（Prof. Durand）
Hors d'Oeuvre, Roti
de Boeuf crut. Fro-
mage, Rouge.
夕（我妻先生）
Hors d'Ouevre, Filet
de Sole, Fruits, Rose,
Infusion.

12月　5　木曜日
聖 サバ

曇　霧深し

　目は9時頃さめて快いが，ずっとうつらう
つらして12時にいたる．Prof. David より電
話あり．気持ちよく眠った．肩，首の痛いの
は，「後遺症」で止むをえない．しかし，元
気になったものだと嬉しい．昼食，自室．掃
除で下に降り，後　Bourse を取りに行く．
15時〜16時30，"Ripert"，16時30〜18時30，
"Publicite f" 夕食，F.I. 後，本代，旅行代の

昼（自室）
Poulet versamille Bis-
cotto, Beurre, Café.
夕（F.I.）
Potage, Poulet roti,
Ratatoulle, Mouville,
Salade, Gateau, —In-
fusion.

1957年12月6日

計算をする. 20時30〜21時45, "Carbonnier" 就床22時30.

| 12月 | **6** | 金曜日 |

聖 ニコラ

曇

　起床11時45, 一旦目さめるもうつらうつらとする. ○○○多く, それほど快くない. 疲れのなおりかけの例の奴だと思う. 昼食, 自室. 掃除, 新聞. 14時30〜17時45, "西, フランスにおける比較法学の発展" "Battifol, Ourliac, Tinbal, Historie de droit, et droit compare…" を読み, "Tunc, Sortir du Neolitique" をよみかける. 出て Prof. David にお宅に会いに行く. 面白し. 18時30〜19時30, 出て帰館, 直接 F.I. で夕食. 20時45〜21時30, "Carbonnier". 手紙書き, 就床22時半.

昼（自室）
Poulet vermicelle, Biscotte, Beurre, Café, Orange.
夕（F.I.）
Potage, Omelette Pomme saute, Riz à l'Italien, Salade, Patisserie.

| 12月 | **7** | 土曜日 |

聖 アンブロワーズ

雨

　起床8時30. 9時45, Prof. Boulanger に大学で会い, P, T, のことを聞く. 教授が

昼（F.I.）
Bettrave, Cote du Porc, Pomme mousse-

1957年12月8日

講義に出ることをすすめられたのに，断った
ので，機嫌を悪くされる．I. de Droit com-
pare に廻って帰る．直接，昼食，F.I. 帰室，
12時．12時半出て我妻先生のホテルへ．食事
中．後，お喋りする．山口君も来る．桐山氏
夫妻も来る．15時タクシーで山口君と出られ
る．別れて帰室．17時〜17時30，"Publicite"
Douche. 夕食．F.I.20時〜21時30，"Carbon-
nier 〜民法"（日本のコメンタールと対照す
ることにする．）就床22時——少し，神経の
疲れを感じるのは，疲労の癒りぎわのせい
か？

line, Jardin de Le-
gumes, Salade, Man-
darine.

夕（F.I.）

Potage, Steak Pomme
saute, Chou-fleur, Fro-
mage, Orange.

| 12月 | **8** | 日曜日 |

無原罪の懐胎

曇時々小雨一時晴

11時15分のミサ．終わって帰室，昼食，自
室．14時〜16時 "Ripert" 16時〜17時30 "Pu-
blicite" 疲れて少し休む．夕食，F.I.18時
30. 20時〜21時 "Publicite". 21時〜21時
45，"民法"．就床22時30．——昨日の雨の後
か，空気濁り，風強く，暖かく，爽快．風の
ためか，一時晴れる．夜星が見える．気持ち
の良い日だ．

昼（自室）

Biscotte, Beurre, Café,
Orange.

夕（F.I.）

Potage, Jambon, Sa-
lade, Macaroni, To-
mate, Prunes au jus,
Gauffrette.

1957年12月9日

| 12月 | **9** | 月曜日 |

聖女 レオカディ

雨

　一日雨，暖かい．

　起床11時30．昼食，F.I.13時〜13時45，"Ripert"．出て，講義，Prof. Carbonnier "Sociologie juridique" 13，4人ほど．終わって図書館で "Publicite" "Gaz. Pal. Esmein" を読む，16時30〜18時15，出て帰館，直接夕食，F.I. ぐるっと廻って教会で Imm. Covc. のミサ．20時になる．20時45〜21時30，"Carbonnier"．就床22時．——明日より10時起床．6ケ月計画で8時起床までもって行く．始め1ケ月同時刻，あとの2ケ月間に10日ごとに10分ずつ早めるという方法をやってみる．

Mikako より手紙．

昼（F.I.）

Pate, Roti de Boeuf, ………, Coquillette, Tomate, Pomme, Yaourt.

夕（F.I.）

Potage, Saucisson frite, Choucrourte, Riz a l'Espagnol, Salade, Cream vanilla.

| 12月 | **10** | 火曜日 |

聖女 ヴァレリー

晴後曇

　起床10時30．11時15〜11時30，"Ripert"．昼食，F.I.12時30〜13時．"Ripert"．掃除，上がって探し物．出て14時15，Prof. J. Che-

昼（F.I.）

Pate, Tomate, Poisson, Fruite, Pomme, Glace.

夕（F.I.）

1957年12月11日

varier の講義．図書館へ行ったが，満員なので，つづいて Prof. Chevalier の Conference. 図書館にいくも本なし．出て福田さんのホテルを探す．6つ目にみつかる．帰室．探し物——Cours Polycopie の券！——をし，後，19時30，F.I. で夕食．帰室后も探し物．整理，21時，一国，渡邊，戸張君来たり，旧委員のコンパ23時30にいたる．就床24時30．

Potage, Steak, Pomme saute, Chou saute, Salade, Gellee.

| 12月 | **11** | 水曜日 |

聖 ダニエル

曇

起床12時——思えば昨日はじつに身心のコンディションのよい日だった．よく眠ったせいか，規則正しく起きたせいか？——．12時30〜13時30分，"Ripert"．掃除でおり，上がって昼食，自室——少し胃悪し．間食の不可と悟る ——．15時〜16時 "Ripert". Douche, 17時15〜18時15 "Publicite f" 手紙2つ．18時30，夕食 F.I.19時45〜21時30，"Carbonnier" 電話をかける．就床22時30．

昼（自室）
Biscotte, Beurre, Café, Orange.

夕（F.I.）
Potage, Cote de Porc, Epinard, Macaroni Gruyiere, Fromage, Mandarine.

1957年12月12日

| 12月 | **12** | 木曜日 |

聖女 コンスタンス

雨
　起床10時30．11時30〜12時．12時30〜13時．"Ripert" 昼食，自室，12時，13時出て，図書館に行くべく出たところ，今日の午後は，Distribution du prix で休み．15時に始まるというので，クリスマスカード，教授の依頼を買い，L.G. で本を買って，時間を潰す．賞品授与式というも，始め半分はDoyen の学事報告．ついで2人の教授がリサンス及びドクトラについて受賞者のところで，説明し，終わりに賞を渡す．17時15に終わる．帰室，小山さん既にいる．Gavalda 君を待つ．日本食．11時出て同君の自動車でAux Deux Magots へ連れられて行く．同君の友人の医者といっしょになる．また送ってもらい帰室1時，就床2時．

昼（自室）
Biscotte, Beurre, Café, Orange.
夕（レストラン）
さしみ，茶碗むし，すきやき，お茶，酒，ようかん．

| 12月 | **13** | 金曜日 |

聖女 オディーユ

晴時々曇
　起床11時30．12時30昼食，自室．持物整理をする．15時出て，Comite d' Accuiel で Re-

昼（自室）
Biscotte, Beurre, Café, Orange.

294

1957年12月14日

bousement の請求をし，L. de Luxembourg
で本を注文. Scripta に行くや○○でまちが
え，G. St—Lazerus と遠回りをした. 日記帳
を買う. 帰途，17時30. 夕食，F.I.20時30〜
21時. "Carbonnier" 手紙. 就床23時.

夕（F.I.）
Potage, Omelette,
Pomme saute, Jardin
de Legume, Salade,
Mandarine.

| 12月 | **14** | 土曜日 |

聖 ニケース

曇

　起床10時30. 出て11時30，Prof. Levy-
Brubl 宅へ. Institut francais de Sociologie
の会員にならぬかとすすめられる. 親切. 12
時15辞し帰室. 昼食，自室. 出て14時15，法
学部へ M.Fusil の T.P. ブリアンな人. Prof.
Boulanger 来られる. 終わって帰館，
Douche. 18時近く出て，H.California へ日鋼
管山下氏に会い，打合せをして，Anne de
Beauyeir でごちそうになり，22時40別れる.
帰室23時30. 就床 0 時30——理由がわからな
いが，ひどい鼻かぜになった. 朝起きたとき
から.

昼（自室）
Biscotte, Café, Beurre,
Orange.
夕（レストラン）
Huitres, Poulet, Bas-
quaise, Glace, Virmine
Blanc, St. Milian.

1957年12月15日

| 12月 | ・ | **15** | 日曜日 |

聖 メスマン

曇

　教会に行くときパラパラと雪が降る．帰って昼食を自室でし，すぐ床に入る．鼻が出て，頭が重いのみ．夕食，18時30，F.I.20時30床につく．

昼（自室）

Biscotte, Beurre, Lait condense, Orange.

夕（F.I.）

Potage, Steak, Pomme saute, Chou-fleur vinaigrette, Fromage, Orange.

| 12月 | | **16** | 月曜日 |

聖女 アデレード

曇

　起床 9 時30．大学へ10時45に Prof. Leon Mazeaud にあいに行く．15分ほどあいさつをして出たら，小山さんがおられたので，紹介する．出て，Mahiry でコーヒーをのんで別れる．帰室．昼食，自室．13時45出て，S.J. の講義．終わってすぐ帰る．横になる．——朝よりカゼの調子よくないので——．18時30，夕食 F.I. 山口君といっしょになる．帰室后日本へのカード書き．就床21時．

昼（自室）

Biscotte, Beurre, Lait condense, Orange.

夕（F.I.）

Potage, Boeuf saute, Coquillette, Carotte, Vichy, Salade, Prune, jus.

1957年12月18日

12月	**17**	火曜日

聖女 ヨランド

曇

　1日寝ている．朝は8時30，10時30，11時と目ざめ，結局12時30に起きて昼食，掃除で下におりたのみ．又ずっと横になり，だいたい眠っている．やはり疲れていたのか．それにしても，きちんとやる時はいいが，休む時はばたりと倒れてしまう，という今のほうが健康なのだと思う．いつも充分な調子でなく，ぶらぶらしているのは，よくない．その点，健康が増進したのかと思う．よい傾向だ．夕食はF.I.18時30．20時30には，就床．

昼（自室）

Biscotte, Lait condense, Beurre, Orange.

夕（F.I.）

Potage, Cote du Porc, Epinard, Pomme, Gruyere, Banane.

12月	**18**	水曜日

聖 ガティアン

曇一時雨

　午前ずっと寝て，12時にいたる．よく眠れること，驚くべし．鼻水は出なくなったのか，頭の神経が痛む．12時起きる．掃除で下におり，昼食，自室．13時 Prof. Levy-Bruhl への手紙，タイプに手間どり，Douche，15時30．16時30～17時30，横になる．出て，Gare du Nord へ福田さん夫妻を迎えに行

昼（自室）

Biscotte, Beurre, Lait, condense, Orange.

夕（レストラン）

Coquille mayonnaise, Boeuf portugais, Tarte de Pomme, Infusion（Mentha?）

1957年12月19日

く．列車40分おくれ，19時23着．Metro で
Hotel de Lutice へ．案外良い部屋で安心し
た．出て Petee Champnaire で夕食，11時30
別れる．

-Rose, Rouge.

12月　　**19**　　木曜日

聖 ティモレオン

快晴

珍しく元気．昨夜寝つき悪く──夜遅くま
で起きているとかえって眠れない．アルコー
ルの度をちょっと過ごすといけない．──3
時30．12時まで眠る．起床，掃除，昼食，自
室．又，横になっている．16時30分起き，17
時45，I.D.C. に Prof. Battifol, Villey の法哲学
の私的セミナー．始め，Battifol さんが，In-
troduction をやって，あと Villey さんとな
る．19時15出て，福田さんのホテルに置き手
紙をして帰り，F.I. で夕食．家より本2包．
21時，松原，ショーム君の部屋で小さいカト
リックの集まり．徳川神父も来る．よいレ
コードを聞いた．24時解散．就床0時45．

昼（自室）
Biscotto, Beurre, Cafe,
Orange.
夕（F.I.）
Potage, Boeuf brise,
Pomme enit?, Petit
pois, mousseline, Fro-
mage, Orange

1957年12月21日

| 12月 | **20** | 金曜日 |

聖 セオヒール

曇時々雨

　11時30におきる．掃除，昼食，自室——又少し具合悪い．昨夜眠ったのは2時30頃——クリスマス・カードの準備をする．16時出てComite d'Accueil で600frs. 受取り，L. de Lexembourg で本を受け取り，○○○○○○○○○○○ Rousseau で本1冊受け取り，買い物をして帰る．夕食，F.I.18時30帰室后もそういった用事，就床21時．

昼（自室）
Biscotte, Beurre, Café, Orange.
夕（F.1.）
Potage, Omelette, Champignon, Pomme saute, Salade, Patisserie.

| 12月 | **21** | 土曜日 |

聖 トーマ

晴

　起床12時，昨夜21時に眠り，11時30にめざめ，2時30まで本を読む．又少し調子悪い．——掃除，昼食，自室．13時45出て，T.P. 面白い．学生もよくできるし，講師の話もよい．終わって16時，Institut francais de Sociologic の集まりに行く．Prof. Levy-Bruhl が入会申し込みをしてくれ，今日は Invite として途中から入る．"Guerre courtoise" について．歴史と今日の問題，Reynond

昼（自室）
Biscotte, Beurre, Café, Orange
夕（F.I.）
Potage, Steak Pomme saute, Lentille, Salade, Manderine

1957年12月22日

Aron がよくしゃべる．18時15出て，St.Sulpice で Conf. 19時45，F.I. で夕食．帰室後 Doouche．黒沢よりクリスマス・カード．就床22時——徹底的にカゼを治したい．せっかく集中できはじめ，疲労——あれほどひどい！——も治りはじめたところだから．

12月	**22**	日曜日
	冬	

快晴

　11時15のミサ．帰室，昼食，自室，クリスマス・カードを書く．15時30〜16時30横になる．起きてまた雑事．18時福田さん夫妻来られる．お茶，ミカンを出す．19時深瀬君来る．20時30出て Deux Dragons で夕食，23時出てカフェへ．1時30にいたる．別れて深瀬君と帰る．1時15，就床2時．

昼（自室）
Biscotte, Beurre, Lait condense, Orange
夕（レストラン）
卵スープ，海老揚げ物，鳥と焼きソテー，牛ソテー，Rose d'Anjou，揚げ物，支那茶

12月	**23**	月曜日
	聖女 ヴィクトワール	

曇時々小雨

　12時起きて昼食，自室，掃除．後，クリスマス・カード最後の仕上げ．郵便局で値段を

昼（自室）
Biscotte, Beurre, Lait condense, Orange

1957年12月24日

聞き，帰って切手を貼って出す．17時，又床
につく．19時起きて整理をし，就床20時．

| 12月 | **24** | 火曜日 |

曇時々雨

　起床10時．11時深瀬君と出て，福田さん夫
妻をホテルに訪ねる．出て，コントの像の前
で写真をとり，Odeon から，Metro で Gare
du Nord へ．Restaurant で昼食，14時09の
急行で発たれる．深瀬君と別れて Pl Clichy
で写真をたのみ St. Sulpice で「うまや」
「カード」を買って帰る．小包を開けて「ジュ
リスト」や「時報」をなつかしむ．18時，買
物，夕食自室，来年のプランなど考える．21
時深瀬君と出て，M. et Mme Polinowski の
お宅へ Cercle St.Jean-Baptiste のクリスマス
の Veillee（深夜の集まり）に行く．親切な
お宅．始め，子供さんたちの歌．レコード．
聖書の一節の朗読など．23時30過ぎ，前の身
体障害者の病院のチャペルへ．クリスマス真
夜のミサ．

昼（レストラン）
Huitre, Boeuf, saute
braise, Thé, Bierre.
夜（M.Polonouski）
スープ，米にくるみを
いれていためたもの，
チーズ，食パン，お茶，
ジュース，白ワイン，
お菓子

1957年12月25日

12月	**25**	水曜日

ノエル

晴

　ミサより帰って，reveillone，（真夜中の夜食）．後，各国の歌，インドネシアのお嬢さんのピアノなど．4時30辞し，生田君の自動車にのせてもらって帰る．6時就床．——クリスマス・プレゼントを頂く．ハンケチ．目覚めたのは，13時．ずっと床中でぼんやりしている．17時起きて Douche，ぬるく飛び出す．夕食，F.I. 賀田君，三上と一諸にいっしょにいるので会う．帰室後 Douche．

夕（F.I.）
Potage, Roastbeaf, Salade, Coquellette, Tomate, Peche, syrop, Gateau.

12月	**26**	木曜日

聖 エチエンヌ

晴

　4時30に一旦めざめ，8時頃まで目がさめている．又，眠り，12時にいたる．起床，掃除．上がって昼食，自室．Miko よりクリスマス・カードと手紙そして写真．素晴らしい美人でびっくりした．手紙もすばらしい．幸福だと思う．——手紙を二三書き14時30に又横になり，うつらうつらしている．要するに，神経の過労だが，少しずつよくなってい

昼（自室）
Biscotte, Beurre, Lait condense, Orange.
夕（F.I.）
Potage, Boulet, tomate, Rceville, Haricot, blanc, Salade, Banane.

1957年12月28日

くのが気持よい．夕食，18時30，F.I. 就床，
20時30.

| 12月 | **27** | 金曜日 |

聖 ジャン，アポトル

曇

　昨夜10時30に眠り，11時30に一度目がさめ
て，ついで2時45に目がさめ4時に眠る．9
時に目ざめ，また眠って11時に至り，あとは
うつらうつらと12時，肩，首，頭の痛いのは
ひどい．掃除．上がって昼食，自室，14時〜
14時30，15時〜17時30，"Ripert" とこれに
関係し，「広中：契約法哲学講座」，後者は非
常な傑作だ．少し横になる．18時30，夕食，
F.I.19時30〜20時法哲学講座の「青山：家
族」を読むも疲れて眠ることとする．就床22
時30——美賀子の写真，眺めてあきない．

昼（自室）
Biscotte, Beurre, Café,
Orange
夕（F.I.）
Potage, Omelette,
Champignon, Riz
créole, Salade, Prune,
Syrop

| 12月 | **28** | 土曜日 |

汚れ無き聖者たち

曇　時々晴

　昨夜眠ったのは0時30．6時，9時，10
時，とめざめたが，寒くなく，12時には起き
る．掃除．昼食自室．床屋に行き，帰って

昼（自室）
Biscotte, Beurre, Lait
condense, Orange
夕（F.1.）

1957年12月29日

Douche，洗濯．17時，眠り，19時近くに至
る．夕食，F.I. やはり疲れていたのだ．しか
し，集中は出来るようになった．ずいぶん元
気になったもの．この休み，徹底的に治した
い．——就床21時30．

Potage, Pot an ferrgo-
rir, Nosille, au beurre,
Salade, Mandarine

| 12月 | **29** | 日曜日 |

聖女 エレオノール

晴

　11時15のミサ．終わって，F.I. で昼食，帰
室後ずっとぶらぶらし，15時以後は横にな
り，1時間ほど，眠る．夕食，18時30，
F.I. 就床21時——身体はよいが，肩から上が
ひどく痛い．美賀子の写真すばらしい．

昼（F.I.）

Hors d'Oeuvre,
Chaussere, Pommes
anglaise, Salade, Ga-
teau

夕（F.I.）

Potage, Roastbeaf,
Pomme frite, Harricot
panache, Fromage,
Mandarine

| 12月 | **30** | 月曜日 |

聖 ロージャー

曇小雨

　昨夜も眠ったのは24時30頃，6時30，9
時，10時と目覚め，11時30に完全に目がさめ

昼（F.I.）

Jambon, Steak Chou-
fleur, Riz à Espagnol,

1957年12月31日

る．起床12時，昼食，F.I.13時近し．帰室後少しぶらぶらして15時出て買い物．Monparnasse から Monoprix, Magazin reunis により，Luxembourg 公園を通って，Sing Daloz, Rousseau と寄り，Cite U.の近くでも買い物をして帰室，17時．夕食，F.I.18時30．19時30～21時30，"Carbonnier" 就床22時——肩，首，頭痛むも，少し読書をしてみた．食前の○○らしい．

Salade, Potisserie
夕（F.I.）
Potage, Saucisson de Toulouse Pate pois, Pomme mousseline, Fromage, Pomme

12月 **31** 火曜日
聖 スティルヴェストル

曇一時晴　時々雨

　起床11時30．昼食　F.I.12時30．帰って，洗濯．14時～15時 "Ripert"．15時～17時横になる．まだ全快せず．17時起きて洗濯，18時，深瀬君と Luxembourg 駅へ行き，小山，青木と待ち合わせて（山口君は，Cite Univ の駅で会う），Jurists の集まり．Mabieu でアペリチーフ．中華料理．Cluny でカフェ．楽し．12時近く別れ，深瀬君と帰る．就床1時．

昼（F.I.）
Saucisson, Poisson frite, Coquillette tomate, Salade, Prune au jus
夕（レストラン）
豚ソテー，牛ソテー，もやしソテー，えびソテー，いかソテー，米，Chateauneuf

1957年12月

後記 　いよいよ待降節に入り，クリスマス，年の瀬を迎える事となる．昨年のクリスマスには，ローマへの巡礼団を結成して，サン・ピエトロでの徹夜祭のミサに与ったと思われるが，この年は，パリで過ごすことになる．法学部では，いつものとおり授業があり，木々もデコレーションで華やかに飾られることもなく，静かに，清らかに，キリストの降誕を祝っている．

　星野の記述で，明らかに変わってきたのは，今までの「頑張って」いる，という調子が，12月初めには我妻先生が来られているせいか，「はりきっている」という表現が見られ，自分の健康についても，相変わらず，肩や首筋の痛み（戦争中に厳しい軍事訓練や，自爆攻撃の恐れ，などから，戦後，重い結核にかかっていたことが解り），それを日記に訴えているが，「直りかけている」，と肯定的にとっている．彼特有の不規則な睡眠と起床時間についても9日には「―明日より10時起床．6ヶ月計画で8時起床までもって行く．始め1ヶ月同時刻，あとの2ヶ月間に10日ごとに10分ずつ早めるという方法をやってみる．」と考案し，理論派らしいところを見せているが，これの実行は長続きしなかった．終始，肩，首の疲れを感じているが，それもこの月では，「快方に向かいかけている」と肯定的に受け取っている．心地好く1957年の最後をすごしている．やはり，3度にわたる我妻先生のパリ訪問の意義は大きく，この若い弟子によい影響を与え，一方星野の方でも，フランス滞在の成果を充分に上げていることを大先生に解ってもらい，やる気が出てきたのだと思う．

　パリ大学の授業も，ヴィレイ教授の「法社会学」13，4人の講義（9日）に出ている．自室においては，相変わらず，寸暇を惜しんで，カルボニエ，リペール先生の本を読み，さらに日本から送られてくる書物からは良き刺激を得ている．

　2日にモランディエール先生の前で我妻先生と話したことは，民法改正についてである．また，アグレガシオンの結果が解り，友人であるガヴァルダ氏，デュルッペ氏，テレ氏が合格しているのを祝い，ガヴァルダ氏は，Berthe という店で，友人も共に祝賀会を催すとのことで，星野もその内輪話が繰り広げられる私的な会に呼ばれ，大いに感動した．あとでガヴァルダ氏は，さすが「呼べるパーティはあそこまでで，結婚のパーティには呼べない

［後記］

ね」と告げられたそうだ．また4日には，デュラン氏の昼食にあずかり，そこにはその年，1957年の春に訪問したツールーズのローレ教授も来られ，お会いすることが出来た．7日には我妻先生のホテルで山口，桐山夫妻とともに昼食にあずかり，そこでの会話からは多くを学んだであろう．

星野は，この年ほど，クリスマス・カードに時間をかけたことはないと思う．春に訪問したフランスの各大学に，クリスマスの挨拶をするのが礼儀だとおもわれたから．最後に日本へカードを送る時期が来たが，それは晦日になった．

12日には，Distribution du prix（褒章授与式）という式があり，2人の教授に賞状がわたされた．また「ぼたんや」でガヴァルダ氏，小山先生と日本食をとる．M. Fusal というブリアンな人は社会学会のフランスの会員にならないか，と勧めてくださった．

19日には，星野にしては「珍しく元気」だと書いている．この月の健康感覚の良さは，天よりのクリスマスの贈り物だろうか．福田さんとは，置手紙の交渉．また日本館では，松原，ショーム君の部屋で徳川神父も交えて小さなクリスマスの集まりがあり，よいレコードを聞いた．22日には福田さん御夫妻がこられ，お茶とミカンをだす．深瀬君も一緒に，Deux Dragons で夕食．24日には，福田夫妻が出発なさるのを，深瀬君と見送る．季節のことゆえ，「うまや」や「カード」を買う．ここで，この時英一が求めた「うまや」は，現在，我が家のクリスマスに取り出され，飾られるものであることが判明した．それは，手のひらに載せられるように小さな馬屋であり，木片で出来たごく素朴なものに着色が施されている可愛いクリスマスの象徴である．

深瀬君と，M. Polonouski のクリスマスの Veille（イーヴ）に出席させてもらう．子供さんたちの歌，レコード，聖書朗読，など．23時半に前の身体障碍者の病院のチャペルでクリスマス真夜のミサにあずかる．25日はノエル．私は，Polonouski 様宅の子供たちの静かで清らかな前夜祭に感銘を受けた．また，身体障碍者の病院の真夜のミサに与って，慈愛心を起こさない人があるだろうか．

307

1958年1月1日

| 1月 | **1** | 水曜日 |

シルコンシジオン

曇一時晴

　起床9時45分．眠い．出て大使公邸へ．新年のパーティー．大阪ずし（さば，鯛？），いなりずし，のりまき，かまぼこ（?），卵焼，なます，黒豆，きんとん，シューマイ，ぼた餅など．ライスカレー，福神漬などもあり．「白鹿」と「白鶴」．Vin nouveaux，ジュース．多くの人に会う．14時30出て，帰る．所君，うちからの荷物を持ってきてくれる．帰室後その整理．横になるも眠らず．修二「岩波茂雄伝」をくれる．面白い．夕食，F. I. 19時．帰室後，手紙書きなど．就床22時．

夕食（F.I）

Potage, Steak, Champignon, noville, gruyene, Salade, Prune au jus.

| 1月 | **2** | 木曜日 |

聖 バジール

晴

　起床11時半．一昨夜　少し「岩波茂雄伝」を読んでなかなか寝つけず．3時にいたる──昼食，自室．13時出て，フランク君のお宅へ．Thé に呼ばれる．辻さん夫妻，大久保嬢，羽田君も来る．17時半にいたる．出て

昼食（自室）

Biscotte, Beurre, Lait, condense, Orange

夕（F.I.）

Potage, Foie grille, Carotte, Salade, Patis-

1958年1月3日

帰り，直接 F.I. で夕食．19時半〜21時半，
"Carbonnier" 22時半．——自分のほんとう
の望みをはっきりつかまえ．それに分かって
歩みたい．——自分のペースを見出すこととも通ずる．——むりな背のび．規範主義はすてること．——何のために勉強するか？　自分の一理想主義でない——自然の事に聞いてみる必要あり．

serie.

1月　　3　　金曜日

聖 ジュヌヴィエーヴ

曇

　起床11時半．昨夜眠ったのは23時半頃？
7時半，9時半とめざめ．掃除らしいので起きた．昼食（F.I.）12時〜13時，14時〜16時15分 "Ripert" 16時15分〜18時半 "Publicité-Morandiere, Précis" 夕食 F.I.19時半〜21時半，"Carbonnier" 22時半（睡眠1時間）
——結婚によってよいことのもっともプリミラティブなもの．第1，淋しさ，悲しさ，不満などを——誰にも打ち明けられない．——そのまま出して受けいれてくれる相手のいること．第2，sex の要求と斗う必要なし（もちろん一時的に必要生ずる）いつもそれをみたしうるとの可能性の上に安んじられること

昼食（F.I.）
Tart, Poisson, frite,
Mayonnaise pomme
Jardiniere de Légume,
Salade, Confiture
夕食（F.I.）
Potage, Hors-d'oeuvre
mayonaise, Epinard,
Riz, Creme de
Gruyere

1958年1月4日

――故に神経を使わなくてすむ.

| 1月 | 4 | 土曜日 |

聖 リゴベール

薄曇後曇後雨

　起床10時半. 昼食, F.I. 11時半　12時半～
13時, 13時半～16時 "Ripert" 途中掃除. 15
時～16時 Douche. 16時～17時 "Ripert" 調
子よくすすまないので. 17時～18時半 "Pu-
bulicite-Morandiere" 夕食　F.I. 19時半～21
時 "Carbonnier" 明日早いので早く就床21
時15分. ――三ケ月さんより手紙.

昼食 （F.I.）
大根 Cote du Porc,
Pomme? Mousselin
Banane
夕食 （F.I.）
Potage, Roast beef,
Harricot vert,. Spa-
ghetti, Tomate, sa-
lade, Mandarine.

| 1月 | 5 | 日曜日 |

聖女 アメリエ

小雨後曇

　起床8時45分　昨夜寝ついたのは12時半過
ぎか――眠い. 10時の Cercle St.Jean-Bap-
tiste のミサ, Rue St.Jean-Baptiste にて. 11
時半, 話. 12時半, 昼食, 終わりに Galette
du Roi. 15時よりスライド. Chartres, Bre-
tagne, Péugord, Alsace. 美しい. 旅情をそ
そられる. 終って出るとたまたま雨上りの

朝食 （Cercle）
Croissant
昼食 （Cencle）
Hors d'ourvre, Roti de
Boeuf, Légume, Sa-
lade, Galette, Café,
Rouge.
夕方 （F.I.）

1958年1月7日

空．春のごとく，ますます旅したくなる．あと半年と思うとフランスはなつかしい．帰室後少しぼんやりして，17時～18時半"Ripert"夕食．F.I. 後良子に手紙を書いて23時．就床22時半．

Potage, Roti de Beurf, salade, Pomme Mousseline, Compote, Gauffrette.

1月	**6**	月曜日

エピファニー（公現）

雨後曇

　起床10時30分．眠ったのは24時30？　8時半に目ざめ，後あまりよく眠れず．Fondation Natoinal に小切手を取りに行き，F.I. で現金化し（並ぶ），昼食 F.I.12時半～13時，13時15分～13時45分，"Ripert"出て，S, J, の講義．始めの1時間は暖かすぎて眠く，後緊張して聞いたら頭痛し．すぐに帰館．少し洗濯．17時30～18時30，"Publicite ―Morandiere"夕食 F.I. 19時半～21時半"Carbonnier"就床22時――家より寄せ書き来る．

昼食（F.I.）
Poisson, Cote du Porc, Petite pois, mouseline, Jardiniere de Légume, Yaourt, Orange.
夕食（F.I.）
Potage, Boeuf hache, tomate, Pomme frite, Coquille, Salade, Pain.

1月	**7**	火曜日

聖女 メラニエ

曇後雨後曇後晴　風強

昼（F.I.）

311

1958年1月8日

　起床11時半．——少し疲れたのでゆっくり寝てみる．昨夜就眠24時30（？）．8時半に目ざめ，10時には目ざむ．あとうつらうつらとする．——昼食 F.I. 帰室，掃除．14時〜16時 "Ripert" 16時〜18時．"Publicite—"Morandier 終り，細かく調べる．18時〜18時30分 "Carbonnier" 夕食 F.I. 19時半〜21時半……家へ手紙．"Corbonnier" 就床22時半．

パ　イ，Poisson, frite,
Pomme saute, Salade,
Patissrie, jus
夕（F.I.）
Potage, Steak, Petit
pois, Riz à l'Italienne,
Fromage, Orange.

| 1月 | **8** | 水曜日 |

聖 ル‐シアン

薄曇後晴後曇　風強

　起床11時半——昨夜就眠24時（？）5時半，7時半，9時，10時，11時と目ざめる．10時以後はやや浅し——昼食 F.I. 14時半〜15時半，Douche. 頭散漫で横になり，うつらうつらする．疲労とともに内因性，不安症的——久しぶりの傾向——．16時〜17時15分 "Ripert" 17時15分〜18時半 "Publicite"「人の同一性確認」夕食 F.I.——．20時〜21時半，"Carbonnier" 就床22時15分．

昼（

1958年1月10日

| 1月 | **9** | 木曜日 |

聖 ジュリアン

曇時々雨　風強

　起床10時半——昨夜寝つかれず，やや昂奮の気味なので23時半カルモチン，雑誌を読み24時半，就眠1時（？），6時，9時，10時と目覚める．肩の凝りは減るも，首はかなり．後頭重く，目が重い．全身けだるい——昼食，F.I. 上ったのは12時半．13時〜15時．"Ripert" 出て Credit—Lyonnais へ送金を取りに行く．帰り，画廊○○○○○○（12, vue La Boétie）へ行本さん達の抽象書画展を見に行く．面白い．17時出て，Institut de D.C. へ．P.D. Villey さんの「法の古典的概念」についての Conférence. 19時出て F..I. で夕食，20時45分〜21時45分．"Carbonnier" 就床22時半．

昼食（F.I.）

Bettrave Saucisse, Toulouse, Haricot blanc, Riz a l'ltalienne, Créme de gruyere, Orange.

夕食（F.I.）

Potage, Roti de Veau, Pomme saute, Choufleur a la Creme, ……Salade, Fleur á La Creme, Salade, Pain de Pomme.

| 1月 | **10** | 金曜日 |

聖 ギョーム

曇時々雨　風強

　起床11時15分——昨夜洗濯23時半ねつけず12時半カルモチン4，就眠1時半（？）．9時10時めざめ，あとはぼんやりしている．

昼（F.I.）

Salade russe, Poisson frite, Noville au Beurre, Brie, Prum au

1958年1月11日

——昼食 F.I.13時～15時 "Ripert" "Démocratíque" やっと終る．じつに長かった．出て Salle de Travaille へ．"Norson, P. F." を読む．16時半～18時．出て F.I. で夕食をして帰室．19時～20時半 "Morandier" 20時半～22時．"Carbonnier" 就床22時半．——Ripert., Democratique 始めたのは10月30日．いかにその間千客万来で忙しかったことか！

jus.

夕（F.I.）

Potage, Omelette, Champignon, Pomme, Salade, Banane

| 1月 | **11** | 土曜日 |

聖女 オルテンセ

曇時々雨時々晴

　起床10時半——昨夜消燈23時半，就寝24時（？）2時にめざめ Toilette．8時，9時とめざめ10時に至る．昼食 F.I. 11時半．12時半～13時半 "Ripert" "Morale" を始める．出て T.P. 面白い．ついで Salle de T. で "Publicite—Nerson"．18時出て F.1, で夕食をして帰る．Douche．20時半～22時半——Terré 君より土曜昼食にさそわる．杉山先生より来信．——肩，首など痛いのは変らぬがだいぶよくなったか？　とにかくこれは不可避として，完全に癒るのは望まないことにした．よく眠っているせいか調子はよい．昼食を F.I. で食べられるのもよい．ただ頭と胸

昼食（F.I.）

大　根？, Poulet roti Pomme frite, Haricot blanc, Gruyere, Orange

夕食（F.I.）

Potage, Steak Haricot vert, Riz a créole, Salade, Creme caramel.

1958年1月13日

のやせているのは. ──最近気づいたが──
でも. 肥りそうだ.

| 1月 | **12** | 日曜日 |

聖 アルカデウス

晴時々曇

　11時15分のミサ. F.I. で昼食. 13時半〜16
時. "Ripert" 16時〜18時. "Publicite F" 明
日の L.J. のため古いノートを見る. 夕食
F.I.19時半〜20時半 "Carbonnier" 手紙書
き. 23時──昨夜 C.6, 就眠24時? 　5時半
目ざめ 8時ぐらいまで眠れず. 起床の時久し
ぶりに眠い. ──胃の調子も睡眠に大いに関
係することがはっきりわかる. 便秘.

昼（F.I.）
魚 カンヅメ, Chou-
croute, garni, Pomme,
a l'Anglaise, Brie,
Mandarine.
夕（F.I.）
Potage, Roast beef,
Pomme Mousseline,
Lentille, Salade, Patis-
serie.

| 1月 | **13** | 月曜日 |

聖 バプテーム　J.C.

曇

　起床11時半. 昨夜消灯　24時. 就眠　1
時? 　8時半目がさめて Toil へ. 9時半あ
たりより夢多く眠る. 起きたとき脱力感あ
り. やや内因性の神経疲労か? ──昼食
F.I. 美賀子から手紙, 家から小包で「ジュリ

昼食（F.I.）
Saucisse, Boeuf breise,
Carotte, Macaroni au
Beurre, Salade,
Prune au jus.
夕食（F.I.）

315

1958年1月14日

スト」「時報」などが入っており.「年間回顧」など見る. 昂奮してくる. 出て14時15分, S.J. 面白い. 16時半〜18時. Salle de Travail で "Publicité-Nerson". 出て Gibert で Classeur を探して帰る. F.I. で夕食. 帰室後も小包の中のものを見て1時間. 20時半 22時 "Carbonnier" 就床22時半——若い人の業績を見ると昂奮してある焦りをおぼえる.

Potage, Steak, Pomme frite, Haricot blanc, Port-Salut, Orange.

| 1月 | **14** | 火曜日 |

聖 フェリックス

曇

　起床10時半——昨夜, 昂奮したせいか眠れず. 12時半消燈が, 4時半あたりになって眠った. しかしそう気分は悪くないが, 胃が少し悪くなった. 便秘は治ったらしい. ——昼食 F.I.13時〜14時半 "Ripert" むずかしいところで進まず. 少しカタログを見て, 15時に出, L. de Luxembourg で本を注文し, 公園を通って法学部の Salle de T. へ. 16時 "Pulblicité Nerson" 終 り, "Publcité-Becque" に入る. やや学生うるさい. 18時出て Trieur を買って帰り, F.I. で夕食. 19時半〜21時半, "Carbonnier" 就床22時半 C7——

昼 (F.I.)
Oeuf et Pomme Salade, Maquerren saute, riz a l'Italiene, Camembert, 金平糖＋ゆべし
夕 (F.I.)
Potage, Rostbeef petit pois, Pomme, Boulangere, Salade, Patisserie. (Flan)

1958年1月15日

まず近年まれに快調な頭といえる．この数日
は，今晩夕食のときやや胃悪し．——美賀子
の写真すばらしい．胸をおどらせて眺めてい
る．

1月　　　　　　**15**　　　　　　水曜日

聖女 レイチェル

曇

　起床11時15分．電話で起こされる．——昨
夜消燈23時．就眠23時半？5時15分目がさめ
Toil．2時間ほど目がさめていて，7時15分
眠り9時15目ざむ．あとはぼんやりしてうつ
らうつらしている．掃除が今日は早くてうる
さい．急に起きたせいか？）胃の調子悪し．
酸の不足らしく食欲なし．もっとも数日昼食
欲のあったのは珍しいが——昼食 F.I. 調子悪
く，食后とて少し横になる．14時出て，
Salle de Tavail へ．"Publicite-Becqué" 17時
半出て，図書館でカードを貰い，"Carbon-
nier, Psychologie juridique" を借りて帰る．
F.I. で夕食帰室後 Douche．20時半～21時半
"Carbonnier" 疲れていて（胃？）22時15分
就床．

昼食（F.I.）
Sardine Beurre,
Hache, Pomme,　芽
キャベツ，Salade.
夕食（F.I.）
Potage, Roti de Veau
Haricot vert, Spaguet-
ti tomate yaourt.
Mandarine

1958年1月16日

1月	**16**	木曜日

聖 マルセル

曇

　起床11時15分——昨夜すぐ眠った（23時半）が，3時15分目ざめて Toil. それから眠れず，6時になる．6時半（？）に眠り，9時に目ざめ，又10時半に目覚しで目ざめたが，起きられず．ぼんやりしている．夜目がさめるくせは具合悪い．胃あいかわらず不調——昼食，自室．（自室の昼食は腹が張るのみなのでかえっていけないらしい）13時〜14時，"Ripert" 出て Salle de Travail へ．14時半〜17時半 "Publcité-Beque" 出て I. D.C. へ，P.D. のセミナー．始めて発言をしてみる．議論長く遅くなった．F.I. で夕食，帰室後 Douche, 20時半．20時半〜22時15分，"Carbonnier" 就床23時.

昼（自室）

Biscotte, Lait codensé cafe, Haring, お茶漬け — ノ リ， コ ブ， Orange

夕（F.I.）

Potage, Saucisson de Toulouse, Petit Pois, Pomme Mousseline, Camembert, Banane.

1月	**17**	金曜日

聖 アントワーヌ

曇小雨

　起床11時20——昨夜消燈23時半．眠れぬのでC.3．就床1時（？）8時，10時と目ざめ．10時45分に目ざめる．少し神経疲れてい

昼（F.I.）

Chou vinaigrette, Poisson sauté pomme, Pomme vecrt, Jardi-

1958年1月18日

る．——頭頂の痛いのは胃に，頭（？）は
目，首，肩，後頭は神経疲労に関係あるらし
い．——昼食 F.I, 13時半〜14時 "Ripert" 時
間もなく，進まぬのは残念．出て Salle de
Travail へ．15時〜17時．"Pulblicite-Bec-
que" 出て St.Sulpice' で Conf. 帰りがけ F.I. で
夕食．帰室9時．少し洗濯．19時半〜21時半
"Carbonnier"．M に手紙．就床22時．

nière de Léguemes,
Crème de gruyere,
Gateau
夕（F.I.）
Potage, Omelette,
Pomme sauté, Riz
créole, Salade.Crime,
Café

1月 **18** 土曜日

聖 ベアトリセ

曇

　起床10時．軽食をして Douche へ．12時15
分出て M. Terre 宅へ．M. et M. Soyer, M.
Foyer と共に昼食に招かる．色々しゃべって
楽しい．長々といて16時半にいたる．別れ，
L. de Luxembourg に寄って本を受取って
Luxemborg 駅より帰る．又すぐ出て柳谷さ
ん宅へ．付属会，篠田さんもおられ，総員18
人くらい．夕食，だべる．芝田さんの話し面
白い．自動車で送って頂いて帰る．1時半．
就床．就眠3時半（？）

朝（自室）
Lait condensé, Bis-
cotte, Beurre
昼（M. Terré）
Riz（？）Boeuf（かつ）.
Camembert, Tarte,
Blanc, Rouge
夕（柳谷宅）
お茶漬け．握飯，茶飯，
カツ，おでん，フルー
ツポンチ．

1958年 1 月19日

| 1 月 | **19** | 日曜日 |

聖女 ジェルメーヌ

曇小雨

　11時15分のミサ. 昼食 F.I.. 帰室後小幡君来り, 18時15分まで話す. 彼はのんびりしていてかんにさわらず, recréation の相手によいことに気づく. 夕食. F.I.19時〜21時. "Carbonnier" あと 2, 3 日で終り. 手紙, 家, 鈴木先生, 美賀子. 就寝23時半. 少し眠い. やはり胃少し悪い. 昨日のせい.

昼（F.I.)

Salader nusse, Steak, Pomme frite, Haricot, Camembert, Orange.

夕（F.I.)

Potage, Poulet froid, Salade, Riz á l'Espagnole, Compote, Pomme Petit Beurre（ビスケット）

| 1 月 | **20** | 月曜日 |

聖 セバスチャン

快晴（昨夜雪）

　起床10時半——Femme de chambre に起こされる. ——昨夜就眠11時（？）8 時半, 10時とめざめる. よく眠る. ——昼食 F.I. 12時45分〜13時45分, Ripert 出て大学へ. S.J. 待って Prof. Carbonnier に質問に行く. 17時15分〜18時 "Publicite—Becque" 帰館, F.I. で夕食. 買物, 19時半〜21時半 "Carbonnier" "D.C" 他 "Psychologie juridique" を

昼（F.I.)

Roast beaf, Haricot vert, Coquiette tomate, Yaourt, Orange

夕（F.I.)

Potage, Saucisson de Toulouse, Lentille Pomme momoalim?, Salade, Creme.

320

1958年1月22日

読み始める．眠い．就床22時——胃，ちょっとおかしい．胸やけ（つかえる感じ）

| 1月 | **21** | 火曜日 |

聖女 アグネス

曇

　起床11時15分—昨夜就眠は1時，4時にめざめて Toil. 8時，9時半とめざめる．眠い．——昼食 F.I. 少し "Ripert" を始めたが，疲れてたまらず，眠る．15時〜17時半—全身の脱力感．疲労か？　土曜の睡眠不足か？　とにかく2週間へばったわけ．——起きて身辺整理．夕食は胃の調子がよくないので，自室でゆっくりとする．——20時〜22時．"Carbonnier" 第1巻やっと終る．就床23時．

昼食（F.I.）
ワンタン　トマト，
Poisson frite, Pomme
boulangére, Salade
Confiture
夕食（自室）
ビスコット，バター，
ミルク，オレンジ，飯，
のりとこぶ茶漬

| 1月 | **22** | 水曜日 |

聖 ヴァンサン

快晴　昨夜雪

　起床11時半——昨夜11時半に消灯したところ，眠れそうなのに寝つけず，4時になる．9時，10時と目ざめる．何故眠れなかったのかわからない．珍しい現象．起きるとき眠

昼（F.I.）
Jambon, Bouille To-
mate Pomme frite,
Carotte, Vichy, Sa-
lade, Patisserie

1958年1月23日

し．──昼食 F.I.──少し胸につかえる．
──14時～16時半 "Ripert" Douche ぬるくな
り，頭のみ洗って出る．図書室で本を返し，
借りる．17時45分～18時15分 "Pulicité-Mo-
randière" 夕食 F.I. 後で少し食べ過ぎる．19
時半～22時 "Carbonnier" 時々見に行くも
Douche 冷し．──疲れている．神経なら
ん．──就床22時半．

夕食（F.I.）
Potage, Boeuf blaise
célleri Riz á l'Italiénne,
Port salut, Mandarine.

| 1月 | **23** | 木曜日 |

聖 レイモン

曇

　起床11時半──昨夜消燈23時半．就眠24
時．8時にめざめたほかよく眠るも，夢あ
り．神経疲れている．後頭痛む．起きてもぼ
んやりして集中力難し．理由不明──昼食
F.I.13時～15時半 "Ripert" 出て Salle de
Travail へ．16時～17時15分 "Publicité-Bec-
qué" 出て，I.D.C. へ．P.D. 出て，F.I. で夕
食をして帰室，20時45分．32号室にカトリッ
ク，プロテスタンの小集会．徳川神父，
Pére Rogue も参加．23時半に終わる．就床
0時半．

昼（F.I.）
Betterave, Roti du
Porc Chou blaise,
Pomme, Camamebert.
Orange
夕（F.I.）
Potage, Foie grille,
Petit pois, Norilleue
beurre, Salade, Prum
au jus

1958年1月25日

1月　**24**　金曜日

聖 ティモテ

快晴昨夜雪

　起床11時——昨夜消燈1時半就眠2時？
8時半，9時半と目覚め，10時半より起きて
いる．脱力感，無気力．少し神経が弱ってい
るのだろう．——又も昨夜雪で快晴．昨年と
今年と天候がちがうのは有難い．——昼食，
F.I. 13時〜14時半 "Ripert" 出て Salle de
Travail15時半〜17時45分 "Publicite-Bec-
qué" を終って "Esmein" へ．昨日も今日も
Schaeffer 君に会う．出て，Duchesmin に
寄って帰る．F.I. で夕食．19時半〜21時45分
"Carbonnier"C 7 就床22時半．——胃大分よ
い．

昼食（F.I.）

パ イ，Filet de Pois-
son á la Diespenpois
Riz créole, Salade,
Conliilte?

夕食（F.I.）

Potage, Oeuf dur
pomme, Chou-fleur
Créme de gruyere,
Banane.

1月　**25**　土曜日

聖 パウロの改宗

快晴

　起床11時——昨夜消燈22時半．就眠0時
半？　5時45分 Toil に起き，8時，9時と
めざめて眠る．11時起きるも眠し．何のせい
か？——昼食F.I. イタリアと何かの関係のあ
る人が来ているらしく警官多し．Douche. 17

昼（F.I.）

Jambon, Steak
Pomme frite Jardi-
nére de Légumes, Sa-
lade, Orange

夕（レストラン）

323

1958年1月26日

時50分出て，T.P. 面白かった．第三者の
Fraude の問題と第3取得者の問題．終って
Sorbonne で I.F. S. Prof. Davy の Comt につ
いての話．雑音多くわからず，疲れたのみ．
——帰館して「ほたんや」へ．Malaurie 君
を待つ．夕食を共にし，快談．少し歩いて
Porte d'Auteil に来てメトロで Motte Piquet
で分れる．帰室，23時45分．就床24時半．

さしみ，すき焼，やき
鳥，飯，酒，ヨーカン，
お茶．

| 1月 | **26** | 日曜日 |

聖女 ポール

曇一時雨

　起床8時半．9時半，Parroisse de la Cité
のミサ，Rite Bizantine．美し，やはり Rite
latine よりよい．これが東洋へ入らなかった
のは全く残念だと思う．——一旦帰室，そして
昼食F.I. ○○君といっしょになり，後コー
ヒーをのんで話す．13時になる．少し雑誌を
読んでいてだらだらした——幾分疲れている
——．14時半〜18時半 "Ripert" 夕食F.I.——
少し胃がおかしく3種も薬を飲んだ．20時〜
22時 "Carbonnier" 面白く進む．美賀子に
手紙を書いて，就床23時15分．

昼食（F.I.）
Sardine mordeau?,
Cote du Porc Chu-
crute? Pomme á L'an-
glaise? Camembert,
Orange
夕食（F.I.）
Potage,Veau Roti Oli-
ve Riz a l'talienne, Sa-
lade, gateau(gaufrette
chocolat)

1958年1月28日

| 1月 | **27** | 月曜日 |

聖 J. クリソストム

曇後快晴

　10時 Femme de chambre に起される．ベッドを直しにくると．10時半ごろ職人来る．——昨夜就眠0時半（？）6時半に目ざめ，後はぐっすりでもないが眠る——．11時から12時 "Ripert" 出て S.D. 終って昼食を注文し，Doyen の Secrétaire に rendez-vous をとって Salle de Travail へ．17時～18時 "Publicité-Esmein" 買物をして別れ夕食自室．同じ理由．20時～22時 "Carbonnier" 疲れた．就床22時半・

昼（自室）

コーヒー．ビスケット，バター，ミルク，にしんくんせい，オレンジ

夕（自室）

こぶとのりの清汁，ビスケット，バター，ミルク，にしんくんせい，オレンジ，Infusion

| 1月 | **28** | 火曜日 |

聖 シャルルマーニュ

晴

　10時又も窓の修繕で起こされる——昨夜消燈23時半．就眠24時（？）8時，9時と目ざめたがよく眠る．しかしさすがに少し疲れている．が，この機会10時起床に持って行きたいものだ．——10時半～11時半 "Ripert" 昼食自室とす．胃のことを考えダメをおすため．12時半～14時 "Ripert" 出て S de T. へ．

昼（自室）

チョコレート，ビスケット，バター，ミルク，オレンジ．

夕（F.I）

Potage, Cote du porc, chou petit, Pomme maeelig?, Salade, カス

325

1958年1月29日

"Publicité-Esmein" 眠くて不調．それに今日はうるさい．15時〜17時15分出て Aux Bons Marchés へ帰りのため（現在の整理用）のトランクを買いに行く．18時半に F.I. へ帰り，夕食，所君といっしょになる．19時半〜21時半 "Carbonnier" 就床22時半．

テラ

| 1月 | **29** | 水曜日 |

聖 フランソア・デ・サール

曇後快晴

　起床10時半——昨夜消燈23時45分すぐ眠る．8時にめざめ，後はうつらうつらとしている．——昼食○○○ Douche. 1時半〜15時半 "Ripert" 15時半〜17時半 "Publicite-Monandiére" 吉沢君来る．色々びっくり．19時半吉沢君と出て F.I. 夕食．カフェでビール．23時メトロの駅で別れる．就床24時．

昼（F.I.）

Mosle（?）Roast beef, Riz á l'Espagnol, Salade, Comporte

夕（F.I.）

Potage, Boille Noville, Jardiniere de Légume, Camembert,Mandarine

---

| 1月 | **30** | 木曜日 |

聖女 マルチーニ

曇

　起床10時半——昨夜ややビールのみすぎ．雑誌を見ていて消燈1時．就眠2時．少しだ

昼食（自室）

チョコレート．ビスケット，バター，ミル

1958年1月31日

らけてきた．疲れてもいるのだろう．本が読
みにくい．母に手紙．昼食自室．胃のためと
économie のため．13時半〜16時 "Ripert" Aux
Bons Marchés でトランクを運んできたので
本を少し整理する．17時出て I.D. C へ．P.D.
Villey さんの最終．結論，実に妥当．フラン
スでもっとも影響を受けたのは Villey Car-
bonnier 両氏かと思う．来週木曜昼食に招待
さる．F.I. で夕食．21時〜22時半 "Carbo-
nier" 就床23時．フランスの冬らしくなる．

ク，オレンジ

夕食（F.I.）

Potage, Steak, Pomme
frite, Haricot bre-
tagne, Salade, Créme

| 1 月 | **31** | 金曜日 |

聖女 マルセル

晴

　起床11時——昨夜消燈24時半になる．すぐ
眠ったらしい．8 時半に目ざめ，Toil. しば
らく雑誌を見，眠ろうとしたがねむれず，11
時にいたる．頭がぼんやりしてきた．今年初
めての現象，どう治すべきか．——昼食
F.I. 掃除．13時15〜14時15 "Ripertt" 出て，
S. de T. へ．14時45〜17時半 "Publicité-Es-
mein" 終った．"P-Becqué Ⅱ" へ．出て，
Duchemin で本を受取り帰る．思ったより古
本あり．一旦部屋へおいて夕食F.I. 19時半〜
21時半 "Carbonnier" 就床22時半．

昼食（F.I.）

Salade russe, Poisson
frit, Pomme boulan-
gére, Salade, Patisse-
rie

夕食（F.I.）

Potage, Oeuf dur Epi-
nach, Riz à l'Espagnol,
Camembert, Banane

1958年 1 月

後記　新年の 1 日には，大使公邸のパーティのご馳走に与る．また，2 日にはフランク様のお宅でお茶に与る．この正月には，自己反省をし，また将来への希望を問い，自分の本当の望みは何か，むりに背伸びすべきでないと自戒している．結婚についても「結婚によってよいことのもっともプリミティヴなもの．第 1 に淋しさ，悲しさ，不満などを分かちあえる」，など言っている．

　　5 日には教会でスライドなど見せてもらい春を感じ，旅行に出たいと思う．又彼は，パリ生活を始めた頃から，教会のミサに与り，それぞれの教会で典礼が違っていることに気づく．1957年 1 月20日に出席した大学都市のパロワーズ教会についてはビザンチン様式のミサを褒めている．今回，私の協力者になられた二宮正人教授によると，こういうことは，星野しか言えないことだろうとのことなので，本日記に収められた教会のミサ典礼についての星野の感想をここに集めておく．

　　1　　1958　1　26，9：30　シテのパロワーズ教会のミサ：，
　「ビザンチン様式のミサ美しく，やはり，ラテン様式よりよい．
1 年前の，フランスに着いたばかりの時も，同じ教会に行き，同様の印象を受けたことを次のように記している．

　　2　　1957　1　20，9：30
　「シテ　ユニヴェルシテ（大学都市）のパロワーズ教会のミサに行く．ビザンチン典礼．式は神秘的．歌は美し．ローマ式より好きになった．聖体拝領は葡萄酒にひたしたパン．」
また，モンペリエを訪問した時には，カテドラルの式にあずかった．

　　3　　1957　6　2，10：00　モンペリエの　カテドラルにて
　「10時．Cathedral の歌ミサ．Polyphenic（多声の歌ミサ）美し．フランスでも始めて．」

　　4　　宗教的に重要な役を果たしている，絹の都，リヨンにおいて　カテドラルのミサについて
　1957　6　9，10：00　聖ジャンのカテドラル
　司教ミサ　　リヨン典礼

　　　　　　　　　　　　　　　　　　　　　　以上

［後記］

　1958年1月の星野の動向に帰るとして，早や，帰国の準備もはじまり，出費もあり，小切手を現金に換えることも記している．

　だが，この月は，自室で研究に邁進した月であり，外的にはさほど珍しい飛躍は見られない．殆ど毎日のように頭痛に悩まされ，肩や，後頭部の痛みを日記に訴えているのが，痛いたしい．だから，そのような苦しみを感じないですんだ14日には，「まず近年まれに快調な頭といえる」とまで言っている．この月は，華やかな社交生活が少なく，神経質に頭痛や，肩こりに悩みながら屋内での猛勉強に励んだ月といえるだろう．30日には「Villey さんの最終」とあるのは，最終講義のことだろうか．「結論じつに妥当．フランスで最も影響を受けたのは，Villey, Carbonnier　両氏かと思う．」また，読書のほうも進んだとみえ，31日には，「"Publicite-Esmein" 終った．」と書いている．

1958年2月1日

2月　　　1　　　土曜日

聖 イグナス

曇　霧深し

　起床11時15分——昨夜消燈24時. 雑誌は害毒か？　すぐ眠ったようだ. 8時半目ざめ. うつらうつらとずっと眠る. やはり睡眠不足だったらしい.——昼食 F.I.12時半〜13時半 "Ripert" 出て T.P. 始まるのが少しおそく, Doyen と Rendez-vous に間にあわず, 18日となる. 少し Boulemiche を歩いて Solde の靴を見, St.Sulpice へ, Conf. 出て歩いて L. de Luxembourg へ来て本を受け取って Vavian より帰る. 直接 F.I. で夕食. Douche. 疲れを感ずる. 就床22時.

昼（F.I.）

Betterave, Poulet roti, Pomme frit, Chou-fleur sauté, Port-Salut, Orange

夕（F.I.）

Potage, Boeuf braise, Radit, Macarnoni au Gruyère, Salade, Mandarine

2月　　　2　　　日曜日

7旬節・浄化

曇　霧

　起床8時半. Cerele St. Jean Baptiste のミサ, 今日は17n.d'Assumption（被昇天）の Convent d'Assumption にて. ミサ, 話, 昼食　例のごとし. 今日は話した人多し, 自己紹介あり. ついで庭を少し散歩し. 15時半より幻燈. 日本の風景, ミサ, スイスの風景,

朝（Cerele）

クロワッサン

昼（Cerele）

Veau roti, Salade, Riz, Orange, Thé, Biscuit.

夕（F.I.）

Potage, Steak, Hari-

1958年2月3日

バスク．16時45分　出て帰る．一旦帰室後，夕食 F.I. 睡眠不足で疲れているのですぐ就床．——昨夜消灯は23時．うまく寝つけず，物を考えたりして2時ぐらいになる．原因不明．少し，疲れているのだろう．遠足でもしたくなった．Amiens 行きを考える．——Miko から手紙がないので，少し，怒っている．——就床21時半．

cot, Pomme, Gruyère, Orange.

2月　　　**3**　　　月曜日

聖 ブレーズ

曇　霧

　起床11時——昨夜消燈24時になる．すぐ眠る．8時半，10時と目ざめる．よく眠り，肩こりや首のこりを意識するにいたる．——昼食　F.I.12時半〜13時 "Ripert" 出て S.J. 終って Rousseau で本を買い，バスで Chatelet へ行き，Solde の靴（2,750 frs）とマフラー（1,395 frs）を買って帰る．F.I. で夕食．帰室後19時半〜21時．"Carbonnier" ○○○○君来り，話して23時半．就床24時半——M.F. のこと，失敗でなかったかと昨日より迷う．

昼（F.I.）
Salade de Pomme et Olive, Saucisson de Tomate Fenille, Macaroni au Tomate. Camenbert, Grapefruit
夕（F.I.）
Potage, Rostbif Céleri, Riz à l'Espagnol, Salade, ユベシと錦玉糖

1958年2月4日

| 2月 | **4** | 火曜日 |

聖 ジルベール

曇霧

　起床10時15分——昨夜就眠 1 時 （？） 8 時半目ざめ，そのまま11時15分に至る．肩，首痛し．しかし，頭ははっきりしてきた．M.F. のこと，M.S. のことなど考えてはなはだ深刻なり．——水が出ない．10時15分〜11時15分 "Ripert"．昼食 F.I.，13時〜16時，"Ripert" 16時〜18時半 "Publicité - De la Morandière"　夕食 F.I.20時〜21時半 "Carbonnier"　就床せんとするところ賀田君来り，ショコラを作るから来ないかとのことで行って，23時半までだべる．就床24時．

昼（F.I.）

魚パイ　Poisson frit, Pomme mousseline, Salade, Confiture.

夕（F.I.）

Potage, Steak, Pomme frit, Epinard, Camembert, Orange.

| 2月 | **5** | 水曜日 |

聖女 アガテ

曇

　起床10時45分——昨夜就眠 1 時半（？）8 時半，9 時半と目ざめるがすぐ眠る．よく眠るも，不足で眠い．しかし Bourse をもらうため起きる．Fondation Nationale で Chèque を受け取ったが，列が長いので止めて食事．所君といっしょになる．床屋，大分

昼（F.I.）

Paté, Pot au feu garni, Lentille, Salade, Poire cuit.

夕（M.M.M.）

Potage, Omelette, Macarroni, Orange,

1958年2月6日

待つ．帰館13時半．Douche. 15時出て F.I. へ
チェックを金にしに行ったが列長く，今日は
現金がないとのことで，前にいたギリシヤ，
ユーゴの医者と二人で銀行に行って受取る．
少し買物をして帰る．16時半，会計の計算を
して17時になってしまう．出て Movement
Mondiale des Méres の Réunion に行く．弁
護士一人，女性四人．終って夕食をごちそう
になり，急いで Salle Chopin へ M. Guillain
の 講 演 〝 "Le Japon, notre voisin"（日 本
——それは我らの隣国）へ行く．招待状をも
らったので．非常に面白くかつ有益．帰室23
時半，就床 0 時半．

Yaourt, Vin rouge,
Café.

| 2月 | **6** | 木曜日 |

聖女 ドロッセ

曇

　起床11時15半——昨夜眠ったのは 4 時．お
そくなるとかえっていけない．24時前に眠る
ようにしないと．8 時半，9 時半とめざめ，
その後うとうとする．神経のせいらしいが．
——出て Villey さんのお宅へ．昼食をごち
そうになり，だべる．スペインの法哲学の学
生，甥の人など．16時にいたる．辞し，帰
室．少し考えごとをして，I.D.C へ．P.D. 今

昼（M. Villey）
パ イ ？，R o s t b i f,
Pomme flit, Salade,
Compote, Biscuit,
Rosé, Blanc, Café
夕（F.I.)
Potage, Foie, Haricot
vert, Pomme sauté,
Salade, Orange

1958年 2 月 7 日

日は Disucussion で面白い．natural という adjectif をつける理由について質問し，非常に示唆を得た．帰って直接 F.I. で夕食をし，思い立って F.I. の Théatre で "Chiens perdus sans colliers" を見る．23時帰室．——暗い映画で，汚い町はずれなどが出てきていやになった．やはり娯楽は明るい方がよい．——就床24時半——Miko より手紙．茶目ぶりを発揮しているが，疑念又も起る．

| 2 月 | **7** | 金曜日 |

聖 ロムアル

雪後曇

　昨夜映画より帰るときみぞれ．今は雪．起床11時半——昨夜「中公」を読んで 3 時になる．少し乱れている．例のことで心が乱れているのだろう．あわてずに解決したい．——昼食 F.I. 後床に入り，15時まで「中公」，そして眠り18時半に至る．夕食 F.I. 就床21時半．

昼（F.I.）

大　根, Poisson sauté, Pomme frit, Haricot breton, Yaourt, Patisserie.

夕（F.I.）

Potage, Omelette Champignon, Riz à créole, Salade, Poire cuit?

| 2月 | **8** | 土曜日 |

聖女 イルマ

雨時々曇

　起床11時半——昨夜消燈22時．就眠24時（？）……は少し多すぎたらしい．朝疲れが一度に出た感じ．疲れていたのだろうからけっこうではあるが——昼食F.I.ぶらぶらして出，T. P. Pf. Boulanger 来られる．ついでI.F.S. Mlle de Berger "ついで，I.F.S. Mlls Ide Berger "○○○○○○○○○" 面白かった．出て，Rousseau（本屋）で本を買い，夕食，F.I., Douche，就床22時30——疲れている．

面白かった．出て Rousseau で本を買い，夕食 F.I.Douche　就床22時半——疲れている．

昼（F.I.）

Moule, Bourgignon, Coquillette, Petit pois, Salade, Orange

夕（F.I.）

Potage, Veau roti, Petit pois, Chou-fleur sauté, Fromage, Mandarine

| 2月 | **9** | 日曜日 |

4旬節前の第2日曜日

晴

　久しぶりの天気．11時15分のミサ．昼食，自室，少し胃がおかしいのと F.I. が混むのがいやで．昨夜消燈23時15分．就眠3時．ねつけぬ癖となる．物を思う故．M と約束して始めてのことだ．——自分の真の欲求から見

昼（自室）

Biscuit, Beurre, Lait condensé, のりとこんぶの清汁

夕（F.I.）

Potage, Poulet froid,

1958年2月10日

直して行きたい．しかしそれがじつにわからない．ただいえることは，この数年の自分において，正直なところ，異性に対する欲求がもっとも強かったことだ．学問に対するそれより．故に，女性は？？　時に著しく危険だとわかった．──Mと約束して，そちらがいくぶんおちついた後，学問への欲求がようやくもりかえした．しかし，今は……？──少しぼんやりして，14時から22時まで，夕食のF.I.を除き，雑誌論文など読む．「川島，法学全集」，「村田，思想の論理と風俗の論理」「同，忠誠論」"Carbonnier, Psychologie juridique"「座談会，立法の退廃」など．非常にためになり，気分転換にもなった．総合雑誌の必要を痛感．──Mのこと，次第に落ち着いてくる．就床23時．

Salade, Coquillette tomate, Pomme compote, Gauffrette.

2月	**10**	月曜日

聖女 スコラスティーク

晴後曇

　起床11時15分──昨夜2時，4時になる．くせか？　困りもの．その割りによく眠っているから，神経はよい──昼食 F.I.12時半～13時半 "Ripert" 出て大学．S.J. (sociologie juridique? m) 出て Duchemin で Doumat?

昼（F.I.）

Bettrave, Rosbif, Riz créole, Rauquefort, Prune au jus.

夕（F.I.）

Potage, Foie, Pomme

1958年2月11日

を受取って帰る．重い．帰室17時半．ずっと手紙を書いて22時半に至る．その間18時にC.C.I で T.N.P. の切符を買い，夕食 F.I. 就床23時——アミアンに出かけるつもり．——手紙，Miko，野田先生，Miko アメリカ行き決まった．

mousseline, Lentille, Salade, Crème au chocolat

2月 11 火曜日

聖 アドルフ

曇後一時晴

　起床11時半——昨夜就眠24時（？），8時半，9時半，10時半と目ざめる．よく眠った．やはり酒がいけなかったらしい．やっともとにもどった感．1週間ぶりか？　曇なのででアミアンは延期．朝（？）久しぶりだ．何故か分らぬ．——昼食，F.I. 少し "Ripert" を始めたが疲れているので横になる．16時出て大学で本を返し，借りようとしたら製本中．Solferino の Pigeon Voyageur で色々たのみ，フィルムを買って，St. Germain の Rivier に行き，帰る．夕食 F.I. 帰室後ずっと手紙．川島，友田先生，家，Comité d'Accueil．就床23時．——やっと快方に向かいかけて，疲れが出たところ．だるく無力感．

昼 （F.I.）

Salade, Oeuf et Pomme, Poisson frit, Macaroni au Beurre, Camembert, Grapefruit

夕 （F.I.）

Potage, Steak, Pomme frite, Carotte, Vichy, Salade, Confiture

1958年2月12日

2月　　　　　12　　　　　水曜日

聖女　エウラリー

曇時々雨——Amiens

　起床10時15分．Douche　昼食F.I.でして，そのまま　Gare du Nord へ．14時57分発 Calais 行急行で Amiens へ．16時半着．ホテルを探し，Little Hotel（M）へ落着く．雨でつまらぬ．少しおさまったので，出て Cathédrale へ．外側，特に横（？），それと彫刻がよい．Eucharisteの前でしばらく坐る．出て，Musée de Picardia? へ行き，一階，Archeólogie と彫刻を見て時間になる．カフェでアペリチーフ．Michelin の Joséphine で夕食．うまい．しかし Demi Bouteille はやはり多い．いい気持ちになる．帰室21時．就床22時．しかし眠れず．3時（？）に至る．

昼（F.I.）
夕（レストラン）
Ficelli picorde, Andonillette grillade au feu de bois　菓子．St. Emillion.

2月　　　　　13　　　　　木曜日

聖女　ジルベルテ

曇後晴——Amiens

　起床9時15分．10時に朝食．Musée de Picardie へ．2階の部屋のみ見る．Minor が多いがそれでも立派なこと．又 Major のも2

朝（ホテル）
Café au lait, Croissant
昼（レストラン）
Potage, nélouté? To-

1958年2月14日

つあることは感心する．人間くさいこと，人間の肉体の美化もいつも感ずることである．——出て Cathédrale へ行き，写真をとり，中へ入る．○○○で昼食，さすがにうまい．13時半出て，Somme 河をぶらつき，駅前カフェで手紙を書き，14時57分 Langueau 行きのオトラーマ，乗り換えてパリ行き Express で，15分おくれて17時 Nord 着．帰室．出て19時半 Mlle Straus のところへ放送の合せに行く．パキスタンの政治学者，AOF の女子医学生，フランス人 Ethnologie とあと2人．夕食をしつつ打合せ．1時になる．自動車で送ってもらう．就床2時半．

mate, File de Sole Quelle?
Cote de porc, Pomme frit, Champignon, Glace, Bièrre
夕　サンドイッチ各種，Vin rouge，果物

2月 　14　 金曜日

聖 バレンタン

晴

運悪いもの，今日晴れる．起床11時15分，昼食 F.I. 掃除．ずっとぶらぶらして日誌を読んでいる．頭ぼんやりしているも退室する．家，美賀子，川島先生に送る本を小包に作り出し，夕食 F.I. 就床22時．

昼（F.I.）
パイ，Poisson sauté, Salade, Pomme mousseline, Prune au syrop, Petit beurre.
夕（F.I.）
Potage, Omelette, Pomme sauté, Riz à Italienne, Gruyère,

1958年2月15日

| Banane.

| 2月 | **15** | 土曜日 |

聖女 ジェオルジェッテ

晴

　起床11時半——昨夜雑誌を見ていて24時消燈．就眠24時半（？）4時に電話で起きる．10時頃又眠る．神経的眠り．疲れている．雑誌はおもしろい．——昼食は自室．おそくなったのと胃のため．掃除でおりて時間をとり，あわてて T.P.（Travaux pratique　演習か m）終わって Luxembourg のベンチに座り，Mlle Villey に出会う．St.Sulpice へ．待つようなので出て Pigeon Voyageurへ行ったら，割引券を忘れていたので又 St. Sulpice へ戻り，Conf.　一杯立ち飲みして F.I. で夕食．賀田君，管谷君などといっしょになる．帰室後 Douche　就床——頭痛い．神経の疲れならん．やはり悩みがあるのと P. の心配なのだろう．こんな不調は久しぶりだ．T.P. に出てみて分ったが．しかし来てから半年くらいはずっとこれだった．よくなったものだと思う．

昼（自室）

Biscotte, Beurre, Lait condensé, Hareng, Orange

夕（F.I.）

Potage, Boule Beuf, coquillette, Haricot, blanc, Fromage, Banane.

1958年 2 月17日

| 2 月 | **16** | 日曜日 |

5 旬節の日曜日

曇小雨

　起床10時25分──昨夜消燈23時．眠れるか怪しいのでＣ5．再び消燈24時．就眠24時半（？）3 時 Toil に起き，9 時15分に目ざめる．よく眠る．良子の帰ってきた夢を見た．久しぶりだ．夢多し．神経の疲労だろう．将来を気にし，過去をくよくよするという症状が出，又物事がおっくうになるという症状もでてきた．11時15分ミサ．昼食 F.I. 少し「結婚」を見て出る．カマール君が下に来ている．自動車で Mlle. Strauss の所へ連れて行ってもらい，又もや打合せ．15時〜20時になる．──面白いのに，どうも後であまりいい気持ちのしないのはなぜか（？）──直接 F.I. やっと間に合う．帰室21時15分．就床22時半．

昼（F.I.）
Paté, Rostbif, Pomme frit, Petit pois, Port-Salut, Orange
夕（F.i.）
Potage, Steak Champignon, Macaroni au beurre, Salade, Gateau

| 2 月 | **17** | 月曜日 |

聖 テオドゥル

曇

　又もや急に寒くなった．10時，隣に掃除しに来たので起きてしまったら，来なかった．

昼（F.I.）
Sardine, Pomme salade, Beuf sauté, Riz,

1958年2月18日

少し放送の原稿を書く．昼食11時15分，F.I.?
　続き．出て14時15分 S.J ついて Salle de T.
で "P.F."——やはり規則的にやらぬと生活
全体がだらけるようだ．——終って少しだら
だらして，18時30分に Le Doyen に会う．待
たされて19時に又なる．出て一旦帰室．F.
I. で夕食．また，帰室．20時45分，Théatre
de la C.U.. で T.N.P. の公演．"Phédre" 面白
い．後で Viard 氏との質疑もよかった．帰
室24時半．就床１時半．

Lentille, Yaourt,
Grapefruit.
夜（F.I.）
Potage, Veau roti Ra-
dit, Pomme boulan-
gère, Salade, Gateau.

2月	**18**	火曜日

謝肉祭

曇時々小雪
　寒い．起床11時15分．昼食 F.I. 放送の原稿
を書く．16時～17時．"Ripert" 電話多し．
17時半，小山さん来られる．葡萄酒を飲んで
話す．19時半，辞さる．夕食 F.I.20時半～22
時．放送原稿いちおう書き終る．就床22時半
——やはり思い切ってがんばってみないと気
分的にだれていけない．２週間近く無為だっ
たのは残念．——すぐれた人と話すのはよ
い．——嫌いなことが徹底して嫌なのは，本
来の性格か？　嫌いなことは，最後までやら
ないでいてあわてる．しかもその間，気にな

昼（F.I.）
?, Poisson frit, Ma-
caroni au gruyère, Sa-
lade, Compote.
夜（F.I.）
Potage, Steak, Pomme
frit, Epinard, Camem-
bert, Orange;

1958年2月20日

るし，又，だらだらやって，他のことまで食
込む．悪癖だ．

| 2月 | **19** | 水曜日 |

灰の水曜日

晴後一時曇

　起床8時半．急いで Porte Maillot, Frank
さんの所へ．放送の原稿を見てもらい，レ
コードを借りる．親切に教えてくれた．11時
15分辞す．Kléber の UNESCO で本を買い，
帰室．疲れて横になっている．18時半○○○
君来る．宿舎を替わるとのこと．19時15分の
Cendres（灰の水曜日）の式と Missa に出て
帰り，Douche. ぬるい．就床22時．

| 2月 | **20** | 木曜日 |

聖 シルバン

　起床10時半——昨夜眠れず，3時にいた
る．2時に軽食をとる．少し焦りもあるらし
い．——昼食 F.I. 放送原稿清書．15時～17時
"Ripert"——とにかくやり出さねばならぬ
とわかる——出て I.D.C—P.D 今日は Batti-
fol, Villey 両教授来られず．M ○○○○○
○の国際私法と自然法の話．終って時間が少

昼（F.I.）
Tomate Salade, Steak,
Pomme frit. Jardinière
de Légume, Orange
夜（自室）
Biscotte, Chocolat,
Orange

1958年2月21日

しあるので Suze を飲んで，17, rue de
l'Université de P.T.F へ．座談会．ついに24
時になる．出て，Malène でお茶をのんで
送ってもらって帰る．2時食事．就床3時．

2月	**21**	金曜日

聖 ペパン

曇時々雨 　起床12時半——昨夜消燈3時半．すぐ眠っ たらしい．一度9時に目覚めたが，又眠っ た．久しぶりに気持ちよいが未だ不十分． ——昼食 F.I.14時半～16時半 "Ripert" 16時 半～18時半 "P.T.—Morandière" 夕食 F.I.20 時15分～22時，"Carbonnier" C8，就床， 22時30——久しぶりに勉強して気持ちよい． Miko に又も強く惹かれる．これが normal か！	昼（F.I.) Betterave, Poisson sauté, Pomme cuit, Haricot á Tomate, Ca- membert, Banane 夕（F.I.) Potage, Omelette champignon, Nouille au beurre, Salade, Pa- tisserie.

2月	**22**	土曜日

聖女 イザベル

曇小雨 　起床10時半——昨夜就眠1時半？　8時15 分に目ざめ，又眠る．よく眠る．回復しつつ あり．眠い．——昼食 F.I.12時45分～13時	昼（F.I.) Paté, Escalope de Boeuf, Pomme frite, Carotte, Vichy,

1958年 2 月23日

"Ripert" 出て T.P. 眠かった．ついで16時～18時 S.de.T で "P.F.─Becqué （2）─" 小山さんに電話をし，出て Pigeon Voyageur でフィルムを受取り，歩いて Luxembourg へ．小山さんと打ちあわせ，Chop Danton で夕食．うまい．酒をごちそうになる．出て Malviene ○○○にいると青木君来る．23時出て別れる．帰室，Douche．ぬるくて頭洗えず．就床24時半──少し胃痛む．食いすぎ？──母，Miko より手紙．大野の妹さんなくなったと．びっくりする．Miko はしきりとはしゃいでる．

Gruyère, Orange.
夜（レストラン）
Terrine de foie de Vollaire, Esquarolle de Boeuf, Glâce, Parfait, Rosé Sancerse, Rouge.

---

2 月   **23**   日曜日

4 旬節

小雨

　11時15分のミサ，少し遅刻．帰って昼食，自室．14時～16時半 "Ripert" 16時半～18時半 "P.F.─Morandière" 夕食　F.I.19時45分～21時15分 "Carbonnier"．手紙．権山と Miko．所君来て話す．就床24時半──少し勉強できるようになった．──少し胃おかしい．

昼（自室）
Biscotte, Beurre, Chocolat, Lait Condensé, Orange
夕（F.I.）
Potage, Rosbif, Pomme chips, Petit pois, Mousseline, Salade, Gateau.

1958年2月24日

| 2月 | **24** | 月曜日 |

聖 マティアス

小雨後曇

　起床11時——昨夜就眠1時半．9時10分目ざめ，又眠り，10時に目ざめてそのまま．次第によくなっている．昼食，自室——やはり腹が減る．昨年1年，少しむりだったのかとも思う．少し雑用その他．出て14時15分，S.J. 始め Conférence．終って16時〜18時 "P.T.—Becqué" 出て帰る．F.I. で夕食．買物．17時半〜21時半 "Carbonnier" 手紙．就床22時45分．

昼（自室）

Biscotte, Café, Beurre, Lait condensée, Orange

夜（F.I.）

Potage, Boulle? ……Riz, Jardinière de Légume, Crème de Gruyère, Confiture

| 2月 | **25** | 火曜日 |

聖 レアンドル

雨時々曇

　起床11時——昨夜どうしたことか眠れず4時半になる．隣に大工が来て8時半に目ざめたが，又眠る．眠い．——昼食 F.I.14時〜15時半 "Ripert" 出て S. de T へ "Publicité—Becqué" 16時〜17時15分．終る．いちおうドキュメンテーション終了．出て Duchemin へいそぐ．6冊あった．一旦帰室．出て夕食 F.I. 所君といっしょに入り，後コーヒーをの

昼（F.I.）

Jambon, Poisson frit, Pomme boulanger, Salade, カステラクリームかけ

夕（F.I.）

Potage, Steak Pomme frite, Epinard au jus, Camembert, Banane

1958年2月27日

む．買物．20時〜22時半"Carbonnier"就床22時半——思い切って早く起きるのがよいのではないか？——神経，だいたいおさまる．Mへの気持ちも落ち着く．同時に（？）S.Aも強まる．

2月	**26**	水曜日

聖 ネストール

曇　昨夜雪

　起床11時45分——昨夜消燈1時，就眠1時半（？），6時半に目ざめて Toil．あと10時半に目ざむ．よく眠り快いがまだ不足．寝つきの悪い理由がわからない．昨夜今冬始めての寒さ，足をちぢめて寝る．——昼食F.I.13時半〜14時半"Ripert"Douche 洗濯．大洗濯．16時半〜18時半"Ripert"夕食 F.I. 所君といっしょになる．19時45分〜22時半"Carbonnier"手紙．就床22時半，寒い．

昼（F.I.）
Salade de Tomate, Roti de Porc Chou sauté, Pomme boulangère, Port-Salut, Orange

夕（F.I.）
Potage, Rosbif, Haricot vert, Pomme musseline, Salade, Mandarine.

2月	**27**	木曜日

聖女 オノリーヌ

曇後雨後晴

　10時に寮の修繕で起こされて不快——昨夜

昼（大使公邸）
鯛さしみ，数の子，イ

1958年2月28日

どうしたことか，4時になるまで眠れず．腹減り．3時夜食，4時半就眠？——11時半～2時 "Ripert" 出て13時に大使公邸で松原さん送別の日本人会幹事が招待されて昼食会．15時半，菊池館長と辞し，大使館でスクリーンを借りて帰る．16時半．16時45分～19時15分 "Ripert" 出て I.D.C へ，P.D. 出て帰り，F.I. で夕食．21時サロンで Conferece, M. Franch" "Patrigue politique de Olenmon" 終わって，カクテル．ロングレーさん来られる．就床24時．疲れた．

クラと大根おろし，そうめんの吸物，かに玉，飯，わかめ，みそ汁，漬物，酒，ビール，シャンパン．

夕（F.I.）

Potage, Côte du Porc, Céleri, Macaroni au Gruyère, Fromage, Grape-fruit.

2月　　　28　　　金曜日

聖 ロメイン

曇

　起床11時15分——昨夜珍しくすぐ眠る．24時半（？）　9時，10時に目ざめる．——昼食 F.I. 洗濯，手紙．14時出て，Comité d`Accueil へ Rappot を出し，Sèvre まで歩いてメトロで Madeleine．Cook で切符をたのむ．Opéra を通って Pl. Vendôme に至り，英国旅行案内所でパンフレットをもらい，Concorde から Trocadero の大使館へ．ビザと Biblioth, nation の紹介をたのむ，帰室，18時，夕食 F.I.19時半～21時 "Ripert"，21時

昼（F.I.）

Salade de Pomme et olive, Follet de Poisson, Source dieppius? Riz à l'Espagnol, Camembert, Orange.

夕（F.I.）

Potage, Oeuf dur Pomme, Petit chou, Salade, Patisserie.

［後記］

〜23時 "Carbonnier"．手紙，就床24時——
計算してみると旅行を除き，あと120日もな
い．いまさらあきれる．歳月は人を待たぬも
のだ．しかし迷ったらたいへん．

［後記］　星野は，結婚後も度々「冬のパリ生活は辛い！」と私に洩らしてい
た．事実，1958年2月の日記を見ると，「寒さで足をちぢめて寝る」の記録
がある．神経的にもまいっており，毎日の就眠が辛いことに神経を苛立たせ
ている．時々，カ10，C 5の印字にぶつかるが，これはカルモチンを意味す
るのであろう．毎日の彼の自己観察の眼は鋭く，頭痛や，肩のこりを訴えて
いるが，これは，まるで健康な自己の半身が，他の苦しんでいる半身を観察
しているかのような痛いたしさを感じさせる．しかし，彼の必死の努力によ
り，この神経過労の徴候は，半月位でおさまり，2月の後半には，彼も安心
しかけている．
　パリの気候の厳しさ，Mという女性は故国に存在するが，すぐ傍にいな
い淋しさ，孤独感が，彼の思考を占領している．だが，私からみると，学問
的精進は決して衰えず，時期なりの成果をあげていたとみえる．
　食事は，自室でするのが億劫になったのか，昼食もF.I.することが多
い．こういう低迷感を感じるなかで，アミアンへの旅行を思い付き，実行し
て，低迷の時期を乗り越えようと努めている．アミアンで，ピカルディ美術
館を訪れ，「人間くさいこと，人間の肉体の美化もいつも感じることであ
る」と書いている．ここで「人間の肉体の美化」というテーマがでるが，星
野がこれに気ずいていたことに私は賛意を表する．彼の精神的不調について
の日記帳への告白は，誰が読んでも理解できるものと思うので，余計な解説
は不要だと思われる．そして，こういう孤独感は，日本からの留学者のほぼ
全員が，程度の差こそあれ，襲われる危機であると思われるから，この星野
の気分の悪さの経験——そして，それからの脱出法の記録も，次世代の留学
生のために参考になるであろうか．

349

1958年2月

　しかし，彼がしきりに，脱出を模索している間も，「時」は容赦なく流れ
行き2月10日には，日記の最後に「Miko，アメリカ行き決まった」と書く
ことになった．「少し疲れているのだろう．遠足でもしたくなった．アミア
ン行を考える．」は2日に記録されている．「アミアンに出かけるつもり」と
書かれたのは10日，Mの留学決定の知らせが届いた日である—やっと行動
的になったのだろうか．その他，青年期の悩みについての自然な考察があ
る．しかし，Mの留学決定をうけいれてもいる．私がアメリカに留学すれ
ば，結婚は遠のくことになるのに！　あの頃の外国留学は，現在よりよほど
厳しいものがあった．

　この月は，神経の不安定さに振り回された気味があったが，それでも，多
くの楽しみも味わっている．5日には，M. Guillain の講演 Le Japon——
notre voisin!"（日本——それは我らの隣国）があり，「非常に面白かった」．
翌6日には，Villey さん（ついに「さん」づけになっている）のお宅に昼食
をご馳走になり，「スペインの法哲学の学生，甥の人など」と一緒になり，
まるで，ヴィレイさんの家を我が家のように感じている．

　15日頃から放送の仕事のため，月末まで原稿をかくことが続いているが，
内容が何であるかはわからない．

　彼は，自分の内面——学者になる使命のこと，将来への不安，自分の性格
など，そして異性へ惹かれる強い気持ちなど，このパリの冬の日々に総ざら
いしているようだ．

　最後に，星野のこの厳しいパリの冬の季節の，繰り返される自己反省，自
己鍛錬の背後には，2019年の現在より半世紀以上前のカトリック国のフラン
スでは，まだ，宗教的な伝統——やがて訪れる復活祭の解放感に先立ち，レ
ント（4旬節—復活祭までの約40日）——灰の水曜日，棕櫚の日曜を含む
——節制を尊ぶ約1月半の季節が，静かに流れていただろう．

1958年3月1日

| 3月 | **1** | 土曜日 |

聖女 エウドクシー

晴

　起床11時15分——昨夜床中『巴里文学散歩』を読んだら面白くて，つい2時半にいたる．ちょっと神経疲れてきた．とにかく三月になった．この月は少し早く起きるよう試してみること．——昼食 F.I.13時〜13時半 "Ripert"．出て T.P. 終って S. de T で R.T. 1945 うち "Cassin: Résolution" を読む．16時〜17時15分．出て St. Sulpice で Conf.（告解）F.I. で夕食をして帰る．19時半 Douche．20時半〜21時45分 "Ripert" やっと "Régle morale" 終る．おもしろかった．21時45分〜23時 "Carbonnier" 就床23時45分——今月中に "Carbonnier" を終りたい．

昼（F.I.）
Betterave, Poulet roti, Petit pois, Pomme, ……, Yaourt, Génaise?
夕（F.I.）
Potage, Saucisson de Toulouse, Pomme mouseline, Haricot tomate, Salade, Banane

| 3月 | **2** | 日曜日 |

追憶の日

晴後曇

　起床8時45分　10時　Cercle St. Jean Baptiste のミサ，いつもの修道院．昼食後別れて帰る．15時過ぎ　15時半〜18時半 "Gény, Science et téchnique" 始める．18時

昼（Cercle）
ミートパイ, Fernoille（？）, Pomme sauté, Veau roti, Port-Salut, Mandarine, Café, Vin

1958年3月3日

～18時半 "Publicité - Morandière" 夕食
F.I.19時半～20時半 "～続き～" 20時半～22
時半 "Carbonnier" 二巻の上終る．眠いが
がんばってみた．さて明日は如何する．——
就床23時．

rouge
夕（F.I.）
Potage, Steak, Pomme
sauté, Carotte Vichy,
Salade, Gaufrette de
fraise.

3月　　　　**3**　　　　月曜日

聖 マラン

曇

　起床11時15分——昨夜消燈23時半　すぐ眠
る．夜中 Toil に起きすぐ眠る．10時に目ざ
めたがおきられず，ずっと眠ったまま．
睡眠不足だったのだろう．しかし気分はよ
い．しばらく早起きをやってみる．——昼
食，F.I.13時～13時半 "Gény" 出て S.J. 終っ
て Presse Universitaire をひやかして帰る．
17時15分．17時45分～18時15分 "Gény"．夕
食 F.I.19時半～20時半 "続き" 20時半～22
半 "Carbonnier" 就床23時——少し疲れた．
睡眠不足か？

昼（F.I.）
Salade de Tomate,
Côte de Porc, Riz
créole, Fromage
(Nestlé) Compote
夕（F.I.）
Potage, Veau roti,
Choucruit, Pomme
mousseline, Salade,
Gaufrette

1958年3月5日

| 3月 | **4** | 火曜日 |

聖 カシミール

曇後晴

　起床11時15分——昨夜就眠24時半？　4時に目ざめて Toil，やや眠れず6時になる．ひどく睡眠不足．1年ぶりくらいか——昼食 F.I.——身体だるくて元気なし．さっそく挫折．胃不調．睡眠と胃の function 明らかである——深瀬君来て話して行く．少し "Gény" 15時出て，R.T.F. へ行ったら未だ金が来ていない．歩いて Pigeon V. で写真を受取り，大使館で Visa と B.N. の紹介状を受取り帰室．17時45分〜18時15分 "Gény" 夕食 F.I.19時半〜20時半 "Gény" 続いて "Carbonnier" 始めたが疲れてだめ．眠ることにする．就床21時.

昼（F.I.）

魚 の パ イ，Poisson frit, Coquiette au Tomate, Salade, Confiture

夕（F.I.）——Potage, Steak, Pomme frit, Chou-fleur, Camembert, Banane

| 3月 | **5** | 水曜日 |

聖 アドリアン

曇

　起床11時——昨夜，結局消燈23時半．しかしすぐ眠った．5時目ざめて Toil．6時に眠り，10時半にいたる．よく眠って回復．9時間くらい眠るとよいのか？——Fondation

昼（F.I.）

大 根，Rosbif, Fenille, Pomme, boulaugére, Crème de Gruyère, Orange

1958年3月6日

Nationale で Chèque 受領．F.I. で現金化し
昼食．今日はチェックに並ばず助かった．13
時半〜15時半．〜 Gény" 16時〜18時 "Pu-
blicité—Morandière" 終る．夕食　F.I.19時
半．Douche．20時半〜22時半 "Carbonnier"
就床23時半

夜（F.I.）

Potage, Boeuf sauté,
Nouille, Lentille, Sa-
lade, Poire au jus.

| 3月 | **6** | 木曜日 |

聖女 コレット

曇後晴一時雨

　起床11時　——昨夜消燈１時すぐ眠る．8
時目ざめて Toil. 又眠るも夢見がちで神経疲
れる．——昼食 F.I.12時半〜13時半，14時〜
15時 "Gény" 15時〜17時" 帰って F.I. で夕
食．21時〜23時 "Carbonnier"　就床24時
——母より来信．

昼（F.I.）

Jambon, Hâche, Ca-
rotte Vichy, Salade,
Patisserie,

夕（F.I.）

Potage, Veau roti,
Épinard, Riz à l'Ital-
lienne, Port-salut,
Orange.

| 3月 | **7** | 金曜日 |

聖 トーマ・ダカアン

曇一時霧後晴

　起床10時半——昨夜消燈０時半．少し眠る
のがおくれた．

昼（F.I.）

Salade de Pomme et
Olive, Poisson frit, Ha-

1958年3月8日

朝方夢見るもよく眠れたほう．少し神経疲れているならん——昼食 F.I.13時～13時半，14時～16時 "Gény" 出て，イギリス領事館へ行ったところ，パリの案内記に反して16時半で終わり．Faubourg-St. Honoré を少し歩き，Pompadour でお菓子を買って（食い）M.M. に寄り，インフォメーションをもらい，Printemps を出て帰る．一旦帰室，夕食．F.I. 20時半～23時 "Carbonnier" 手紙，仏文2つ．就床24時半．

ricot breton, Yaourt, Banane
夕（F.I.）
Potage, Omelette, Pomme sauté, Chou de Bruxelles, Salade, Madeleine.

| 3月 | **8** | 土曜日 |

聖 神のジャン

（昨夜雪）曇一時雪後曇

　起床10時半——昨夜消燈2時近し．すぐ眠る．神経疲れていてへんな夢を見る．しかしけっこう眠る．——昼食 F.I.12時半～13時 "Gény"，掃除でおりて新聞を見，上がってすぐ T.P. に出かける．Bal（ダンス）のため教室変更で二組合併．終って I.F.S. テーマは面白いが内容大したことなし．Prof. Carbonnier が来ている．Prof. Gernet に紹介さる（Prof. Lévy-Bruhl より）．終りは18時．F.I. で夕食．この頃雪，ぼたん雪．19時半～20時 "Gény"，Douche，洗濯．21時～24時．

昼（F.I.）
Jambon, Steak, Pomme frite, Petit pois, Salade, Crème à la chou.
夕（F.I.）
Potage, Côte du Porc, Haricot vert, Macaroni gruyére, Gruyére, Grape-fruit

1958年3月9日

"Carbonnier" 就床24時半.

| 3月 | **9** | 日曜日 |

4旬節の第3主日

（昨夜雪あり）晴後雪後曇時々晴

　11時15分のミサ. 直接昼食 F.I.——昨夜つまらぬこと（税関, 帰りの金の持出し方）を考えて眠ったのは4時ぐらいか？　眠い.——13時半～16時半 "Gény" 16時半～18時半 "Publicité" ノートを整理しつつ, PR を読む. なるほど大した綿密さだ. Esprít fin! 感心した. 夕食 F.I.20時～21時 "続き" 21時～23時半 "Carbonnier" 就床24時——少しがんばっているが, 調子は悪くない. 気を使わぬせいだろう. ——M がカトリックになってくれることを望んでいる. Carême（四旬節——復活祭まえの40日あまり）の間, ビールをのまぬこと, 雑誌をだらだら読まぬこと.

昼 （F.I.）
Poisson conserve, Rostbif, Pomme musseline, Jardinière de Légume, Salade, Biscuits.
夕 （F.I.）
Potage, Poulet frit, Salade, Riz à l'Italienne, Camembert, Orange

| 3月 | **10** | 月曜日 |

40人の殉教者

曇2度降雪後晴

　起床10時. 10時45分～11時15分 "Gény" 昼食 F.I.12時半～13時半 "Gény" 出て

昼 （F.I.）
Beterrave, Veau roti, Haricot vert, Coquil-

1958年3月11日

S.J. 待って Rousseau で本を買い，Duchemin で本を受け取って帰る．1万6,000円なのでまいった．1万円支払う．帰室17時15分．18時～18時半 "Gény" 18時半～19時 "Carbonnier"．出て19時半 Luxembourg 駅へ．Juristes のコンパ．Dragon D'Or へ．ついで Mabies．色々だべる．22時別れる．山口君とメトロで帰る．帰室24時半，就床1時30．——夕，M より手紙．

lette, Tomate, Fromage, Glace panache.
夕（レストラン）
中華料理七皿，茶，Bordeaux rouge.

3月	11	火曜日

聖 エウロージ

曇時々雪時々晴

起床11時——昨夜就眠3時近し．少し疲れてきた．——昼食 F.I.12時半～13時．14時～14時半 "Gény" 出て，イギリス領事館ビザ課でビザをもらい，Fb.St. Honoré を歩いて，SAG で三井船舶の○○船のことを聞き，ついで Rue des Chantres の Agence Maritime で日本郵船のことを聞く．英語うまくしゃべれず．N-D des Champs から L. Luxembourg で本を買い，注文し，公園をぬけて（人少く愉し）．カード箱を見ようとしたが，開店間際でやめる．夕食 F.I.20時～21時半 "Gény" 1巻終る．21時半～23時半

昼（F.I.）
Saucisse, Poisson sauté, Haricot breton, Salade, Eclaire.
夕（F.I.）
Potage, Steak, Pomme frit, Épinard, Port-Salut, Orange.

1958年3月12日

"Carbonnier" 就床24時半.

3月	**12**	水曜日

聖 グレゴアール

晴後曇後雪

　起床11時15分──昨夜消燈13時よく眠る．朝目をさますも，又ずっと眠る．疲れが出たらしい．──床屋，そして F.I. で昼食．手紙を出す．13時半〜15時半 "Gény" 第二巻に入る．本の整理をして16時半〜17時半Douche．17時45分〜18時15分．

昼 （F.I.)
Salade de Tomate, Choucroute, Garni, Pomme anglaise, Yaourt, Compote
夕 （F.I.)
Potage, Rosbif sauce olive, Riz à Créole, Salade　金平糖

3月	**13**	木曜日

4旬節半ば ミ・カレーム

曇一時雨

　昨夜から吹雪で，一時10cm くらいつもったかと思ったが，今朝はすっかりとけている．起床10時，手紙を3つ．昼食 F.I.12時半〜14時 "Gény" 14時 〜 15時 "Publicité-RB" 15時〜17時 "Carbonnier" 出て I.D.C. へ P.D. Prof. Battifol の話．19時半になる．出て Hôtel Little Savoy へ．有泉先生に．小

昼 （F.I.)
Poisson sauté, Bonille? Pomme frit, Petit pois, Salade, Patisserie
夕 （レストラン）
Claire, Choucrote, Garni, Fromage, tarte, Blanc, Rouge

1958年3月15日

山，青木両氏もいる．少し話してJonanne
で夕食．22時半に至る．別れ　小山さんと帰
る．帰室24時．江沢君といっしょになる．就
床24時半．

3月　　　　　　**14**　　　　　　金曜日

聖女　マチルダ

曇

　起床11時半——昨夜2時半消燈——酒のせ
いか気分はよいが眠い．昼食 F.I.14時〜16時
"Gény" 他の学説の要約よく，批判の的をつ
いて明快なのにはまったく感心する．16時〜
18時半 "Puublicité-RB" 夕食 F.I.20時〜21時
　"続き"　21時〜23時半 "Carobonnier".
家へ手紙．就床1時．

昼（F.I）

Salade russe, Pomme
frit, Riz à l'Espagnol,
Fromage, Prune au
jus

夕（F.I）

Potage, Omelette,
Pomme frit, Lentille,
Salade, Banane

3月　　　　　　**15**　　　　　　土曜日

聖　ザッカリー

晴

　電話で起こされる．9時半　クック社よ
り．——昨夜消燈1時半　よく眠る．5時目
ざめて Toil．——気分転換が思ったより下
手で，小きざみに勉強するのが不得意だとわ

昼（F.I.）

Saucisson de Tou-
louse, Petit pois pu-
rée, Riz à Créole, Sa-
lade, Grape fruit.

1958年3月16日

かる．一単位二時間はほしい．——法研の図書のためのリストをタイプする．昼食 F.I. 12時半〜13時半 "Gény" 出て T.P. Ducheim で本を受取って帰る．Douche 夕食 F.I. タイプ．21時よりサロンで広瀬嬢のヴァイオリン・コンサート．すばらしい．豊田君と比肩するか？　天才に会うとまったく自分の才能のみじめさを感ずる．しかしよかった．小山さん来られる．Gavalda, Malaurie 君など呼べばよかった．——終って Thé 出て，帰室23時．就床24時．

夕（F.I.）
Potage, Steak Chips, Carotte au crè...., Nestlé, Orange

3月　**16**　日曜日

ラエタール

晴

　起床8時半，9時半のミサ．軽く食べて，Versailles へ．Longrair 先生のお宅へ．5分おくれた．親戚の夫婦（奥さんはスペイン人，St. Dominique の家系）日本へきたことのある人も．昼食をごちそうになり，話して4時になる．カラースライドをお見せする．出て同じく St. Lazare から帰り，Montparnasse でおりて○○○君の所に行き帰りの船のことなど聞いて少しだべる．19時 F.I. で夕食．20時半〜23時 "Carbonnier" 就床24時

朝（自室）
Café, Gaufrette
昼（Prof. Longrair）
Grape fruit, Poisson（?）sauté, Gigot roti, Haricot, Salade, Pudding, Blanc, Chateau de Roque, Café, Vichy
夕（F.I.）
Potage, Jambon Salade, Pomme boulan-

1958年 3 月18日

——眠い.

gère, Prune au jus, Gauffrette.

| 3 月 | **17** | 月曜日 |

聖 パトリース

曇後小雨

起床10時半. 昼食 F.I.12時半～13時半 "Gény" 出て S.J. 終って Rousseau で本を取り，Madelaine の The Cook へ行く. 切符を受取り，フランをポンドに代えて帰る. 夕食 F.I. 買物をする. Miko の誕生日なので少しおごることとする. 少し "Carbonnier", Cité の劇場にマリア・シェルの映画をみにいったところ，満員で帰る. 手紙を書く. 就床23時半. 消燈24時.

昼 （F.I.)

Jambon, Rosbif, Pomme nouveline, Haricot bretagne, Yaourt, Gaufrette, rouge.

夕 （F.I.)

Potage, Boeuf sauté, Coquiettes, Choufleurs sauté, Salade, Poire au jus.

| 3 月 | **18** | 火曜日 |

聖 アレキサンドル

快晴

起床11時15分. 昼食 F.I.13時～15時半, "Geny". 出て，まず M, M（船会社）へ行ってキャビンを予約し，Poissosiere の Rue du "

昼 （F.I.)

Salade de Oeuf et Pomme, Poisson frit, Riz à l'Espagnol, Camembert, Orange.

361

1958年3月19日

Paradis "○○○○" で靴とスリッパを買う．
安い．Sèvre の Aux Bon Marchés でトラン
クを注文し，一旦帰室．F.I. で夕食　20時半
〜21時半 "Carbonnier"．電話をかけに下
り，関口君の部屋で少し話し，23時〜24時
"Carbonnier" 就床24時半．

夕（F.I.）
Potage, Steak, Pomme
frit, Lentille, Salade,
Patisserie.

| 3 月 | **19** | 水曜日 |

聖 ヨセフ

晴

　起床10時半．昼食 F.I.12時半〜13時半
"Gény", Douche. 14時15分〜15時15分,
"Gény" 出て，R.T.F. に寄って謝礼をもら
う．5,000frs ― 1,38fr であった．少ないが少
し助かった．ついで，C.U.I. のレセプショ
ン．Bd. St. Germain 173. 小山さん，湯浅さ
んなどに会う．文部大臣は来る予定が来られ
ず．小山さんと出て Lipp でお茶をのんで St.
Germain から Métro に乗り，別れる．F.I. で
夕食．少し疲れているので早く寝てしまう．
20時．

昼（F.I.）
Pathé, Côte du Porc,
Noville au beurre, Sa-
lade, Confiture;
夕（F.I.）
Potage, Rosbif,
Pomme frit, Épinard
Port-Salut, Banane.

| 3月 | **20** | 木曜日 |

聖 ヨアヒム

曇

　起床11時15分.——昨夜思ったよりねつけず. 2時になる.——少し疲れすぎか?——昼食 F.I. 青山学院の先生というのと話をして, おそくなる. 14時より少し Gény をしたが不調の上手紙がたまっているので書く. 我妻, 野田先生. 出て P.D. 時計おくれていて遅刻. 夕食 F.I.21時より手紙. 福田さん, 大野, 横山, Longrais 先生, M, 途中, 深瀬君来て話して行く. 就床1時.

昼 (F.I.)

Betterave, Steak, Pomme frit, Choufleur, Camembert, Orange

夜 (F.I.)

Potage, Pot au feugaring, Pomme mousseline, Salade, Crème.

| 3月 | **21** | 金曜日 |

春

曇

　起床11時半. 昼食 F.I.——昨夜就眠2時(?)調子よくない. ファイトがなくなった.——今日も亦手紙書きに使う. 16時〜18時 "Carbonnier" の I, その前, P.D. のセミナーで問題になった Filiation の問題をしらべる. 出て19時. M.M.M. の打合せ. どうもフランス人の議論は実りなく不愉快だ. 夕食をごちそうになって帰る, 22時半. 少し

昼 (F.I.)

Salade russe, Poisson frit, Pomme boulanger, Camembert, Compote

夕 (M.M.M.)

Potage, Oeuf dur, ナッパ, Sauté, Fromage, Biscuit au com-

1958年3月22日

"Carbonnier". 同教授より翌月曜, 食事に来いと手紙. 嬉しいが, はて何か頼まれるのか?——フランスではときに招かれるのは頼まれる前ぶれのことがあるので. ——就眠2時.

| 3月 | **22** | 土曜日 |

聖女 レア

晴

　起床11時15分. 昼食 F.I.13時〜13時半 "Gény" 出て T.P. 終って Rousseau に寄り, Metro で Pigeon-Voyageur で写真を受取り, 歩いて Quai に出, 官報出版社でカタログをもらう. Rue Jacob の Sevil へ行ったが閉まっている. St. Germain から帰る. Douche. 夕食 F.I. ○○帰るとき○○○○○君に会い部屋に来て話して行く. 23時になる. 就床24時半——頭の調子よくない. でもフランス語がよくわかるから大したことはないのだろうが. 母より来信. ——就眠2時半.

fiture

昼 (F.I.)
パ　イ, Choucroute
……, Pomme, Salade,
Prune au jus.
夕 (F.I.)
Potage, Poulet froid,
Pomme chips, Noville
au Tomate, Gruyere,
Orange

1958年3月24日

3月	**23**	日曜日
	受難	

快晴

　晴れ続きだが，スチームの具合悪く，寒いこと寒いこと．——11時15分ミサ．昼食 F.I.13時45分〜15時半 "Gény" 15時半〜18時半 "Publicité"「我妻」を見つつ具体例を検討する．夕食 F.I.19時45分〜20時半，"続き" 20時半〜23時 "Carbonnier" 就床23時半．

昼（F.I.）
Saucisse, Rosbif, Olive, Riz à gras, Salade, マフィン
夕（F.I.）
Potage, Steak, Pomme frit, Carotte, Vichy, Nestlé, Prune au jus

3月	**24**	月曜日
	聖 ガブリエル	

晴後曇

　起床11時15分，昼食 F.I.13時〜13時半 "Carbonnier" 出て，S.J. 半分は Conferénce 半分講義．後図書室で少し調べものをして，Duchemin で本を買って帰る．18時ぼんやりしている．19時出て，Hôtel Trianon へ．Prof. Carbonnier に M. Pédamon と呼ばれた．食事をごちそうになり，色々話す．22時半に辞す．帰室23時．就床1時．

昼（F.I.）
大根, Bonille, Pomme frit, Coquiette au beurre, Camembert, 金平糖
夕（Prof. Carbonnier）
Potage, Côte de porc, Feuille, Pomme frit, Port-Salut, Torte, Café, Bordeaux rouge

1958年 3 月25日

3 月　　**25**　　火曜日
受胎告知

曇

　起床 9 時45分．急いで出て，10時半．Conférence d'Aggregation に行く．Noiret, "Honoraire de médecin" Prof. Durand. 報告者のはそうよくない．Durand の話はおもしろかった．帰り F.I. で昼食．下へおりて新聞．少し調子悪い．横になる．17時から電話をかけたりなど．青木君より電話で有泉先生が食事をしたいとのこと．18時半出て，19時 Luxembourg 待ち合わせ．Chop Danton で夕食．楽し．St. Germain の Café Royal でお茶をのんでわかれる．帰室24時15分．

昼（F.I.）
魚パイ，Poisson frit, Pomme mousseline, Salade, Confiture
夕（レストラン）
Coquille St. Jacques, Riz de veau, Tarte, Rose, Sauserre, Rouge, Cote de Pew

3 月　　**26**　　水曜日
聖 エマヌュエル

曇時々晴間

　起床11時15分——昨夜就眠 2 時（？）．8 時半，9 時半とめざめ，後うつらうつら眠る．ようやく（回復期か，首，肩がひどく痛む．少し鼻かぜ気味．けっこうがんばれるものだが，やせた．——

——昼食 F.I.13時〜13時半，14時半〜16時

昼（F.I.）
Salade de Pomme et Sardine, Rosbif, Céleri, Riz à l'Espagnol, Camembert, Orange
夕（F.I.）
Potage, Foie Haricot

1958年3月28日

"Gény"Douche, 17時15分〜18時15分, "Publicité" 夕食 F.I.19時半〜20時半. "続き". 20時半〜22時半 "Carbonnier" 就床23時半——母より来信.

vert, Macaroni au beurre, Salade, Gaufrette au Chocolat

3月	**27**	木曜日

聖女 リジー

曇後晴

　起床11時15分——昨夜就眠1時. よく眠る. すっかり疲れが出てきた. やはり夜おそすぎた. ——昼食 F.I.13時〜13時半. 15時半〜16時半 "Gény" 16時半〜17時 "Carbonnier" 出て P.D. 終ってすぐ帰り, F.I. で夕食. 後, 小説を読んで時間をとってしまう. "Carbonnier" 就床23時——疲れて元気なし.

昼 （F.I.）

大　根, Côte de porc, Olive, Haricot breton, Crème de Gruyère, Orange

夕 （F.I.）

Potage, Pot au feuyarsi, Pomme, Salade, Patisserie

3月	**28**	金曜日

聖 ゴントラン

曇一時雨

　起床10時15分——昨夜睡眠24時半. よく眠る. すっかり身体中痛し. 快方に向っているが. 春らしく快い日だ. 13時半〜14時半 "Gény" 出て, Comité d'Accueil に旅行届を

昼 （F.I.）

Salade russe, Filet de poisson dispposse Lentille, Camembert, 二色アイス

1958年3月29日

出し，Odeon から C.I.E. の図書館で民法改正の documentation をするが，我妻先生のもののほか見当たらず．Faculte で本を借り出して帰る，18時半．一旦帰室，夕食，F.I.20時〜23時 "Carbonnier"，M に手紙．就床……24時半．

夕（F.I.）
Patage, Oeuf dur
Pomme, Riz à créole,
Salade, Compôte

| 3 月 | **29** | 土曜日 |

聖 ヨナ

快晴

　起床10時15分．昼食 F.I.——昨夜就眠1時．鼻カゼを引いた．——12時半〜13時半 "Gény" 出て T.P. Hafeteau 君が話しかけてくる．図書館で本を借り，Rousseau で注文．バスで Solférino へ行って写真を受取り，メトロで Madelaine へ．Pompadour でお菓子を買い，Ville de Puy で M のためレースのハンカチを買う．L. de Luxembourg に寄ったら今日は早く閉じている．帰り夕食 F.I. 帰室，青木君にたのむものを揃える．Douche，21時半〜22時半．就床23時半．鼻カゼ．

昼（F.I.）
Pomme huile, Steak,
Pomme frite, Corotte,
Vichy, Salade,
カステラ
夕（F.I.）
Potage, Saucisson de
Toulouse peti pois,
Coquilette au beurre,
Port Salut, Orange

1958年3月31日

3月	**30**	日曜日

ラモウ（枝の主日）

11時15分のミサ．休みで人数は三分の一か四分の一に減った．昼食 F.I. カゼひどく頭痛と鼻水で横になる．18時半　出て Luxembourg 駅で待ち合わせて，Juristes の会．A la Grenoville へ行ったが日曜は休みとのこと．○○○へ行く．Chateau-Chalon (Jaune d'Arbois) をのむ．出て Luxembourg 公園前のカフェーでだべる．24時半に至る．面白い．Metro で山口君と青木君と帰る．就床2時．

昼（F.I.）
Saucisse, Poulet roti, Pomme mouseline, Chou-fleur à crême, Salade, マフィン
夕（レストラン）
Champignon à la Greque, Coq au vin, Gateau Chateau -Chalon

3月	**31**	月曜日

聖 バンジャマン

曇

起床11時15分．昼食 F.I. 深沢君来る．本の整理をする．鼻風邪ひどい．17時出て L. de Luxembourg で本を受け取り，注文して帰り，直接 F.I. で夕食．管谷君と出て Opéra へ．"Flute enchantée" 美しい．宿望の一つを果たした．帰室1時近し．就床．

昼（F.I.）
Moule, Veau roti, Haricot vert, Coquilette Tomate, Yaourt, Prune au jus
夕（F.I.）Potage, Bouille, Pomme frit, Lentille, Salade, Chocolat, gauffrett.

1958年3月

後記　星野は，2月に続いて，3月も，まだ冬の寒い気候のなかで，自分の神経的な痛みに悩まされつつ，時に内攻的な心理状態になり，日々をやっと送っている．それでもこの月の21日には，日記帳の聖人欄に，やっと「春（プランタン）」の表示が出て，ほっとさせる．

　星野は，この月のほぼ大半を，自室に留まり Ripert, Carbonnier, Geny などを精読している．長い間，寸暇を惜しんで，読書をした甲斐があり，1日には，Ripert の "Regle Morale" を読み終わったり，5日には，"Pulicite Morandier" を読了している．Carbonnier 教授について言えば，星野は，心酔したように，長い時間をかけて，彼の著作を読んだ跡がみられる．また，その間，同教授に手紙を出し，お宅に招かれ，食事を共にさせて貰ったこともあり，この著名な教授と親しい間柄になっていたのがわかる．その間，日本から送られた雑誌などを，つい読み耽り，後悔したりしている．

　また，16日にロングレー氏宅を訪れた時には，カラースライドを持って行き，披露している．時差のため1日遅れになった M の誕生日17日には，「おごっている」――ご馳走でもたべたのであろうか．

　この季節，星野は睡眠がよくとれず，なんども遅い起床時を改めようとするが，うまくいかず，嘆いている．首や，肩が痛くなったのは先月と同じである．今読んでも気の毒になる．しかし，このような沈滞した空気の中で，イギリス行きの行動を計画し，旅行社や，ビザをとるために大使館に行ったりし始める．それに，パリの生活にやっと慣れかけたと思うこの頃，はや，帰国のための旅行計画を立てなければならず，三井船舶や，日本郵船を訪れている．

　こういう春を待つ3月の寒い頃――12日の夜には雪が10センチも積り，翌日の朝には溶けていた――，パリ人の生活の奥底には，4旬節という宗教的，伝統的な「時」が流れていた．しかし，そのための過度の節制，自縛をやわらげるかのように，15日には，広瀬嬢のヴァイオリン・コンサートがあり，「すばらしい．――天才にあうと，まったく自分の才能のみじめさを感じる．しかし，よかった」と書く．そのあとお茶が出て帰室23時．

　夫英一は，「起床10時半――昨夜も就眠が……」というフレーズで始まる日々を送り，自分は「気分転換が下手で小刻みに勉強するのが不得意だとわ

［後記］

かる」と書いているが，1日の記録を時間ごとに残す書き方をすると，結局，寸暇も惜しむ生き方になるのでなかろうか——いずれにせよ学問には，寸暇を惜しんで邁進したと私には思われる．そして，4旬節（カレーム，——復活祭に至るまでの約40日）のある日曜日のミサのあと「ビールを飲まぬこと」「雑誌をだらだら読まぬこと」をこの期間に慎むこととして挙げている．そして，「Mがカトリックになってくれることを望んでいる」とも．30日にはひどい風邪にも拘わらず，パリ在住のJurist（法律家）の集まりで，山口先生などと会う．翌31日には，オペラ座に『魔笛』を聞きに行き，「美しい．宿望の1つを果たした」という．

　イギリスに行く目的の1つは，福田歓一先生に会うことであったろう．それを含めて，この頃多くの手紙が書かれた．21日のある会のあと，彼には稀なことであるが，「どうもフランス人の議論は実りなく，不愉快」という．25日には，Conferance　d'Aggregation（教授資格試験）の会に出て，デュランさんの話は面白い，と．また同日は有泉先生とショップ・ダントンで食事をする．この頃から，神経の不具合から快復し始めた，という言葉が見られる．29日には，図書館で本を借り，ルソー（本屋）で注文をする．また「Mのためにレースのハンカチも買う」彼は生涯私に美しいものを買い与えた．

　そしてまた，彼は，時々，ある真理——当たり前のこと——を，聞き手が笑いだすように言うことが出来る人だった——「頭の調子よくない．でもフランス語がよくわかるから大したことはないのだろうが．」と．（22日）

371

1958年4月1日

| 4月 | **1** | 火曜日 |

聖 ユーグ

快晴

　起床11時. 昼食 F.I.——すばらしい快晴. ずっと荷物整理. 不要の本を捨てる. そうしている中に暖かくて鼻かぜが急に治る. ふしぎだ. ——1日, 国鉄, メトロ, 水道などの大スト. ずっと整理. 夕食18時半, F.I. 23時まで. 賀田君が来たので少ししゃべる. 就床24時半.

昼（F.I.)
Oeuf et Poisson frit, Riz a l'Espagnol, Camembert, Orange
夕（F.I.)
Potage, Pot au feu garni, Pomme boulanger, Salade, Pain à compote

| 4月 | **2** | 水曜日 |

ST FR. DE PAULE 聖 フレール ド ポール

快晴

　起床10時. よく眠る. 出て Aux Bonne Marchés で Cantine を買い, Bastille の○○○○○でトランクを買って, 昼食 F.I. 午後は整理の残りと洗濯. Douche, 17時～18時. 夕食 F.I. 夜も整理と手紙書き. 就床24時.

昼（F.I.)
Jambon, Steak, Pomme frit, Haricot bretonne, Salade, Compote
夕（F.I.)
Potage, Boeuf sauté, macaroni, Epinard, Port-Salut, Banane

1958年4月4日

| 4月 | **3** | 木曜日 |

聖 リシャール

曇一時晴

　起床11時. 出て Bourse を受け取り，昼食 F.I. 帰室後洗濯，整理など. いちおう整理終るも，カンティーヌ 1 つ不足で呆れる. 15時出て，Place Vendôme の英国旅行社でパンフレットを貰い，L. du Luxembourg で本を受け取り，Luxembourg 公園を抜けて Rousseau で本を受取って帰る. 17時30洗濯——マロニエ若葉のうす緑，こぼれんとする葉のうす桃色，じつに美し. 雨あがりの空，淡く美しい. ——夕食，F.I. 帰室後，手紙を 7 つも書く. 就床23時.

昼（F.I.）

Betterave, …… roti chou, …… Pomme anglaise, Salade, Patisserie

夕（F.I.）

Potage, Veau roti Céléri, Pomme mousseline, Camembert, Orange

| 4月 | **4** | 金曜日 |

聖 イシドール

曇後雨

　起床11時. ——昨夜24時に消燈. よく眠る. ひどく疲れているらしい. 昼食 F.I. ずっと手紙書きと最後の整理. 18時近く出て St. Sulpice で Conf.（告解）帰って Collation（おやつ）就床22時.

昼（F.I.）

Salade russe, Poisson sauté, Pomme cuit, Chou-fleur gratin, Crème de Gruyère

夕（自室）

Lait condensé, Bis-

373

1958年4月5日

| cotte, Beurre, Orange

| 4月 | **5** | 土曜日 |

聖女 イレーヌ

晴後曇（昨夜雪）

　7時30起床．朝食．9時出て Gare St. La-zare 10時発．Dieppe 着　12時半　途中昼食．船は混んでいるが坐れた．1時10分発 New Haven 着15時半，税関など簡単．但しフラン安し．1ボンド = 1311 frs. New Haven 発16時10分（時間をおくらす．）Tea をとる．よい車だ．（テーブル付）途中より雪の積もっている所あり．17時40分（少しおくれて）London-Victoria 着．横山が迎えに来てくれる．Gower　St.17のホテルに，バスで．○○○○さんと同室．出て夕食を中華料理店で．Trafalgar Sq から○○○○ Bridge をわたって，Pub に入り，地下鉄で帰る．

朝（自室）

ミルク，トースト，ビスケット，バター

昼（車中）

ハムサンドイッチ，Vitter Rélice（?）

夕（レストラン）

（中華）鳥スープ，炒飯

| 4月 | **6** | 日曜日 |

復活祭

曇

　起床8時近し．出て Westminster Abbey に行く．9時のミサ．貧しい感じの人多し．

朝（ビュフェ）

紅茶，ミートパン

昼（レストラン）

374

1958年4月7日

司式したのはアイルランド人（?）出て Victoria 駅前で朝食し，駅で Oxfond 行きの時間を聞き，少し出たら楽隊の音に人が行くので見ると，バッキンガム衛兵らしいのでついて行く．宮殿で交代を見る．11時半になる．歩いて Westminster Abbey に行き，式中で中はよく見られなかったが Cloister を見る．地下鉄で帰る．12時40分横山来る．○○○○○○○○○○西脇両氏と出て，○○○○○○通りの近くで中華料理を食べて，横山と British Museum をかけ足で見る．ギリシヤ・ローマは大したことがないと思ったが，世界中のもののあるのに驚いた．人間の多様性，しかも文化をつらぬく共通垂直性を痛感．こういうものを見ていると気宇壮大になると思う．Manuscript 面白し．1時帰室．荷物を持って Paddington Station より Oxford へ．18時20発19時48着．福田さん迎えに来てくださる．バスで○○○○○へ．夕食．快談24時30になる．バスに入って就床1時．

酢豚，チョプスイ，鳥のロースト，メシ，茶　夕（福田さん宅）

味噌汁，五目飯，えび天ぷら，果物，お菓子

4月　　**7**　　月曜日

聖 クロテール

曇

朝（福田さん宅）

1958年4月8日

　起床9時朝食．10時半　福田さんに連れて
貰って草原を抜けてまず Magdelaine C. に．
Chapel に入る．草原をぬけ，Merton C. に．
書庫はじつに面白かった．Parish Church に
入り，塔に登る．バスで帰り昼食．又出て，
○○○○○○ Hall に入り，塔に登り，Col.
の庭を見，University Park まで歩く．美し
い庭．ベンチでだべる．帰り，お汁粉をごち
そうになる．やがて夕食．後，だべって1時
半になる．

牛乳, 紅茶, パイ, マー
マレード, バター, チー
ズ, はちみつ
昼（同上）
マカロニ　トマトソー
ス, 肉, サラダ
夕（同上）
カリフラワースープ,
酢豚, ほうれん草, お
ひたし, 奈良漬, 果物
……

4月　　　8　　　火曜日

聖 アルベール

曇

　起床8時半．朝食　奥さんに連れて貰っ
て，まず College の Library を見る．古い写
本，パピルスのたぐい，面白い．出て，バス
発着所まで送られ，10時10分のバスで Strat-
ford- upon- Avon へ．13時半着．途中イギリ
スらしい田園風景．まず昼食をとり，
Shakespeare の生家，New Place（死亡した
家の跡），その通ったと考えられる小学校を
見，歩いてその夫人の生家を見る．古い家．
歩いてそのお墓のある教会へ．イギリスのも

朝（福田さん宅）
ミルク, 紅茶, パン,
バター, マーマレード,
はちみつ, チーズ
昼（レストラン）
Tomato soup, Lam
roast, mashpotato,
……, ……,
夕（福田さん宅）
スープ, オムレツ中華
風, 魚と貝類の天ぷら,

1958年4月9日

のとしてはきれいな教会だ．Shakespeare
Memorial Theater と横の Museum を見，軽
食をして，18時55分のバスに乗る．暗くて外
は見られぬ．Oxford 着21時15分．バスで帰
る．夕食をごちそうになって恐縮．だべって
1時半になる．就床．

ハム，トマト，レタス，
果物，奈良漬

| 4月 | **9** | 水曜日 |

聖女 マリー エジプト

曇

　起床8時．朝食．写真をとる．2人に連れ
られてバスで駅へ．9時53分発 Blechly 行き
に乗る．前にいた Oxford の下宿のおばさん
が話しかけてくる．Blechly で1時間の待ち
合わせのときお茶をごちそうになる．12時18
分発 Camdridge 着13時50分頃，隣の Kings
College 出の若い物理学者が教えてくれる．
Centre で食事をし，駅へ行って荷物を預け，
Centre に出て，時間がないのでまず Mu-
seum へ．フランスの現代のものでよいもの
が多いのにおどろいた．16時になる．Kings
College へ．庭のほか，Chapel と Hall とに
かく大きい．ついで Trinity Col. 庭のみ．大
きすぎる感じ．ついでバスで Girton Col. に
行く．庭をひとまわりして，Centre に戻り

朝（福田さん宅）
牛乳，紅茶，パン，バ
ター，チーズ，マーマ
レード，はちみつ
昼（ビュッフェ）
サンドイッチ，ケーキ，
牛乳
夕（レストラン）
Tomate soup, Sausage
and Bacon fried,
Chips, Ice Cream

1958年 4 月10日

夕食. 駅へ. 時間をまちがえる. しかたなく
Salon Bar でビールをのんで手紙書き. 20時
50分発. ロンドン着. 帰室……○○時. 就床
○○時.

| 4 月 | **10** | 木曜日 |

聖 マケール

曇

　起床 8 時半. 9 時横山が来てくれバスで○
○○○○へ. モーニングの布を買う. 安いの
でおどろいた. 少し歩いてアーケード「ス
コッチ」でスコッチのネクタイを買う. 地下
鉄でロンドン塔へ. 面白い. ぐるぐる廻っ
て, 出て Lyons で昼食. 荻原のいる第一物
産の所へ行き, いっしょにコーヒーをのみ,
別れる. Lombard St を歩き. St.Paul's
Church の横を通り, バスでハイド・パーク
へ. のぞいて, すぐ地下鉄で横山の下宿
(Waterloo Station の近く) に行き, 夕食を
ごちそうになる. 出て Old Vick Theatre で
"King Lear" 主役うまし. コーデリヤは子
供にすぎたか (?) たのし. 帰室24時. 就床
1 時.

朝 (ホテル)
プリン, コーヒー, パ
ン, バター, マーマレー
ド, パンと目玉………
卵
昼 (レストラン)
スティークパイ, パン,
紅茶
夕 (横山家)
野菜スープ, 肉・野菜
カンズメ, パン, マー
ガリン, 紅茶

1958年 4 月12日

| 4 月 | **11** | 金曜日 |

聖 レオン教皇

晴

　起床 8 時半. 朝食. 風呂へ久しぶりに入
る. 出て整理などしていると11時半. 出て,
Lambeth Bridge の Tate Gallery へ. 多いの
におどろく. Turner, Raynolds, Gainsbourh
などよし. 近代フランスのよいものあり（セ
ザンヌ, マネー, シスレー, ○○）昼食はそ
の内部で. 15時出て Waterloo の横山の下宿
へ. お茶をのんでから, 歩いて, L.S.E. さ
らに歩いて本館の歴史研究室へ. 原, 喜多氏
のところに寄り, 萩原に電話して出かける.
オフィスよりタクシーで（○○君も共に）同
君の家へ. ウイスキー（VAT 96, Black and
White）, 夕食すきやき. だべって 1 時にな
る. 自動車で送ってもらって帰る.

朝（ホテル）
ポリジ, パン, バター,
マーマレード, 紅茶,
ベーコンエッグ
昼（レストラン）
グレープフルーツ, 魚
天ぷら, コーヒー
夕（荻原様宅）
すきやき, オードブル,
果物, ウイスキー

| 4 月 | **12** | 土曜日 |

聖 ジュール

晴薄曇

　起床 8 時. ベルで起きる. 朝食. ○○さん
に案内されて Foyle へ行き, 叔母にたのまれ
たイギリスの地図を送らせる. アーケードの

朝（ホテル）
コーンフレーク, パン,
バター, ジャム, ベー
コンエッグ, 紅茶

1958年 4 月13日

スコットでネクタイを 1 本買い，ライターを探すもなし．ついで National Gallery へ．昼なのでレストランで食事をし，13時より見る．なるほどたいしたコレクション．思いがけぬ絵を多く見た．15時30出て，隣の National Portrait Gallery を覗き，地下鉄で Wallace Collection へ．30分しか時間なし．半分は閉っていた．残念．17時閉館と共に出て横山との待ち合わせの時間があるので，○○○○○○○を歩き，さらに時間があるのでビールをのみつつ手紙を書く．Bond Street 駅前で彼と会う．歩いて Apertif へ行くも満員で，Soho のレストランで食事．British Museum 前の Pub でビール．9 時半にはホテルに戻り，しばらくしゃべり別れる．就床23時．

昼（レストラン）
グレープフルーツ，アイリシュチョコ，コーヒー
夕（レストラン）
トマトスープ，チキンかたし

| 4 月 | **13** | 日曜日 |

復活祭後の第 1 日曜日

快晴
　7 時．そっと起きて Bond. st よりジェズイットの教会に行く．地下鉄来ず，（20分も）遅れる．終って帰室，朝食．横山来る．だべり，12時 3 人で出て，Victoria Station へ．ビールをのみ，写真をとって別れる．13

朝（ホテル）
コーンフレークス，パン，バター，マーマレード，半熟卵，紅茶
昼（列車）
グレープフルーツ，ス

1958年4月14日

時発. なるほど, すごい車だ. (Golden Arrow = Flèche d'Or の 1 等) すぐ昼食まずい. New Haven から船. シンプソンの荷物を受け取って, おくれそうになる. 隣に Scotch がのる. ウイスキーをごちそうになる. ゆれて気分悪し. 15時10分より17時40分まで. (但し, 1 時間進める). 18時02発. 税関はパス. 夕食. なんとイギリスとちがうものか！ イギリスの国際ないし政治感覚とフランスの文化とを合わせたら, と思う. 日本は？ 両方あるように感ずる. 夕食. パリ着21時45分.

テーキ, チーズ (うまい), フルーツサラダ, ビール

夕 (列車)

---

4 月　　　**14**　　　月曜日

聖 チブルス

晴後曇

　起床10時. 色々がさがさと整理したりして, 昼食. F.I. 手紙ミコより 2 つ, 母より 1 つ. その他多し. 14時より講演のための勉強を始める. 眠くなり, 16時〜17時半横になる. 夕食 F.I. 20時〜23時 "続き" 就床23時半. 風邪をひいてせきがでる. ——ミコの手紙, とてもよくてすっかり酔っている.

昼 (F.I.)

Oeuf et Pomme Salade, Boeuf Braisé, Coqulette Lentille, Yaourt, gateau

夕 (F.I.)

Potage, Côte du Porc, Olive, Riz à l' Eapagnol, Salade, Prune au jus

1958年 4 月15日

| 4 月 | **15** | 火曜日 |

聖女 アナスタシー

曇

　起床10時半. よく眠って, 疲れが出始める. 昼食 F.I. 12時半〜15時半

　"親子法". 山口君来る. 16時15分出て Inauguration de L'Art Japonaise に行く. よいものがあるので感心した. 帰り F.I. で夕食. 19時〜22時"親子法"疲れたので眠る.

昼（F.I.）

Ravioli, Poisson frit, Pomme mousseline, Salade, Chou-crème

夕（F.I.）

Potage, Steak, Pomme frit, Epinard, Camembert, Orange

| 4 月 | **16** | 水曜日 |

聖 フルクチュウ

曇

　起床 9 時45. 10時半〜11時半"親子法"問題の広く深いのに驚く. 昼食 F.I. 12時半〜14時"続き"Douche 久しぶりに長々とよく洗う. 出て15時半〜16時半"同じ"疲れて横になる. 17時半〜18時半"同じ"夕食 F.I. 20時〜22時"同じ"やっと原稿を書き始める. たいへんなものだ. 22時半眠ることとす.

昼（F.I.）

Betterave, Roti de veau Chou-fleur, Pomme hongraise, Nestlé, grape-fruit

夕（F.I.）

Potage, Foie Haricot vert, Macaroni au tomate, Salade, Crème

1958年4月18日

4月	**17**	木曜日

聖 アニーセ

曇

　起床10時半．昼食 F.I. 12時半～17時半 "親子法" 出て大使官邸へ．

　高松宮来巴を記念するレセプション．盛大．Grillard 夫妻，各国大公使から Prof. Morandière, Mazeaud, Longrais 夫妻も来られている．20時半辞す．21時30～24時 "続き" 原稿「私生子」の途中まで書く．たいへんだ．しかし珍しくファイトあり．

昼（F.I.）

Paté, Hache, Parmentière, Camembert, Glace

夕（レセプション）

すし，やきとり，サンドイッチ，etc

4月	**18**	金曜日

聖 パルフェ

曇

　起床10時45．少し "親子法" の原稿．昼食 F.I. 13時～15時45，"続き" 高松宮が来られるということでサロンにおりて待つ．16時半，大使と来訪．ちょっとサロン，図書室を見，役長室で話して帰られる．後？「毎日」の……………，○○さんなどとこの館のことについて話をする．18時近く話す．夕食自室，かんたんに．18時～19時，19時半～23時半続き．結論を除いていちおう（汚いが）書

昼（F.I.）

Salade de Tomate, Poisson meunière, Pomme anglaise, Riz à l'talien Crème de gruyère, Eclaire

夕（自室）

ビスケット，バター，コーヒー，オレンジ

1958年4月19日

き，読み通してみる．就床24時．

| 4月 | **19** | 土曜日 |

聖女 レオンティーヌ

曇

　起床10時半．昼食 F.I. 12時45〜13時45.
"親子法"原稿の再読．出て T.P. 面白い．帰
室．続き17時〜18時．Malourie 君より電話
で明後日にしてくれと．で夕食を F.I. で．19
時〜20時．週刊誌を久しぶりに見る．レクリ
エーション．Douche．21時〜22時半続き．
就床23時半．

昼（F.I.）

Paté, Steak, Carotte,
Vichy, Noville du
gruyère, Salade,
Confiture

夕（F.I.）

Potage, Poulet noti,
pomme frit, Petit pain
mousseline, Port salut,
Banane

| 4月 | **20** | 日曜日 |

聖―テオドール

快晴

　すばらしい春日和．暖かい．花も盛り．
11時15分のミサ．昼食 F.I. 13時半〜15時半
"親子法"疲れて横になる．18時〜18時半
"続き"．夕食 F.I. 後少し庭を散歩．春の夕
べ，心持ちよし．19時半〜22時続き．清書
に入る．就床23時半――疲れた．気をぬいた

昼（F.I.）

大根, Roastbeaf, Ha-
ricot vert, Pomme
musseline, Camem-
bert, Orange

夕（F.I.）

Potage, Jambon, Sa-

384

1958年4月21日

せいか？

lade, Riz Créole, Prune au jus, Gauffrette

4月　　　　**21**　　　　月曜日

聖 アンセルム

快晴

　起床8時半. 軽食をして9時半〜11時半. "親子法"の原稿. 昼食 F.I.

　S.J. はついに今週も休んでしまった. 12時半〜17時半続き. ついに終らず. 出て Conférence d'Agregation へ. M.Delmas-Saint Hilare "L'indivisibilité du compte courant" Prof. Rodiere よく分らなかった. 批評, 例によって痛烈なり. 19時半近し. 帰室. 後出て Prof. Malourie 君のアパートへ. Apéritif 後, 出てバスで Quartier Latin へ. Bayar で夕食をごちそうになり, 又アパルトマンへ戻って, 単語を直してもらう. ついに2時になる. Cognac をごちそうになって帰る. 就床3時. ──今道がフィアンセと共にパリにいると聞く.

昼（F.I.）
─Poisson conserve, Côte du porc, Petit pois, Macaroni au tomate, Nestle, Pomme compote
夕（レストラン─M. Malaurie）
─Soupe d'Oignon, Poulet roti, Torte, Fleurie, Chateau, Cassis, Café

1958年 4 月22日

4 月	**22**	火曜日

聖女 オポーチュン

曇

　起床10時半. 昼食 F.I. 12時〜15時 "親子法" の清書. 疲れていて不調. 少し横になる. 16時半〜17時半, 続き. 出て Conf. d`Agregation, M.Pedamon "Rôle juridique de la tierce opposition". Prof. Raynard. 終ってそのまま Prof. Gavalda 君を尋ねる. 父君も出て来て少し話し, 同君の自動車でぼたん屋へ. 同夫人, その薬局の主人夫妻を待ち夕食. 終って同君に送られ, ○○○で○○○ウイスキーを飲んで, Cité まで送って貰う. 就床24時すぎ.

昼 （F.I.）
魚パイ, Poisson frit, Riz à créole, Salade, gateau
夕 （レストラン―M. Gavalda）
さしみ, 牛すきやき, ようかん

4 月	**23**	水曜日

聖 ジェオルジュ

快晴

　起床10時. 朴君に起こされ少し話す. 出て床屋へ. 大分待った. 後昼食 F.I. Douche, 14時になる. 出て Crédit Lyonnais へ送金をとりに行く. ここでも珍しく待たされる. 帰館17時. 18時まで "親子法" 清書. 夕食 F.I. 少し「文芸春秋」を読んでしまう. 疲れた.

昼 （F.I.）
Salade russe, Rosbif, Pomme frit, Haricot …… butan, Créme de Gruyère, Confiture.
夕 （F.I.）
Potage, Saucisson de

1958年4月25日

20時〜22時．続き．やっと結論の前まで．就床22時半．

Toulouse, riz cuit, Pomme mousseline, Salade, Crème vanilla

4月　　24　　木曜日
聖 ガストン

快晴

　起床10時．10時半〜11時"親子法"いちおう清書を終った．出て M Villey 宅へ．昼をごちそうになる．Daniel Villey さんの息子2人もいっしょ．話はずむ．16時すぎ辞し一旦帰室．すぐ出て P, D. M. Motulsky が話す．今年の終わり．帰り直接 F.I. 20時半〜21時半．ずっと清書．読む練習．就床3時．

昼（Prof. Villey 宅）
Raddit et olive, Poulet au curry, riz, Fromage, Prune au jus
夕（F.I.）
Potage, Bouille macaroni, Lentille vinaigrette, Orange, Camembert

---

4月　　25　　金曜日
聖 マルク

曇

　起床6時　7時出て8時 Paris Austerlitz 発の Rapide（1等のみ）で Poitiers へ．着11時13．Malourie 君がまっていてくれる．学部へ．研究室で少し仕事をし，12時半出て

昼（Doyen Savatier宅）
卵…Amega（?）Duuru（?）sauté, Salade, Patisserie, Blanc, Rouge（Rouet）

1958年4月26日

Doyen Savatier 宅で2人ごちそうになる.
コーヒーのとき Jean Savatier 夫妻も来る.
15時出て（2行アケル）
16時より講演（1行アケル）
と題す.
学生15人位，教授・助手7人位．学部長が司
会をやってくれる．1時間でうまくすむ．質
問多し．しきりとほめてくれた．別れて1
人，又ぶらぶら歩き Plâce ○○○○の○○○
○で夕食．21時13分発ガソリンカー（1等の
み）で La Rochelle へ．駅で人に聞いていっ
しょにバスに乗って Place Verdun の Hôtel
du Commerce に入る．バス付．バスに入
る．就床1時半．

夕（レストラン）
Hmitre（?), Omelette
nature, Figues, Mus-
cadet

4月　　　　　　　**26**　　　　　　　**土曜日**

聖 マルセラン

曇時々雨
　起床7時30．朝食をして9時に Lycee
Frontier で M. Gautier と会う．自動車で
Hôtel de Ville, 古い町，港，魚市場を案内
され，海岸で別れる．歩いて Tour de T
Sergents を見，港に出，町を歩き，手紙を
出し，市場を見て昼食．初めてフランスの蟹
を食べる．出てバスで La Pallices へ，船で

朝（ホテル）
クロワッサン，カ
フェ・オ・レ
昼（レストラン）
Hûitre, Crabe a
mayonnaise, Pomme,
Rosé d` Anjou
夕（ビュッフェ）

1958年4月28日

Ile de Ré へ. 上ってすぐ船に乗って戻り, 又も Place Verdun へ. 又ひとまわり古い町並みを歩き, Cathédrale, Café de Paix に入り, バスで駅へ. 18時12分発の1等ガソリンカーで "Poitiers" へ. 乗換えて Heudaye よりの Rapide でパリ着23時半. 帰室, 賀田君といっしょになる. Douche さっと入り, 就床1時45分.

ビール, サンドイッチ

4月	**27**	日曜日

FETE DES DEPORTES フェート デ デポルテ

晴

9時頃館長に起され, 飯山君よりの手紙で9時15分（？）のミサのケート（献金係）をやってくれとのことだったが, 疲れているので止める. ミサ11時15分昼食 F.I. ずっと手紙書きで13時半〜16時半に至る. 少し横になる. 夕食 F.I. 日本館の Bal（舞踏会）の日だが, 疲れているので失礼する. 就床20時半.

昼（F.I.）
Saucisse, Rosbif Olive, Pomme mousseline, Salade, Biscuit
夕（F.I.）
Potage, Côte du Porc（コロッケ的）Choufleur, Orange, Camembert

4月	**28**	月曜日

聖 エメー

曇

昼（F.I.）

1958年 4 月29日

起床10時　昼食 F.I. 総合雑誌の随筆．13時
45分出て S.J. 終講．Conférence と Cours.
Pédamont 君と，ポーランド人〇〇〇〇〇〇
君といっしょにコーヒーをのみ，別れて
Reusseau に寄り，一旦帰ってから St. Ger-
main 今道のホテルへ．少し話して Potê
Champnoise で夕食．出て St. Germain のカ
フェでしゃべり24時40分になる．愉しかっ
た．終電で帰る．就床 2 時．

Pâte, veau roti, Hari-
cot vert. Lentille, Sa-
lade, Cake
夕（レストラン）
Potage, Risotte en foie
de volaille, Glace
framboise

---

4 月　　　　　　**29**　　　　　　**火曜日**

聖 ロベール

晴

　起床11時15分．昼食 F.I. 13時～15時 "婚姻
法" リヨンのため．出て Du Chemin で本を
受け取り，注文し，学部に送ってもらう．
Rousseau で横山への本を送ってもらう．
Luxembourg 公園を抜けて Comité d'Accueil
へ．マロニエの緑すでに深く，花も咲きかけ
ている．C. ではポアチエの旅費と，フライ
ブルグへの離国許可をもらう．あっさりくれ
た．出てすぐ帰る．18時時近し．夕食 F.I. 19
時～21時．"婚姻法" 手紙を 5 つ書く．就床
23時．

昼（F.I.）
Gnochi, Poisson frit,
Macarroni au beurre,
Salade, Compote
夕（F.I.）
Potage, Steak Pomme
frit, Epinard, Yaourt,
Pâtisserie

1958年4月30日

| 4月 | **30** | 水曜日 |

聖 ルドヴィク

快晴　空濃紺　秋のごとし

　起床10時. 10時半～11時15分 "婚姻法" 昼食 F.I. ついで緑会への原稿, 清書終る. 15時 Douche 16時半～18時半 "婚姻法" 夕食 F.I. 20時～22時半　続き. 手紙2通. 就床24時.

昼（F.I.）

Poisson, Cervelas,
Pomme mousseline,
Riz à l'Espagnol,
Crème de gruyère,
Poire au jus

夕（F.I.）

Potage, Bouillet maca-
roni, Haricot breton,
Salade, Orange

後記　復活祭のころより, 星野の生活は一変し, 外向的に, また活動的になる. 計画どうり——そういう日々には, 星野の起床時間は一変して早くなり, 乗り物の時間に遅れたことは無い——ドーヴァー海峡を渡り, ロンドンでは横山様の出迎えを受け, ホテルに泊まる. 翌6日には8時に起床し, ウェストミンスター寺院の復活のミサに与っている. (こう書いてくると, 筆者私は, 場面がフランスからイギリスに変わった途端に, 英文学を専攻したせいか, すべてが分かりやすく感じられた. 読者もフランス語より英国に親しんでおられるかたが多いから, もはや解説めいたことは不必要だろうと思う. 英一も, アット・ホームに感じていると思われる.) バッキンガムの衛兵にも会い, ブリッティシュ・ミュージアムを駆け足で巡り歩く. 人間の多様性に感嘆. オックスフォードに居られる福田歓一様を訪問し, 暖かくもてなされた. 星野は福田夫人の優しい心遣いに感心し, のちに私あての書簡のなかで, あのような夫人を見習って欲しいと書いてきた. 彼は福田家に3

391

1958年4月

泊もさせてもらい，日中は，モーダリン・コレッジ，マートン・コレッジ，を訪問し，「書庫はじつに面白かった.」という．ユニヴァーシテイ・パークの庭は美しい，と．オックスフォードの図書館も訪問．ストラットホードーオンーエイボンのシェイクスピアの生地も訪れている．9日にはケンブリッジ大学も訪問し，近藤いね子叔母が留学したガートン・コレッジを見聞する．その日の夕方ロンドンに帰り，翌日はこの都で，モーニング用の生地を求め，（「凄くやすかった」そうだ．東京で仕立てられ，結婚式に初着用された）．ロンドンでは，オールドヴィック劇場で『リア王』を鑑賞して，楽しかった，という．（私は貧乏学生であったから，やっと天井桟敷で観覧したのに，彼は一等席の切符を持ち，お茶のサービスも受けたという．）『リア王』は，私にとっては，涙する悲劇なのに，彼は，感情移入することなく，芸術として観劇したためか，楽しかった，と感想する．いね子叔母に頼まれていたイギリスの地図も買った．入浴の好きな星野は「風呂に久しぶりに入いる」．

　フランスに帰国してからは，専門の法律面で非常に知的な探求を要する仕事に没頭する．「親子法」の講演を依頼されたからである．まず，1日，5，6時間休みなしにその原稿書きに費やした．だが，外国語で，フランスにおいて発表するとなると，多くの問題に突き当たる．一応出来上がったものをまず，マロウリーさんに見せ，単語をなおしてもらい，それに従って清書も書き直した．その間，アグレガシオンの研究会に出たり，17日には，高松宮の来巴を記念するリセプションが大使館邸で開かれたので，招待され，そこでグリヤード夫妻，また，モランディエール教授，マズウ教授，ロングレイ教授もご夫妻で来ておられたのでお会いする．こうして星野がパリ滞在中には，様々な日本を代表するイヴェントがあった．例えば，1957年の6月には能の公演も行われた．

　その他，パリにおける　日本人会も発足し，映画「蜘蛛巣城」も開演され，また，ギラン氏により「東京，われらの隣国」という講演も開かれ，そして「ぼたんや」という料理専門店も開店するなど――，日仏の絆を強めることが次々に行われた．星野も他の日本人も，心強く思ったろう．

　そういう環境で，彼は"親子法"の講演のために，若さを賭けて専心し，

［後記］

何度も清書を書き，それが出来ると，読む練習もした．一応できたところ
で，24日，Villey さんのお宅に昼食をご馳走になりに行く．いつもどうり，
親戚の方が居合わせてくださり話ははずむ．この原稿は遂に25日，6時に起
床し，8時にパリを立ち，ポワチエに行き，マロウリー君に連れられて，大
学につき，サヴァチエ学部長宅で2人とも昼食をご馳走に与り，ジャン・サ
ヴァチエ夫妻もコーヒーに来られる，というものであった．16時，講演，学
生15人，教授，助手7人ぐらい．1時間でうまくすむ．幸い，質問も多く，
この講演は，しきりに褒められた．後，入浴できるホテルへと．翌日はポア
チエ見物，波止場があり，海に近いせいか，フランスではじめて蟹を食す
る．28日にはパリで今道友信様（一高時代の親友）と喋り合い，「愉しかっ
た」と記す．こうして，長く辛かった冬の後に，「……庭を散歩．春の夕
べ，心持よし．」——20日．

　なお，星野は，3月24日にカルボニエ教授にホテル・トリアノンで夕食を
ご馳走になるが，その折，「ペダモン君」と呼ばれる．この名は，私には初
めてで，誰を意味するのかわからなかったが，4月22日，アグレガシオンの
会で，M. Pedamon "Role juridique de la tierce opposition" と書かれてあ
り，また28日には，Carbonnier の S.J.（法社会学，sociology juridique）
の最終回を終えたのちに，「ペダモン君とポーランドの人と　一緒にコー
ヒーをのみに行き」と書いてあるから，星野と同等の若き研究者，優秀な人
だったと思われる．カルボニエ先生は，星野もペダモン君と同様に有望だ，
と意味されたのであろうか．

　4月3日には，「マロニエの若葉のうす緑，こぼれんとする葉のうす桃
色，じつに美しい」と日記に遺し，29日には「マロニエの緑すでに深く，花
も咲きかけている」と．筆者も，夫英一が，2004年5月15日に，パリ大学第
II より，名誉博士号を受賞する際にパリを訪れたが，その時，ホテルの前
のセーヌの岸に沿って，白，ピンク，赤，クリーム色の鮮やかな花の列に見
とれた．夫に何の花，とたずねたら「マロニエだよ」と言われた．しかし，
あれは本当にマロニエだったろうか．東京で見たマロニエとちょっと違うよ
うだった．

1958年5月1日

5月　　　　　　**1**　　　　　　木曜日

労働の感謝祭（メーデー）

快晴

　すばらしい天気．起床11時．昼食 F.I. メーデーで職員休み．学生がやっていて，食事もかんたん．13時〜15時．"婚姻法" 洗濯　16時〜18時半続き．出て F.I. に行くも，閉まっている．部屋で軽く食事．20時〜21時半，続き．電話をかけに下り，館長に会い，上って今度は大学制度．22時　電話しに下り，所君にさそわれてその部屋でお茶をごちそうになり，だべって帰る．23時．手紙 4 通．就床 0 時半．

昼（F.I.)

0 euf dur, Jambon,
Pain, Nestlé, Orange,
Biscuit

夕（自室）

Biscuit, Beurre, Lait,
Vin blanc, Orange,
Thé japonais.

5月　　　　　　**2**　　　　　　金曜日

聖 アタナース

快晴

　起床10時．電話（Malaurie 君）で起され，そのまま起きてしまう．疲れているが．F.I.所君といっしょになる．13時〜16時半 "親子法"，"大学制度"．出て OPERA 前のドイツ旅行案内所でパンフレットをもらい，バスで大学へ．図書館で本を 1 つ返し，2 つ借りる．M.Villey と会う．いっしょに Luxem-

昼（F.I.)

Salade de Tomate,
Maquereau Pomme,
Neuille au Beurre, Ca-
membert, glace

夕（F.I.)

Potage, Omelette,
Pomme sauté, Petit

1958年 5 月 4 日

bourg を抜けて歩き別れる．L. de Luxem-
bourg で本を買い，注文し，Vavin より帰
る．一旦荷物おいて夕食．F.I. 21時〜23時
"親子法"　就床23時半．

pois à la française, Sa-
lade, Crème

| 5 月 | **3** | 土曜日 |

INV. DE LA STE CROIX 聖女　クロワの招待

晴

　起床 9 時30．倉庫から Dalloz を 1 つ出す．
10時45分出て．まず Villey さんのお宅でこ
れを渡し，Comité d' Ac へ行くも話通ぜず．
大使公邸へ．天長節のコンパ．あまり知人に
会わず．14時15分出て帰室．ビールとムリ
スーを飲んだせいか頭痛（疲れているので眠
る）．17時起き，準備をして St. Sulpice で
Conf. 本屋を見て帰る．夕食 F.I. Douche,
手紙．就床23時．

昼（大使公邸）
大阪すし，ライスカ
レー，かまぼこ，数の
子うまい……
夕（F.I.）
Consommé, Roast
beef Céreli, Riz à l'Ita-
lienne, Salade, Banane

| 5 月 | **4** | 日曜日 |

聖女　モニーク

快晴

　9 時に目がさめたので，10時の Cercle St.
Jean-Baptiste のミサに行く．ミサだけで帰
り．昼食 F.I. 13時半〜18時半 "大学制度" 夕

昼（F.I.）
maquee, Steak Hari-
cot vert, Coquilette
au Tomate, Camem-

1958年5月5日

食 F.I. 後散歩していたら飯山君に呼びとめら
れ，草原で少しお喋りする．20時〜22時半
"続き" 12ページ書いた．就床23時．

bert, Orange
夕（F.I.）
Potage, Côte du Porc,
Olive, Pomme mous-
seline, Salade, Créole

---

5 月	**5**	月曜日

聖 オーガスティンの改宗

雨後曇
　起床10時　昼食 F.I.12時半〜13時半 "大学
制度" 出て大学へ．Conférence d' Agréga-
tion なし．図書館で少ししらべる．出て，古
本屋を少し，歩いて帰る，16時．16時〜18時
半 "大学制度"．出て Luxembourg で待合わ
せて，Juristes の会．A La Grenoville へ．
蛙を食べる．出てカフェでだべる．12時半別
れ，山口君と Cité へ．就床2時．

昼（F.I.）
Saucisse, légume,
Pomme mousseline,
yaourt, Orange
夕（F.I.）
蛙，かたつむり，Cas-
souret de Canard,
Tarte

---

5 月	**6**	火曜日

聖 ジャン ポルト ラティーヌ

　起床10時　昼食 F.I.　少し胃腸が弱ってき
た．12時〜13時．"大学制度" 出て Cour de
Cassation へ．M. Gavalda に 会 い，
Chambres Réunies を参観．グアテマラにお

昼（F.I.）
Salade de oeuf et
porc, Poisson frit, Riz
au Tomate, Camem-

1958年 5 月 7 日

ける離婚判決のフランスにおける結果の問題
で，始め 2 人の Avocat の Plaidoire ついで
Premier Avocat Géneral（M. Gavalda）の
Pl. 面白くよくわかった．しかし長く，17時
に至る．休憩，そして Délibération の間，
待っていたが，ついに結論出ずとのことで，
M.Francescatti, M.Hal と帰る．F.I. で夕食．
20時～23時 "大学制度" 原稿終わり見直しの
段階．途中佐々木に相談を受けたり，そのと
き今道友信がいたり，岡田君（外務省）が来
たりする．就床23時半．

bert, glace napolitaine
夕（F.I.）

Potage, Steak Pomme
frit, Chou-fleur, Sa-
lade, Prune au jus

| 5 月 | 7 | 水曜日 |

聖 スタニスラ

曇後晴

　起床10時．洗濯，手紙．昼食 F.I. 手紙多
し．帰って返事など．15時出て，Bon Mar-
ché で Cantine を買い，歩いて Crédit Lyon-
nais を探したら Montparnasse にあった．比
較法学会の参加費を払い，ホテル代は，外貨
の手続きをたのむ．L.de Luxembourg で本
を受け取り，公園をぬけて Luxembourg 駅
より帰る．Douche. 夕食 F.I. 20時～23時半，
やっと "大学制度" の原稿手入れ終る．就床
24時半――少し胃腸が弱くなっているらし

昼（F.I.）

Paté, Roti de Veau,
Petit pois, Coquilltte
au beurre, Ṣalade
Cresson, Eclaire
夕（F.I.）

Potage, Côte de Porc,
Epinard, Pomme au
Tomate, Port-Salut,
Banane

1958年5月8日

く，数日間，久しぶりに軟便.

5 月	**8**	木曜日

1945年の戦勝記念日

曇

　起床11時．昼食 F.I. 13時～18時半　"大学制度"清書．夕食 F.I. 19時～21時 "続き" 21時 Salon で秋山氏の "日本美術の発展" についての講演．話しよく，スライドすばらし．Boulanger 夫人と息子来られる．プロジェクターの都合で，始めに Cocktail　23時半～1時半　やっと終る．就床2時．

昼（F.I）
Poisson, Côte du Porc, Choucroute, Pomme anglaise, Camembert, Banane
夕（F.I.）
Potage, Rosbif, Haricot vert, Riz（シャンピニオン, 玉ネギ入り, おじやのごとく（うまし）. Salade, Patisserie

5 月	**9**	金曜日

聖 グレゴアール

晴一時驟雨後曇

　起床10時半——昨晩久しぶりに週刊誌を見て3時近くになる．——昼食 F.I. 手紙書きなど．15時出て Comité d' Accueil で Mme. Lablrouve と相談し帰る．17時驟雨．17時～18

昼（F.I.）
パイ, Poisson, mayonnaise, Salade, Pomme anglaise, Crème de gruyère, Pomme au

1958年 5 月11日

時半 "婚姻法" 夕食 F.I. 19時〜21時 "続き" 小山さん来られる．手紙を書いて出す．就床24時半．

jus;
夕 (F.I.)
Potage (Cresson), Oeuf dur Pomme, Lentille, Salade, Gateau

---

5 月   **10**   土曜日

聖女 ソランジュ

曇一時雨

起床10時．"婚姻法"を見る．12時出て M. Boulanger のお宅へ昼食に呼ばれる．Prof. Debois もいっしょ．15時半　辞し，大学の図書館へ本を返し，カタログを見，バスで Madelaeine の Cook へ行ったら休み．メトロで帰る．"大学制度" 夕食 F.I. Douche. 20時〜22時 "続き" 見終わる．手紙．就床24時．

昼 (Prof. Boulanger)
Roti de Veau, Tomate, Asparge, Fromage, Ananas, Vauray mousse, Chateau Chaland, Chalome
夕 (F.I.)
Potage, Poulet roti, Pomme sauté, chou-fleur vinaigrette, Camembert, Orange

---

5 月   **11**   日曜日

ジャンヌ・ダルク祭

曇時々雨

昼 (列車)

399

1958年5月12日

起床8時半，9時半のミサ．帰ったところ，誰かが部屋を開け，カメラがなくなっていた．館長に電話をかけたが不在．手紙を書いて急いで出る．旅行で具合悪し．不快このうえなし．12時25分　Est 発の Express で Nancy へ．着19時10分 Hôtel Cigogne へ．落ち着いてから出て，散歩．Place Stanislas, Arc du Triumph, Pl. de la Carriere を見，Cathédrale St. Epure に入る．Première Communion（初めて聖体を頂くこと）で美し．夕食，Rôtisserie Gourmet Lorraine へ．駅まで行って時間割を見，帰る．メゾンへ電話をかけるも通せず．就床22時．

ビール，サンドイッチ2本，バナナ
夕（レストラン）
Quiche Lorraine, Quaell de Brochet au coulin d' Ecrevisse, Gateau maison, Vin rosé de la maison（うまい）= Bruley

| 5月 | **12** | 月曜日 |

ROGATIONS ロガシオン
（キリストの昇天前3日間行われる豊作祈願）

曇時々雨

起床7時半．9時に M. Seum の所に伺う．色々有益であった．ついで Doyen Roblot に会った．学部へ行ったが，遅く，ついに会えず．で，散歩．Cour Léopold から，Chapelle Ducale の横を通り，Porte de La Craffe を見，別の門を見，Pepinière を見て一旦ホテルに戻り，M.Coulombel のところへ行く．雨ひどく，道に迷い，おくれる．

昼（M.Coulambel）
パイークリーム，Veau rôti, Petit pois, Fromage, Porto, Vin rouge, Café
夕（M.Roblot）
卵，アスパラ，Boeuf roti, Légumes, Salade, Fromage, Crème et

1958年5月13日

13時昼食をごちそうになり，だべるも時間なし，奥さんに自動車で送ってもらってM.Voirin 宅へ．少し話して出，Musée Historique を見，17時，閉館で出，Musée de Beaux Arts へ行くも閉まっており，チューリップ展を見たのみ．ホテルへ．17時半出て，M. Roblot 宅へ夕食．Coulombel 夫妻，Friedel 夫妻，M.Tallon とともに夕食．有益であった．ひと足先に，24時辞し Tallon 君に送ってもらう．就床24時半．

marron, Sylvaner Moulin a vert, Porto, Café.

---

5 月　　　　　**13**　　　　　火曜日

聖 セルヴェ

曇時々雨

　5 時起床．6 時30発ガソリンカーで，Sarrebourg で乗り換える．電気機関車．ここから乗客はフランス語でなくなる（ドイツ語，アルザス語？）景色よし．Strasbourg 着 8 時半．Toil に入り，歩いて登記所へ．M.Velot に説明，案内してもらい，有益であった．歩いて大学へ．11時05分．M. Léauté と約束してあったが，急に都合悪く抜けられぬとのこと．で，出て，Cathédrale を見，Horloge を見る．Pigpic で昼食をする．14時45分に Centre des enséignment de journalistes へ

昼（レストラン Doyan）
Hors d'oeuvre, Choucroute, Glace, Camembert
夕（レストラン—M.Villey）
Choucroute, gruyère? crème, Bière

401

1958年5月14日

行くも，道に迷い遅れる．講義とのことで待ち，本を見る．事務長が教えてくれる．15時．少し話して出，17時 Salle des Professeurs の Concours d'Elóquence． 7人が10分ずつやる．終わって cocktail．色々な人に会う．19時出てホテルへ．夕食に出んとしたところ，M.Villey より電話．夕食をともにすることになり，Pl. Kléber で待ち合わせ．シュークルートを食べる．古いストラスブールを歩くうち議論となる．Heilig Croule で少し Vin blanc をのみ別れる．Douche．原稿をみる．就床2時．

5月	**14**	水曜日

聖 パコーム

曇時々雨

7時半に起き，下で食事をして，少々原稿を見ていたら遅くなり，バスで大学へ．M.Léauté を訪う．新聞による名誉破損のことについて文献をしらべてくれた．11時前に辞し，Salle des Professeurs で M. Villey を待つ．会って，少し遅れて，11時15分ぐらいの大学院の講義で，"Le structure des universités au Japon" と題して40分話す．質問の時間なく残念．大使館の○○○君もいる．

昼（レストラン — Doyen）
Asperges, Poulet roti, Pomme frit, Salade, mérengue, glacê, Blanc, Café
夕（レストラン）
Foie gras de Strasbourg, gelée, Quenlle, Broché, Pomme,

1958年5月15日

出て，Salle des Professeurs で Mme.Sinay
もいっしょになり，Au Coin Frais まで行
く．学部長の招待で Radamant, Bas-
tiam,Léauté, Perrot, Mme Sinay, Terré, Vil-
ley 氏と昼食．面白かった．M.Bastian は，
テーゼをくださった．大学へ Mme Sinney
と戻り，別れて Casse で謝礼をもらい，（日
記帳の欄外に「Villey さん，お礼をくれた．
ありがたし」の書き込みあり mh.）学部長に
学部案内をもらって出る．登記所へ行き，
M.Velot のパンフレットを貰い，ホテルで荷
物をおいて出る．Musée Osmme? de N. —D.
に入る．すばらし．雨が降ってきたので，塔
に上り，おりて土産を買い，再び川に沿って
おり，R. du Bain aux Plants を通り，ホテ
ルへ．休んで夕食に出る．Zimmer へ．帰
り，Douche 就床22時．

Blanc, caraf.

5月	**15**	木曜日

キリストの昇天

曇一時晴一時雨
　起床8時15分．出て Cathédrale へ．9時
半，司祭ミサで長い．終って（11時）Musée
alsacienne へ行く．ひとまわり見て，バスで
ホテルへ戻り，勘定をして駅へ．12時半発

昼（ビュッフェ）
ハムサンドイッチ，
ジャムパン，うずまき
パン
夕（レストラン）

1958年5月16日

Lyon 行で Colmour 着13時18分．時間割を見て，Mme. Sinay 宅へ．坊ちゃんも出てきて，お茶をごちそうになり，歩いてぐるぐる廻る（Petit Venise,
（空白）
Colmor 発17時12分，〇〇 Melbouse 着18時．ガタガタ汽車で〇〇〇へ．ライン河を渡ると国境．ついで乗換えて，〇〇〇へ．又 Bale より来たのにのり，（3等で6人，きれいな列車）20時フライブルグ着．金をレストランのコックにかえてもらい（高い！）ホテルへ．Schweikert 君来てくれ，レストランで食事をし，カテドラル，古い大学，Sclusbestor（？）大学……とまわって24時近くホテルへ．別れて就床24時半．

ビール，ウイーナーシュニッツル

| 5月 | **16** | 金曜日 |

聖 オノレ

曇時々雨

　起床8時．朝食．電話を M.Thieme にかける．M.Boehmer には通せず．出て，10時15に M.Thieme のすすめに従い，M.Enik Wolf の Rechts Philosophie の講義に出る．M.Thieme に研究室で会う．石川君来てくれる．ついで11時15分の M.Caemmeres の商法

昼（レストラン）
トマトスープ，ビフテキ，コーヒー，Queineuem? キルン
夕（レストラン）
Fonelle Kartopffiuh Salade, Bière

1958年5月17日

の講義に出12時15分より M.Thieme の近代
法史の講義をきく．面白かった．M.Thieme
に食事をごちそうになり，自動車でお宅へ．
色々本をみせられ，話をして辞す．Institut
fur Kriminal recht で M. Sclueikert に会い，
少し案内され，M.Roelmer に電話する．出
て，鉄道案内所，本屋と入り，本を見て，
Munster に入り，別れて，石川君の下宿へ．
Datt ○○○○で夕食．だべる．22時出，別
れて M.Schweikert 宅へ．だべり，送られて
帰ったのは1時近く．

5月　　　**17**　　　土曜日

ST PASCAL 聖 パスカル

曇

　起床8時15分朝食．出て駅で金を替え
（5,000fr ＝40.10マルク！！）切符を買い，少
し歩いて電車で M.Thieme 宅へ．やがて
Prof. Boehmer 来られる．話をして，12時
M.Thieme の自動車で送られて大学へ．土産
物，郵便など．ホテルで昼食．13時33分発
Milano 行きに乗る．Basel 着14時50分頃．乗
替えて始発にて Paris-Est 行き Express15時
41分発．すいている．パリ着は22時55分．ビ
ユッフェでジュース．帰室24時．Douche す

昼（ホテル）
Wurit? kautoful?, Sa-
lade
夕（列車）
サンドイッチ（ハム，
チーズ），ジュース

1958年 5 月18日

るもぬるし．就床24時半．

| 5 月 | **18** | 日曜日 |

聖女 ジュリエット

曇

　11時15分のミサ．昼食．館長室へ行って少し話をする．15時．横になり，16時眠る．18時半，夕食．森山君といっしょになる．帰室後森山君来て，話しこんで23時半．就床24時半．

昼（F.I.）

Quenelle, Veau roti, Haricot vert, Pomme, boulangère, Salade, Patisserie

夕（F.I）

Potage, Jambon, salade, Riz à crèole, Port-Salut, glace

| 5 月 | **19** | 月曜日 |

聖 イヴェス

曇後晴

　起床 9 時45分．1 日ぼんやりと休養．昼食11時半 F.I. 16時より礼状を書き始める．夕食 F.I. 22時までで 9 通書く．館長室へ行ってお喋りする．うちボイラー室より煙出，消防を呼んだりしてひと騒ぎ．ボイラー中に紙くずを入れたのがもえず，いぶったもの．23時半，終って館長室でお茶をのみ別れる．就床

昼（F.I.）

Betterave, Boeuf roti, Pomme frit, Camembert, Orange

夕（F.I.）

Potage, Bluille（?）noville, Lentille, Salade, Crème

1958年 5 月20日

1 時.

――美賀子よりすばらしく大きい小包来る.
せんべい, 磯焼, 中村屋つまみ物――どれも
特大.（500g くらい）ようかん 2 本, のり
（大きい缶）, お茶漬けの素, するめいか 2
袋, 栄太楼の飴, ヤマサしょうゆ小瓶, 山本
の塩こんぶ, コンソメのもと, ポタージュの
もと（森永）, フレンチキャラメル 2 箱（森
永, 不二家）, ハンカチ 2 枚, 靴下 2 枚. す
ばらしい.

| 5 月 | **20** | 火曜日 |

聖 ベルナルダン

曇

　起床10時――昨夜どうしたことか 4 時にな
る.　――昼食 F.I. 後手紙. 15時出て, Com-
misariat de Police（R. Sarrette）へ. M.Du-
bernois を訪ねる.　いないので Brigade ○○
○○○○へ行って会う.　出て Madelaine の
Cook で T.C. のことをきく.　帰室18時近く.
夕食 F.I. 後手紙と M.M.M のこと.　就床22時
半.

昼（F.I.）
ミートパイ, Poisson
mayonnaise, Riz créole,
Gruyère, glace
夕（F.I.）
Potage, Steak olive,
Coquillette Tomate,
Salade, Patisserie.

1958年5月21日

| 5 月 | **21** | 水曜日 |

聖女 ジゼーユ

晴後曇

　起床10時．電話，小山さんより．手紙，い
ちおう終る．昼食 F.I. 13時〜15時 "母" を
始める．「家族」「法哲学講座」を読む．15時
Douche 後洗濯．17時〜18時半．"母" 夕食
F.I.——食後大いににぎやか．20時〜21時
"母"．早く眠る．就床22時——完全には疲れ
がとれていないが，元気．

昼（F.I.）

Salade de Tomate,
Veau roti, Haricot
vert, Pomme boulan-
gère, Crème de
gruyère, Prume au
jus.

夕（F.I.）

Potage, Côte du Porc,
Petit pois mousseline,
Chou-fleur sauté, Sa-
lade, Cerises（始めて）

| 5 月 | **22** | 木曜日 |

聖 エミール

曇

　起床10時．手紙など．昼食 F.I. 少し "母"．
14時，昼寝をしようとしたら，吉沢夫人に呼
ばれ，おりる．花柳流の踊りのエキップ（ブ
ラッセルで公演をすませ，Th.des Nations
でする）の練習を見る．美しいので感心し
た．16時半，終って帰り，洗濯．少し横にな

昼（F.I.）

Saucisse, Roti du
Porc, Petit pois, Maca-
roni, tomate, Salade,
Patisserie

夕（F.I.）

Potage, Steak Epi-

1958年5月24日

り17時〜18時，"母"．川井君の同様の論文を読む．出て郵便局．夕方 F.I.　19時半〜21時 "母"．小山さん来られ，用件，話．
23時近く帰らる．川井君のも終り．就床24時．

nard, Riz à tomate, Chèvre, Orange

5月　　　　　**23**　　　　　金曜日

聖 ディディエ

曇
　起床10時洗濯．少し"母"．昼食 F.I. 後古本のタイプ，カードなど．15時出て，Duchemin で本を受取り，送本をたのみ，Joly に注文し，リュクサンブール公園を抜けて C. d'Accueil へ．Mme Labrousse に会う．小切手をもらう．モンパルナスまで歩いて帰る．（銀行閉まっていた）．一旦帰室，夕食 F.I. ずっとタイプ．賀田君来て話す．就床23時——疲れを感ず．

昼（F.I.）
Artichof, Poisson frit, Pomme tomate, Camembert
夕（F.I.）
Potage, Omelette, champignon, Pomme mousseline, Salade, Confiture

---

5月　　　　　**24**　　　　　土曜日

聖女 アンジェル

曇
　起床9時半　急いで Montparnasse へ行くも銀行すべて閉まっている．帰り，昼食

昼（F.I.）
Artichof, Saucisse, Chou, Pomme vapeur,

1958年5月25日

F.I. 本・ユネスコクーポンの整理などで忙し．13時45分出て，T.P. に行くも，もうない．Rousseau で本を買って帰る．後，整理，続き．17時半出て St.Sulpice で Conf. 帰り，久しぶりに米を炊いて，美賀子からとどいた物を食べる．腹一杯になった．米食はいけない．坂本よりお茶漬けの素来る．Douche．すぐ就床23時．

Salade, Chou-crème
夕（F.I.）
飯，のり，ポタージュ，こぶ佃煮，のしいか，お茶漬，ビスケット，バター，ヨーグルト，Rosé d'Alsace.

| 5月 | **25** | 日曜日 |

聖霊降臨祭

曇

11時15分のミサ．飯山君といっしょになり，昼食．ものすごく並ぶ．ケンカあり，不快．少し腹こわす．昨夕食べすぎか？
14時〜15時 "母"．疲れている（久しぶりに神経の疲れ）ので，眠る．17時半　起きて手紙2つ．夕食 F.I.19時半〜21時半手紙2つ．就床22時．

昼（F.I.）
Salade de Tomate et pomme, Poulet roti, Petit pois, Riz créole, Yaourt, Orange.
夕（F.I.）
Potage, Veau roti, Haricot bretonne, Fromage, Apricot au jus.

| 5月 | **26** | 月曜日 |

ST PHIL.DE.N. 聖 ヒル・ド・エヌ

曇後雨後晴

昼（レストラン）

410

1958年5月27日

　起床5時15分．急いでOrlyへ行く．バス来ず，C.U.で30分待ち．Porte d'Italie 発は6時55分．Orly 7時10分着．遅れ，10時に着くとのことで一旦帰る．Place d'Italie で館長に会い，自動車に乗せていただく．館長より電話で9時15分とのこと，マリちゃんものって，自動車で．丁度よし．院長さん達は来ない．横山さんに会う．館長の自動車に乗せて頂いて Rue des Écoles のホテルへ．休み，昼食をし，少し歩いて Luxembourg から学部へ．そして戻ってホテルの前で別れる．帰室，16時近く．洗濯その他で忙し．夕食F.I. 就床21時半．

Soupe d'onion, Carré du Porc Pomme mousseline, Parfait glacé, Café, Bordeaux
夕（F.I.）
Potage, Roast beef, Petit pois, Coquilette au beurre, Salade, Prune au jus

---

| 5月 | **27** | 火曜日 |

聖 イルデヴェール

曇一時雨

　起床6時．小山さんと Deufert—Rochereau で待ち合わせ，Gare d'Austerlitz へ．8時35分発 Toulouse 方面行にて Toulouse へ．昼は食堂で．17時35, Toulouse 着．雨ひどく雨宿りをして19時15になる．思い切って歩いて Hotel Progrès へ．20時30出て前のレストランで夕食．歩く．就床23時．

昼（食堂車）
Chou-fleur crème, Betterave, Paté, Poulet roti, Petit pois, Pomme frit, Yaourt, glace, Café.
夕（レストラン）
Hors d'Oeuvre, Foie sauté, Pomme frit,

1958年5月28日

Pâte fromage, Fraise,
Rouge.

| 5月 | **28** | 水曜日 |

聖 ジェルマン

晴

　起床8時．朝食，サロンにて．小山さんと
出て，法学部へ．10時　開会式．総長と学部
長 の 話．少 憩 の 後，Séance de Travail.
"L'élaboration de la règle de droit et des
données sociologiques" M.Husson, M. Gau-
demet. 昼 は Grand Hôtel で Déjeuner de
l'Univesité. 午後 Séance de Travail その前
に Travellers Cheque を金に替えて時間をく
う．少しおくれる．"Les résultats sociaux
des règles de droit et leur inhérit au regard
de la méthodologie juridique". M. Lduy-
Broll は来られなくなり，M. Durand の話．
ついで討論．Husson 対 Eisenmam? M.Mau-
ry の Intervention，面白し．終って一旦ホ
テルに戻り，19時45分 Restaurant La Paix
に M. Maury の 招 宴．MM.Savatier, Hus-
son, Eisenman, Deruppé. 23時に帰り，就床．

昼（大学パーティー）
Canapé de Saumon
fumé au Caviar rouge,
Suprême des Soles
Belle mounière, Coeur
d'Artichofs Princesse,
Caneton à l'Orange,
Sauce Bigarrade,
Pomme chips, Parfait
glacé, Praliné Ga-
valtres, Café, Gaillaie
sec, Eschenanes, Ar-
megnaca,?
夕（レストラン）
Paté..., Sole et Moule,
Poulet roti, Fraise
crème

1958年5月30日

| 5月 | **29** | 木曜日 |

聖 マクシマン

晴後曇

　起床8時．朝食をして出る．9時半より Séance de Travail. M. Savatier と M. Carbonnier. 後者はじつによかった．昼食は，Chambre de Commerce にて学部招待のもの．郵便局に寄って，16時半頃大学へ．M. Auly と M.Bastide——政治学の問題．眠い．終って，Hotel de Ville で市長の Réception. 出て，一旦ホテルに戻り，終って中華料理に行く．ヴェトナム料理．21時，小山さんと別れて1人で帰り，就床22時．

昼（パーティー）

Ballotine de Cameton Truffé, Filet de Sole Frégate, Confit d'Oie, Petit Pois, Parfait glacé, Grand Marnier, Gaillac Perlé. Vieux Cahors, Blauquette des Limaux, Café, Armagnac.

夕（レストラン）

麺，Riz cantonis

| 5月 | **30** | 金曜日 |

聖 フェルディナン

曇時々晴

　起床9時．出て，9時15分より Séance de Travail. M. Trotobas と M. Laubadère. 13時終り．M. Cornu の自動車で送られて Golf-Club で Lunch. M.Durand と M. De Juglart の横．よい眺め．16時出て，M. Neolaforse の車で送って貰い，学部で写真をとり，○○

昼（ゴルフクラブ）

Jambon, etc, Poulet froid, Fromage, Fruit, Café.

夕（レストラン）

Salade de Tomate, Fruite meunière,

1958年5月31日

○．St. Service, Jacobin を見，川を通り，Hôtel Assézot から St. を見て帰る．入浴20時，出て，夕食をし，Théatre-Le Grenier de Toulouse へ．"La Locandiera". 面白い．23時半に終り，Pl. Capitole へ来，写真をとってもらい，ビールを飲んで帰る．就床1時．

Bière

| 5月 | **31** | 土曜日 |

聖女 ペトロニール

晴

　起床8時．朝食後会計をすませてホテルを出，駅に荷物を預けて，Musée Augustin を見る．彫刻が面白く，建物がよい．11時に出，Pl.Capitole で買物などして，Faculté へ．しばらくして Session 終り，13時近くバスで St.Férréole へ．M.Durand といっしょになる．昼食，豪華．16時出て，バスで Castre に．Musée de Lautrec, de Jauris を見，ついで Albi へ．すばらしい Cathédrale だ．Musée で Lautrec の作品を見る．ついで Cathédrale，中も楽しい．19時出発．Toulouse 駅へ．やっと間に合う．21時5分発．夜行．——

昼（招待，レストラン）
Hors d'Oeuvre, Fruite meunière, Salnir de Chevrenil, Aspergés en branche, Caneton roti, Salade, Fruite, Patisserie, Gateau, Rouge des Corbières, Blanc de Gaillac, Café, Crème de Banane, Marsarine?

［後記］

　　後記　　5月は誰にとっても活動的な日々が訪れる．この月の星野の足取り
を辿って，唖然とするのは，彼があまりにあちこち巡り廻って，その上，立
派な講義をフランス語で行っているからである．そして，パリに留まってい
る日は，涙ぐましい程，自分の「講義」の緻密な推敲についやしている．
やっと，長い間の，室内での読書研究に費やした日々が終えられた，と思う
途端に「大学制度」「親子法」などの大きなテーマが，彼の発表会のテーマ
となり，彼は寸暇を惜しんで，良い研究発表を目指して歩んでいる．帰国の
時も日一日と，迫りきており，これからの「時」は，それまでの研究の成果
を外部の学者たちに解ってもらう時がやってきたようだ．

　　その論文発表の核となったのは，複雑な日本の「大学制度」であり，ま
た，“母”や“子”を考えさせる「親子法」であった．まず，「日本における
大学制度」が5月14日の午前にアルザス地方のストラスブールの大学で講義
として発表されることになった．しかも，親のように親しく付き合える，ま
た，師と仰ぐ Villey 教授もストラスブールまで，星野のために出張してき
て下さった．いかにして星野がこの講義の原稿を作ったかは，5月の1日ご
ろから頭の中で草案を練られたと思われる．ついで，12ページほど下書が書
かれ，その後，原稿を書いては，見直し，また書き直しの過程によって星野
が，この院生を相手にする講義を緻密に構築していったかが良く表されてい
ると思う．

　　星野の最大関心の1つであるドイツ旅行の計画も，5月の始めから考えら
れていたこともわかる．5月の3日，土曜日には，大使公邸で，天長節のコ
ンパがあり，翌4日には「日本人ジュリスト」の集まりで，ついに“蛙”が
出たので，食べ，翌日より胃腸の具合が悪くなり，数日間悩まされる．7日
にやっと“大学制度”の原稿の手入れが終わり，8日，“1945年の戦勝記念
日”には，日本館で秋山氏が「日本美術の発展」をスライドで講演し，ブー
ランジェ夫人と息子さんが来られた．その日の夕食に「Riz，米（シャンピ
ニオン，玉葱入り，おじやのごとし，うまし）」は，おなかをこわしたあと
では何よりだったろう．

　　10日には，ブーランジェ宅にデボワ教授と昼食に招かれる．11日には，8
時起床，9時半のミサに与っているうち，誰かが部屋を開け，カメラを盗ん

415

1958年5月

でいった．館長に手紙で知らせ，自分は予定通り12時の列車でナンシーに．見物をして，ユウロペの教会に入ると，初聖体（初めて，聖体を頂くこと）をうける子供たちが可愛い．翌12日は7時半起床，ナンシーの大学の学部長には会えず．辺りを歩き，クーロンベル教授宅に．雨ひどく，道に迷い，遅れる．話をする暇なく，奥様の車でヴォワリン教授宅へ．後，歴史博物館など見学．チュウーリップ展も見る．夕食は，クーロンベル夫妻とロブロ先生宅で．Ｆリーデル夫妻，タロン教授も一緒．（私，美賀子は2000頃パリを訪れたとき"タロン"と名乗られる女性の教授にお会いした．あとでタロン家は法律家の家系として有名であることを夫から聞いた．）

13日には5時起床．列車に乗り，6時半頃通った地点からフランス語でなく，ドイツ語，アルザス語に変わる．Srasbourg 8時半着．Toit に入り，歩いて登記所へ（不動産の登記法を専門にしていた夫は，見学のため入ったのだろうか？）M. Velot に説明，案内され，有益．歩いて大学へ．約束していた M.Leaut に会えず，カテドラル，ホルロォグを参観する．事務長から説明を受けたり，17時からの会"雄弁術の研究会"では7人が10分ずつやる．終わってカクテル．19時ホテルへ．そこへヴィレイさんから電話あり，夕食を一緒に，と．帰り，古いストラスブールの街を歩くうち，議論となる．帰って，原稿を見る．

14日は7時半起床．バスでレオウテ教授を訪ねる．名誉棄損について調べてくれた．教授室でヴィレイ先生を待つ．11時15分にその大学院の講義として"Les structures des universités au Japon"（「日本の大学制度について」）を講演する．終わって，学部長の招待で多くの人に会う昼食会．星野は面白く感じる．謝礼をもらい，また「ヴィレイさん，お禮をくれた．ありがたし」とその日の日記帳の欄外に書き添えている．夕食はホテルで．この精力を賭けての講演は首尾よくいったので，本人は自信を得たであろう．アルザス美術館を見たり，次の都市，フライブルグへ．その大学で経済学の講義をきく．ミュンスターにはいり，石川様の下宿へ．M.Schraiker（?）宅でお喋りする．

17日，起床8時頃．駅で換金する．シーブ教授宅へ．午后大学へ．土産をかったり，郵便をだしたり．汽車で22時にパリに帰る．これで13日に，パリ

［後記］

を出てストラスブールに出発してより，17日にパリに戻るまで5日間に亘る大旅行を果たし，講義もできたし，星野はこのヨーロッパ旅行を緊張しながらも楽しんでパリに帰った．

5月の後半は，それまで，フランスの方々から受けた数々の親切に対し礼状を書くのに追われる．例えば，19日には9通の礼状を書く．その後もひっきり無しに礼状を書き続けた．また，研究として，親子法との関係で“母”などに関心をそそられる．

（ついでながら，私も英一のこの留学日記を読むにつけ，英一の母テイが行った数々の愛情ある行動に心を打たれた．英一は，毎月の息子に向けての送金から，些細と見えて，実は重要なボタンつけの針，糸に至るまで，母の行き届いた準備に頼っていた．彼のパリ生活はこのような母の愛情を受けてやっと勉学専一に送ることができた．結婚後に私が驚いたことには，母親は数枚の麻のハンカチーフに Hoshino という名前を流麗に刺繍したものを息子に持たせていた．息子もよく，母の気遣いに応え，常に，父親と母親に，ハガキを書くことを怠らなかった．またコロンボでは，彼女のためにも小さな宝石をお土産にした．このような母の姿を知るにつけ，嫁になった私はもっと母を尊敬すべきであった，と思う．ついでながら，私は，英一滞欧中の親あてのハガキの一部を，東大法学部の原資料部（近代日本法政史料センター）に「一括」ながら保管してもらった.）

1958年の5月に戻って，22日には花柳流の日本舞踊に招かれ，その美しさを堪能する．この頃，美賀子からの差し入れ品の包みが届く．24日には，それらで食事をし，「腹一杯」になり，「米食」はいけない，と悟る．私は，米を送ったわけではないが，彼の食事記録に，米を主食とし，一切野菜が取られていないことを知って，愚かしいことをしたと恥じ入った．

27日には，6時に起床して，小山先生と一緒にツールーズに発ち，法学部を訪問し，29日には市長のレセプションを受ける．30日には，コルニュ氏に会う．帰る日の31日にやっと美術館に行く暇が出き，ロートレックの作品を見る．カテドラルも訪問できたが，中世の彫刻など素晴らしい美術を有するこの都市においても，他の訪問地と同じく，星野は，専門の法学面からの知識を吸収することで手一杯であり，美術を鑑賞する暇もなく，当日の夜行で

1958年5月

その都市を離れ，パリに帰っている．

　私はかねがね，英一は，汽車などの乗り物の出発，到着の時間を，分の数値まで，どうしてあんなに細かく覚えていたのだろうと，と不審に思っていたが，これを書く今日この頃（2019，春）やっと，その理由が解るようになった．というのは，日記帳の各月の最初のページの前に，その月の予定表が挟まれており，それに何日には，何処に行き，何時の列車に乗るという時間が，例えば，15：37（＝午後3時37分）のように細かく書きこまれていたからである．夜，日記をつける時，数字まで記すために，彼はこの予定表を見て，確かめながら書いたのであろうか．亡くなる数年前，英一は，日記帳を見て笑いながら言っていた，「この数字を，今の，フランスの鉄道係の人が見て，間違いないと，調べてくれたなら，どんなに面白いだろう！」と．

　アルザス方面に6泊と，ツールーズ市に5日と，この月は旅行で忙しい時であった．それに，これまでの留学の成否を問うように講演まで行い，知力のありったけをかけて，それをなんとか成功に導き，周囲の人を喜ばせた．

1958年6月2日

6月	**1**	日曜日

待降節三位一体・母の日

曇

　6時40分　Paris Austerlitz 着．Metro で帰り少しぶらぶらして洗面など．9時半のミサ．後食事をする．12時からずっと眠り18時になる．夕食——自室．

昼（自室）
飯，コンソメ，のり，お茶漬け，こんぶ，いか，ミルク
夕（自室）
飯，ポタージュ，のり，のしいか，ミルク

6月	**2**	月曜日

聖女 ブランディーヌ

晴後雨後曇

　起床8時．よく眠ったが未だねむい．9時15分出る．Miko，江川先生などより手紙来ている．まず Opéra の Crédit Lyonnais へ家からの送金を取りに行く．ついで Montparnasse．まず，Societé Générale で Comite d' Accueil の Chèque を現金化し Crédit Lyonnais でブラッセルの会議の宿泊費を払い込む．

　帰室．出て昼食　F.I.　後手紙など．深沢君来る．14時出て，大学で本を返して借り，Joly に注文した本を見に行き（なし），Du-

昼（F.I.）
Salade de Sardine et Pomme, Saucisson de Toulouse, Petit pois, Riz à l'Espagnol, Petit Suisse, Prune au jus
夕（F.I.）
Potage, Steak, Pomme frit, Lentille, Salade, Confiture

1958年 6 月 3 日

chemin で受取って,
注文し, 帰る. 手紙. 夕食, F.I. 後 "母".
就床22時半.

| 6月 | **3** | 火曜日 |

聖女 クロチルデ

曇

起床10時半. ずっとよく眠り, 朝, 目が覚
めても, 再び眠る. ひどく疲れたもの, 久し
ぶりだが, なにぶんストラスブール以来 (さ
らにはポアチエ以来) だから止むをえない.
むしろよくこれだけがんばれるようになった
ものだと思う. 昼食 F.I. 少し "母". 眠
くて寝る. 13時〜15時, 15時〜16時 "母".
また横になる. 夕食 F.I. 20時〜20時半
"母". 疲れているので眠る.

昼 (F.I.)
Jambon, Poisson frit,
Pomme boulangère,
Salade, Patisserie
夕 (F.I.)
Potage, Veau roti,
Epinard, Croquette,
beurre, Camembert,
Cerises

| 6月 | **4** | 水曜日 |

聖女 エンマ

晴後曇一時小雨

起床 9 時半. 床屋に行く. だいぶ待たされ
る. 終って昼食 F.I. 後 "母"Douche, 13
時〜14時洗濯. "母". 進まぬものんびりや
る. 17時出て大学図書館へ日本民法仏訳を借

昼 (F.I.)
Salade de Tomate,
Côte de Porc, Epi-
nard, Pomme mousse-
line, Port-Salut,

1958年6月6日

りに行く．横山さんのホテルに寄るも不在．
帰ってF.I.で夕食．20時〜21時　"母"．深瀬
君来る．疲れているので就床．

Tranche napolitain
夕　（F.I.）
Potage, Foie grillé,
Haricot Vert, Salade,
Orange

6月	5	木曜日

フェト　デユウ　神の祭

快晴後晴

　起床10時　少し　"母"，Bourse を受け取
り，昼食 F.I. 13時〜18時ずっと "母" タイ
プで打ち始める．夕食　F.I.　19時半〜21時
"母" タイプ6枚．母，井上の叔母さん，石
崎先生より手紙．ぐんぐん回復するが．疲れ
ているので，就床22時．

昼　（F.I.）
Quenelle, Veau roti,
Haricot vert, Coquil-
lette, beurre, Camem-
bert, Patisserie
夕　（F.I.）
Potage, Steak, Pomme
frit, Carotte Vichy,
Salade, Compote

6月	6	金曜日

聖　ノルベール

曇

　起床9時45分——昨夜少し寝そびれて1時
頃眠る——洗濯．"母" タイプ．
　昼食F.I.　12時半〜18時ずっとタイプ．夕

昼　（F.I.）
Artichaut, Filet de
Thon, Haricot to-
mate, Camembert,

1958年6月7日

食　F.I.　タイプ．21時より館長室で5，6
階の住人のお茶に招かる．23時半に至る．就
床24時半．

Orange
夕（F.I.）
Potage, Omelette, Ma-
carroni, Beurre, Sa-
lade, Prune au jus.

6月　　　　　　　**7**　　　　　　　土曜日

聖　リエ

曇一時驟雨
　起床10時——少し寝ざめ悪し，昼食　F.I.
12時半〜18時．途中1時間近くドイツ行きプ
ランを考えたほかは，"母"タイプ．夕食自
室，後タイプ，後 Douche．20時〜21時．洗
濯．就床22時30

昼（F.I.）
Paté, Poulet roti,
Pomme chips, Petit
pois mousseline, Sa-
lade, Patisserie
夕（自室）
飯，コンソメ，お茶漬
の素，こぶ但煮，のり，
ミルク，ビスケット，
バター

6月　　　　　　　**8**　　　　　　　日曜日

聖　メダール

曇
　起床10時半．電話で起きる．——7時半，
8時半，9時と目ざめるもよく眠る．但し神

昼（F.I.）
Thon conservé, Roti
de Boeuf, chou-fleur,

1958年6月9日

経の疲れ，完全にはとれず ── ミサ11時15分．昼食　F.I.　13時半〜18時半　"母"タイプ．終了．夕食　F.I.　20時半〜24時見直す．後手紙2通．就床2時．

Riz pilaff, Salade, Cake
夕（F.I.）
Potage, Boeuf sauté, Coquillette, Haricot panaché, Camembert, Orange

6 月	**9**	月曜日

聖女 ペラジー

晴

　起床9時．出口で市岡さんに会って驚く．出て Rue de Valois，M.M.M. の本部へ．原稿を渡し，書類を受け取って帰り，市岡さんと出て Potée　Champnaire で昼食．払ってくれたのには困った．別れて MMM の会場，St.Paul へ．16時より，あいさつの後 M.Sedis の話．あまり感心しなかったが，フランス的というものだろう．終って，メトロで Pl.des États Unis. Mme. Marnçaux 宅 の Réception. タイの一等書記官で篠原先生と？　同宿の人に会ったのには驚いた．20時辞し帰る．○○，西沢さん来られる．後軽食，就床23時．

昼（レストラン）
Asperges, Pied de Porc grillé, gateau Maison, Rosée Côte de Provence, Rouge
夕（自室）
飯，お茶漬，のり

1958年6月10日

6月	**10**	火曜日

聖 エドガール

曇

　起床7時半．西沢さんをさそって食料品店で酒を買い，ビュッフェに案内する．MMMの会場へ．Carrefour．"Amour et la Mire" M. Sedès の発言多すぎる．どうも神経にさわる人というのはあるものだ．あまり自己主張が強すぎる人が苦手か？　ついで映画，母なしで育てられた子の発音のおそいことの実証，出て帰室．昼食，自室．出てCook へドイツの切符をたのみに行ったら，感じ悪い男だ（少しこちらも疲れてるか？）帰室17時半，鍵が空いている．盗まれた物はない．"母" 原稿をちじめる．19時　夕食，自室．21時半　館長と話す．就床23時半．

昼（自室）
飯，のり，こぶ但煮，ポタージュ

夕（自室）
ビスケット，バター，ヨーグルト，コンソメ，オレンジ

6月	**11**	水曜日

聖 バルナーベ

曇

　起床　9時半　江沢君来る．下で電話をし，あがって軽食．"母" を見る．昼　掃除でおりて新聞を見る．13時出て Cook で切符をたのみ，MMM に行く．トルコ人，フラ

昼（自室）
ビスケット，バター，コーヒー，のりとこぶの汁

夕（レストラン―バ

1958年6月12日

ンス人（社会主義国について）, アフリカ
（象牙海岸）人のつきそいをする. 35分かか
る. ついでフランス人. 18時に終る. フラン
ス人（日本で生れ, アメリカ人と結婚,
シューマンの姪）とカフェで話をし, 19時半
オートカーで　バトームウシュ（Bateau
Mouche）へ. 21時に出, 夕食が出て, 23時
におりる. なかなかきれいだった. メトロで
帰る. 就床1時.

トームーシュ）

Jambon, Poulet froid,
Cresson, Haricot vert,
Camembert, Patisse-
rie, Champagne

| 6月 | **12** | 木曜日 |

聖 ギイ

曇

　起床8時半. 10時より Mme. Pettiti の話
と Carrefour. どうも秘書のすること不快
だ. 12時半　終って, ヴェトナム人と帰る.
昼食　F.I. ○○○○君といっしょになる. 帰
室, ずっと横になっている. 疲れたが眠れ
ず. 夕食　F.I. 後, 賀田君に誘われて部屋
に行き, テープに会話を吹き込み, 喋って帰
る. 就床23時.

昼（F.I.）

Tomate, Steak, Hari-
cot vert, Riz piraff,
Yaourt, Chou-crème

夕（F.I.）

Potage, Saucission
Épinard, Pomme
Pioue（?）Salade,
Orange

1958年6月13日

| 6月 | **13** | 金曜日 |

聖 アントアーヌ・ド・パドゥエ

晴

　起床10時．P. Neyrand より電話．後，江沢君と話して11時になる．昼食　F.I. 手紙を7通書き，16時近く出て，出し，Opéra のドイツ旅行案内所へ行き，Pigeon Voyageur でテープを買って帰る．夕食　F.I.　後洗濯．整理，手紙．就床22時半．

昼（F.I.）
Chou -fleur, Poisson sauté, Haricot, Tomate, Camembert, Cerises

夕（F.I.）
Potage, Omelette, Pomme sauté, Jardinière des Légumes, Salade, Prune au jus

| 6月 | **14** | 土曜日 |

聖 ルーハン

晴

　起床7時半．9時半に MMM の Excursion. Musée Carnavalet を見，Hôtel de Ville の Réception に行き，A la Carmagnole で昼食．おいしい所だ．ついで，Conciergerie, Sainte Chapelle を出て解散．楽し．帰室後，Douche. 出て，Juraien（？）の Ad Lucem に行く．P. Neyrand が客で，他に神父さん．夕食を他のもう1人の神父さんと学

昼（レストラン）
Salade de légumes, 卵焼, Poulet roti, Haricot vert, Pomme, Port-Salut.

夕（Ad, Lucem）
Salade de Tomate, Boeuf sauté, Petit pois, Pomne cuit,

1958年6月16日

生とでよい話をする．23時辞し，P.Neyrand
とカフェで話し，24時15分　帰室．就床2
時．

Chèvre, Cerises.

6月	**15**	日曜日

聖 モデスティ

晴

　11時15分のミサ．昼食　自室——胃が疲れ
た．——後夕食まで眠る．ひどく疲れたも
の．夕食　F.I.　就床

昼（自室）

飯，こぶ佃煮，のり，
お茶漬，コンソメ，オ
レンジ

夕（F.I.）

Potage, Jambon, sa-
lade, Noville au
beurre, Camembert,
Tranche napolitaine

6月	**16**	月曜日

聖 シール

晴

　起床9時．10時15分，M.Lê のアパルトマ
ンに．話をし，昼をごちそうになって15時辞
す．Comité d'Accueil で小切手を受け取り，
Société Générale で換金し，M.M で支払い
をすませる．バスで Luxembourg に行き，

昼（M.Le）

ヴェトナム料理

夕（F.I.）

Potage, Steak, Pomme
flite, Légumes, Salade,
Patisserie

1958年6月17日

横山さんのホテルに手紙をおいて帰る．19時
横になる．夕食　F.I.　就床21時．

6月	**17**	火曜日

聖 ジェレミー

曇夕より雨
　　起床10時半　――　よく眠って，やっと大
分快復．――　昼食 F.I.　洗濯，少し
　"Villey, Le "ius in re"を読み，又疲れを
感じて眠る．14時～17時，洗濯 "Villey"　夕
食 F.I.　19時半～21時半　"Villey"　就床22時
の予定のところ，深瀬君来て，話して23時．
消燈24時．

昼（F.I.）
Jambon, Poisson
Mayonnaise, Riz à
l`Espagnol, Port-Salut,
Patepoeiee
夕（F.I.）
Potage, Veau roti,
Choucruit, Pomme
boulangérie, Salade,
Orange

6月	**18**	水曜日

聖女 レオニー

曇
　　起床10時．洗濯　昼食 F.I.　13時～16時
　学部のための本のリストのタイプ．
Douche　17時出て　Duchemin, Joly と行
く．帰り，直接 F.I.　後本の整理，手紙な
ど．所，○○君来る．帰りの費用のこと．就

昼（F.I.）
Paté, Boeuf sauté
noville, Chou- fleur,
vigneiye ?"Camem-
bert,
Prack （?）napoli-

床22時半

1958年6月20日

taine.

夕（F.I.）

Potage, Côte de Porc, Epinard, Pomme musseline, Salade,Peche.

6月　**19**　木曜日

聖 ジェルヴェ

曇

　起床9時45分．洗濯　昼食F.I.　13時より手紙，14時〜18時15分 "Villey" "ius in re" の論文を2つ．面白い．夕食F.I.　19時半〜21時 "T.P.Lonage"．21時より館長招待のティー．22時30分辞す．就床23時15分．

昼（F.I.）

Salade de Tomate, Steak Pomme frit, Haricot beurre, Camembert, Crème au chocolat

夕（F.I.）

Potage, Roast beef, Haricot sauté, Macaroni tomate, Salade, Orange

---

6月　**20**　金曜日

聖 ラウル

曇夕方晴

昼（F.I.）

1958年6月21日

起床10時半．洗濯．昼食F.I.　12時〜16時
"Lonage"　出て大学で本を返して　借り，
Joly に行って帰る．直接夕食F.I. 後19時〜
22時．手紙を8通．就床23時．

パ　イ，Poisson frit,
Pomme nicoise, Sa-
lade, Prune au jus
夕（F.I.）
Potage, Omelette
champignon, Riz à
créole, Yaourt, Ba-
nane

6月 **21** 土曜日

夏

曇

　起床9時半　手紙を出しに行く．軽食10時
半〜12時半，"R.T." Cassin の論文，面白
い．出て，柳谷さんの新居，Porte Dau-
phine へ．昼をごちそうになり，だべる．後
地質の片山教授も来られる．19時になる．車
で送られて Cité に来る．お金を借りる件，
承諾された．有難い．夕食自室．後テープに
吹き込む．就床23時半．

昼（柳谷さん宅）
お汁，まぐろさしみ，
鳥とピーマン炒め，き
うりと白菜の酢の物，
うに　お茶漬，桃
夕（自室）
飯，ポタージュ，お茶
漬，のり，オレンジ

6月 **22** 日曜日

聖 ポーラン

曇時時雨　時時晴

昼（レストラン）

1958年6月23日

起床8時半，9時半ミサ．10時半〜12時半 "R.T.-Cassin" じつにおもしろい．12時半，下におりてみたら，横山さんおられる．上にあがって部屋を見てもらい，Garden Party を一廻りしてから，Restaurant du Parc へ行って昼食．後 Momuric（?）公園を歩き，ベンチに腰掛け，又 Cité に入ってあちこち見たり，飲物をとったり．一旦日本館に戻って休み，再び出て St.Sulpice の○○○○○○○○○で夕食．一大いにしゃっべった．歩いて Odeon まで来て別れる．帰室23時．賀田君とテープに吹き込む．就床1時．

Salade, Cronatade（?）
　Fraise crème, Beaujolais, Café
夕（レストラン）
Spaghetti, Scampi（?）, Champignon, Chantii, Carata, Pomme

| 6月 | **23** | 月曜日 |

聖 ヤコブ

曇時々雨一時晴
　起床10時．洗濯少し，手紙とテープ　荷造り．昼食 F.I.　12時半〜16時，"R.T.-Cassin" 手紙．17時半　出て大使館へ．柳谷さんに会って受けとる．
帰って夕食 F.I.　20時半〜21時半．"Cassin" 終る．──今日は睡眠不足で頭痛し．就床22時．

昼（F.I.）
Salade de Concombre, Côte du Porc, Pomme frit, Coquiette tomate, Salade, Cake
夕（F.I.）
Potage, Roti de Veau Navet, Riz à créole, Yaourt, Orange.

1958年 6 月24日

6 月　　　24　　　火曜日
聖 ジャン・バプティスト

曇

　起床10時半．洗濯　昼食F.I.　12時〜13時半 "R.T-Tunc" 館長の自動車で Invalides へ．石崎先生もうおられる．国際会館へ．少しして出て，館長室で話す．深瀬，山口君来る．出て Loge で電話をかけ，カフェに行ってだべり，山口君の部屋に行き，Luxembourg で小山さんと待合せて Juristes の会．Chop Danton へ．ついで St. Germain のカフェに入り，23時半出る．帰室24時15分，就床　1 時．

昼（F.I.）

パイ，Poisson sauté, Pomme cuit, Haricot vinagre, Camembert, Banane

夕（レストラン）

Terrine？　de volaille, Côte de Boeuf roti, glace, Bourgusal ?

6 月　　　25　　　水曜日
聖 プロスパー

曇時々雨

　起床10時．買い物に行く．昼食自室12時半〜15時 "R.T.-Tunc" 疲れて眠る．16時〜17時　Douche　18時近く出て，石崎先生を誘い，St. Lazare から Versailles, Prof. Longrair のお宅へ．夕食をごちそうになり，お喋りして，10時半辞す．St. Lazare 着11時15．Maison Lut？着12時．少し先生の部屋

昼（自室）

飯，コンソメ，いわし缶詰，お茶漬，オレンジ

夕（Prof. Lougrair 宅）

Potage, 魚パイ, Gigot de mouton, Haricot vert, Salade, Fromage,

1958年6月27日

で話し，1時辞す．就床1時半．

glace, Quincy, St.Emilion

6月　　　　　**26**　　　　　木曜日

聖　メッサン

曇時々雨

　起床10時．本の整理．昼食 F.I. 15時までに Cantine 2つにつめる．あと2つのみ．15時から少し用事をし，16時近く出て横山さんのホテルへ．少しお喋りしてから出て本屋に案内し，カフェに入って別れる．一旦戻って石崎先生を訪ね，出てバスで Raffet へ．Prof. Mazeaud を訪問．しばらく話をして，自動車で出て Bateau Mouche に乗る．この前よりよい所．夕食．雨ひどいが，かえって美しい．11時自動車で通って頂いて，先生の所で少し話し，辞す．
就床2時．

昼（F.I.）
Artichaut, Rosbif, Haricot vert, Riz crèole, Salade, Patisserie
夕（バトー・ムーシユ）
Asperges, Langouste mayonnaise, Poulet casserole, Fromage, Vacherin ?

6月　　　　　**27**　　　　　金曜日

聖　フェルナン

曇　一時晴

　起床10時半，——睡眠不足．——昼食 F.I.　荷物整理．15時半　出て Opéra の近く

昼（F.I.）
Artichaut, Poisson frit, Pomme boulan-

1958年6月28日

で両替えし，Cook で切符を受取って金を払う．St.Sulpice にまわり，Conf.（告解），帰って直接 F.I. で夕食．夜も整理．23時になる．就床．

gère, Salade,
夕（F.I.)
Potage, Oeufs durs,
Epinard, Patisserie,
Lentille vinaigrette,
Camembert, Orange

| 6月 | **28** | 土曜日 |

聖 イレーネ

曇

　起床10時半．昼食　F.I. Douche. 大学へ行って本を返し，Duchemin で本を送らせて帰る．Thé の準備．17時　Villey 夫妻，ついで石崎先生，Maloirie 君と来る．快談．19時 Villey 夫妻，20時 maronlie 君辞す．石崎先生と夕食．帰って，先生，深瀬君と話し，1時．賀田君に物を返し，管谷君と話し，就床2時半．

昼（F.I.)
Salade de Concombre,
Veau roti, chou-
croute, Pomme cuit,
Gruyère, Orange
夕（レストラン）
Salade de Tomate,
Steak au poivre, Cas-
serole, Infusion.

| 6月 | **29** | 日曜日 |

聖 ピエール，聖 パウロ

曇後晴

　9時半のミサ．石崎先生に出会う．荷物をまとめ，朝昼食をして出，Gare de Lyon へ．

昼（自室）
ビスケット，バター，
コーヒー，オレンジ

1958年6月30日

12時25分発 Express にて Dijon に向かう．
2駅止まったのみにて Dijon 着15時半．
Compartiment 1 人で楽．途中より晴れ快
し．Hôtel Continental に入る．出て Musée
de Dijon をさっと見て帰る．18時 Prof. Pou-
sard 君迎えに来てくれ，町を少しまわって
から，Côte de Cru に出，Chaubertin,
Chambolle, Musigny, Vougest を通って
Dijon に戻り，同君のアパルトマンへ．夕食
をごちそうになり，しゃべって23時になる．
自動車で送って貰う．就床24時半．

夕（Prof.Pousard）
Hors d'Oeuvre,Boeuf
Steak, Petit pois, Sa-
lade, Fromage, Salade
des fruit

6月　**30**　月曜日

聖 マルチアル

曇

　起床8時半．朝食10時 Pousard 君来てく
れる．歩いて法学部に行き，Salle をまわり，
口述試験をのぞいて Eg.St.Michel のところ
まで送ってもらって別れる．同好会を見，
R.Baberf, R.Forges と古いカルチエを歩き，
ホテルへ帰って昼食．14時半出て，St. Be-
nigue を見．法学部のところから，Musee に
入ってゆっくりと見，出て，Palais de Due
を見る．Cours de Flore と Salle des Etats
を見る．帰る，16時半．Pousard 君の自動車

昼（ホテル）
Artichof, Saucisson et
Chou, Petit svisse?
Cerises
夕（レストラン）
Jambon perrillé　Cha-
peau de Poulet de
Bresse, Patisserie
Maison, Mercury

1958年 6 月30日

で Beaune に行く．Beaume では Hôtel de
Deu, Notre-Dame と見，Tappisserie を見て
（すばらし！），Hôtel de Due de Bourgogne
を見，帰る．19時半 Chapeau Rouge で夕
食．Rouge de Bourgogne, すばらし．就床22
時．

後記 　星野は，6 月には，4，5 月にしたように，講演を含む大旅行をし
て，自分の能力を知的にも体力的にも，試そうとするような能力冒険旅行は
していない．パリに留まる日が多く，近くの方々と仲良く交際している．ま
ず，疲れを癒すことが大問題として迫ってきたからであろう．

　星野はすでに，4 月22日には，マロウリー氏の助力もあってポワチエにの
大学において"親子法"について，多くの時間をかけて準備した講演を行
い，続いて，5 月14日には，ストラスブールで　ヴィレー先生も来られて
"日本における大学制度"という講義を行っている．両方とも，準備を怠ら
ないスピーチであり，おおいに褒められた．

　この 6 月には，ポワチエ以来の——ため込まれた疲労が，今になって噴出
した感がある．頭，肩，後頭部の痛みに悩まされている．丁度，冬の空気に
閉じ込められた 3 月と同じように．しかし今回は，3 月ほどではない——大
望を果たしたあとの達成感によって助けられている．

　また，迫りくる帰国について，万端準備を整えておかねばならない．柳谷
さまという，付属中学校以来の友人を頼って，金子を借りている！　英一の
ように，惜しみなくお金を使って留学生活を送った人を私は思いもつかない
のに．しかし，病後の身体というマイナスを補うためには，お金を，それだ
け余計に使う必要があったであろう．そして彼は，勤務先の東京大学の法学
部のことも考え，書籍などを選んで日本に送っていた．金子を借して下さる
ことは，優しい柳谷様だから出来たのであろう．そして，その金子は，東京
の母によって，英一の預金の中から，貸し手の柳谷様の口座に即座に振り込

［後記］

まれて返金された.

　6月の後半は，帰国のための荷物を整理するため，カンティーンという荷物箱を買いに行ったりして忙しい．ドイツ訪問のためと，日本への帰国のためになんども旅行社を訪れている．その頃書いた礼状の本数は，恐ろしく多く，1日に9通という日が続き，その他，7通書いた日，とお世話になればなるほど，手紙を書く本数は多くなった.

　その頃，石崎先生と一緒だったから，その先生をお連れして，ヴェルサイユのロングレイ教授のお宅を訪問し，お昼をご馳走になったことが書かれている——そして，デュラン様という方のお名前が現れ始める．この方は，後にアフリカのどこかに出張されていたときに，火山の噴火のために，亡くなられたと聞く．そのお嬢さんとシャバス先生は親日家であり，私も1992年にお宅のパーティに招かれたことがある.

　日本に帰国してから数年後，彼は「あのフランスの多くの大学法学部を訪問して，結果として，どういう意味があったのだろう？　向う様にも迷惑をかけるだけだったのではないか，僕は恥ずかしいよ！」と述懐したことがある．6月には，息子は，母から何度も手紙を受け取っている．丁度，"親子法"との関係で"母"の存在意義を考えざるを得なかった時であった．また，彼は，金銭の問題でなんども Credit Lyonnais はじめ多くの金融機関に足を運んでいるが，東京から英一の金銭を毎月息子に送る役をはたしたのは母であった.

　こうして，8月中旬のヨーロッパからいよいよ離れると言う直前に，待望のドイツ見学旅行とブラッセルの国際会議に出席という大きな課題を視野に入れて，彼は荷物の整理に，暑いパリの7月に励んだ．しかし，最後のドイツ旅行などには，ふんだんに飛行機が使われ，フランス，ドイツは，1時間の航空ですむ距離にあること，ヨーロッパとは，そのような大陸なのだということを身にしみて悟った.

　5月に私が送った日本食の品々は，バランスの整ったフランス料理で満腹している東洋の学者に対して，思いがけないメニュウをとらせる結果となった．というのは，私は，日記の中に，「飯，コンソメ，お茶漬の素，コンブ佃煮」などと言う，野菜も肉類も全然入らないメニュウを見出したからである.

437

1958年7月1日

| 7月 | **1** | 火曜日 |

聖 ティエリ

曇一時驟雨

　起床6時15. 朝食をして7時35発 Lyon 行きで Lyon へ. 10時頃着く. Consigne をしてホテルに寄って確かめ, 大学へ. Gavalda 君に会う. 官補の川崎君の口頭試問なるものに連れて行かれ, ついで1年のを見る. 昼は同君が, もう1人の経済のアグレガティフといっしょにご馳走してくれる. 大学へ戻り, 同君の試験を6人（9, 7, 8, 7, 1？）みて辞し, Musée des Arts décoratife を見, ホテルに入り, 荷物をとるなどする. 身体がべたつくので, 風呂に入る. 出て, Brasserie Alsacienne で夕食. 第一物産の〇〇〇氏一家といっしょになる. ふしぎと日本人と会う日だ. 帰室21時30.

昼（レストラン）
Hors-d'Oeuvres varies, Poulet au riz, Glace fraise, Beaujolais, Café.

夕（レストラン）
Salade de Tomate, Choucroute garni, Vacherim.

| 7月 | **2** | 水曜日 |

聖女 ヴィエルジの訪問

曇

　起床4時. 朝食を下でとり, 荷物を持って出る. 駅で Consigne（手荷物預かり）, 歩いてまず Bysil de St.Martin ―l'Aimary を見,

昼（レストラン）
Pamplemousse, Sole gratin, Vacherin, Rose.

1958年7月3日

Musee des Tian へ入る．又○○○○○さん
と会う．素晴らしいのに感心．現代のも美
し．PL. Bellecour から，Port Tibrad を渡
り．Funiculaire で Fourvivre に登り，歩い
て階段を降りる．Rue St. Jean を通り，古い
家を見，Musee の前まで来たが，又歩いて
Farge で昼食．午后は Musee でいっぱい．
バスで駅へ．16時発という臨時に乗る．
Dijon に止まったのみで，Paris-Lyon 20時51
着．コンパートも空いている．帰室21時40．
Douche. 就床23時30．

夕（列車中）
オレンジジュース，
ソーセージサンド

| 7月 | **3** | 木曜日 |

聖 アナトール

曇時どき小雨

　起床10時近し．洗濯，荷物整理で1日．16
時〜17時出て，Duchermin へ行く．昼，夕
とも自室．Gavalda 君を待つも来ず．19時15
出て Gare d'Est へ．20時25発，Orient-ex-
presse の Couchette 2éme Classe に坐る．
22時床につく．カーテンのないのに驚く．

昼（自室）
飯，コンソメ，お茶漬，
夕（自室）
ミルク，クラッカー，
せんべい，ビール

1958年7月4日

| 7月 | **4** | 金曜日 |

聖女 ベルテ

曇時々小雨

　3時30国境．4時頃から走り出す．早い．8時30頃起きて食堂で朝食．9時50 Munchen 着．丸田君がプラットフォームにまで迎えに来てくれる．両替をし，Hotel —Pention Luduigsheim (Kathlinches Hospiz) に入る．428号．Toilette をし，いっしょに出て Karlsplatz で別れる．Alte Pinshothek の近くで食事をし (YMCA？) A.P. に入る．デューラー，ミュリロ，ルーベンスなど素晴らし．13時から，16時30に至る．出て，Korlsplatz を通り，Frunenbirchle に入り，Resideng の外を見，Ruthaus を見，18時30に Karlsplatz で丸田君と会う．少し歩いて Hoflranbans を見，Augustin で夕食．楽し．22時30出て Hotel まで送ってきてくれる．就床23時30．

朝（ワゴンーレストラン）

カフェーオーレ，プチパン，バター．

昼（レストラン）

Kalb, Dublul,

夕（レストラン）

魚，Hell, Erdbere nit, Sehuse.

| 7月 | **5** | 土曜日 |

聖女 ゾーエ

曇時々雨晴

　起床8時45．よく眠り，眠い．朝食をホテ

朝（ホテル）

パン，カフェオーレ，

1958年 7 月 6 日

ルで取り，10時，出る．まず，電車でHans der Kunst に行く．現代のものは，（悪くはないが）そう興味はないが，ゴッホ，セザンヌあたり，又，クラッシクは，面白い．長くなって12時30，近くで昼食．Schackgalene に入り，Nationalmuseum に長くかかり，Autiherumnbrugen をのぞいて，Residenz の回廊を通って Odeons に出，電車で帰る．土産を買う．駅で手紙を出し，ビールを飲んで，列車に乗る．16時30発．D-zag Heidelberg 21時10着．ホテル案内が閉まっているので，困っていると，宮沢君来たり，結局案内をしてくれた．Hotel Europaischer Hof she Hof. よいホテル．いっしょに出て古い酒場 Sepp'l で，ビールで○○○○○夕食．24時に至る．送って貰って帰り，就床 2 時．

バター，蜂蜜，ジャム，ママレード．
昼（レストラン）
Schuvesire-Kothelette, nt Salat nit Kasthette, Bier.
夕（酒場）
Wienerunst, sit Salat und Kartrouple, Bier.

| 7 月 | 6 | 日曜日 |

聖女 ルーシイ

曇時々雨

　起床 6 時．出て，Eg St Anna に行くも早すぎるので，Necker へんを散歩．7 時45のミサ．帰ってホテルで昼食．勘定をして荷物は午後まで置くこととして出，宮沢君のところを訪ねる．いっしょに出て，まず古い大学

朝（ホテル）
カフエオレ，パン，バター，ジャム，ジュース．
昼（レストラン）
Suppe, Bayern, ome-

441

1958年7月7日

の牢屋（Karger）と講堂を見る．面白い．ついで，Ritterhaus 通り，城に登る．途中も上る，眺めよし．城の建築珍しくよく出来ている．下って Philosophenweg を歩く．レストランの近くで別れる．昼食，古い学生レストラン（○○○○○）．あとは，町をぶらぶら歩く．雨に降られる．ホテルで荷物をとってすぐ出，電車で駅へ．間違えて16時発，D, Zug に乗る．17時11Frankfurt（フランクフルト）着．Zimnerrnachwis が閉まっているので，近く安そうな所を探す．Premisischer Hof に入る．風呂に入る．出て，散歩をし，Rathof で夕食．古くて面白い建物．出て Kathedral, Goethehaus（ゲーテの家），ST, Midesu, St.Leanor を通り，川に沿って歩いたり，迷って，後，ジュースをのみ，帰り，22時30．就床．

lette, salat, Dunhel,
夕（レストラン）
Riz Suppue, Frankfult, Krant, Kortoffel, Rheirnuuin.

| 7月 | **7** | 月曜日 |

聖女 オービエルジュ

曇後晴

　起床9時．朝食をして，ホテルを出る．市電で○○市美術館に行く．Bellini の良いのがあった．他にもよいものがあり，ルノアール特に可．出て，歩いて Goethe-museum

朝（ホテル）
カフェーオレ，パン，ジャム，バター
昼（レストラン）
Blubornble, vin Eind

1958年7月8日

house と Goethsmusium に行く．Savigny の夫人が，ゲーテの恋人（？），又，その兄（弟）の詩人○○○○○の妹（姉）とは驚いた．13時になる．昼食をとる．サラリーマンの食堂．出て，Dom に入り，塔に昇る．ついで，Rathan の Kafser seal に入る．これで Frankfurt は終わり．歩いて菓子を食べ，電車で駅に来，16時33分発，E-Zug で Mainz へ．近くにいた人がパンフレットをくれる．Mainz 着，17時13．案内書でホテルを教えてもらって，市電で行く．Hotel Stadt Koblenz に入る．出て，町を見る．外側のみ．Dom,Kr Euzery Alte Kloter……．ホテルで夕食後,Heilige Geist へ行く．面白い．就床23時．

Rais, Braturust, mt Salat und Kartoffellun, Bier.

夕（ホテル）

Wurst nit Salat und Kartoffelvell Rheinuein.

| 7月 | **8** | 火曜日 |

聖女 ヴァージニィ

曇

　起床7時15．昨夜前の通りうるさくよく眠れず．朝食后出て，Koln 行の船に乗る．8時45出帆．色いろ美しい所を通り，ローレライは昼近く通過．昼食は船中でして，16時，Bonn に着く．よい旅であった．川井君が出迎えてくれ，駅で両替をしてからホテル

朝（F ホテル）

カフェオレ，パン，バター，ジャム

昼（船中）

Brat-urust mit Korteflesctclot, Pudding, Bier.

1958年 7 月 9 日

Jagdfeld へ．少ししゃべって，出て，Muns-
ter, Arudt の銅像，Rathaus, Tor を見て終
り．駅前，Kaiserhalle で夕食．大いにだべ
る．20時出てホテルまで送ってくれる．別れ
る．就床23時．

夕（トマトラリー
Kalb, Kartffelsalat,
キゥウリ，ベットラー
ブ

7月	9	水曜日

聖女 ブランシュ

　朝 8 時少し前に川井君が迎えにきてくれ，
大学で Prof. Bosch の講義を聴く．挨拶をし
て出る．Beethoven Haus（ベートベンの家）
に入る．大したものなし．本屋，フィルム屋
などを見て，美術館に行く．ここも大したも
のなし．ホテルで荷物を取って駅前で食事を
し，13時10発にてケルンへ．13時52着．清水
君が出迎えてくれる．まず，Dom. そして塔
に上る．さすがに立派なもの．ドイツ一か．
ついで，近くの Dyonisius Mosaik，市庁の
下のローマの家を見る．面白い．電車で大学
へ．Prof. Kegal に会い，1 時間ほど話をす
る．ついで同君の部屋へ．Douche. 同君の
手料理で夕食．だべって，就床24時．

朝（前に同じ）
昼（レストラン）
K e l t e　S u p p e，
Deutsche Steak, Pud-
ding, Bier.
夕（清水君）
飯，のり，みそ汁，に
ら？豚，茶漬

1958年7月11日

| 7月 | **10** | 木曜日 |

聖女 フェリシテ

8時に起きる．朝食，清水君の手製．9時半出，Dom の前で，川井君と待ち合わせ．Austsgerichat へ行き，登記所を見る．ついでに裁判所をのぞく．出て，駅へ．川井君と別れ，清水君と2人で，12時48発 D.Zey で Hamburg へ．始めのろく，後早くなるも，汽車で煙うるさし．Premssum はだいぶ感じがちがう．19時41分ハンブルク着．山田先生が来てくださる．荷物を持って下さったのに恐縮．市電でまず清水君のホテルに行き，少し歩いて先生（といっしょ）のホテル（Hotel-Pension Fabrunier）へ．すぐ出て，ハンブルグの浅草，吉原を歩き（吉原には驚いた），夕食．帰って就床24時．

昼（弁当）
サンドイッチ，うで卵，ビール．
夕（レストラン）
Wiesuruschisty Bier.

| 7月 | **11** | 金曜日 |

聖女 オルガ

朝9時30に市電の駅で清水君と待ち合わせ，まず，Volhennmusiam へ．ついで，Rechthause，D 大学，Max Planck Institut 見学．最后のもの，設備のよいのに感心．歩いて Anvenalster のほとりへ．白鳥にパンを

昼（レストラン）
Huhursbrick, Fisch, Bier
夕（レストラン）
Aalgrier? nit Gulkese,

1958年7月12日

やったりしてのんびりする．美しい場所だ．歩いて Rathaus に行き，中に入る．すごい豪華さだ．ある点でヴェルサイユ以上か．裁判所まで行き，昼食．後中をのぞき，再び吉原を通って，波止場へ．Balkausse に船で．中々面白い景色．水浴をしている者，別荘，山に登り，ビールを飲んで○○線で帰る．ホテルで荷物を取り，市電で飛行場へ．コカコーラをのみ，乗り込む．20時発．パリ着21時10分．Tempelhof 着．Zimmerrusabusis で Nizza に電話してもらい，U-Bahn で行く．夕食は Gadachtnirshirche の近くの Schultheris で．就床24時．

Bier

| 7月 | **12** | 土曜日 |

聖 ガルベール

8時30に起き，10時 Kurfustmdame 184 の前で西ベルリン遊覧バスに乗る．一まわりして面白い．但しおりず．昼食を近くでし，万年筆を買い，13時30，東ベルリンの遊覧バスに．松坂先生といっしょになる．始めて共産圏にはいるわけ．少し緊張．途中 Sovijtehreunmal で降りる．15時30に戻り，先生とビールを飲んで別れる．ホテルで入浴．夕食は近くで．就床23時．暑くて疲れた．

昼（レストラン）
Wurst sit Kartoffelnsalat? Bier
夕（レストラン）
Huhrerbruke, Tartaresche, Steak, Bier

1958年7月14日

7月	**13**	日曜日

聖 ユウジーヌ

晴

　8時起床，Hohenzollenmplaty の近くの教会でミサ．ドイツ人の与り方，フランス人と異なる．出て，Dahlem の芸術館へ．よいもの多し．ボッティチェリ，ワトーその他．出て，Hellesches Tor まで U-Bahn で Friedrichstrass（東）へ．R を代え，Unter dem Linden を歩いて，歴史博物館を見（教育的，宣 伝 的），Marx-Engels Platz か ら，Alexandre-Platz へ．ビールを飲み，アイスを食べ，時間ないので，U-BAHN で帰る．ホテルで荷物をとり，バスで Tempelhof へ．17時20分発 AF に乗る．Frankfurt で降り，Paris 着はおくれて22時．バスもおくれて23時．Invalides，帰館24時．就床2時．

昼（昼食）

メンチボール，コカコラ

夕（機中）

Hors d'oeuvre, Rostbif, Saumon, Salade, de Fruits, Biere.

7月	**14**	月曜日

国家の祝日

晴

　午前中ぼんやりしている．昼近く，横山さんに電話．1時すぎにホテルに行き，いっしょに出て，まず昼食をし，Montparnasse

昼（レストラン）

Salade de Tomato, Spagetti, Glace, fraise, Rose

1958年 7 月15日

に行く．Anvers から Fusienlairer へ．中に入る．裏にまわり，風車を見，PL.Tertre でジュースを飲む．Invalides へ来，空港の中でビールを飲み，Montparunasse へ．夕食．歩いて Vavin へきて Maison へ．ドイツの案内をする．22時30別れる．就床23時半．

夕（レストラン）
Pate truffe, Sole gratin, Cassata, Rose

| 7 月 | **15** | 火曜日 |

聖 アンリ

雨時々雷

　起床10時半，昼食，F.I. 家と Miko から手紙．後ずっと整理など．
○○○君来る．夕食 F.I. 就床20時半．

昼（F.I.）
Pie, Poisson mayonnaise, Salade, Petit suisse, Creme,

夕（レストラン）
Potage, Steak Pomme fruit, Epinard, Camembert, Travele napolitaine

---

| 7 月 | **16** | 水曜日 |

聖 アンリ

曇後晴

　起床10時．床屋，昼食 F.I. Douche. 出て，

昼（F.I.）
Jambon Veau roti,

1958年7月18日

R，○○○の Perception へ．Poitiers 大学よりのお礼を取りに行く．1 万230円．ついで，Opera の前に百ドル替えに行く．Madeleine まで歩いて帰る．夕食，F.I. 疲れている．就床．

Chou-fleur vinetgre, Yaourt, Patissrie ……
夕（レストラン）
Potage, Saucisse Chourant, Pomme sicoire, Peche

---

7 月　　　　　　　　**17**　　　　　　　木曜日

晴

　秋のように美しい日．起床10時．よく眠るもうなされる．疲れている．昼食F.I. 整理をしたり，ぶらぶらして16時出て大学に行くも図書館は12日に閉まったきり！出てぶらぶら古本などを探す．帰って直接 F.I. 就床 2 時．

昼（F.I.）
Jambon, Tomate, forere, Macaroni, au beurre, Salade Pruune au jus
夕（F.I. ）
Potage, Cote du porc, Riz, Petit Pois, Gruyere, Orange

---

7 月　　　　　　　　**18**　　　　　　　金曜日

聖 カミーユ

晴

　すばらしい空．フランスでは珍しい．起床10時．洗濯，昼食　F.I. 12時30〜15時 "Per-

昼（F.I.）
パ　イ, Poisson frite, Harricot bretonne, Sa-

1958年7月19日

rot”出て St. Geneviève 図書館へ行き，カードをもらって“RHD-Villey,1947”を読む．出て，Rue de l'Université のスイス書店に注文．St.Germain まで歩いて帰り，F.I. 夕食．帰室后20時半〜21時半“Perrot”．少し疲れている．就床20時半．

lade, Confiture
夕（F.I.）
Potage, Omelette, Pomme frit, …… vicoise, Camembert, Peche

| 7月 | **19** | 土曜日 |

聖 パウロのヴァンサン

晴

　起床11時近し．よく眠る．ひどく疲れたらしい．昼食，F.I. Douche，洗濯，15時半出て，オペラで切符を買い，St. Geneviève 図書館へ．16時半から17時半まで“Villey”出て St. Sulpice で Conf. 帰って F.I. で夕食．20時〜21時半，“Perrot“終わる．おもしろかった．手紙．就床23時半．

昼（F.I.）
Salade de Tomato, Steak, Pomme fruit. Camenbert, Orange,
夕（F.I.）
Potage, Boeuf champignon, novilleau toast, Salade,Peche

| 7月 | **20** | 日曜日 |

マルゲリータ

曇一時驟雨後晴

　11時15のミサ．昨夜雷鳴激し．F.I. で昼食．13時半〜15時半“○○法　モランディエール”出て，Opera で切符を買い，Aux

昼（F.I.）
Thon Roti de Porc Navet, Lentille, Salade, Orange.

1958年7月21日

Bons Marches によるも，休みで帰る．17時
〜18時 "続き" 後，夕食．F.I. Douche がき
ているので入る．19時半〜21時半 "○○
法，マゾー" 終える．賀田君が呼んでくれた
ので，同君の部屋に行き，古島敏雄○○○○
○の両氏とお喋りし，別れたのは23時半．手
紙．就床24時半．

夕（F.I.）

Potage, Veau fried Sa-
lade, Riz a Tomate,
Compote, Gouffrete

| 7月 | **21** | 月曜日 |

聖 ヴィクター

曇

　起床10時半，洗濯．館長室に呼ばれて行く
と，石崎先生と Prof. Chabas がおられた．
少し話をして別れる．昼食，F.I. "モランディ
エールー現代法"
13時〜14時．出て，Madeleine の Cook と
MM に行き，St. Geneviève へ．
15時半〜18時に "Villey" 終わり，"Vita"．
出て，Duchermine に寄って帰る．山口君に
会う．夕食，F.I. 石崎先生も来られる．22時
〜23時半．手紙．就床24時．

昼（F.I.）

Betterave, Cote du
Porc, Noville, Camem-
bert, Poire

夕（F.I.）

Potage, Boeuf san riz.
Haricot, Salade,
Crème

1958年7月22日

7月　　　22　　　火曜日

聖女 マドレーヌ

曇

　起床10時，洗濯．身辺整理．12時に石崎先生のところに深瀬，山口君と集り，レストランで食事．別れてバスで Rue Soufflot へ．本屋をめぐって住所移転の手續，購入など．Luxembourg を抜けて，L.de Luxembourg へ．ついで Opera で金を替え，Sevre の Aux Bons Marche でカンティヌの土産を少し買い，帰る．F.I.で夕食．帰室後，手紙など．深瀬君来たり話す．22時半に至る．就床23時半．

昼（レストラン）
Pate de Campagne, Croquette, Salade, Fruits

夕（F.I.）
Potage, Steak, Pomme frite, Epinard, Port-Salut, Peche

7月　　　23　　　水曜日

聖 アポリネール

曇

　起床8時．8時半，Hôpital de la Cite Univ. に予防注射に行く．健康診断をしてくれた．注射は Institut Pasteur にいくこととする．帰って，荷物の整理．昼食 F.I. Douche. 14時近く出て，Institut Pasteur へ．Fiévre jaune の注射．大使館で Visa を頼む．Musée de l'Homme に入る．帰室．疲

昼（F.1.）
Pate, Roti de Boeuf Haricot vert, Pomme, vichyssoise, Salade, Patissrrie

夕（レストラン）
Oeuf en geles, Paulet, roti, Fraise de bois,

1958年 7 月25日

れる．少し，横になる．19時，出て Luxem-
bourg へ．石崎先生を囲み，juristes の会．
Doucet に行く．うまい．ついで，St. Ger-
main で冷たいものを飲んで，12時近く出て
帰る．就床 1 時．

melba, Café, Rosee de
Bearn

| 7 月 | **24** | 木曜日 |

聖女 クリスティーヌ

曇

　起床11時，ずっとうつらうつらしている．
昼食は自室．後，荷物整理．ほとんど終わ
る．夕18時半出て，柳谷さんのお宅へ．片山
さんを交えてご馳走になる．歓談24時に至
る．自動車で送って頂く．就床 1 時半．

昼（自室）

飯，コンソメ，パテ，

プリーヌ，

夕（柳谷さん宅）

牛肉オイル焼き，すき

焼き，漬け物，メロン．

| 7 月 | **25** | 金曜日 |

聖 クリストッフェル

　起床11時．昼食．F.I. 荷物整理をした後，
ずっと横になっている．17時，出て，L.de
Luxembourg に行って本を受取ってくる．
夕食F.I. 就床21時半．昨夜寝つき悪し．疲れ
た．

昼（F.I.）

Salade de Tomate,

Thon mayonnaise Sa-

lade, Pomme, Boulan-

gère, Glace, Macaron

夕（F.１.）

Potage, Omelette,

1958年7月26日

champignon, Macaro-
ni au gruyere, yaourt,
Orange

| 7 月 | **26** | 土曜日 |

聖女 アン

晴

　起床10時．洗濯，昼食，F.I. Douche. 午后
はもっぱら手紙書き，6通の手紙を出す．夕
食 F.I. 出て，Opera へ．Faust（ファース
ト）へ．他人の言うほどでなかった．場所も
わるかったのだろう．就床1時半．

昼（F.I.）

Artichot, Saucisse, Pe-
tit pois, Riz, a Tomate,
Salade, Eclaire

夕（F.I.）

Potage, Veau roti To-
mate, aubergive,
Chou-fleurrin,
Gruyere, Peche

| 7 月 | **27** | 日曜日 |

曇

　起床10時半．11時15のミサ．直ちに昼食，
F.I. 少し横になって休み，16時，出て Cli-
gnanccourt の Marche au pus に行き，コー
ヒーひきを探すもなし．帰り，夕食 F.I. 手
紙．19時45出て Opera へ．Traviata（椿姫）

昼（F.I.）

Melon, Escalope, Petit
pois, Coquilette,
beurre, Salade, Poire

夕（F.I.）

Potage, Boeuf saute,

1958年 7 月28日

を見る．子供の頃から知っていた大好きな音
楽だけに，感動した．オペラとしてもよく出
来ているのではないか．席は最上の所．帰室
24時30．就床——身体，さらに神経疲れてい
るらし．Sensible.

Carotte, Vichy, Ca-
mambert, Gateau

7 月	**28**	月曜日

曇

　起床10時15．11時15より深瀬君に手伝って
もらって荷物をおろす．後○○○○さん，加
藤君もやってくれて，6 つの cantine と 1 つ
のトランクをおろした．13時になる．昼食
F.I. 出て Bvd Capneicious の SAS の前で深
瀬君と待ち合わせて，SAS で切符のことを
交渉．出てビールを飲む．別れて MM. Cook
とまわり，さらに L. de Luxembourg へ行き
帰る．少し休んで，M, Madlaine のアパルト
マンへ．Pedamont 君も来て，話す．P 君の
車で Balzaru に行く．話はずみ　遅くなり，
少し散歩してから，車で送ってもらって別れ
る．就床 1 時半．

昼（F.I.）
Salade de Tomato,
Boeuf Haricot, pa-
nache, Port-Salut,
Glace.
夕（レストラン）
Oeuf en geles, Steak
en paile, Tomato,
Glace, St.Emilion.

1958年7月29日

7月 **29** 火曜日

聖女 マルティ

曇後晴

　起床11時近し．昼食 F.I. Credit Lyonrais より Pneumatique で出かけ，69ポンドと少しきた．大いに助かる．しかも，多くを T.C. でもらう．

　Villier のヴェトナム大使館に行ったがヴィザ不要とのこと．StPlacid で S.E.P.E.L.D.A. へ行き，美術史の払い込みをする．St. Germain まで歩いて，L. des Pedagogiques へ行き少し買う．帰り，夕食．荷物の最後的整理をして，就床22時．

昼（F.I.）

パ　イ，Parisonn frit Noville au Tomate, Salade, Prune au jus

夕（F.I.）

Potage, Steak Pomme frit, Ratatuit, Camambert, Poire

7月 **30** 水曜日

聖 アブドン

曇後晴

　起床10時．荷物を取りにきた．昼食 F.I. Douche, 出て Institut Pasteur でコレラ予防注射．出て Trocadero のフィリピン大使館へ行くも午前のみ．Luxembourg で Đucherveur, Rousseau と寄り，Gilbert で本を買い，横山さんのホテルで手紙を預け，バスで Aux Bon Marche へ．土産を少し買う．St.

昼（F.I.）

Poisson, Boeuf, ……gion, Pomme, rive, Salade, Confiture

夕（F.I.）

Potage, Escalope de Veau, Radit, Choufleur, vinaigrette, Pe-

[後記]

Sulpice から帰り，夕食 F.I. 帰って疲れたの | tit Suisee, Peche
ですぐ就床．——少し暑気あたりか？

| 7月 | **31** | 木曜日 |

ロヨラの聖 イグナース

晴

　起床11時．よく眠った．昼食 F.I. すっかり
疲れているので，又眠る．18時，起きて手
紙，6 通．石崎先生来る．19時30分出て，
Plunris へ．Gavalda 夫妻も待つ．いっしょ
に Caseunave へ行く．歓談．ついで Aux-
deux Magoto でシャルトルーズをのみ，自
動車で送ってもらって別れる．起床1時30，
楽し．

昼（F.I.）
Choy Poulet roti, Ha-
ricot vert, Riz tomate,
Camembert, Glace,
夕（レストラン）
Sanimord, Lyon, Pou-
let, Franboise au
glace, Clos Vougest.

　[後記]　星野の起床時間は，普段は遅いが，いざ旅行となると，早く起床
し，列車の時刻に遅れたことはない．早朝の5時，6時起きを，何も言わず
にこなしている．また彼はドイツ行という大きなイベントを留学期間のほぼ
最後の月に計画しており，一度でドイツを廻りきるために，この度に限り，
飛行機を思う存分に使っている．ドイツ行直前の，7月1日には，リヨン行
のために早起きをして，当地でガヴァルダ氏と会い，アグレガシオンに関す
る会に出たり，美術館を鑑賞したりして2日の夜パリに帰っている．

　一夜明けた3日から，ドイツへの大旅行に出かけるが，その旅程は，忙し
く，多岐に亘り，かつ複雑なので，私自身，ここに，もう一度彼の足取りを
はっきりさせたいと思う．

1958年7月

　星野は，フランスに長く逗留したが，大国ドイツへの参観は，満を持して，彼のヨーロッパ滞在の最後まで，取り置いていたと思われる．3日の夜，オリエント・エクスプレスでパリから発ち，2等の寝台車にはカーテンのないものだったので驚く．国境を越える一夜を明かし，翌4日の朝ミュンヘンに到着した．そこからの旅は，恐らく，彼が出発前に書いたと思われる，日本人の研究者の方々に，案内を乞う手紙のお陰で，行き届いた案内を受けており，幸いであった．ミュンヘンでは，丸田様に迎えられ，美術館に案内され，デューラー，ミュリロ，ルーベンスなど素晴らしかった，という．翌5日もゴッホ，セザンヌに感心し，土産も買う．午后には，D-zag Herdlebery に21時に着き，宮沢様に迎えられ，ホテルに泊まる．宮沢様と一緒に城に登ったりして楽しみ，哲学の道？　を歩く．6日の夕方フランクフルトに着き，風呂に入る．翌7日には，ゲーテハウス，ゲーテ美術館を楽しみ，歩きながら，菓子を食べたりする．7日の夜はマインツに泊まる，翌8日には，ケルン行の船にのり，ローレライを昼近くに通る，というロマンテックな旅をする．ボンに着くと川井様の出迎えを受け，翌9日には大学でボッシュ教授の講義を聴く．ベートーベンの家，美術館にも行く．午后ケルンへ行き，清水様お手製の料理をご馳走になったり，一泊の宿を頂いたりする．翌10日には登記所，裁判所の訪問で忙しく，午後に2人でハンブルグへ着くと山田先生も参加されて，ハンブルグの浅草，吉原を通り過ぎる．

　翌11日に，ハンブルグで，大学や，マックス・プランク研究所を見学．アヴェナルのほとりで白鳥にパンをやったりする．カットブレーゼを見て「豪華さはヴェルサイユ宮殿以上か」とまで言う．波止場へ行き，Balhasse で船にのり，飛行場で，同11日20時に発ち，21時過ぎにパリについた．ヨーロッパでは，なんと国と国とが近隣同志であり，隣接していることよ！　四面海に囲まれた孤島の日本とは違うのである．だが，その夜は，パリの日本館には帰らず，そこから，飛行機で西ベルリンへ．翌12日には，西ベルリン遊覧バスに乗り，見学し，万年筆を買い，それから東ベルリンの遊覧バスにのった．松坂先生と一緒になり，初めて共産圏にはいり，ホテルにとまる．

　翌日の日曜日13日には，教会のミサに出て，ミサの与り方が，ドイツ人とフランス人とでは違うと英一は思う．美術館へ行くが，よいもの多し．ボッ

［後記］

ティチェリ，ワトーなど．歴史博物館を見，時間がないので，帰る．その日の夜，エア・フランスでパリのアンバリッドに着き，こうして約11日にわたるドイツ大旅行を計画どうりに終えてパリの日本館に帰る．何という大旅行をしたことであろうか．飛行機も惜しみなく使われ，悔いのないヨーロッパ巡りをした．しかし，各地で日本人の学者達に案内されてこそ，の楽しい旅であった．

　あとの日々は，ぼんやりとしたり，帰国の整理で追われたりする．16日には，ポワチエで行った講義のお礼として10,230円を同大学から受け取る．17日，「秋のように美しい日」，別れの支度，荷造りで忙しい．その忙しさの中，"Villey"を読み終わる．また，パリ滞在中，最も足しげく通ったリュクサンブールの本屋にも最後まで訪れている．なお，29日に，「S.E.P. EL D.A.に行き，美術史の払い込みをする」とあるのは，現在，我が家にある一連の"Histoire Universelle de la Peinture"をさす．彼の我が家に対するパリ土産だったと思われる．

　その他，ガヴァルダ氏とシャルトルーズで，それとなく最後の時を楽しんだり，日本人の"法学者の集まり"で別れを惜しんだりして感慨深い時をすごした．

1958年8月1日

8月　　1　　金曜日

聖 ピエール オウ リィエンス

曇時々雨

　起床10時．Malaurie 君より電話で午後 Port-Royal に行こうとのこと．フィリピン領事館で Visa をもらい，帰って昼食，F.I. そして同君のアパルトマンへ．雨ひどし．小止みのとき出て急行で，バスで Port-Royal 駅へ．急行で St.Remmy へ．そして 7 km 歩いて Port-Royal の入り口，さらに 1 km 歩いて，Gredin に入り，古い Convent を見る．雨がひどく，びしょ濡れ．ついで近道を通って Port-Royal へ行くも，道ひどし．同所は閉まっているので，バスで18時05　Versailles へ出，Invalides に戻る．バスで Port-d'Orleans へ．別れる．夕食 F.I. 疲れたので，就床 9 時30.

昼（F.I.）

Poisson, sauce, Pomme, Tomate, Yaourt, Melon.

夕（F.I.）

Potage, Oeuf nance, Lentille, Salade, Confiture

8月　　2　　土曜日

聖 アルフォンス

晴

　起床10時．出て Douchemin, Rousseau で最后に本の注文をし，帰って昼食，F.I. 洗濯．森山君来る．16 時 30 〜 17 時 30,

昼（F.I.）

Steak Pomme frite, Coquilette, Tomato, Salade, ?………Chou-

1958年8月3日

Douche，手紙，郵便局．19時30，下に降り，Villey さん一家を待ち合わせて，Sorbonne の傍で夕食をし，送ってもらう．20時，館長室で話す．石崎先生も来られる．24時に至る．就床1時近し．

croute, Gorin, Tarte, compote
夕（レストラン）
Salade de Tomate, Choucroute, gorin, Tarte, Morrison, Biere.

8月　　　　3　　　　日曜日

聖 ジオッフロイ

晴

　7時30のミサ．小　？……．最后かと思うと，感あり．帰って軽昼食，荷物を完成．手紙を3通書く．急いで11時30出て，Musée de Jeu de Paume へ．すばらしい！　惜しい．それでもパリ最后の時をここに過しえて幸福だった．メトロ，Chatelet で小山さんと待合わせる．Gare du Nord へ．混んでいたので，2等切符で3等へ乗り換える．14時09発．Auloye などにとまったのみで，15時35，Bruxelles-midi 着．金を替え（T.C）タクシーで，Cite Universitaire へ．雑談などした頃，山田，清水両氏来らる．谷口先生をたずね，いっしょに夕食を館のレストランで．高いが悪くない．ついで，散歩をし，

昼（車内）
ビール，サンドイッチ
夕（C.U.）
Poulet roti, Pomme cit, Salad, Orange, Patisserie

1958年8月4日

帰ってジュースを飲む．YMCA の会議で，泊まっている斎藤氏夫妻もいっしょになる．しばらく話し，部屋に戻って少し，リポートを読む．就床24時30．

8月　　　　4　　　　月曜日

聖 ドミニーク

曇

　起床 7 時30．朝食，9 時のバスで Palais de Justice へ．10 時，よい auguration ? へ．ついで，同所で Cours de Cassation のレセプション．石崎，山田，小山，氏と昼食，近くのレストランで．出て，郵便局に行き，小包を探すもなし．SAS へ行って 9 日の飛行機を調べてもらったが，これもなし．歩いて会場へ戻る．15時，Seance de Travail ? 法 Pr. Rheinsvoteir の Rap- gin といくつかの Intervents ? 17時終り，バスで C.U. へ．アイロンかけ．18時30バスで，Musee des Beaux Arts のレセプシオン．ついでバスで Circle Gaulois, Institut Belge de Droit Compare の Banquet. Derride 君の自動車で帰る．就床．

昼―（レストラン）
Omelette Jambon, Café,
夕―（Banquet）
Consomme, ? morut,- Coq au vin, Tranche, napolitan, Blanc Rouge,Champagne, Café.

1958年8月6日

| 8月 | **5** | 火曜日 |

聖 アベル

晴

　起床7時30．朝食をして，9時30のバスで行く．10時より，民法のセアンスちょっとしゃべってみたが，うまくない．電車で帰り，昼食．14時30のバスで，Exposition に．谷口，石崎先生を除く（全員（深瀬君はぐれる）で，オーストリア館（音楽のレッスンよし）アメリカ館と入り，ソ連館でビールを飲み，ソ連館，チェコ館にはいる．この2つよく出来ている．（ソ連の絵はひどい．）急いで日本館へ行き，閉まっているのを見せてもらう．夕食をそこでする．天丼．谷口先生，深瀬君も来る．イルミネイションをみつつ歩き，Chaplain に入り，（モダン，悪くない）それを見（……）電車でかえる．（遠い）．23時，Douche，原稿を書いて2時30に至る．

昼（CU.）
Potage, Steak Pomme frit, salade, Pomme,-Tarte, Biere.

| 8月 | **6** | 水曜日 |

変身(TRSANSFIGURATION)

曇

　起床朝食例のごとし．──昨夜，初めて Miko との夢を見る．──バスで会場へ．10

昼（レストラン）
Omelette Jambon, Biere.

1958年8月7日

時〜12時，Séance de Travoux，平田君と出て，食事をし，紙を買って別れて帰る．小包1つ．出て電車で Porte de Namur に来て，小包を取り，Cook で席のレザーブをして，会議へ．15時〜17時30，S. de Travaux．発言した．谷口，平田両氏と帰り，すぐ出て，Hotel de Ville へ．市長の Reception, Prof. Bolla に会う．中をみる．きれいだ．20時，谷口，山田先生と歩いて，夕食をし，Nord 駅に行き，電車で帰る．小包3個，手紙．就床1時．──Miko よりの手紙回送されてくる．嬉し．

夕（ビュッヘ）
サンドイッチ，牛乳，コーヒー

8月	7	木曜日

聖 ガエタン

曇時々小雨

　起床同じ．──昨日より腹痛く下痢．朝食をやめる．──9時オトカールで出，まず Gard へ．10時着．Villey さんたちと一緒になる．Cathedrale の Van Eyck の metable を見，すぐ又乗る．Liege へ．12時過ぎ着．Hotel de Ville でレセプシオン．Villey さんたちとすぐ出て，昼食をし，Musée de Greenivger に入る．よいものなし．ついで歩いて，Memoling の絵のある Saint Jean

昼（レストラン）
Potage, Omelette, Eau minerale.
夕（レストラン）
Potage, Oeurf ost? Boeuf, Infusion, Eau Mineral.

1958年8月9日

Hopital へ. すばらしかった. Villey さんた
ちと別れ, Beguilenage へ行く. 出て帰る.
又 Villey さん達に会う. 18時のオトカール
で帰る. じつに, Lia は美しい町で快し. 身
体の不快がおしい. 夕食に谷口, 深瀬両氏と
出, 帰室22時10. 就床.

8月	**8**	金曜日

聖 ジュスティン

曇時々小雨

　起床, 朝食例のごとし. バスで会場へ. 10
時〜12時, Séance "Egalité de epoux" 昼食
を谷口, 清水, 石崎三氏とし, Porte de
Namur から帰る. すぐ出て電車で会場へ.
15 時 〜 17 時, Séance, バ ス で 帰 り,
Douche, バスで帰り, Reception (Institut
belge de Droit Compare), ついでバス, Ho-
tel Continental の Banquet へ. Prof Ehren-
zuanga の隣. 23時終り, バスで帰り, すぐ
就床.

昼（レストラン）
Mayonnaise de Sau-
mon, Noodle.
夕（Banquete）
Potage, Saumon sa-
lade, Poulet, Peache,
Glace Moha, Alsace,
Rouge, Champagne.

8月	**9**	土曜日

聖女 クラリス

曇

昼（列車）

1958年8月10日

起床8時．朝食．会議には出ず，荷物をつくり，Musée Aucienne に行く．大急ぎで廻ってから，Centre Colonial にコレラの注射に．ぎりぎり間に合う．急いで Cite に戻って山田先生と出て，Gare de Nord へ．14時発 Paris 行き，リザーブしておいて助かった．Nord 着18時近し．山口君来ていてくれる．カフェで冷たいものを飲み，別れる．バスで Gare de Lyon へ．中華料理を食べ，20時13発　Nice 行き，Corchette に乗る．すぐ床に就く．よく眠った．

サンドイッチ，シャンパン，ビール．
夕（レストラン）
——チャーハン，ビール．

8月　　　　　　　　　10　　　　　　　　　日曜日

聖女 クラリィセ

曇

　7時頃起きてしまう．快晴．Cannes を経て，Nice 着9時30頃．地図を買い，近くの教会に行ってミサに与る．アイスクリームを朝食とする．古い町をぶらぶら歩き，Vieux part を見，Chateau に登る．おりて，古い町のレストランで，昼食，うまい．ダブルでは暑くてたまらぬ．すぐ駅に行って14時50の Cannes 行 Autorail へ．ショーツで車に乗った女性多し．カンヌではついに Hotel みつからず．少し歩いて，16時17発の Bordeaux 行

昼（レストラン）
Soupe de Poisson, Frite de Poisson, Yaourt, Rose.
夕（ビール）

1958年8月12日

に乗ってしまう．Marseille 着21時15．Hotel de Geneve に電話したら，幸い今夜もなんとかしてくれた．助かる．フランスの最後を飾る好意か．タクシーで行く．バスにはいりカンバスベッド，これでもよい．但し，汽車からか蚤をひろって痒し．就床23時．

8月 **11** 月曜日
聖女 スザンヌ

晴

　8時起き，9時半，軽食をして出る．Vieu Port から Chateau d'Il 行汽船に乗り，行って？　を見て帰る．12時安レストランで昼食．一旦帰室．部屋が代った．出て，M.M.Correspondance Maritime に行き，金を払う．高い！　金を替えたり，土産をかったり，ぶらぶらする．17時一旦帰室．19時半，夕食に出，Veau Port の近くでとる．就床23時．暑い．

昼（レストラン）
Soupe de Poisson, Spagetti —Napolitan, Yaourt, Rose.
夕（レストラン）
Salade, incoire, Borvl-laken? Raisin, Roti.

8月 **12** 火曜日
聖女 クレアー

晴

　起床8時，朝食を部屋でして，ちょっと買

昼（Hors- d'Oeuvre, Omelette, Boeuf grillé,

1958年8月13日

い物にでる．荷物を持って出，タクシーで，埠頭へ．超過料金17,000frs!　乗り込む．239号．巽氏（東大物理）と同室．12時出帆．さすがに，感あり．昼食．じつに神父，修道女の多いのに驚く．半分近い．午后は，アメリカより来た加藤夫妻と話す．16時30分緊急訓練．Douche．夕食．就床21時半．

Camembert, Peache.
夕（Potage, Poubot mix de Veau, Eclaire, Bannane.

| 8月 | **13** | 水曜日 |

聖 ヒポリイト

薄曇

　起床9時．朝食は止め．午前はぶらぶらしてだべったり　手紙を書いたり．昼食後，S.J.の神学生とピンポンをし，汗びっしょり．そこで，Douche．15時より映画，"Traversie de Paris"Jean Gabin．つまらぬ．終わってまたおしゃべり．イタリアの南を通る．ストロンボーリ，etc．西ヨーロッパの最后．きれいだった．手紙．エジプトのExcurtion に申し込む．高い．16, 800frs!　夕食．すぐ就床．

昼
Hors　d'Oeurvre, Bouillabaisse, Fore, Pout, e Eveque, Orange, Café.
夕
Potage, Chau-fleur, Roastbeaf, Glace, Peache, Infusion.

1958年 8 月15日

| 8 月 | **14** | 木曜日 |

聖 ジャン マリー ヴァネイ

晴
　朝食を食べる．読書，雑談など．朝食後ピ
ンポンをして Douche 横になる．
夕食，就床．特に変わりなし．

| 8 月 | **15** | 金曜日 |

被昇天

晴
　9 時のミサ．歌など美し．帰ってぶらぶら
している．昼食．ピンポンをやって，
Douche，昼寝．18時．Port Said に着く．し
ばらくして降り，Excurtion に．フランス語
の 1 人と一緒に 1 台のハイヤー．始め運河に
沿って走り，イスマイリアから内陸へ．暗く
てよくわからないが，川（運河）に沿ってい
るらしく，道の両側は並木．所々に町あり．
検問所で止められる．途中で休んでビール．
Continental Hotel には23時半着．夕食．部
屋は de Lux．風呂に入る．就床 1 時半．蚊と
暑さに責められる．

昼
Hors d'Oeuvre
夕（ホテル）
Potage，Poisson，
Steak，Salade，Glace．

1958年8月16日

| 8月 | **16** | 土曜日 |

聖 ロッチ

晴

　起床6時．朝食　7時，自動車で出発．まず，Gizaへ．おりた所でらくだに乗る．チップをねだって不快．かつ蚤にたかられる．第1ピラミッドでおり，ちょっと中へ入る．ついで又らくだでスフィンクスと宮殿跡に入る．ついでタクシー．モハメット跡？モスクへ．きれいな神殿だ．町の眺めよし．ついで，Nuvier？へ．すばらしいが，おしいかな時間がない．出て町をちょっとぶらついて，すぐ12時，Suezに行って，砂漠の中を走る．荒涼たるさまに驚く．風も暑い．兵舎の多いことも一驚．Controteは，2，3か所．15時30，SuezのOfficie de Tourismeに着き，旅券の印を押してもらい，休む．16時，ランチでLaosに行くため，？る．走っているやつに乗り込む．すぐThe. 加藤君とピンポン．Douche. 夕食，就床21時30．

昼（弁当）
パン，トマト，きうり，ハム？ローストビーフ，茹で卵，オリーブ，○○○サラダ，バナナ，二個
夕
Potage, Poisson, Hache, Aloyan, Chou creme, Raisin.

| 8月 | **17** | 日曜日 |

聖女 エリーゼ

晴

昼

1958年 8 月19日

9時　ミサ，この前に同じ．終わって，少し "Aselive de Philosophie" を読んだり，しゃべったり．昼食．昼寝．15時，映画，アメリカもののシネスマ "La methode d'epauer in millionnair" ばかばかしいもの．出て，お茶．加藤氏とピンポン，Douche，夕食．のち，少し Jesuite Brothers とだべり，暑いのでもう一度 Douche．就床22時．

Hors d'oeuvre. Criole de Msut─, Msutar grille, Fromage, Orange.
夕
Potage, Moulan fit, Poulet roti, Tranche, Napolitaine, Raisin.

| 8 月 | **18** | 月曜日 |

聖女 エレーヌ

晴
　起床 9 時．ものすごく暑い．部屋の外へあまり出ず，お喋りなどなど．昼食後16日まで昼寝．洗濯．加藤さん夫妻来たる．夕食．ついで中川さん来る．

昼
Hors d'Oeurvre, Spaghetti Veau, Rumpfrteak, Yaourt, Orange,
夕
Potage, Poisson, Carre de Porc, Patisserie, Raisin.

| 8 月 | **19** | 火曜日 |

聖 ユウデ

晴
　少し早く起きる．8 時，朝食．10時

昼（Hors d'oeuvre, Lentille, Saucisse,

1958年8月20日

Aden に着く．沖止まり．昼食前，加藤氏夫人の父上の○○生の人が来て，話をする．昼食後出てはしけで岸へ，車でまず町を見下ろす城門の所に来，Crater の町に入り，Tank のあとを見，Musee に入る．小さい．港まで来，少し店をひやかす．日本品多し．15時はしけで帰り，Douche．お茶．16時半，出帆．時間かかり，郊外へ出たのが17時半．夕食．後少し日本人とお喋りして就床1時半．

Ecalope paue, Fromage, Raisin.

夕

Potage, Daurade, Entr, Glace, Banane.

| 8月 | **20** | 水曜日 |

聖 ベルナール

曇

涼しくなったが海荒れ気味．9時30分に起きて，早速 Merjin．少し本を読むも眠し．横になる．昼食．だいぶやられている．後，加藤夫妻，巽氏とトランプ．15時，映画 "L. Condamri in mori s'est e'chappe" これのあと．後昼寝．夕食．後マーロ君を交えてトランプ．Douche, 24時．

昼

Hors d'oeuvre, Poisson, Entrecote, Pont l'Eureque, Pomme.

夕

Potage, Colin, Gigst, Mille-Ferinlles, Orange,

| 8月 | **21** | 木曜日 |

聖 ジャンヌ ド シャンタル

曇

昼

1958年8月23日

起床9時半．荒れている．雨模様．午前，少し読書，"Roulrie" 昼食後加藤氏とピンポン．昼寝．15時映画 "Geuevisere"（英語）終わって洗濯．S.J. のフレールとピンポン．夕食．後，巽氏，加藤夫妻とだべって21時半に至る．就床．

Hors d'Oeuvre, Riz
Volalkct cris, Hamburger Steak. Fromage, Orange.
夕
Potage, Saumon, Veau, roti, Glace, Pomme.

| 8月 | **22** | 金曜日 |

聖 シンホリエ

曇雨

　昨夜就床時より下痢，腹痛．今朝まで便所へいくこと6回．よく眠れず．11時にいちおう起き出し，加藤さんを訪ねたところ同じ症状とのこと，中毒らしい．昼は regime，正露丸を貰ってのむ．ずっと休む．夕食もレジーム，Douche に入って就床21時半．

昼，夕
Bouillon de Legume, Riz, blanc, Carotte, Fruits.

| 8月 | **23** | 土曜日 |

聖女 シドオニー

曇

　早朝ボンベイについたらしい．入国手続きをせよとのことで，8時に起きて行く．待た

昼
Hors d'oeuvre, Mutor?　Escelyer?　Fro-

1958年8月24日

されそうなので，食事をし，toilette 後も
並ぶのが，いやで，ずっとだべっている．10
時にすみ，ちょっと歩いて Beaus を買って
中川，巽，中川氏と帰る．昼食．ついでに，
少し休む．14時近く，巽氏と出て，バスで
Hunging Park に行き，少し歩いて又バスに
乗るも，方角を異にし，Gateway の近くに
来る．歩いて午前の店で巽氏の買い物をして
帰る．18時近く出帆．雨となる．夕食．後，
Douche，就床22時．

mage, Raisin.
夕
Potage, Sea Bas,
Boeuf, Glace,Pomme.

| 8月 | **24** | 日曜日 |

聖 バーセレミー

曇後薄曇

　9時起床．ミサやや過る．後，甲板で，
"Roulier" ジュースを飲む．昼食．後昼寝．
15時より映画 "Munotor a cinq pattes-- ○
○" 後　甲板をぶらぶらする．夕食，後
巽，加藤夫妻，ついで，市口氏を交えてトラ
ンプ24時近し．就床．

昼
Hors d'Oeuvre, Curry
de Volille, Pomme.
夕
Potage, Jambon, Gi-
got, Eclaire, Orange

| 8月 | **25** | 月曜日 |

聖 ルイス，ロワ

晴

昼

1958年8月26日

　昨夜は，遅かったので，10時起床．午前，甲板で中川氏とだべる．昼食．後，巽氏，加藤夫妻とおしゃべりする．少し昼寝．16時コロンボ郊外に着くが，その後入港に時間がかかり，18時やっと visa の手續．夕食．Douche. 大使と連絡がとれたらしい．ハシム商会より手紙をもってくる．加藤夫妻も明日のことで相談に来られる．就床22時．

Hors d'Oeuvre, Nouville, Entreat, Pomme タ

Potage, Querulle, Noix de Veau, Glace, Orange

8月　**26**　火曜日

聖 ゼフィラン

曇

　起床8時半．朝食，巽，中川氏とランチで出て，ハシームの車に迎えられ，ハシームの店へ．大使館古田氏に電話．宝石を買う．オパールと〇〇〇〇．Miko と母のため．ハシームの車で大使館へ．古田氏に会い，ついで松井大使に．少し話して公邸に伺い，夫人と共に昼食の御馳走になる．すぐ出て，巽氏とハシームにやとい車でキャンディに向かう．13時30出発．途中の景色面白し．塩原―鬼怒川間のような所もある．田ばかり．キャンディ着16時．仏寺を見，そこの Muse を見，湖を一回りして，植物園へ入る．ついで大学を見る．後は一路コロンボへ．ハーシム

昼（大使公邸）

肉ジェリー，魚マヨネーズソース，鳥ロースト，インゲンなど，パイナップル．

1958年8月27日

の店に帰り，支払いをし，さらに○○○を Miko に買う．ハシームの車で送ってもらって港に来，手漕ぎの船で帰船．加藤氏夫妻に土地のバナナ，マンゴスチンなどの御馳走になり，少ししゃべって別れる．Douche. 就床23時半．

| 8月 | **27** | 水曜日 |

聖 アルマンド

曇

　起床10時．甲板に出て話をする．日本人4名．昼食後昼寝．よく眠った．15時映画 "Les Neiges de Kilimanjaro" そう悪くない．後，又少し横になる．甲板で話をする．夕食．後　又　日本人全員で話をして24時部屋でさらに巽氏とはなしておそくなる．

昼

Hors d'Oeuvre, イカメシ, Entrecote, Fromage, Orange.

夕

Potage, Sea Base, Porc Roti, Glace, Pomme.

| 8月 | **28** | 木曜日 |

聖 オーガスティン

晴後曇

　起床10時．午前，少し読書．床屋．昼食．後昼寝．15時半より洗濯．16時お茶．ずっと洗濯17時半に至る．Douche. 一国君の所へい

昼

Hors d'Oeuvre, Saucisse Lentille, Montoncellet, Fromage,

1958年8月30日

くも不在．夕食．後，全員同君のところへ行く．あつい部屋だ．加藤夫妻とトランプ．22時．Couris de Chevaux と Naut danairte に行く．見るのみ．冷たいものを飲む．サンドイッチがサーヴィスされる．24時帰って就床．──今日で日程の半分近く終わる．そのせいか，夕はご馳走．但し例のごとくうまくない．──Miko，横濱を発つ日！

Orange,
夕
Consomme, Langourt, mayonnaise, Canetors, Endive, Pomme.

8月	**29**	金曜日

聖 ジャンーバプトの死

曇

　起床10時．午前　読書，昼食，後昼寝．16時より洗濯．17時より少し手紙．ついで巽，加藤夫妻，一国氏とトランプ．夕食．後またもトランプ．22時半に至る．Douche, 就床23時半．

昼
Hors d'Oeuvre, Daurade, Escalope, Pain,
夕
Potage, ひき肉のうりずめ，Porlif.Glace, Orange.

8月	**30**	土曜日

聖 フィアークル

曇一時雨

　起床8時　アナウンスで起きる．朝食．Transit の手續．9時に港外に着くも動か

昼
Hors d'Oeurvre, Omelette, Entrecote,

1958年8月31日

ず．11時やっと動き始め，昼食中に岸壁に．しばらく休んでいると，加藤夫妻の知人（取引先）の人中国人２人にいっしょに来いとのことで，行く．ハイヤーでその店に．ついで○○○○○ Parc へ行って歩く．変わった庭だ．ついで Museum を周り．一昨年よりほど歩いたらしく，街並みをかなり覚えている．出て，植物園を一回りして，水族館へ．これは一等面白かった．土産物を探すもよいものなし．夕食を「天津飯店」でご馳走になり，「新天地」をひとまわりして，（日本のに似ている）帰る．夕食久しぶりにうまい．船のバーでいっしょに冷たいものを飲み，別れる．加藤夫妻の部屋で，中川，一国氏をよんで，餃子を食べてだべり，ついで22時の出港を甲板で見る．Douche. 就床24時半．

Orange.
夕
（中華料理）—オードウブル（豚の胃，レヴァー，鮑，豆腐，魚フライ……）ふかひれのスープ，鶏（にわとり）につけになます，ぎょうざ，炊飯，スープ，ビール，果物．

8月　　　　**31**　　　　**日曜日**

聖 アリステード

曇一時驟雨

　9時のミサに遅刻する．ついで甲板で読書，昼に至る．昼食後，巽，加藤夫妻とトランプをして，お茶になる．餃子をたべる．ついでおしゃべり，後，加藤氏とピンポンをして夕食．後，一国君病気と聞いて行き，我々

昼
Hors d'oeuvre, Vol au Vent, Pri Sak, Cotelette, Fromage, Orange,
夕

の部屋で５人でトランプ．23時に至る．就床 23時30.

Potage，Sauvoir？ Mayonnaise, Poulette roti, Glace, Arrowes？

[後記]　ついにフランスから別れる日がやってきた．それは，送別会もなく，食事会もない別れであったが，それぞれの友人が，それとなく別れの会合を作ってくれた，思い出深いランデヴーを整えていて下さった．だから，星野は過度に感傷的になることもなく，自然に，別れの時を過ごすことができた．さすがに，フランス人の社交の洗練されているのが解る．

　日記帳を辿ると，ヨーロッパから離れる前の約半月の間を，星野はブラッセルその他の地を訪問し，国際会議に出席して，日本人とも，フランス人とも会って，そして何となく別れている．ヴィレイ先生ご夫妻もその会議に出席されており，偶然お会いした．そして，また，何気なく別れている．日記によると，別れた後，また出会ったとのこと．長く，お世話になったものだ．だが，その別れ方は，優雅であった．

　８月１日からの足取りを辿ると，１日には，大雨であったが，マローリー氏に連れられて，ポルト・ロワイヤル・デ・シャン——かってパスカルが居たという修道院を，雨のなかを訊ねる．そこで得た小冊子を彼は，ボロボロになるまで保存していた．２日には，パリにおいて，本屋の Doucheminn と Rousseau で最後の本を注文し，夕食には，１番名残を惜しまれる Villey さん一家とソルボンヌ（法学部の傍）で食事を共にした．パリからの最後の手紙も出すが，多くの手紙をだしたが，やっとこれが最後か，と感慨が湧く．

　３日には，思い出深く，最後のミサに与り，その後，ジュウ　ド　・ポム美術館にはいり，感嘆し，「ここで　パリ最後の時を過ごしえて幸いだった」という．この日の午後ブラッセルに着き，これから約10日たらずの間，会議に出たり，友人に会い，ベルギーを楽しんだ．まず Cour de Cassation の宮廷のレセプシオンにあずかり，つづいて美術館のレセプシオンなど．

1958年8月

　7日には，ヴィレーさんと出会い，市長のリセプションに出席した．このブラッセル滞在の間，谷口，石崎，深瀬，平田，山田，清水などの，方々とも会い，賑やかに過ごすが，星野は，思いがけず，体調を崩す．が，多くの会議に出席し，発言もしている．8日には，研修会にも出席する．前もって原稿などを読んでいたから，研究発表もしたと思う．また　この地で，コレラの注射もする．ここで一旦パリに戻るが，もはや日本館には帰らず，駅の近くで山口様と会い，冷たいものを飲み，中華で夕食をすませ，ニース行きに乗る．「よく眠れた」．カンヌを経て，10日にニース着．「ショーツをつけた女性多し」マルセーユに19時ごろ着き，ともかくホテルが見つかり，「フランスの最後を飾る好意か」と思う．バスに入り，カンバスベッド，これでよい，但し，汽車から蚤を拾って痒し，と．

　11日，船会社に行き，金を払う．翌12日に乗船，加藤教授夫妻と会う．巽様も物理学者．12時出港．「さすがに感あり．」と．船内では，ピンポンをしたり，神父様が大勢のっておられるのに感心する．15日被昇天の日には美しいミサに与り，夕刻6時にポートサイドに着き，Excursion に出かける．

　フランス語を話す人と一緒にハイヤーで．運河に沿ってイスマイリアから内陸に．暗く，並木あり．ホテルの部屋はデラックス．だが「蚊と暑さに責められる」16日はギザへ自動車で．チップをねだられ，蚤に苛まされる．第1ピラミッドで降り，中へ入る．ついで，らくだに乗りスフィンクスと宮殿跡に入る（らくだに乗った颯爽とした写真のネガ焼きを見せてもらったが，現在はみあたらなくなっている．）ついでタクシーでモスクへ．「きれいな神殿だ」「素晴らしいがおしいかな時間がない」「12時スエズに行って砂漠のなかを走る」15時半旅券に印をもらい，休む．「16時ランチでラオスに行くため○○る．走っているやつに乗り込む」危ない乗船をしたものだ！

　船上では，すぐ The（お茶）．加藤氏とピンポン．星野は快活にらくだに乗ったり，帰船するとすぐさまピンポンをしているが，長いあいだ，深く激しく学問に没頭した生活から解放されたせいか，エクスカーションを存分に楽しんだと見える．船上では暑さに悩まされながら，遊んだり，ジェズイットのブラザーと話たりしている．

　18日にアデンに着く．上陸して店を覗く．20日頃から，涼しくなったが，

［後記］

海は荒れる．本も読んでいる．映画をみたり，洗濯をしたり，下痢をして，正露丸をもらって飲む．23日ボンベイに着く．上陸し，見物する．24日は船上でのミサに与り，甲板をぶらぶらする．25日コロンボ郊外に着く．26日には，ハシームの店に連れていかれるが，ここは宝石店であった．星野も小さな買い物をする．このようにして，船上では，異国の生活体験を引きずっており，また故国の風土からも遠からじと感じる日本人のグループが集まっては喋っている．そして，英一もそのグループに入るが，その間，学問的な読書からも離れず，洗濯も忙しい．28日には日程の半分を終えたことに気ずく．また，「──Miko，横濱を発つ日！」と書いている．（読者の方は何事！とびっくりなさるかもしれないが，筆者は，フルブライトのプログラムに従い，その日に横濱を発たざるを得なかったのである！　スカラーシップを受けての留学とは，こんな結果を引き起こしていた！　もちろん，真っ先に英一の快い許可を得ており，一応は安心したものの，彼の淋しさを想像すると，普通ではおられず，気が違いそうであった．しかし，氷川丸がシアトルに着く頃には，ほぼ落ち着いていた．）

　英一たちの船は30日には，まだ東南アジアに居る．上陸し，博物館を一めぐりしたり，植物園も一まわりして，水族館へも．「これは一等面白かった」という．

　「天津飯店」では，久しぶりに「うまい」食事をご馳走になった．帰船し，加藤夫妻の部屋で，中川，一国氏をよんで，お喋りし，22時の出港を甲板から見ている．段々，日本にちかずく．31日，9時のミサに遅刻．その後，甲板で読書．

　午后，船友が，病気と聞くが，大したことはなさそうだった．船は，日本に向かって一路進んでいる．

481

1958年9月1日

9月 　　　　　1　　　　　月曜日

聖 オウグスト

曇

　起床9時30. 6時頃，河口に着いたらしい．ずっと止まっている．午前，手紙書きなど．Douche. 洗濯．昼寝．15時過ぎサイゴン着．上陸手續厳重．母より3通，Mikoより1通の手紙，嬉し．おしゃべりしたり，横になったりする．M. VuVanとランデヴーをとる．夕食，今日よりテーブルが変わった．日本人のみ．後，巽，中川氏と話しだべり，就床23時.

昼

Hors d'Oeuvre, Sole, Boeuf

夕

Potage, Fonds des Artichaut, Agneau, Chou, Ananas

9月 　　　　　2　　　　　火曜日

聖 ラザロ

曇一時驟雨

　起床8時30. 朝食．巽，中川氏とタクシーで出て，途中で2人と別れ，外務省へ．10時，Vu Van 氏に会う．大臣．1時間要談，歓談して出，歩いて帰る．昼食．後少し，昼寝と手紙．15時半，中川氏と出て，MMで手紙出し，歩いて店をひやかし，べっ甲細工をMikoのために買って帰る．途中雨に降られて雨宿りの時間多し．甲板で一同と話をす

昼

Hors d'Oeuvre, Curry Minton, Steakgrill, Ananas,

夕

Potage, Trinite aux amandes, Porc curre, Glace, Pomme

1958年9月4日

る．Douche，又，甲板に戻る．加藤夫妻帰
る．就床23時半．

9月	**3**	水曜日

聖女 サビーヌ

曇一時驟雨

　起床8時半．朝食．巽氏と出て，書の展覧
会を見て，別れ，昨日買った店に行って，
Miko にべっ甲イヤリングを買うも，500frs
札は受け取らぬというので，帰る．道に迷
い，遅くなる．昼食．後，昼寝．15時半．中
川氏と出て，例の店で受け取り，切手を買っ
て帰り，MM で手紙を出す．残ったピアス
トルをフランに変える．帰室17時，ずっと
ベッドで Miko の2年間の手紙を見る．
感あり．手紙を書く．夕食．後，日本人5
名，お喋りして23時半に至る．題して「千一
夜」Douche 就床24時．

昼
Hors d'Oeuvre, Civit,
Veau hache, Gervais,
Orange.
夕
Potage，Daurade,
Aloyanoti, Milk, Fer-
ville, Pomme.

9月	**4**	木曜日

聖女 ロザリー

曇

　起床9時半——船は6時半頃でたとか．す
でに河口外に出ている．午前読書．

昼
Hors d'Oeuvre, Ri-
gotte, Entrecote, Ca-

1958年9月5日

昼食後，加藤氏とピンポンをし，ジュースを飲む．15時になる．Douche．昼寝．17時近く起きて洗濯．甲板でだべって24時に至る．就床．

membert, Orange.
夕
Potage, Glace, Ananas

| 9月 | 5 | 金曜日 |

聖 ベルティン

曇後雨

　起床9時15．午前，読書 "Roubrier —Volonte" 終る．昼食，後，少しだべり，つずいて，15時より映画 "I will cry tomorrow" 悪くない．後，Douche，少し，横になる．夕食，のちトランプ，24時に至る．就床．

昼
Hors d' Oeuvre, Macaroni, Mouton, chop
夕
Potage, Oeuf dur, epinard, Rosbif, Cabe, Pomme

| 9月 | 6 | 土曜日 |

曇一時雨

　昨夜，近来めずらしく，むしゃくしゃしてねつかれず，心のなかで Miko に八つ当り．——起床8時．早く目覚めて起きてしまう．朝食．Transit の手續．港に着いたのは，9時ごろか．結局10時半頃，巽氏と出てゴルフリンクスの近く，フォート……の廃墟

昼
Hors d'Oeuvre, Boeuf, brais, Ricollet, Orange.
夕
Consomme, Seo, Bas frit, Veau Langus, Glace, Poire.

1958年9月8日

に上る．昼食に戻る．少し，横になり，14時出て，Fort Santiago の横を通り，…………通りを抜け，St. Ciapo 教会に入り，ついで，…………Palace に入る．Bld…………を歩いて，途中雨宿りし，Parc of United Nations から Bld…………に出，…………を通って切手を買い，ホテルを抜けて帰船．すぐ夕食．後，巽，加藤とだべって24時近し．就床．

9月	**7**	日曜日

聖 クロード

曇後雨

起床8時45．ミサ．後甲板で読書．手紙．昼食後サロンでだべる．15時映画 "Picnic"，のち昼寝．揺れ始めたので，薬を飲む．夕食，後サロンではなす．一国君，部屋に来る．就床22時．

昼
Hors d' Oeuvre,
Entrecote. Orange
夕
Potage, Sea devil,
Eclaire, Ananas

9月	**8**	月曜日

聖母マリアの誕生

曇時々晴

起床8時．Emigration の手續に起きる．すませて朝食．10時頃岸壁に着く．10時30，

昼（レストラン）
ヤキソバ，ビール，茶．
夕

1958年9月9日

中川，巽，一国氏と出て，フェリーでホンコンに渡り，ショッピング．ある両替店の前で中国人，案内するという者に会い，ついて行く．まず，円を替える．彼の店の近くを一目見る．11時30分になったので，中華料理を食べる．うまい．象牙店（箸，ペーパーナイフ，ブローチ），万年筆店，（ボールペン）宝石店（ひすい）金物店（ナイフ）を買い，巽氏の両替をし，中川君と別れて，3人でPeak Train まで行って，戻り，一国氏と一緒フェリーで戻る．ジュースを飲む．夕食．後，ホンコンの夜景をとる，写真をとる．Douche．一国氏来たり，喋る．就床23時30.

(Potage-Daurade frit, Boeuf, roti, Glace, Banane.

9月	**9**	火曜日

聖 オメール

曇

　起床8時．朝食，後9時頃，中川，巽，一国氏と出，フェリーでホンコンへ渡り，しばらく歩いて自由行動とする．まず，象牙を買い，ついでナイフ，切手を買い，鉛筆削りを以て終わる．12時過ぎで昼食に遅れた．出帆は1時過ぎ．皆で写真を撮る．加藤氏とバーで飲む．波はひどくなる．昼寝，17時30に至る．一国君来たり話す．夕食．後又もサロン

昼
Hors d'oeuvre, Daurade, …………, Fromage, Orange.
夕
Potage, Artichot, Agneau, Patisserier, Banane.

1958年９月11日

でだべって23時．Douche．就床24時．

| 9 月 | **10** | 水曜日 |

聖女 パルチェリー

曇

　起床９時．かなり海荒れている．午前は眠いので，少し○○○をして，ベッド．昼食．後またもベッド．15時映画"Cygue"グレイスケリーのものでフィレンツェで見たもの．ティー．後甲板で手紙を書き．夕食．後，甲板で巽，加藤夫妻とトランプ．だべり，24時30に至る．就床．

昼

Hors d'Oeuvre, Saucisson, Lentille, Camembert, Orange.

夕

Potage, Saumon. Boef, anglaise, Glace, Ananas.

| 9 月 | **11** | 木曜日 |

聖 ハイアシンス

曇

　起床９時．揺れようやく静まる．午前，甲板でお喋りする．昼食．後昼寝．疲れている．お茶に出る．後，Douche．夕食はシャンパンを抜く．最後の晩餐．後24時近くまでだべる．就床．

昼

Hors d'Oeuvre, Tripe, Entrecote, Gruyere, Mandarin.

夕

Potage, Daurade, Pate de Canton, Crème Calce, Pomme.

1958年9月12日

| 9月 | **12** | 金曜日 |

聖 ラファエル

曇

　起床8時半．甲板へ出て見ると，すでに室戸岬を過ぎている．もっぱら外を見ている．感慨がある．上の甲板で写真を写す．昼食．淡路島を過ぎて，13時半頃から神戸が見える．Imigration の手續は14時半頃始まり，15時半上陸開始．巽夫人や加藤氏一家を見ていたら，感に迫った．"Miko はひどい" と心の中で甘えていた．17時頃，中川，一国氏と出て，三宮，元町通りを歩き，そば，ついでうなどんなどを食べる．やはり日本は懐かしく親しみ易い．20時半帰る．——日本へ帰ったせいか，すっかり疲れた．

昼

Hors d'Oeuvre, Omelette, Lapin, Banane, Orange.

夕

はもそば，うなどん．

| 9月 | **13** | 土曜日 |

聖 モーリイユ

曇後晴

　起床9時．10時半に中川氏と出て，三の宮から阪急で梅田，地下鉄で心斎橋に出，心斎橋筋をぶらつく．昼，中川さんと別れて，「すし車」に行くも，昼はおどりえびなし．で，中川さんに追いつき，「今井」で木の葉

昼（食堂）

木の葉丼，わらび餅

夕

Potage, Chaufleur, Veau roti, Chaucrout, Pomme, Rose.

488

1958年9月14日

どんぶりとわらび餅を食べる．うまい．つい
で心斎橋筋をずっと歩いて…………から地
下鉄で梅田へ．アイスクリームを飲み，国鉄
の快速電車で三の宮，そして船へ．16時30．
17時15出帆．フランスへ行く日本人多し（見
送人なし．Douche．夕食でその四人といっ
しょになる．後だべったり，○○○○の所で
すしをごちそうになったり．21時30より荷物
整理で，いちおう終ったのが，26時30．洗
濯．起床24時近し．）

9月	14	日曜日

聖女 クロワの賛美

晴

　起床8時半．朝はりんごとなしを食べる．
午前10時すでに東京湾へはいった．昼食は11
時半になる．その前，1等のバーでバーテン
がコクテルを作ってくれた．12時半，イミグ
ラシオン手續．港へはいる．18時半着岸．父
母，修二，奎三○○○で未知子，神田のおば
さん，竹内，石田君がいた．Miko の弟さ
ん，花束をもってきてくれる．皆があがった
ので，1等のバーで飲む．荷物を税関まで運
んでもらい，15時半出て，税関検査を受け，
タクシーで桜木町へ，そして国電で帰る．入

1958年9月15日

浴，夕食はご馳走．ビール．就床24時近し． |

| 9月 | **15** | 月曜日 |

聖 アルフレッド

晴

　昨夜うなされ，起きて鎮静剤を飲む．起床
10時，朝・昼食兼用．13時出て桜木町から税
関の倉庫に行くも，Receipt なく，戻る．帰
宅17時半．整理．古いものを全部捨ててしま
いたい．夕食18時半，ぶらぶらして，電話
を，鈴木，我妻，加藤の三先生にかける．入
浴，就床23時．

| 9月 | **16** | 火曜日 |

聖女 エディス

曇時々俄雨

　起床9時．朝食后10時20に出て桜木町へ
（東横経由）．11時半，MM で保証書を貰い，
税関に行くも昼休み．食事を商工会議所の食
堂でする．13時半に税関で検査を受け，ジャ
パン・エクスプレッスに頼んで帰る．お茶ノ
水から大学へ．学部長室に行くも不在．学部
事務官，経済事務室とあいさつし，研究室で
事務，小使いの他，在室の教授方にあいさつ

1958年 9 月18日

して，竹内君の所でだべり，19時半帰宅20時
15. 夕食，入浴，就床23時半.

---

9 月　　　　　　**17**　　　　　　水曜日

聖 ラムベール

曇時々雨

　起床10時半．朝・昼兼用.
疲れて寝ている．16時頃より荷物整理．船の
荷物着く．整理に忙殺．17時半，近藤の叔母
来訪．後叔父も．19時半出て「山田屋」で独
法コンパ．秋山の送別と自分の歓迎会．22時
解散．帰宅23時．入浴．就床.

---

9 月　　　　　　**18**　　　　　　木曜日

聖 ソヒイ

台風後晴

　起床10時．台風来たり．風強し．朝食．昼
頃より一過，秋晴れ．昼食14時．整理．過去
を葬らんとす．来る時忙しくて出来なかった
もの．17時出て大学へ．事務で俸給を受取
り，学部長室で会う．メゾン・ド・ジャパン
館長の件につき，相談あり．田中教授来ら
る．辞す．小使い室で竹内，新堂君に○○氏
と話す．18時過ぎ，出て帰宅．夕食．後，カ

1958年 9 月19日

ンティヌ整理．入浴，就床．

---

9 月 **19** 金曜日

聖 グスターブ

曇時々晴

　起床10時．朝食．後ずっと整理．だいぶ片付ずき始めた．休んだりもする．18時出て黒沢宅へ．大野，加藤，来ている．ごちそうになり，快談．辞したのは，23時30．帰宅，入浴，就床 1 時30．

---

9 月 **20** 土曜日

晴

　起床 8 時30　朝食．19時30出て，関先生の病院へ．診察を受ける．ついで耳鼻科へ行った所，鼻腔性鼻炎とかで，薬をつけ，ペニシリン吸入をする．胃はたいしたことなしと．辞し，大学バスで大学へ行き，中川さん（化学）にあって○○○を返し，少し，だべる．12時30辞し，山上会議所で昼食．後，谷川君，永田さんなどと話し，14時出て St Igna-tius で Conf．帰宅，16時整理など．夕食，19時．後30分横臥．整理．入浴．Miko に手

1958年9月22日

紙．就床24時．

9月 **21** 日曜日

曇

　起床8時30分．9時30分のミサ．
帰って昼食，後休憩．ぶらぶらして，洋書の
カタログを調べる．皆の昼食の時，軽食をと
る．少し，疲れて，頭痛，ぼんやりしてい
る．夕食，19時休んですぐ入浴．起床22時
——Mikoより手紙．元気で，嬉しい．

9月 **22** 月曜日

聖 モーリス

曇　後　雨

　起床　8時45．朝食，横になったら，疲れ
がでて，ぼんやりしている．「ストープス夫
婦愛」を読む．昼頃より起きて整理．13時軽
食．後少し整理．16時より整理．はかどる．
夕食，19時．21時入浴．少し整理．就床23時
30．

1958年9月23日

| 9月 | **23** | 火曜日 |

秋

　起床9時30. 朝食, 横になったまま, 疲れて眠る. 昼食, 13時, 今日は休日で皆いる. 後, またも昼寝, 17時に至る. 整理. もう一息だが, なかなか進まぬ. 夕食, 19時, 入浴, 就床23時.

| 9月 | **24** | 水曜日 |

聖 セレスティーネ

曇　後　雨
　起床10時, 朝食　後, 横になっている. 少しずつ　疲れとれる. 13時頃
起きて, 15時, 出, まずSASへ. 富国生命館から引っ越していた. 払い戻しを頼む. 国電で大学へ. 事務室, 協組をまわり, 研究室で竹内君に会い, 床屋へ. 親父は覚えていた. 印肉を買って帰る. 20時, 夕食. 後, 休んで, マッサージに. 入浴, 就床20時30.

| 9月 | **25** | 木曜日 |

聖 ファーミン

雨

1958年 9 月27日

　起床 9 時．朝食，出版組合病院から，大学
病院耳鼻科で治療．時間なし，牛乳をのん
で，すぐ教授会へ．帰朝の挨拶をする．長
く，16時過ぎに至る．少し，用事をし，資料
室に行ったら話し込み，17時30帰宅途中本郷
3 丁目で坂本に会い，池袋でビールを飲む．
帰宅20時夕食．少し整理．入浴，就床24時
30．

9 月	**26**	金曜日

聖女 ユスティーヌ

台風近づく
　起床 9 時．朝食後すぐ大学病院，耳鼻科
へ，治療に．その前事務と○○に寄る．
終わってすぐ帰る．風雨激し．昼食．後，横
になる．16時より整理．いちおう終り近し．
夕食，19時．途中停電するも，又ついた．整
理．入浴，就床22時30．

9 月	**27**	土曜日

聖 コーム

曇　後　晴　　　　中秋の名月
　起床10時近し．朝食後，出版組合病院へ．
後関先生　偶然（？）来られる．

1958年9月28日

出て，神田の叔母さんのところへ．昼食をご
馳走になり，長居してしまった．帰り，丸物
と三越でヘアー・クリームを買い，ひやか
す．帰宅，17時半．少し横になる．起きて整
理．夕食，19時，横臥．後21時〜22時30，学
会報告の準備を始める．入浴，就床　23時
30，夜月美し．

9 月	**28**	日曜日
	聖女　クレマンティーヌ	

快晴

　9 時30分ミサ．帰って食事．少し母と話し
た後，横になる．15時30から報告準備．途中
休んだが19時になる．夕食．後横臥．入浴，
就床22時．頭痛がする．

9 月	**29**	月曜日
	聖　ミシェル	

快晴

　起床 9 時，よく眠った．朝食後出て，耳鼻
科へ．治療思ったより長くなり，急いでイグ
ナチオ教会へ行ったが，12時15分．今道，中
山氏，結婚式の最中．後ミサ．終わって写真
をとったりして，別れ，加藤君に誘われて

1958年 9 月30日

コーヒーを飲む．14時別れ，帰宅．少し休み，支度をして，学士会館の披露宴に．90人ぐらい．盛大．安倍能成，ホイベルス師，宮崎さんなどの顔も見える．ご馳走も立派．20時，出て帰宅．明日の準備をして入浴，就床，23時．

---

9 月	**30**	火曜日

聖 ジェローム

曇

　起床 9 時．朝食．少し休んでから支度をして，10時30分出て新宿駅へ．11時32分発　松本行に乗る．5 輌がら空き．但し，我が車には，かつぎ屋多し．弁当を大月―初狩へんで食べる．ずっと深く曇っている．富士見着，すこし遅れて，17時30頃．歩いて原の茶屋，柳屋へ．洗顔，入浴，夕食．後，子供や主人と話す．バルサンをたく．就床○○時．涼しく静か．

[後記]

　船客たちは存分に「だべり」，外国生活から来る“ほとぼり”を日本に帰る前に冷ましておこうと自己体験を振り返っている．これらのお喋り会を，誰が「千一夜」と呼びだしたのだろう．

　英一は，8 月の末に美賀子がフルブライト奨学生として，アメリカ，ハー

1958年9月

ヴァードに出立したため，折角帰国しても，彼女は出迎えに出られないどころか，これから約1年ぐらいは会えないことになり，「心のなかでMikoに八つ当たり」している．これを読んだとき，私の後悔は絶頂にたっした．「かまわないから，行ってきなさい」と許されたのをよいことに，出発したため，英一を悲しくさせている，と思うと自分でも悲しくなり，氷川丸が出発しても，長く沈みこんでいた．幸い船が終着港シャトルに到着した時には，ほぼ落ち着いていた．彼は，こうして，私が勉学するのを助長し，快く許すことにより，当時，特に騒がれていた男女同権の行為を理論だけでなく，行動面においても完璧にあらわしたことになった．もっとも，我われの場合「男女同権」などという固い言葉を口にしたことはなかったが．また，振り返ってみるに，私のこの留学を可能にさせたものに，彼の母テイの存在は大きかったといえる．私は，自分が留守にしても，彼の淋しさの幾分かは，母によって慰められるだろうと無意識のうちに感じ取っていたからである．

さて，英一の航路に帰るとして，彼は，乗客とともに，東洋の港，香港では，「まず，象牙を買い，ついでにナイフ，切手を買い，鉛筆けずりをもって終わる」．夜景も見ている．いよいよ，横濱に着き，家族と再会しあう．母は，この長男の海外留学のために一番気を使った人であった．我々の結婚後，私が聞いたところによると，英一はまず，神戸に上陸したとき「お袋に電話をした．すると母は泣いているようだった」とのこと．

横浜では，乗客たちは，1等のサロンで祝杯を挙げた．星野は，帰宅後は，外国生活者の常として，荷物の整理に追われ，過去のものなど捨ててしまいたい，という思いに駆られた．疲労度も激しく，休むことが多かった．大学の諸先生に挨拶に行き，そのうち，秋の学会では早速，帰朝報告をしなければならなかった．

片付けが一段落したころ，長野県の富士見に行き，静かな環境のなかで自分を取り戻し，2年間のフランス生活の緊張，帰国後の忙しさ，に原因する疲れから癒えようと努力した．あれだけフランスで様々なことを経験したのだから，今度は，それから得たものを活かそうと努力する．富士見で英気を養ったあと，10月4日に，6時間かけて（2019年現在では2時間）汽車で帰

[後記]

京する．以来，フランスで学んだこと，すべてを賭けて，日本の法学会に寄
与することに励んだ．

それにしても，フランス滞在中に，パリ大学，そして星野が訪問した各大
学の法学部の教授たち，また修道院の方々に，彼は厚い感謝の念をもってい
た．その上，多くの家庭に招いて頂き，楽しく過ごさせてもらったことを懐
かしく思いだしていた．彼はまた，フランス滞在中の復活祭の時，飛び込ん
だ修道院で，数日を過ごしたのち「少しの国際協力」を彼の人生の「背骨」
の一部にしたい，と決めたように，国際的な法学会があるときなど，その機
会を大切に思い，外国語でうまく自説を発表できるように，と全力をつくし
た．また，星野英一は自分としても，日本に来ている留学生を楽しく学ばせ
るようと心を配った．星野は，これらの努力を通じて，世界の平和が成就す
る一助となるようにと心がけた．

499

謝　　辞

　本書が完成するまで，多くのご尽力を頂いたサン・パウロ大学博士教授の二宮正人氏に心より感謝いたします。氏は，「星野英一先生の学恩に報いるため」と言われ，夫の墓参を契機に，私が夫の日記の整理のために右往左往している時に，信山社をご紹介くださいました。また，星野が記録した日記原文の約半分を入力してくださるという，何よりのお励ましも頂きました。なお，イタリー系ブラジル人の令夫人二宮ソーニヤ様とは星野が書き込んだ「料理メニュウ」のフランス，イタリア料理について，語り合ったことも大切でした。

　大村敦志学習院大学院教授は，夫星野英一の逝去後，星野の日記の1957年分，1958年分を写真撮影して下さいました。それは今回の出版に際しておおいに役立ち有難く思いました。

　私は，この日記を読み進むにつれて，夫星野英一がパリ大学の教授のみならず，1957年5月の下旬から6月の初旬にかけて，南の大学の諸法学部を訪問したときに受けた心盡しの歓待に深く感動しました。巻末ながら，判る範囲で諸教授のお名前を残念ながら英語であげさせて頂き，ここに心よりの感謝を表わしておきたいと思います。

　多くの星研の先生方，また法学関係の方に，ご相談いたしましたが，快くご教示をくださり，厚くお礼を申しあげます。

　信山社の袖山貴社長，稲葉文子編集長，はじめ，信山社の皆様に，お世話になりました。このように複雑な構成を持つ本をつくるには，

多くのご苦労を頂いたことと深謝申しあげます.

2019年7月8日

星野美賀子

凡　　例

1　日記原本における，ブランク箇所（文字なしのスペース）は，本書『星野英一　パリ大学日記　1956～1958』においても，同じく，ただの○○○，また……として残した.

2　日記原本においては，"時"を表すのに heure の頭文字の"h"が使われている．例えば，18時15分は，"18 h 15"のように．本書においては，"h"を"時"と訳し，「18時15」と記した.

3　宗教用語のなかで，特に馴染みの少ない用語については，編者が最小限度の説明，あるいは訳語を括弧に入れて付記した場合もある.

4　星野が，平常，食事をした場所は，F. I. と記されているが，これは，Fondation International（国際会館）を意味する．Foyer International（国際的な家庭）もF .I として省略可能であるが，星野は，後者の場所では，数回食事をとっているのみで（1957年 1 月20日，同 3 月14日，同17日など），その場合，省略形は使われていない.

5　法律用語については，星野英一が記碌したとおりを，出来るだけ再現させたいと努めた.

APPENDIX

With Deep Gratitude

I am honored and pleased to make a list of the names of the professors of the University of Paris who helped so kindly and thoughtfully my late husband Eiichi Hoshino from Tokyo University from 1956 to 1958 to study French Law. Also he was so grateful to the generosity and hospitality of professors of other Law Faculties like Poitiers, Toulouse etc. when he made a grand ambitius tour to visit other faculties in France. He was most content with meeting academic professors and studious youth and gorgeous buildings and wonderful pastoral landscapes.

Now the time of the publication of my husband' diaries has come, and as I read them more and more, gratitude for all the professors whom Assistant Prof. Hoshino as a youth met and talked to becomes greater and more impressive.He enjoyed it indeed. Some professors gave him the opportunities to make lectures entitled "The Structures of Universities in Japan"and "Mothers and their Children"or "Parents and their Children".

Therefore, with respect and gratitude , I would like to put in almost all the names of professeres I mentioned, together with the main body of my husband' diaries and their comments which I wrote. May my audacity be allowed and may this commemoration make our international connection stronger and powerful for the sake of world peace.

Prof. René Savatier
Prof. Léon Julliot de La Morandière
Prof. Marcel Fréjaville
Prof. Jean-Philippe Lévy
Prof. Levy-Bruhl
Prof. Léon Mazeaud

Prof. Henri Mazeaud
Prof. Michel Villey
Prof. Philippe Malourie
Prof. Jean Boulanger
Prof. Christian Gavalda
M. Guillain

M. Desiry

Prof. Paul Durand

Doyen Joseph Hamel

Prof. Frédéric Joüon des Longrais

Prof. René Capitant

Prof. Henri Desbois

Prof. François Chabas

Prof. Pierre Raynaud

Prof. Mus

Prof. Paul Esmein

Prof. Henri Battifol

Prof. Filho.

M. Jacques-Bernard Herzog

Doyen Lucien Lemonnier

Prof. Jean Lepargneur

Prof. Doyen Roger Houin

Prof. Coehtart

Prof. Michel de Juglart

Prof. Ripert

Prof. Rovast

Prof. Pierre Kayser

Prof. Doyen Jacques Audinet

Prof. Emile Becqué

Doyen Legal

Prof. Henri Vialletton

Prof. Olivier Martin

Doyen Claude-Albert Colliard

Prof. Pierre Catala

Prof. Boutard

Prof. Gabolde

Prof. Boyer

Prof. Joly

Prof. Ellale

M. Trill

Prof. Robino

Prof. Gord et Madame Gord

Prof. Claude Giverdon

Prof. François Givord

Doyen Gabriel Gabolde

Prof. Roger Nerson

M. Supperious,

M. l'Economie

Prof. Saboul

Prof. Disley

Prof. Guillaume Henri Camerlynck

Dr. Besanson

Prof. Laure Toulouse

Prof. René David

M. Fusal

M. Soyer

M. Foyer

Prof. Davy

Prof. Louis Gernet

Prof. Goutier

M. Michel Pédamon

Radmant

Bostian Daniel Bastian

Léauté, Jacques Léauté

Prof. Roger Perrot,

M. Seney ,

APPENDIX

Prof. François Terré,

M. Seniney

M. Enik Wolf

Prof. Ellule

Doyen Gobolde

Prof. Hebrand

M Boger

Doyen Maury

Prof. Marty

Prof. Dayer

Prof. Pollard

Prof. Ronbier

M. et Mme. Polonouski

Mikako Hoshino

星野英一

パリ大学日記
——1956年10月〜1958年9月——

2019(令和元)年10月1日　第1版第1刷発行
¥8800E-012-050-010

著　者　星　野　英　一
編　者　星　野　美賀子
発行者　今井　貴・稲葉文子
発行所　株式会社　信山社
〒113-0033 東京都文京区本郷6-2-9-102
Tel 03-3818-1019　Fax 03-3818-0344
笠間才木支店 〒309-1611 茨城県笠間市笠間515-3
Tel 0296-71-9081　Fax 0296-71-9082
笠間来栖支店 〒309-1625 茨城県笠間市来栖2345-1
Tel 0296-71-0215　Fax 0296-72-5410
出版契約2019-1117-7-01011　Printed in Japan

©星野英一・星野美賀子, 2019　印刷・亜細亜印刷　製本・渋谷文泉閣
ISBN978-4-7972-1117-7 C3332 分類324.000

JCOPY 〈(出出版者著作権管理機構 委託出版物〉
本書の無断複写は著作権法上での例外を除き禁じられています。複写される場合は、
そのつど事前に、(社)出版者著作権管理機構 (電話03-5244-5088, FAX 03-5244-5089,
e-mail: info@jcopy.or.jp) の許諾を得てください。